中世纪思想史

上卷

文聘元 著

创于1897 商务印书馆
The Commercial Press

没有信仰的哲学是错误的，因为它误用了它所培养的理智，而且把它能够理解的真理也抛弃了。

——卢梭

序

　　文聘元是从北大外国哲学研究所毕业的博士，师从陈启伟先生。当时外哲所与哲学系是两个单位，在校时我们接触不多。2006年我到海南大学访问，得知他出版了"西方文化大故事"丛书，共五匣：《西方文学》，《西方历史》，《西方哲学》，《西方艺术》，《西方科学》，每匣四册，按照古代、中世纪和近代、现代四个时期，分别介绍西方文化精品。这五匣书和他写的其他几种书，都在香港出版，装潢精美，文笔流畅，是雅俗共赏的畅销书。我对这个同行的才能感到惊讶。我知道国外有一些学哲学出身的人写作畅销书，但国内这样的作者很少。恕我孤陋寡闻，像文聘元在文史哲和科学艺术各领域都写出博古通今畅销书的哲学博士，即使在国外也是罕见的。

　　记得当时浏览了几匣书，与文博士有段对话：

　　我：你写的文化大故事实际上是文化史。

　　文：什么是文化史？

　　我：比如，《西方哲学》中世纪部分大部分是基督教史，只有几十页写了托马斯的神哲学。

　　文：有你的《基督教哲学1500年》，我就不用写中世纪哲学史了。

我：你写的不一样，通俗易懂，以后可以写一些思想史方面的著作。

十几年后，文聘元告诉我，他完成了《中世纪思想史》。当我看到初稿，感到十分意外：其一，这不是十几万字的概览，而是八十多万字的大书；其二，读完之后，感到名副其实，这确实是本中世纪思想史的书，与国内中世纪哲学通史的几本著作交相辉映。

与哲学史相比，思想史（history of ideas）是一门相对年轻的学科。一般认为，阿尔图·洛夫乔伊（Arthur Lovejoy）于1936年发表的《伟大的存在之链》（*The Great Chain of Being*）标志着思想史学科的诞生，而著名的《思想史期刊》（*Journal of the History of Ideas*）则是这个学科的主要阵地。思想史有不同写法，比如，斯金纳的《政治思想史》是一种写法，而在法兰西学院持"思想史"教席的福柯采取的是知识考古学和谱系学的写法，盖因history of ideas中的"观念"范围太广太泛，举凡文学、历史学、哲学、科学、社会科学的观念，都在"思想史"范围之内。洛夫乔伊把观念局限于哲学概念，把思想史当作哲学概念史，斯金纳追溯政治观念的社会起源，福柯追溯社会政治思想的历史根源和制式，脱离或解构了哲学史，而文学界、历史学界出版的为数众多的文明史、文化史，面面俱到，大多缺乏思想深度。

有鉴于此，彼得·戈登（Peter Gordon）提出了"智识史"（intellectual history）。intellect 和idea都可译为"思想"，但intellect有"理智"的意思，而理智是哲学思维的特征；此外intellect的形容词复数Intellectual指称知识分子。综合这两层意思，智识史可谓思想家（intellectuals）创作思想（ideas）的历史，记载的是思想家从事哲学活动的历史。智识史算作思想史的一个学派，这个学派认为，观念不能与创造和使用它们的人分开，我们不能把思想观念当作抽象的命题，而要理解产生思想观念的文化、生活和历史背景。[①]

一般的哲学史著作当然要交代哲学家的生平，思想的历史背景，包括社会政治状况和同时代其他思想领域的影响，但这些内容往往一笔带过，论述的重点放在这个哲学家继承的哲学传统、关注的哲学问题、对后世的影响、在哲学史上的地位等主题。思想史则要求强调思想的背景知识，区别思想承前启后发展的"内史"，以及这个思想领域之外多种社会文化因素相互作用的"外史"。思想史不同于哲学史之处，在于要把握"内史"和"外史"的平衡，但把握这个平衡很难：如果侧重于"内史"，那就接近于哲学史，如果侧重于"外史"，那就接近于社会史、政治史、文化史或文明史等等。前述思想史的多种写法没有解决这个难题，或者写成比哲学史狭隘的哲学观念史，或者写成比哲学史宽泛的社会思想史。

智识史试图以思想家做哲学的历程来结合"外史"和"内史"。哲学家的思想从来不能脱离他所在的社会环境，离不开同时期文化和思想的影响。正如黑格尔说："每个人都是他那时代的产儿。哲学也是这样，它是被把握在思想中的它的时代。妄想一种哲学可以超出它那个时代，这与妄想个人可以跳出他的时代……是同样愚蠢的。"[②] "时代的产儿"是哲学家的"外史"，而"把握在思想中的时

---

① Anthony Grafton, "The history of ideas: Precept and practice, 1950–2000 and beyond", *Journal of the History of Ideas*, 67(2006), pp.1-32.

② 黑格尔：《法哲学原理》，范扬、张企泰译，商务印书馆，1961年6月第一版，序言，第12页。

代"则是哲学家的"内史"。历史学家写的哲学家,是哲学的外史,比哲学家写的哲学史更有历史感;而哲学家写的观念史,是哲学的"内史",比其他领域学者写的观念史更有哲学意蕴。通过哲学家思想传记把"外史"和"内史"结合起来,是一种新型的哲学史研究径路,也是与哲学史结盟的思想史的新写法。美国有一套名为《在世哲学家文库》(The Library of Living Philosophers)的丛书,每本书先由一位哲学家写思想自传,然后研究者们分专题讨论传主的思想,最后由传主回应研究者的批评。这样的编排贯彻了哲学"外史"与"内史"相结合的思想史的径路。

中世纪的哲学家不是古希腊和近现代意义上的纯粹或专业意义的哲学家,大多是神学家。把富有哲学思想的神学家称为思想家更合适。由此之故,中世纪哲学史可被写成思想史。比如,在中国广为流传的罗素的《西方哲学史》的中世纪部分实际上是思想史,而且几乎完全是"外史",充满了关于神学家和修士们的漫画式故事。严肃的中世纪思想史,如大卫·瑙尔斯(David Knowles)的《中世纪思想的演化》,米切尔·哈伦(Michael Haren)的《中世纪思想》(*Medieval Thought*),戈登·莱夫(Gordon Leff)的《从奥古斯丁到奥康的中世纪思想》(*Medieval Thought from St. Augustine to Ockham*),偏重于"内史",可读作简明中世纪哲学史。

我觉得文聘元博士的《中世纪思想史》不同于上述国外流行的那几本同类书籍,接近于上述智识史的写法,但中文书名没有必要使用"智识史"的冷僻术语,合适的英译书名应是An Intellectual History in the Middle Ages。我这样说是因为这本书达到了哲学"外史"和"内史"的大致平衡。本书开始对中世纪哲学三大背景的阐述是"外史"，对三大先声的概述是"外史"。此后对中世纪思想家的评述总要先介绍他们的生平传记和思想历程，而后切入他们为什么需要哲学、需要什么样的哲学、从何处发现这样的哲学，以及如何达到目标等问题，对中世纪哲学的社会历史背景和发展线索做了比较全面的梳理，刻画出西方哲学在公元2世纪到16世纪的全景。如同他的其他著作一样，这本书文笔流畅，把艰涩繁琐的中世纪哲学思想简明扼要地呈现出来。我写哲学史的经历告诉我，由简入繁易，化繁为简难，前者靠积累的功夫，而后者需要见识和才能。这本书写了八十多万字，一定是在数百万字的阅读和理解的基础上归约出来的要言。要言而不繁，虽然篇幅很大，但引人入胜，故读起来不累。

这本思想史的书也有改善之处。本书论及的一千五百年思想史的跨度很大，除了本书论及的重要哲学家之外，思想史取材范围应比哲学史更广泛。比如，十字军东征、宗教裁判所等重要社会背景，应有涉猎；再如，教会法兴起、中世纪异端、宗教改革等领域的重要思想，需要重点评述；至于中世纪逻辑和14世纪布里丹等唯名论科学思想，那就更不能忽略了。要把这些内容都补充进来，这本书的内容将更充实，更丰富，当然篇幅将更大。我与作者第一次对话，他写了一本思想史的大书；我把本书序言当作与作者的再次对话，希望结果将是更加详实宏大但仍保持简明扼要风格的思想史著作。

是为序。

赵敦华 Zhao Dunhua

2018年7月7日于北京大学外国哲学研究所

目　录

上　卷

前言……………………………………………………………… 1

第一章　中世纪哲学导论 ………………………………………… 6

第二章　中世纪哲学的大背景之一：历史大背景 …………… 24
　　第一节　西罗马帝国的崩溃 …………………………… 27
　　第二节　中世纪的来临 ………………………………… 33
　　第三节　中世纪的结束 ………………………………… 42

第三章　中世纪哲学的大背景之二：犹太人简史 …………… 46
　　第一节　以色列人的黄金时代 ………………………… 51
　　第二节　"犹太人"的起源 …………………………… 57
　　第三节　混乱时代 ……………………………………… 61
　　第四节　帝国时代 ……………………………………… 69

第四章 中世纪哲学的大背景之三：基督教简史 ……………… 79

第一节 耶稣传 ……………………………………… 80

第二节 保罗传 ……………………………………… 92

第三节 基督教的诞生 ……………………………… 97

第四节 苦难与胜利 ………………………………… 103

第五节 十字架下的罪恶 …………………………… 115

第六节 基督教后事之一：第一次大分裂 ………… 124

第七节 基督教后事之二：第二次大分裂 ………… 127

第五章 中世纪哲学的三大先声 ………………………… 134

第一节 柏拉图的神学 ……………………………… 138

第二节 亚里士多德的神学 ………………………… 142

第三节 新柏拉图主义的神学 ……………………… 147

第六章 中世纪哲学的雏形：教父时期 ………………… 159

第一节 早期的希腊教父 …………………………… 162

第二节 第一位拉丁教父德尔图良 ………………… 175

第三节 异端教父奥利金 …………………………… 181

第四节 尼撒的格里哥利 …………………………… 186

第五节 大巴希尔与《创世六日》………………… 199

第七章 奥古斯丁的一生 ………………………………… 209

第一节 皈依前的岁月 ……………………………… 210

第二节 皈依基督 …………………………………… 218

第三节　希坡主教 ……………………………… 231

第四节　大论战 ………………………………… 235

第八章　奥古斯丁的思想 ………………………… 243

第一节　知识及其由来 ………………………… 248

第二节　对上帝的理解 ………………………… 265

第三节　对世界的理解 ………………………… 273

第四节　关于人的创造 ………………………… 281

第五节　善与恶 ………………………………… 286

第九章　伪名丹尼斯 ……………………………… 300

第一节　神秘的丹尼斯及其著作 ……………… 300

第二节　肯定神学与否定神学 ………………… 306

第十章　波埃修 …………………………………… 315

第一节　最后一个罗马人 ……………………… 315

第二节　哲学的慰藉 …………………………… 319

第十一章　爱留根纳 ……………………………… 329

第一节　爱留根纳与加洛林文艺复兴 ………… 329

第二节　大自然的分类 ………………………… 339

第三节　肯定神学与否定神学 ………………… 345

第四节　"受造而且创造的自然"与"受造而非

创造的自然" …………………………… 356

第五节　关于人类 ……………………………… 370

第六节　万物最后的结局 ……………………… 373

第十二章　走向经院哲学 …………………………… 382

第一节　黑暗时期 ……………………………… 382

第二节　共相问题 ……………………………… 387

第三节　实在论与唯名论 ……………………… 397

第四节　被阉割的哲学家 ……………………… 404

第十三章　安瑟尔谟与经院哲学的兴起 ………… 411

第一节　理性、信仰与经院哲学 ……………… 411

第二节　不情愿的坎特伯雷大主教 …………… 420

第三节　经院哲学之父 ………………………… 424

第四节　信以致知 ……………………………… 431

第五节　上帝何以存在 ………………………… 438

第十四章　走向鼎盛前的经院哲学 ……………… 448

第一节　夏尔特学派 …………………………… 450

第二节　圣维克多学派之一：修夫 …………… 457

第三节　圣维克多学派之二：理查德 ………… 463

第十五章　伊斯兰哲学与犹太哲学 ……………… 469

第一节　伊斯兰哲学家阿维森那 ……………… 471

第二节　伊斯兰哲学家阿维洛伊 ……………… 480

第三节 犹太哲学家迈蒙尼德 …………………487

第十六章 走进十三世纪：大学、修会与思潮 …………499

　第一节 大学与修会 …………………499

　第二节 十三世纪早期的哲学家之一：

　　　　 奥威涅的威廉 …………………504

　第三节 十三世纪早期的哲学家之二：

　　　　 格洛塞德斯特 …………………511

　第四节 十三世纪早期的哲学家之三：

　　　　 海尔斯的亚历山大 …………………517

第十七章 "六翼天使博士"波纳文德 …………523

　第一节 简述 …………………523

　第二节 上帝何以存在 …………………530

　第三节 理念论 …………………542

　第四节 三种知识与一个最好的世界 …………550

　第五节 对可感之物的认识 …………………554

　第六节 灵魂与肉体 …………………565

前　言

在讲中世纪哲学之前，我要引用两段话，分别是近代哲学史上的两个大家赫尔德与卢梭说的。

赫尔德说："每一个民族都在一定程度上体现了人类生活的一个阶段，并成为另一个民族的准备阶段。把这一观点应用到西方历史上，就意味着决不能把中世纪看作是最黑暗的野蛮时期。中世纪也是一个必不可少的发展阶段。对于历史发展的每一个阶段，都应该从它自身出发来加以理解。"①

卢梭说："没有信仰的哲学是错误的，因为它误用了它所培养的理智，而且把它能够理解的真理也抛弃了。"②

赫尔德在这里指出了中世纪的历史意义，卢梭则指明了信仰对于哲学的意义，而中世纪哲学一个最根本的特点恰恰就在于它是一种有信仰的哲学。也许这就是中世纪哲学最大的特点与优点。

说完这两段话之后，我们开始来讲中世纪哲学。

中世纪哲学对于我们而言称得上是既熟悉，又陌生的，熟悉当然先是熟悉它的名字，并且也知道它一个最主要的特点，就是和宗

---

① 卡岑巴赫：《赫尔德传》，任立译，商务印书馆，1993年1月第一版，第59页。

② 卢梭：《爱弥儿》（上卷），李平沤译，商务印书馆，1978年6月第一版，第364页。

教即基督教关系密切，甚至被称为"神学"——关于神的学问，陌生指对它的具体内容陌生。

一直以来，中世纪哲学都称得上是西方哲学中比较另类的，被从西方到中国的许多哲学家与著作忽视甚至蔑视，究其原因有二：

首先与对中世纪整个的态度有关。

一直以来，中世纪被认为是西方文明的一个"黑暗世纪"，这是他们对于中世纪一个总的评价，这样的评价无疑是贬义的，就像文艺复兴是褒义的一样。在西方人，主要是中世纪之后的文艺复兴与近代时期的西方人看来，中世纪整个儿是一个黑暗的时代。在这个时代，西方的文化没落了，从光辉灿烂的古希腊罗马文明堕入了一片黑暗之中，这一片文明的暗夜就是中世纪，直到文艺复兴到来之后，西方文明才从黑暗重新走向光明。

我们甚至可以从中世纪和文艺复兴的名字看出它们的贬义与褒义，中世纪意思就是"中间的世纪"，文艺复兴意思就是"文学与艺术的复兴"，这里的复兴指的是复兴了古希腊罗马的文学与艺术。这也就是说，对于西方人而言，中世纪只是一个中间的世纪、一个过渡性的时期，在这个时期，伟大的古希腊罗马文明衰落了；后来，这个中间的、过渡性的时期终于过去了，古希腊罗马文明也终于复兴，那就是文艺复兴。

由于有了这样的整体认识，其结果便自然而然地将中世纪的所有方面——从文学到艺术到哲学——都认为是黑暗一片，不值得学习与认识的。这就像中国古话所说：覆巢之下，焉有完卵。

其次，正是基于对中世纪历史的整体认识，使得西方人在相当长的一段历史时期内轻视中世纪的一切思想成果，无论文学、艺术

还是哲学都是如此。这其中就包括中世纪之后许多伟大的哲学家如
笛卡尔与培根，他们对中世纪哲学是相当轻蔑的。例如培根——他
可以说既是中世纪最后的哲学家同时也是文艺复兴的第一个伟大的
哲学家，他认为中世纪的经院哲学家们把亚里士多德建立的体系勉
强同神学结合起来，并且将之视为百分之百的真理、神圣的教条。
当经院哲学家们研究哲学时，总是从亚里士多德的著作里查找出某
些教条，然后以之为不言而喻的公理去思考一切，包括自然。这是
十分错误的，他说：

"就现在的情形而论，由于有了经院学者们的总结和体系，就
使得关于自然的谈论更为困难和更多危险了，因为那些经院学者们
已经尽其所能把神学归成极有规则的一套，已经把神学规划成一种
方术，结局并还把亚里士多德的好争而多刺的哲学很不相称地和宗
教的体系糅合在一块了。"①

在这里，培根将神学看成了是一种类似于方术的东西。这是一
种十分明显的蔑视态度。

由于笛卡尔和培根都是伟大的哲学家，他们的态度自然也就影
响了之后的哲学家们，使得他们也一样地蔑视起中世纪哲学来。就
像柯普斯登所言：

"一般人之所以对中世纪哲学家存在着侮蔑的态度，必须负起
一些责任的，无疑地是像培根和笛卡儿这些人在评论士林哲学时所
使用的措辞。就好像亚里士多德的信徒容易以亚里士多德的批判来
评价柏拉图主义。同样地，由培根和笛卡儿所启导的运动的信徒，

① 培根：《新工具》，许宝骙译，商务印书馆，1984年10月第一版，第75页。

自然而然会透过他们的眼光来看中世纪哲学。"①

　　这里的士林哲学就是经院哲学。正是由于培根与笛卡尔这些哲学史上的大人物蔑视中世纪哲学，使得他们之后的哲学家们也采取了同样的态度，甚至尤有过之，对之充满了蔑视、批判与轻忽。

　　这样的结果就是中世纪哲学在中世纪之后漫长的历史时期内被打入了西方哲学与西方哲学史的另册，面目可憎。不妨打这样一个比喻：我们可以将西方哲学史比喻成一串珍珠项链，项链里有很多美丽的珍珠，却有一个例外，就是中间夹杂着几颗小石头而不是珍珠，这些小石头就是中世纪哲学了。或者用另一个更时髦的比喻：西方哲学史是一群人，绝大部分不是高富帅就是白富美，唯独中间站着一个矮穷丑，就是中世纪哲学了。

　　这种蔑视的结果就是忽略，也就是说，在许多哲学史著作中，中世纪哲学所占的比重都是很少的。这样一来，我们就面临着这样一个问题：是不是也来个东施效颦，将中世纪哲学随便说上几句就算了，就像黑格尔所说的一样"穿七里靴尽速跨过这个时期"呢？②

　　当然不行！绝对不会！这样的原因很简单：人们过去对于中世纪哲学的蔑视与忽视是不对的，中世纪哲学完全并不如过去人们设想的那样不堪，甚至恰恰相反，在西方哲学的珍珠项链里，它也是一颗同样闪闪发光的珍珠。

---

　　①　柯普斯登：《西洋哲学史》（第二卷），庄雅棠译，台湾黎明文化事业有限公司，1988年3月第一版，第3页。
　　②　黑格尔：《哲学史讲演录》（第三卷），贺麟、王太庆译，商务印书馆，1959年12月第一版，第233页。

　　事实上，那些过去的老观念已经得到了很大的改观，现在大多数西方哲学史对于中世纪哲学的地位都给予了应有的尊重与肯定，这正如卢汶大学高等哲学研究所所长卡洛斯·斯蒂尔教授在为赵敦华教授的杰作《基督教哲学1500年》之序言中所说的：

　　"这种否定中世纪哲学的态度流行了若干世纪。直至本世纪，人们才终于理解了这个长达一千多年的时期对于欧洲思想，包括世俗化、理性化的思想的形成，所起到的重大作用。造成这种认识的部分原因是新经院主义运动和更完好的历史知识。人们现在更好地理解了存在于古代、中世纪和近、现代思想之间的连续性。没有一个严肃的哲学家会提出应该撇开中世纪的理由。"①

　　我们也理当如此。

---

　　①　赵敦华：《基督教哲学1500年》，人民出版社，2005年5月第一版，第1—2页。

第一章　中世纪哲学导论

在上面的前言里，我们对中世纪哲学与哲学史的命运做了几句简单的概括，下面我将从两个角度对这一内容进行更深入的分析。第一个角度是黑格尔对于中世纪哲学的批判，第二个角度是其他哲学家对中世纪哲学的不同认识，特别是柯普斯登对黑格尔的批判的批判，以作为本书的导论。

我们先来看第一个角度，即黑格尔对于中世纪哲学的批判。

黑格尔称得上是一个爱憎分明的人，对于所爱者——例如擅长辩证法的哲学家们的思想，他毫不吝惜赞美之辞；而对于所"恨"者——例如那些重视感觉而不是思维的哲学家的思想，他则毫不客气地大加挞伐，比如他对于伊壁鸠鲁的基于感觉的认识论的评论："不可能有比这更贫乏的认识论了"；[①]还有他对于可怜的邓尼曼也是如此，黑格尔总是将他当成靶子去打。[②]

但比起对于中世纪哲学的批判来，以上的批判只是小菜一碟。例如在谈到中世纪哲学的主体经院哲学和基督教的关系时，他说：

[①]　黑格尔：《哲学史讲演录》(第三卷)，贺麟、王太庆译，商务印书馆，1959年12月第一版，第60页。

[②]　黑格尔：《哲学史讲演录》(第二卷)，贺麟、王太庆译，商务印书馆，1960年6月第一版，第281—282页。

"我们不要希望任何人对于这种中世纪的哲学具有第一手的知识，因为它是无所不包的、同时又是干燥无味的，文字笨拙，卷帙浩繁的。"[①]

在谈中世纪哲学的最后一部分"一般经院哲学家共同的观点"时，他开篇就说：

"在以上这些特殊的阐述之后，我们必须对经院哲学家下一个判断，作出一种估计。他们研究了那样崇高的对象、宗教，他们的思维是那样地锐敏而细致，他们之中也有高尚的、好学深思的个人、学者。但经院哲学整个讲来却完全是野蛮的抽象理智的哲学，没有真实的材料、内容。"[②]

在这里黑格尔似乎批判了经院哲学，但顺带也表扬了一下经院哲学家，不过，在后面不远处他就对这些经院哲学家做出了另外的评价：

"在学者中间所表现出来的，是对于理性对象的无知和完全令人惊异的精神生活的缺乏，同样，在其余的人中、在僧侣中也表现了最可怕的完全无知。"[③]

从上面的批判中，结合黑格尔对于中世纪哲学的整体分析，我们可以简明扼要地说，在黑格尔看来，整个中世纪哲学都是极其荒谬的，而中世纪的哲学家们则是惊人地无知。

正是基于对中世纪哲学以上的认识，黑格尔在《哲学史讲演

[①] 黑格尔：《哲学史讲演录》(第三卷)，贺麟、王太庆译，商务印书馆，1959年12月第一版，第277—278页。

[②] 同上，第322页。

[③] 同上，第330页。

录》中对经院哲学的论述也惊人地简略，大概只占第三卷的一半还不到，讲页数只有150页左右，大致相当于亚里士多德一个人的篇幅。而且，在这些篇幅之中，真正介绍中世纪哲学的只有一小部分。

黑格尔是分三部分讲中世纪哲学的，分别是"经院哲学和基督教的关系"、"一般的历史观点"、"一般经院哲学家的共同观点"，前后两部分都是黑格尔个人对经院哲学的评论，这些评论怎么说呢，依据我的理解，它乃是黑格尔个人对基督教的哲学式理解。他在理解中世纪哲学时，是以一个普通的哲学家或者理性主义者的身份去理解的，因此他对中世纪哲学的理解主要是两点：

一是中世纪哲学或者说经院哲学与神学乃是一种哲学，这是可以承认的，如他所言：

"所以经院哲学本质上就是神学，而这个神学直接地就是哲学。……

神学，作为关于上帝的学说，其主要的对象是上帝的本性；而这种内容按其性质来说本质上是思辨的，因此这样的神学家只能是哲学家。关于上帝的科学唯有哲学。"[①]

二是神学这种哲学是很差劲的，对于这一点，我们上面已经说过了，不必再说。

更令人觉得有些不可思议的是，在讲中世纪哲学的这三部分中，第一部分和第三部分都是黑格尔对中世纪哲学的评论，或者更准确地说，是这样那样的批判，而这两部分又占了中世纪哲学的绝

---

①　黑格尔：《哲学史讲演录》（第三卷），贺麟、王太庆译，商务印书馆，1959年12月第一版，第279—280页。

大部分篇幅，具体地说，占了150页中的116页左右，这也就是说，真正讲中世纪哲学与哲学家本身内容的篇幅只有约34页。

这是一个什么样的概念呢？——只相当于《哲学史讲演录》中一个略微重要的哲学流派的篇幅，例如同样在这第三卷中，斯多葛派哲学和伊壁鸠鲁哲学有40来页，包括新学园派在内的怀疑主义有60多页，都超过了中世纪哲学。

同时，大家也知道，中世纪哲学讲时间跨度之久、哲学家人数之众多甚至连古希腊哲学都有所不及，例如讲时间跨度，就像黑格尔在讲中世纪哲学时的开篇第一句所言：

"这一段期间约有六百年，或者从教父算起约有一千年。"[1]

而古希腊哲学从泰勒士算起直到亚里士多德也只有三百来年，或者再加上古罗马哲学，直到最后一个重要的古典哲学家普洛克罗也只有一千来年，和中世纪哲学差不多。大家可以想象，以这样的篇幅去讲长达千年的中世纪哲学，那能够讲多少东西！讲的东西又必然是何其简短。

这样的结果就是，当我们翻开《哲学史讲演录》时，只要稍微懂些哲学史，就会禁不住哑然失笑或者愤愤不平，例如对最伟大的中世纪哲学家托马斯·阿奎那，黑格尔只花了一页——不错，只有一页——去讲他！这又是一个什么样的概念呢？我们翻遍整部《哲学史讲演录》，篇幅如此小的哲学家寥寥无几，例如小苏格拉底三派中的居勒尼派的德奥多罗和赫格西亚就是这样的篇幅，但这个学

---

[1]　黑格尔：《哲学史讲演录》（第三卷），贺麟、王太庆译，商务印书馆，1959年12月第一版，第263页。

派的创立者阿里斯底波则有约8页，也就是8倍于托马斯·阿奎那。

也有篇幅比托马斯·阿奎那篇幅还要小的哲学家，且这样的哲学家大都位于中世纪哲学这一部分中。事实上，整个中世纪哲学中大部分哲学家都是这样的篇幅，有的还更短。例如对罗吉尔·培根，黑格尔是这样说的：

"罗吉尔·培根对于物理学特别作了研究，不过他没有产生什么影响；他发明了火药、镜子、望远镜；他死于1294年。"[①]

不错，就只有这么一句！

看了黑格尔这样对待中世纪哲学，不知道大家有什么想法，我心中的感受是很复杂的，一方面，基于我对黑格尔一向的尊崇，我不愿意多说什么，更不想批判他；但另一方面，就事论事而言，我对此实在是颇有不同意见的，认为黑格尔这样处理中世纪哲学实在有失公允、太过有失公允，不能不据理力争。

实际上，由于黑格尔这样对待中世纪哲学，他也遭到了不少批判，我们下面就以柯普斯登的著作为例来看看他遭到了怎样的批判，在《西洋哲学史》第二卷《中世纪哲学》的导言中，柯普斯登说：

"黑格尔对中世纪哲学的看法是依据他自己独特的系统，他对宗教与哲学、信仰与理性、直接性与中介性……之间关系的看法。在本册中我不能讨论这些思想，可是我想指出在黑格尔对中世纪哲学处理中伴随着对该哲学历史发展过程的无知。一位黑格尔主义者，因为他是黑格尔主义者的缘故，采取了黑格尔对中世纪哲学大

---

① 黑格尔：《哲学史讲演录》（第三卷），贺麟、王太庆译，商务印书馆，1959年12月第一版，第320页。

体上的看法，但是，他对中世纪哲学的发展仍然可以有真切的认识。即使这位哲学家（指黑格尔）自身真的不曾编辑且出版他的哲学史演讲录，我们对于他是否真正了解中世纪哲学，也不能没有怀疑。譬如说，一个作家把罗杰·培根列为'密契主义者'，简陋地评论：'罗杰·培根特别处理了物理学的问题，可是都没有什么影响，他发明了火药、镜子和望远镜，死于公元1297年。'对于这样一个作家，吾人怎能说他对中世纪哲学有真正的了解呢？"①

　　由于是台湾方面翻译出版的缘故，这里面有一些用法和大陆不同，例如"吾人"是以前老白话的说法，台湾学者们还在用，我们现在则说"我们"，还有密契主义，我们译为神秘主义。

　　在这段话里，柯普斯登对黑格尔进行了相当不留情面的批判。他的批判是有道理的，黑格尔对中世纪哲学的不了解是相当明显的，这只要看看上面黑格尔讲中世纪哲学的篇幅就知道了，只要他对中世纪哲学稍有了解，就绝不应该只用一页篇幅来讲托马斯·阿奎那，至于用一句话讲罗吉尔·培根那更是笑话了，其中至少犯了两个错误：

　　一是他压根儿没有讲哲学，而只讲了其对物理学有研究，这确然是有问题的。因为这样看去会让人以为罗吉尔·培根只是个物理学家，而非哲学家，倘若如此，为什么要将他列入哲学史来讲呢？这也就是说，把罗吉尔·培根列入哲学史却根本不提他的哲学，这是怎么也说不过去的。

----

　　①　柯普斯登：《西洋哲学史》（第二卷），庄雅棠译，台湾黎明文化事业有限公司，1988年3月第一版，第5页。

　　二是讲到罗吉尔·培根的物理学成就时，说他发明了火药、镜子、望远镜，这也是错误的。首先，说火药的发明。关于火药的发明是一件相当复杂的事，我们中国人一向说是我们发明的，但欧洲人并不一定认可，至少在黑格尔时代是不认可的，那时候他们可能认为罗吉尔·培根才是火药的发明者。当然现在对这种说法欧洲人已经不那么认真了，因为很多证据证明不是如此，但罗吉尔·培根可以说是欧洲人当中第一个比较完整地记载火药配方的人，这却是真的，就像《不列颠百科全书》所言："他是西方最早提出制造火药的精确方法的人士。"①

　　至于发明镜子和望远镜，这就更有问题了，不知道黑格尔是如何得出这个结论来的。例如望远镜，那是伽利略十七世纪初发明的，这在西方应该是众所周知的。还有镜子，那历史是更加古老的，古希腊和罗马肯定是有镜子的，不知道黑格尔所说的镜子是怎么回事，也许指的是眼镜，这倒是罗吉尔·培根发明的。正是他精确地说明了制造眼镜的程序，并且不久就真的把眼镜制造出来了。

　　黑格尔在罗吉尔·培根这里就犯了这么些错误，这样的错误在中世纪一章中是相当之多的。

　　更有甚者，对于奥古斯丁这样一位重要而伟大的中世纪哲学家，黑格尔竟然没有任何专门的介绍，只在讲别人时提到了他的名字而已，在具体谈到他著作的唯一的地方，还是批判性的：

　　"此外被算做奥古斯丁所著的'论辩证法'、'论范畴'也是很空疏的，后一种著作不过是亚里士多德关于范畴的著作的

_____

① 《不列颠百科全书》(第二卷)，中国大百科全书出版社，1999年第一版，第122页。

重述。"①

但这位奥古斯丁是怎样的人呢？他不但是中世纪哲学，也称得上是整个西方哲学史中最重要的人物之一，文德尔班在他的名著《哲学史教程》中是这样评价奥古斯丁的：

"奥古斯丁是中世纪真正的导师。他不仅将基督教和新柏拉图的思想线路，与欧利根和普罗提诺的概念联结在一起，他还以创造性的精力集中了当代关于救世的需要以及教会实现这种需要的整个思想。他的学说就是基督教哲学。与此同时，他以严格的统一性，制定了一种体系，使之成为科学地训练欧洲民族的基础；并以这种形式，罗马民族和日耳曼民族开始走上继承希腊文明的道路。"②

一个如此重要而伟大的哲学家在黑格尔看来连西方哲学史中地位有限的居勒尼学派的一个次要哲学家赫格西亚都不如，其偏颇之严重不能不令人扼腕长叹！

甚至于，当他责怪中世纪哲学时，连同中世纪哲学所用以表述哲学的拉丁文都连带遭殃了，就像现在所说的"躺着也中了枪"。他是这样说的：

"由于语言的关系，对经院哲学的研究已经是很难的事。经院哲学家所用的名词完全是粗野的拉丁文。不过这不是经院哲学家的过失，而是拉丁文构造本身的缺点。这缺点是包含在语言中的，这种拉丁语是不适合于表达那样的哲学范畴的工具；因为这个新的精

---

① 黑格尔：《哲学史讲演录》（第三卷），贺麟、王太庆译，商务印书馆，1959年12月第一版，第286页。

② 文德尔班：《哲学史教程》（上卷），罗达仁译，商务印书馆，1987年4月第一版，第354—355页。

神文化的具体内容不是通过这种拉丁语所能表达的。如果我们勉强这样做，我们就是对于这种语言施加暴力。西塞罗的美丽的拉丁文是容纳不下这样深刻的思辨的。"①

这段话里黑格尔对拉丁文进行了一番不客气的评论，大意是说，拉丁文天生就不适合用来表达哲学思想，而中世纪哲学家们都是用拉丁文表达哲学的，这也是他们的哲学不行的一个原因。

这样的说法有没有道理呢？完全没有！拉丁文不但适合于表达哲学，事实上，自从用古希腊语表达哲学的古希腊时期后，一直到近代西方开始用各国的民族语言如德语、英语、法语表达哲学，中间漫长的岁月里，拉丁语一直是西方几乎唯一的哲学语言，其地位和古希腊时期的希腊语并无二致。而且，在那个时代，拉丁语可不像希腊语一样基本上只有希腊人用，而是整个欧洲都在用，其所用的范围远非希腊语可比。直到现在拉丁文也是西方重要的学术语言，甚至是西方人学习哲学的必修语言，其地位尤胜于希腊语。

从这些事实就可以看出来，黑格尔说拉丁语不适于表达哲学是完全没有道理的。或许我们可以用一些更加明显的例子来证明这一点，就是那些使用拉丁文的伟大哲学家们，像培根，他的著作就是用拉丁文写的。还有斯宾诺莎，他也是用拉丁文写作的。在斯宾诺莎所处的时代，虽然罗马帝国早已覆灭，再没有哪个国家讲拉丁文，欧洲也没有哪里的人民还把拉丁文作为日常用语。然而这时欧

---

① 黑格尔：《哲学史讲演录》（第三卷），贺麟、王太庆译，商务印书馆，1959年12月第一版，第277页。

洲的大学以及学者们在大学里上课用的都是拉丁语，学者们搞学术讨论、撰写学术著作时也主要用拉丁语。斯宾诺莎的著作之晦涩是有名的，如此晦涩的思想都可以用拉丁文去表达，何况神学呢！还有，关于斯宾诺莎的著作，黑格尔曾说过两句有名的话，一句是："斯宾诺莎是近代哲学的重点：要么是斯宾诺莎主义，要么不是哲学。"① 第二句是："要开始研究哲学，就必须首先作一个斯宾诺莎主义者。"②

从这个简单的事实就可以看出来，黑格尔说"拉丁语是不适合于表达那样的哲学范畴的工具"不但是没有道理的，而且是自相矛盾的。

前面我们花不少时间讲了黑格尔，事实上是批评了黑格尔，批评他对中世纪哲学太过轻忽与蔑视。之所以要这样做，并不是揪着死人不放，而只是想证明它的反面：中世纪哲学是很重要的，我们不应该轻忽，更不应该蔑视它！而应该重视它，好好地理解它。

事实上，现代人撰写的西方哲学史早就不像黑格尔那样看待中世纪哲学了。例如罗素，他的《西方哲学史》中，中世纪哲学就占了很大的篇幅，和从泰勒士起直到柏拉图和亚里士多德所占的篇幅差不多。《牛津西方哲学史》中也大致是同样的情形③，而在《哥伦比亚西方哲学史》中，新柏拉图主义之后的中世纪哲学，不包括文艺复兴哲学，所占的篇幅甚至要大大超过包括新柏拉图主义在内

---

① 黑格尔：《哲学史讲演录》（第四卷），贺麟、王太庆译，商务印书馆，1978年12月第一版，第100页。

② 同上，第101页。

③ 参见《牛津西方哲学史》，中国人民大学出版社，2006年10月第一版。

的整个古希腊罗马哲学。①十卷本的《劳特利奇哲学史》中,《中世纪哲学》也占用整整一卷,即第三卷。柯普斯登在他洋洋十大卷的《西洋哲学史》中,中世纪哲学更占了整整两卷,即第二卷和第三卷,其篇幅更要大大超过整个古希腊哲学——它只占有第一卷。当然,这和柯普斯登的个人研究偏好以及身份有关。作为现代最著名的哲学史家之一,他的专长和爱好都主要是中世纪哲学,曾经担任罗马宗座格里哥利大学形而上学教授十三年之久(1952-1965年),此后才回到伦敦大学续任哲学史教授,直至退休。

对于中世纪哲学的地位,新近出版的《西方古典哲学原著·中世纪哲学》序言中就指出:

"中世纪是西方哲学史的承上启下的时期。在此时期,西方文明的三大来源——希腊的理性主义、罗马的法制和希伯来的宗教精神,通过基督教的哲学和神学,被整合为一个完整的文明传统。中世纪哲学对于现代人理解西方文明传统的起源和性质具有十分重要的意义。"②

这里不但指出了中世纪哲学有着重要的意义,还指出了这个重要的意义在哪里:一是它将整个西方文明的三大源流——即古希腊文明、古罗马文明与希伯来文明——融为一体,从而创造了今日之西方文明。也就是说,没有这样的融合就没有今天的西方文明。二是倘若我们要了解现代西方文明,甚至于要了解整个西方文明,就不能不了解中世纪包括中世纪的哲学。因为中世纪哲学乃是中世纪

---

① 参见 *The Columbia History of Western Philosophy*, Columbia University Press,1999.

② 赵敦华、傅乐安主编:《中世纪哲学》(上卷),商务印书馆,2013年3月第一版,序言。

文明的重要内涵，就像哲学是文明的重要内涵一样。

中世纪哲学这两方面的意义指的主要是它作为一种沟通古代与近现代西方文明的桥梁与纽带而言的，在这里我们还可以进一步指出中世纪哲学内容本身的意义。

我们知道，中世纪哲学的内容主要就是神学，神乃是中世纪哲学的主体，这是毋庸讳言的。通常这一点被视为中世纪哲学的问题甚至主要的毛病，连柯普斯登也有点这方面的意思，他谈到中世纪的哲学家时，说：

"一个思想家，不管他承认或否认神学和哲学之间领域的明确划分，他都得从基督徒的立场来看世界，而且无可避免地要如此做。他的哲学论证也许会离开基督宗教的启示，可是在他心灵的背后，仍然存在着基督宗教的观点与信仰。当然，这不是说他的哲学论证不是哲学论证，或者他的理性的证明不是理性的证明。而是说，我们应该就各种论证或证明的优点缺点加以评价，而不该由于这些论证的作者是基督徒，就认定它们隐含着神学。"①

这段话给人的印象是，倘若一个哲学家所持的观点是神学的，那就不是哲学的，甚至于只要隐含着神学，就可能成为一种"缺点"。但在我看来这样的说法是大可不必的。神学，无论其形式如何，至少从广义上来说都是一种哲学，我们可以从一个很简单的推理看到这一点：神学所研究的对象是神，而神又是何者或者什么呢？神是我们人对于世界一种本质性的看法，当人们说世界起源于

---

① 柯普斯登：《西洋哲学史》（第二卷），庄雅棠译，台湾黎明文化事业有限公司，1988年3月第一版，第9页。

神，或者说神是万能的、神决定一切时，这也在阐明着对于万物与世界一种本质性的看法，只是将这种本质归于神，这个神也许是古希腊式的神，也许是基督教的神，也许是伊斯兰教的神，但都表明着一种对世界及其万物本质性的看法，而这从广义上来说就是一种哲学。我们知道，哲学之为哲学，其一种流传比较广的定义就是，哲学是关于世界的总的看法与根本观点，这种定义虽然简陋，但却反映了哲学最广泛的甚至是本质性的含义。从这个定义推而言之，当某种宗教将它的神看成是万物的创造者时，它也是在述说着它对世界的一种总的看法与根本观点，这非哲学而何？

当然，这样的定义也会引起一个质疑，就是将哲学与神话以及宗教混淆起来，但我们应该看到，这三者之间本来就是可以"混淆"的、就有着千丝万缕的联系，哲学实际上只是一种更为精致的、深奥的、理论化与系统化的神话与宗教而已。这个说法也许听上去有些耸人听闻，但倘若我们深思之，就会发现的确如此。我在这里还可以举出哲学、宗教与神话之间一个深刻而共同的本质，就是三者实际上都是一种信仰。神话与宗教不用说，它们明显就是一种信仰，哲学呢？也是一种信仰吗？的确如此。因为任何哲学的思考，当我们将这种思考不断推进时，就会发现这种推进不可能是无限的，它们最后一定会归于某种信仰。

这样的信仰有两类：一是某些信条，另一类是某种神。这两种方式在亚里士多德那里都体现得最为明显。

关于第一类，亚里士多德认为存在着一种原有的知识，或者说原初的知识，它们是不需要证明的，他说：

"从最初前提出发即是从适当的本原出发。'最初前提'和'本原'我所指的是同一个东西。证明的本原是一个直接的前提。所谓直接的前提即是指在它之先没有其他前提。"①

亚里士多德为什么要这么说是不难理解的，这是一个很简单的逻辑：倘若不是这样的话，即一切知识都需要前提的话，那么这个对原因的追溯就会陷于无穷、陷于一个无穷无尽的原因的追溯，这样的结果就是任何知识也建立不起来的，甚至于不可能获得任何知识，因为任何知识都可以进一步追溯它的原因。这也就是说，倘若要获得知识，就必须找到那不需要进一步追溯原因的前提，并以之作为一切知识的基础。

这样的前提在几何学中就是公理与公设，它们都是某种信条，一切的推理，哲学的也罢、科学的也罢，都要基于这样类似的信条。

关于第二类，就是亚里士多德著名的第一推动。在亚里士多德看来，任何过程都不能是无限推移的，必须有一个起点，或者说这也是一个终点、一个终极之点、一种终极之力，同时也是一种起始之力。这也就是说，必须找到一个起点，这个起点乃是最初的推动者，其他一切的运动都是由之而发起、开始的。对此他说：

"设若这一移动是为了另一移动，而另一移动又是为了另一移动，而这一系列又不可能陷入无限，那么一切移动将有一个目的，即某种在天上运动着的神圣物体。"②

我们看到，当亚里士多德进行这样的推理时，最终归结到了某

---

① 亚里士多德：《亚里士多德全集》(第一卷)，苗力田主编，中国人民大学出版社，1990年9月第一版，第249页。

② 亚里士多德：《亚里士多德全集》(第七卷)，苗力田主编，中国人民大学出版社，1993年1月第一版，第283页。

个"神圣物体",甚至可以说就是某种神,怎样?与宗教挂起钩来了吧?亚里士多德清楚地看到了这一点,因此他虽然不是基督徒,因为在他那个时代基督尚未诞生——正是因为这个原因,但丁说他上不了天堂,只能待在地狱里。但在亚里士多德的哲学里却有着浓厚的宗教倾向或者说宗教的可能性,正是因为这种倾向与可能性的存在,才使得亚里士多德哲学后来成为了基督教最主要的护教理论,甚至可以说是基督教神学最主要的理论与立论基础。

关于这个理论,即哲学与信仰之间的关系,是一个极其复杂的问题,这里只是蜻蜓点水般地过了一下,以后我们在讨论中世纪哲学时还会更加详细地说及。

既然所有哲学归根结底必须以信仰为基础,那么直接以信仰为基础的神学与哲学之间自然也有着一种天然的、深刻的联结。甚至于,从某种程度上说,神学乃是一种更高度的意义上的哲学,因为它更直接地归向了哲学最后也要归之的那个信仰。

当然这不是说哲学与神学是一样的,不是,它们的区别之一正在于作为基础的信仰的不同,神学是神,而哲学则不一定,可能是一些别的信条,但也可能是神,例如对于笛卡尔或者斯宾诺莎,我们能够说他们哲学的基础不是神吗?当然是的,只是他们在论及神时所用的方法、所涉及的深度与广度与神学有差异而已。甚至于,当我们深入地理解康德之后,也会发现其思想背后的基础同样是神。

所以,我在本书之中会大大方方地将神学视为一种哲学,甚至视为一种更高意义上的哲学,并不会以中世纪哲学隐含着神学,或者与神学密切相关而感到其哲学的意味有所流失。

为什么我要将神学视为一种更高意义上的哲学呢?这个问题也

许会引起不少的批评与误会，但我仍会坚持，因为，在我看来，我们为什么要学习哲学？追求哲学？根本的目的是要理解这个世界，哲学是对世界的解释，这是哲学一个总的、基本的特点。那么我们怎样才能更加深刻地理解这个世界呢？或者达到对世界一种可能的最深刻的认识与理解呢？这就必须要依靠信仰，无论我们经过多么曲折的追求、多少苦苦的思索，要想达到那理解的彼岸就必须找到那信仰，那作为一切的根本的信仰。

还有，这个信仰不可能是一些几何公理式的信条，这样的信条犹如字词的定义一样，本质上只是一些约定、一些约定俗成，就如同其表现的形式一样。而这个信仰必须是某种力量，某种也许我们永远不可能理解的力量，但一定是某种力量——我们可以称之为神，祂才是我们所要追求的终极之点或者终极的真理。只有理解了祂，或者至少试着去理解祂，我们才能达到对世界的最本真的理解。

甚至于，我们孜孜不倦地追求的人生的意义与奥秘，也正体现在这种理解之中。

而直接地以神作为追求与探讨对象的中世纪哲学自然也有着其它哲学体系——古希腊罗马哲学、近代西方哲学与现代西方哲学——所不具备的重要意义，这不是它应该引以为耻辱与自卑，而是应该引以为自豪的地方。

在这一章里，我们最后要谈的是，既然中世纪哲学有着与众不同且十分重要的意义，我们怎样去述说它呢？

我打算通过如下的方式去述说之：

首先，我们将讲一下中世纪哲学的历史大背景。为什么要讲这个呢？哲学也许与其历史背景没有必然的、具体的联系，但至少有一点是可以肯定的，就是通过大的历史背景可以使我们更容易了解处于这个历史背景之下的哲学。因为历史的本质就是时间，这时间就像一条线一样，将在这个时间段之内发生的一切——包括哲学——串联在一起，而它本身当然也是我们理解在这个时期之内发生的一切——包括哲学——的最好也最顺手的线索。

然后，我将从另一个角度讲一下中世纪哲学的大背景，或者说是中世纪哲学的另一个大背景，这就是犹太人和基督教的大背景。

我们知道，中世纪哲学有两大思想基础，即古希腊罗马哲学和犹太哲学，古希腊罗马哲学不用说，从来就是西方思想的基础，包括神学也是如此，也必然要以其为基础，就像奥古斯丁的神学要以柏拉图思想作为基础、托马斯·阿奎那神学要以亚里士多德思想作为基础一样。

至于犹太人，倘若作为历史大背景，至少作为思想史大背景的话，犹太人对于西方特别是基督教的影响是非常巨大的。这从一个众所周知的最简单事实就看得出来，就是基督教主要的甚至唯一的宗教经典是《圣经》，它包括两个部分，《旧约》和《新约》，其中《旧约》就来自犹太教，是犹太人和犹太教最主要的经典，既是宗教经典，也是思想经典。从这个简单的事实就可以看出犹太人或者说犹太教对于基督教的影响是何其之大。因此，为了了解基督教，了解犹太教是非常必要的，而要了解犹太教，最简便的方式当然就是了解犹太人，了解犹太人的历史。可以这样说，对于了解中世纪哲学来说，了解犹太人的历史和了解整个中世纪的历史几乎一样重要。因此之故，我们在这里将要系统地讲述一下犹太人的历史。

中世纪哲学的核心就是神学，神学可以说是基督教哲学的代名词，因此，我们要了解中世纪哲学，了解基督教同样是必不可少的，甚至可以说，倘若我们不了解基督教的历史就没有资格说了解了神学、基督教哲学或者中世纪哲学。相应地，倘若我们了解了基督教的历史，对于我们了解中世纪哲学也是大有帮助的。因此之故，我们在后面也会先系统而简明地讲述一下基督教的历史。

总之，我们所说的中世纪哲学的历史大背景将包括三个大背景：中世纪的历史、犹太人的历史与基督教的历史。

在讲述完这个大背景之后，我们将走向中世纪哲学本身，根据中世纪哲学本身的发展，将那些伟大的哲学家的人生与思想一一呈现在大家面前。

第二章 中世纪哲学的大背景之一：
历史大背景

从本章起我们将讲述中世纪哲学的三大背景，现在先来讲述第一大背景，即中世纪的历史。

从某种角度说，中世纪也许是一个"乱七八糟"的时代。

由于这个"乱七八糟"，我们无法用十分明晰的语言来说它。但是我希望我们能从这堆乱麻中找出它的线索来，让我们对于中世纪有一个大致的轮廓。

中世纪这个词是文艺术复兴时期的人想出来的。这个时期出现了很多伟大的天才人物，如伟大的艺术家达·芬奇、米开朗其罗等，也有一些不错的历史学家和哲学家。这些艺术家、历史学家和哲学家们看到文艺复兴以来的伟大成就，也看到了这以前，自罗马帝国崩溃后有千年之久欧洲成了文化沙漠，他们认为自己不是那文化沙漠的儿子，而是古希腊与古罗马的文化之子，将那个时代称之为古典时期，而将那以后直到文艺复兴前的时代称为"中世纪"，即"中间的世纪"。

从这个名字就可以看出，这个世纪高不成低不就，只是一个过渡性的世纪而已。

把中世纪看作一个文化退化时期，对西方这种由先进而优美的希腊罗马古典文明倒退到野蛮落后的文化荒漠时代感到痛心疾首，可以说是西方人的普遍心态。黑格尔也持着这种典型的心态，他在《哲学史讲演录》里讲到中世纪时，有这样的话：

"单把中世纪叫做野蛮的时代，那对于我们是没有什么帮助的。那是一种独特形态的野蛮，不是纯朴、粗野的野蛮，而是把最高的理念和最高的文化野蛮化了。这正是最丑恶形态的野蛮，并且是一种歪曲，甚至用思想对绝对理念加以歪曲。"①

这种心态也许是我们自己也有的：当我们想起汉唐盛世，那时中华民族领先西方何止百年，此后直到明朝，我们仍是世界上最发达的国家，有如今天的西方世界。然而，清之后，我们不但落后了，且几沦于异族的统治之下，饱受西方列强的侵侮。一想起这段历史来不由不心痛。西方人也是这样，一想到中世纪的黑暗，想到自己的历史不是由光明走向更光明，而是由光明堕入黑暗，心中不由不哀叹几声。

中世纪貌似是一个历史的退化期，同时又像上文所言，是一个"乱七八糟"的年代。这段时期，西方世界像团乱麻，令人丈二金刚——摸不着头脑。这段历史线索复杂、头绪繁多，大量宗教的、政治的、军事的事件混杂在一起，更为重要的是，中间没有个主线，所以更显杂乱无章，就像以前西方的国家中主要只有希腊和罗马，现在一下就冒出了许多新国家，英国、德国、法国、意大利等等，还有许许多多的小国，如公国侯国伯国之类，加在一起成百

---

① 黑格尔：《哲学史讲演录》(第三卷)，贺麟、王太庆译，商务印书馆，1959年12月第一版，第323页。

甚至上千，开始在历史舞台粉墨登场，表演自己的角色，要把这些一一写出来岂是容易的事呢！

但不管容易与否，我们都是必须做的。至于怎样做到这一点，那第一步就是要给中世纪乱七八糟的历史绘出一幅大致的轮廓来，让我们看清楚中世纪大致是什么样的。这就像在一间黑屋子里点上一支蜡烛一样，即便是一支光很微弱的蜡烛，也能使我们看到屋子里的大略情形，而不是漆黑一片。中世纪正需要一支这样的轮廓之烛，因为它正被称为"黑暗的世纪"。

但怎样才能找到这个轮廓呢？我们可以先说明中世纪有哪几件大事、哪几条线索，它们就是我们走向黑暗的中世纪的几条大道，循着这几条大道，我们可以了解中世纪整个的历史。

通过仔细的查探，我找到了几条这样的大道：

一是封建制的兴衰。封建制是我们人类历史的主要社会形态之一，中国有、西方也有。古罗马是西方的奴隶制时代，中世纪就是西方的封建时代了。这也是中世纪的基本社会特征，通过对封建制的形成、发展与衰落的了解，我们可以了解整个中世纪基本的历史轮廓。

二是西方民族国家的形成，现在英国、德国、法国、意大利这些西方大国都名声响亮，但当我们讲希腊的光荣、罗马的伟大时它们在哪里呢？——它们还没有诞生呢！至于它们的诞生，这就是中世纪的事了。

三是基督教的兴起、强大，最后成为整个西方的精神统治者。我们知道，现代西方文明的神髓就是对基督教的信仰，古罗马后西方精神的发展史就是基督教的发展史——是对基督教的接受、崇信与走向部分的怀疑与批判的历史, 其中中世纪的精神史则是对基督教的接受与崇信的历史。

我们先来讲讲前两项内容, 首先要说的就是西方封建制的兴衰。

在讲封建制的兴衰之前, 我们先来讲述一下这中世纪是如何来到我们面前的吧。

第一节 西罗马帝国的崩溃

讲中世纪的到来, 要从西罗马帝国的崩溃说起。

我们知道, 罗马帝国一度是辉煌的, 统治了几乎整个西方世界数百年之久, 是古代西方世界最强大的征服者。它的远祖据说是特洛伊人, 具体来说就是普里阿摩斯王的女婿埃涅阿斯。经过数百年征服, 到公元 1 世纪左右的图拉真时代已经建立了东起直通波斯湾的美索不达米亚, 西到西班牙, 北至不列颠和达西亚, 南包埃及的庞大帝国, 地中海已经变成了罗马不折不扣的内湖。

与在武功上的隆盛相比, 罗马人在文化上虽然也可称发达, 但缺少创造性, 连神都直接来自希腊人, 只是改个名字而已。对此罗马人自己也是承认的, 但他们并不以之为耻, 反而很是自豪。为什么呢? 因为罗马人虽然文化比不上希腊人, 然而讲到武功之隆盛, 那就远非希腊人可比的了, 就像伟大的罗马诗人维吉尔的《埃涅阿斯纪》第六卷中, 埃涅阿斯的父亲安喀塞斯在地府中对儿子说的那样:

> 毫无疑问, 别人
> 会把青铜像铸造得精美无比,

会把大理石刻得栩栩如生，

会在法庭诉讼上说得头头是道，

会用规尺计量天体的运行，

会预告星辰的升起。

但你们罗马人呵，

却要牢记以威力统辖天下万民。

这正是你的天才所在——

在世界推行和平之道，

对驯服者宽宏大量，

对桀骜者严惩不贷。[①]

罗马先是共和国，后来从凯撒和奥古斯都开始慢慢走向了君主专制，成为了罗马帝国。在帝国的众多统治者中，最有名的是"五贤帝"，即涅尔瓦、图拉真、哈德良、安敦尼·庇护和马可·奥勒留，他们的统治是罗马帝国征服的顶峰。这五个人的最后一个、伟大的哲学家兼皇帝马可·奥勒留去世后，皇位传给了他的儿子康茂德。他与父亲太不相像了，他的父亲智慧、贤明而勇敢，是个相当理想的贤君，但他却愚蠢、懒惰而昏庸，是个典型的昏君。从他之后，罗马帝国就江河日下了。

从这时候起，帝国的大权就落到了那些由屋大维建立起来用以保卫皇帝的禁卫军手中。他们现在与其说是皇帝的保卫者，不

---

① 维吉尔：《埃涅阿斯纪》第六卷第847—851行，杨周翰译，人民文学出版社，1984年3月第一版。

如说是伤害者，甚至随意立帝废帝。例如公元235年到284年这49年间，他们废了足足24个皇帝。这些皇帝当然只是禁卫军的木偶而已。这情形一直持续到3世纪，这时总算来了一个有本事的皇帝——戴克里先。他除了大力整顿衰退的帝国之外，为了更好地治理，还把帝国划分为东西两部，于是原来统一的罗马帝国现在分成了东罗马与西罗马。东罗马包括希腊及其以东的地方，西罗马则包括意大利及其以西的地方。东罗马由戴克里先自己治理，西罗马则交给他的一个部将，也称为皇帝，只是西帝要服从东帝。后来，当君士坦丁做了皇帝后，在小亚细亚半岛的西端建了新都"君士坦丁堡"，东西罗马从此成了两个相互独立的国家。

中世纪的到来就是从西罗马帝国的崩溃开始的。

这个西罗马帝国又被称为"真正的罗马"，它的地盘在今天的西方、它的文化传统也是地道西方的，至于东方的东罗马，它已经成为一个半东方式的帝国了。

西罗马帝国如何崩溃了呢？原因并不复杂，无非是两个：一是内忧，二是外患。

所谓内忧，前面说过，马可·奥勒留之后，罗马皇帝大权旁落，连皇帝的废立都被禁卫军控制，就像在我国东汉末年被宦官们控制一样。这样国家就没有了强有力的中央政府，对于一个像罗马这样面积庞大、民族众多的帝国，这是致命的弱点。在帝国分裂成东西两部分之后，东罗马成了帝国重心，治理他的皇帝，像戴克里先和君士坦丁也不是那么昏庸无能，还能支撑下去。而西罗马的皇帝则一个比一个无能，帝国也就一天比一天无力了。这就是内忧。

正所谓福无双至，祸不单行，正当西罗马内忧重重时，它又面临着一场空前的外来浩劫。

这场浩劫的发起者是一个我们中国人熟悉不过的名字——匈奴。

匈奴本来是生活在我国北面蒙古大草原上的游牧民族，他们身着短衣，从小生活在马背上，个个都是勇敢的战士。像所有的游牧民族一样，他们的爱好一是打猎，二是征服。他们的首要目标当然是南面的中国，这在我国的战国时代就开始了，秦始皇筑长城就是为了阻拦匈奴人的南侵。但到了汉朝，我们就不是被动阻拦，而是主动攻击了。西汉东汉与匈奴之间的大战、班超、卫青、霍去病这些抗击匈奴的汉朝大将的名字以及"匈奴未灭，何以家为"这样的豪言壮语我们早就熟悉了。总之，这些匈奴人最后被我们汉朝的祖先们征服了，他们原来生活的蒙古大草原也成了大汉的国土，匈奴人最后也融化于中华民族的大家庭之中。

但这些只是"总之"或者"大概"，匈奴人作为一个民族在中国已经被消灭、同化了。但他们并没有真的消失在世界历史舞台。在汉军的不断打击之下，许多匈奴人被迫西迁，把原来生活在那里的大月氏人赶走，那些月氏人只好也往西逃，他们到达印度北部后征服了那里的大夏国，大夏国是亚历山大大帝征服印度后产生的希腊化诸国之一。匈奴人继续东进，经过漫长的岁月，最后到达了遥远的西方世界，在那里掀起了滔天巨浪。

这样，倘若超越时间，我们可以看到一个古怪的互相追赶的队形：最后面是追击匈奴人的汉朝大军，匈奴人的前面先是月氏人，月氏人逃入印度后，匈奴人前面就是西方的日耳曼人了。这些其祖先从前被汉朝军队打得抬不起头来的匈奴人，到了西方可是如虎入羊群。一位历史学家是这样描述这些匈奴人的：

"一经激发怒，他们就奋起作战，排着楔形队形，发出各种狂叫声，投入战斗；他们敏捷灵活，有意分散成不规则队形，兵锋所至，杀戮骇人。他们没有固定住处，没有家，没有法律……他们没人能说出自己的起源，因为母亲怀他在一处，生他在遥远的另一处，抚育他又在更远的一处。"①

他们在俄罗斯大草原上三下两下就将生活在最东方的西方人——日耳曼人的一支东哥特人——打得四散奔逃，东哥特人只好往西飞逃，这下，生活在他们西面的西哥特人就倒了霉了，在东哥特人的攻击之下——东哥特人为了从匈奴人那里逃命不得不将阻拦他们逃跑的西哥特人打垮。这些西哥特人怎么办呢？他们只好也往西逃，在他们的西面就是曾经伟大的罗马了。

著名历史学家斯塔夫里阿诺斯在其名著《全球通史》中有一张图表，说明了匈奴人是如何在漫长的历史时期内通过一条怎样的路线从中国一直打到西罗马帝国的。②

这些被东哥特人逼得走逃无路的西哥特人向罗马帝国请求避难。罗马人看到他们可怜的样子，又知道他们其实也是不错的战士，可以代罗马人守卫边疆，就同意了，让西哥特人渡过多瑙河，进入罗马，这是公元376年左右的事。

罗马人把进入罗马的西哥特人当奴隶来使唤，残酷地压迫、剥削他们。西哥特人忍无可忍，奋起反抗，与罗马军队开了战，曾经强悍无比的罗马大军如今在西哥特人面前却不堪一击，公元378

---

① 转引自斯塔夫里阿诺斯：《全球通史》，吴象婴等译，北京大学出版社，2005年1月第一版，第181页。

② 参见斯塔夫里阿诺斯：《全球通史》，同上，第177页。

年，在亚得瑞安堡一役中，罗马军队惨败，他们的皇帝瓦鲁斯也被赶到一间茅屋里，活活烧死了。

从此，原来对罗马大军心存恐惧，不敢放胆攻击的东哥特、西哥特等"野蛮人"开始肆无忌惮地向罗马帝国展开了攻击，由此展开了西方历史上新的一页。

西哥特人攻入意大利后，罗马人抵挡不住，只好献上大约五千斤黄金、三万斤白银、四千件丝袍、三千件皮衣，还有三千斤辣椒求和。西哥特人暂时答应了，但才过了几年，又兵临罗马城下，这次他们毫不手软地发动了总攻，打下了罗马城。

罗马，这座"永恒之城"沦陷了。

后来这些西哥特人又占领了帝国在西班牙和高卢西部、南部的领土，建立了西哥特王国。

西哥特人之后，另一支日耳曼人汪达尔人也攻入了西罗马，他们一直打到非洲，在北非原来罗马帝国的领土上建立了汪达尔王国。这些汪达尔人后来又横渡地中海，像西哥特人一样打下了罗马城，他们可没有西哥特人那么"文明"，在他们的大劫之下，罗马几成废墟。

现在英文里还有一个词"vandal"就来自于汪达尔人，意思大家不难猜测，就是恶意破坏、摧毁文物之意。

经过这些野蛮人的破坏，罗马帝国元气大伤，奄奄一息。

但罗马帝国最后的毁灭者不是罗马的"外敌"，而是"内奸"，这"内奸"就是罗马军队内部的日耳曼禁卫军。

像我们前面说过的，这些日耳曼人势力日渐强大，最后大到连皇帝的废立都要由他们说了算。一开始他们还是让罗马人来做皇帝，自己掌握大权就够了。后来他们发觉与其这样，还不如干脆自己做皇帝来得痛快。

于是，公元476年，罗马日耳曼军人的首领奥多亚塞，据说他也可能是个匈奴军人，废黜了最后一个西罗马帝国的皇帝罗慕洛斯·奥古斯都。

这样，"伟大的罗马"在诞生了千年之久、称雄了数百年之久后终于寿终正寝了，它的离去标志着西方历史上一个新时代——中世纪的来临。

第二节　中世纪的来临

罗马帝国崩溃后，西方的历史接下来就是中世纪了。

要了解这个中世纪，首先就要了解它的基本制度，这就是封建制，中世纪就是西方的封建制时代。

我们中国有一段漫长的封建时代，从战国秦汉一直延续到清朝末年，长达两千余年。这在世界历史上是绝无仅有的，所以要了解封建制，最好的例子就是中国了。但了解中国的封建制并不意味着了解了西方的封建制。西方的封建制与中国的封建制有相当大的差异，这不单表现在延续时间的长短，还表现在社会、经济、政治、军事的各方各面。

西方封建制起源于三个契机：罗马帝国的崩溃、日耳曼征服者的传统与土地采邑制。

罗马帝国的生产原来靠奴隶劳动，帝国常年到处征服，被征服地区的人民，特别是战俘就成了罗马人的奴隶。战争与征服对罗马帝国而言是家常便饭，而且几乎每次都能捕到一大批战俘，这样奴隶就有了可靠的来源，价钱也便宜，这就为奴隶制提供了最先的基础。

到后来，随着帝国的衰落，他们在战争中不但不能取胜，反而常常失败，自己都成了奴隶，抓别人来做奴隶是不能的了，于是奴隶来源日益枯竭。这就使奴隶制面临巧妇难为无米之炊的境地。

再往后，由于日耳曼蛮族的侵入，奴隶们乘机溜之大吉，奴隶主们保命还来不及，哪来得及管奴隶们跑不跑。

还有，我们要知道，奴隶制是一种最残酷的剥削制度，奴隶毫无人身自由可言，他们的一切劳动果实都被奴隶主侵占，他们的劳动完全是被迫的，毫无积极性可言，只要有可能，他们就会怠工逃跑，争取自由。所以，奴隶制的维护完全是以奴隶主对奴隶的暴力控制为基础的，一旦奴隶主失去了这种控制能力，奴隶制也就失去了它生存的基础。罗马帝国的覆灭正标示着这种基础的丧失。

然而，帝国崩溃之后，原来的奴隶主们还在，他们也依旧不能靠自己的双手耕种自己的土地，怎么办呢？这时候他们已经无力像过去那样控制奴隶了，为了使奴隶们不要逃跑，唯一的办法是给他们好处。为此奴隶主们采取了另一种剥削方法，就是给奴隶土地，让他们自己耕种，然后他去收租。这样原来的奴隶不但有了一定的自由，还能享有一部分劳动果实，那劳动积极性自然高多了，也不成天想着逃跑了。

这样一来，原来的奴隶主慢慢变成了封建地主，奴隶变成了隶农，奴隶制就变成了封建制。

除原来的少数罗马奴隶主外，现在的封建地主主要是日耳曼人。那些率军攻打罗马的日耳曼各族国王占领了大片土地后，把它们分给士兵和贵族们作为采邑。那些分得了土地的人，尤其是分得了很多土地的贵族们便成了大地主，他们再把自己的土地分给小的贵族，如此下去，直到土地最后分到亲自耕种的隶农们手里。获封了土地的大小贵族就成了大小封建领主。领主和隶农合在一起就构成了封建社会的两个基本阶级，这两个基本阶级形成之后，封建制也就形成了。

封建制下的西方各国，像英法德意等，社会状况各不相同，但既然同为封建制，就有某些共同点。

这些共同点之中首要的是，封建制国家大体上有三大社会等级：国王、封建主和隶农。

国王是最大的封建主，居于金字塔之巅，全国的土地都属于他所有，由他分给各个封建主。当然，由他亲自来封的只是些大封建主，而且一封就是一大片。

封建主是些大大小小的地主。他们有的占有大量土地，有的就少些。他们并不是把这些土地直接交给隶农去种，而是再分封下去，也就是说，他们自己是封臣，但他们自己也有自己的封臣。

隶农是直接耕种土地的人。

我们现在来讲几个关系，弄清楚这几个关系之后我们也就弄清楚了封建社会的概况。这几个关系就是：国王与封建主的关系、封主与封臣的关系、封臣与隶农的关系、隶农与土地的关系。

中世纪西方的封建国王有一个基本特点：国王们不是专制的，而是权力相当有限。这与中国的封建皇帝们恰恰相反，中国的皇帝们从来都拥有巨大无比的权力。

中世纪的国王在他们的臣子们看来只是他们的债主，没什么了不起。所以国王们要想坐稳自己的宝座就得遵守两条规矩：一是要尊重法律，二是统治要公正。国王哪怕对一个普通百姓也不能随便惩罚或杀害，对贵族就更不用说了。如果他们胆敢如此，他的臣子们就没有义务忠于他，这样迎接国王的通常就是废黜乃至死亡。我们可以读读莎士比亚的著作，如《亨利四世》、《约翰王》等，在这里面，臣子与国王之间的关系有点像我们现在的下级与上级的关系，而且下级们对这个上级通常并不是很尊敬的，甚至常常想着要把他们给杀了。

国王的权力是，如果他的臣子们违反了法律，他可以依法惩治，或者没收他的采邑。

中世纪的贵族大体可以分成五个等级，分别叫作公爵、侯爵、伯爵、子爵、男爵，除此还有勋爵与骑士两个特殊阶层。前面的五个等级都既是封主，又是封臣。也就是说他们把自己受封得来的土地又分给别人，这样自己由封臣又成了封主。例如一个公爵，我们姑且叫他兰开斯特公爵，被国王封了一百座城堡，他可以把这一百座中的九十座分给五个伯爵，其中某伯爵，我们也用莎士比亚剧中人名，叫诺森伯兰，一人就分了五十座，诺森伯兰于是把他的五十座城堡中的五座分给一个叫福斯塔夫的男爵。如果愿意的话，这个福斯塔夫还可以分下去。这样，兰开斯特公爵、诺森伯兰伯爵都既是封臣，又是封主。

在封主与封臣之间既没有绝对的上下级关系、也没有固定的血缘关系，他们之间的关系简而言之是这样的：

封臣对封主：如果封主要打仗，封臣必须为他作战，打仗时如果封主被俘虏了，他必须为封主交纳赎金；同时他必须按时向封主交纳一定数量的贡赋，例如粮食、野味、葡萄酒和橄榄油之类，如果他想将封主给他的采邑卖掉，那么他得交给封主一大笔税，足以使他肉痛。但他对封主也有权利：如果封主做事不公道，他可以提出谴责，并且采取相应措施，当他受到攻击时，他可以要求封主的保护。

所有的封主和封臣，从国王到骑士，都有自己的庄园，国王公爵等不会把自己的所有土地都作为封地分封下去，总要给自己保留一些作为直属领地，这些就是他的庄园，他自己就生活在这些庄园里作地主。除他这个地主外，庄园里还生活着隶农，也就是耕种土地的农民。所以一个庄园大体上由三部分构成：庄园主、农民、土地。

庄园主可以是国王、公爵、伯爵等贵族直到骑士和教士。他们住在高高的城堡里，自己不耕种土地，把一部分土地交给隶农们耕种，作他们的份地，他从中收取地租，另一部分则作自己的份地，当然他不会自己去种，而是由他的隶农们去种，收成全归他。他们还在庄园里建一些风磨水磨榨油机磨面机之类，如果隶农们要用，那好，交钱吧！

靠这些法子捞来的钱，封建主们成天吃喝玩乐谈恋爱，要么就找个借口来个决斗，日子相当滋润。

农民又可以分几种，如维兰、农奴、佃农、茅舍农、奴仆等等。维兰本来是些有一小块土地的自由农，由于战乱频繁，税负太重，他们便把自己的小块土地无偿地"献给"庄园主，然后再把原来属于自己、现在属于庄园主的土地租来种，每年给庄园主交地租。也许您会说：这不是傻么？不，他们这样做精着呢。这样做有三大好处：一是维兰们就不要给国家交税了，那国家的税可比地租重得多；二是他们把土地交给庄园主后庄园主就有责任保护他；三是即便把土地交给庄园主了，他还是个自由人，想走就走，主人不能随便要他干这干那，也不能随意加租。有这些好处较之自己种地交重税、自己保护自己当然更划算。

农奴虽然名字难听，实际情况与维兰也差不多。他们通常是一些很久以前先祖就把土地交给了庄园主的人，他们与维兰的区别一是他们没有人身自由，庄园主可以把他们连同土地一起卖掉，就像土地上的庄稼和农具一样，二是他们的地租比维兰要重一些。

佃农和茅舍农两个差不多，不过他们的地位较之维兰和农奴就低多了。维兰和农奴还有地可种，他们则什么也没有，像他们的名字一样，他们住在一些最小最破旧的茅屋里，靠给庄园主打零工或者给某些较有钱的维兰种地过日子，干一天活挣一点报酬。

总的来说，这些农民们的生活是悲惨的，要通过繁重的劳动供养前面那大批的贵族与教士之类，所以终年辛劳所得只能勉强糊口，不致饿死，甚至连这种最起码的需求也难以满足，如《欧洲中世纪生活》一书中所言：

"尽管不知道具体的数字，也可以毫不夸张地说，大多数农民的生活都只是处在能够生存的最低极限，除了农业以外，还要依靠其他的生计才能满足维持生存的需要。"[①]

农民们不但生活痛苦，还被那些压迫他们的人所鄙视，因为他们没有文化、愚昧又贪婪，这样的鄙视不但出现在日常生活中，也

---

① 汉斯-维尔纳·格茨：《欧洲中世纪生活》，王亚平译，东方出版社，2002年8月第一版，第178页。

出现在当时的文学作品中，如我们在《十日谈》中看到的农民就往往是这样子的，例如有一个故事说一个教士看中了一个农民的漂亮老婆，就说可以让他的老婆白天变马来做工，晚上再变成漂亮女人，那农民竟然相信了这种鬼话，结果就是教士当着农民的面玩弄性侵了他的老婆，他竟然茫然不觉，并不生气。这也如另一部介绍中世纪的著作《试谈另一个中世纪》中所说：

"随着经济复苏，当农民再次出现于文学中，他变成vilain（这个词的语义演变本身是耐人寻味的），将保留出自于早期中世纪的那些贬义特征。他是作恶的、危险的、不识字的，更接近于野兽而不是人。"[1]

这里的vilain就是维兰了，他们还是农民中地位最高的一种尚且如此，其他农奴、佃农、茅舍农、奴仆就更不用说了。

当然，也不能说这些农民的生活真的一无乐处，只有悲惨。相反，据说中世纪的农民也有许多好处，至少维兰和农奴是如此。例如按中世纪的老规矩，不管什么情况庄园主都不能将他们从土地上赶走，如果要将土地卖掉，也得将农奴加在一起卖。如果农奴老了不能干活了，庄园主就得养活他直到他死去。另一个好处是那时的节假日比较多，外加至少原则上不应该干活的星期日。这样农奴还是有一定的休息时间的。另外每逢那些大节日或每年春种秋收后，庄园主们都有义务犒劳农民们一顿，让他们吃饱喝足。这在《欧洲中世纪生活》中也有所反映：

① 雅克·勒高夫：《试谈另一个中世纪》，周莽译，商务印书馆，2014年6月第一版，第177页。

"人们尽可能地利用一年中少有的机会，实实在在地庆祝节日：教会的节日（如尼古拉日及除夕夜、斋期的开始和结束日，特别是村里教堂落成的圣礼纪念日），然后还有5月1日，粮食入仓等对农村生活非常重要的一些日子。人们在欢庆时唱歌、跳舞、大吃大喝，有时还举行化装游行。"[①]

因为这些事实，过去一直把中世纪看作一无是处的西方史界现在也有许多人观念转变了，甚至写了好多部歌颂中世纪的著作。

这情形也类似于对于中世纪哲学的态度，从前是很鄙视的，现在不了，认识到了它也有优越之处。

与人相应，庄园的地可以分成三种，分别属于庄园主、农民和教堂。种地的当然都是农民。

土地本身可以分成三部分：春耕地、秋耕地和休耕地。顾名思义，春耕地主春天耕种，秋耕地秋天耕种，休耕地则一年到头闲着。除了这些耕地之外，庄园还有其他的土地，如林地草地宅基地之类，以及什么也没有的荒地。

关于封建制下人各色人等的生活我们就说这些，下面我们谈谈封建社会里一项颇有意思的内容：战争与战斗。

中世纪的所有痛苦、喜悦与希望之中，最使我们向往的是骑士精神。

骑士是中世纪一个独特的阶层，也是封建制主要的卫道士，是军队的主力。骑士们大都出身于小贵族家庭，又常常不是长子，不

---

① 汉斯-维尔纳·格茨：《欧洲中世纪生活》，王亚平译，东方出版社，2002年8月第一版，第179—180页。

能从父亲那分得遗产。他们的出身并不能保证他们能成为骑士，要成为骑士必须由某个贵族来加封。他们在获封骑士的同时往往还能获得一个或几个小庄园，他们就可以靠着这些个庄园来过日子。如果他们想获得更大更多的庄园，唯一的途径就是掠夺，他们可以自己去抢，也可以跟着他的封主去战争，从战争中获得战利品。

至于怎样才能做一个合格的骑士，基本的品质是他首先得是一个忠贞不二的情人，并且要把他的情人当作圣母一样来崇拜而不仅仅是爱。为了她，他随时准备献出自己的性命。除此之外，他还必须有另外一些美德，例如仁慈、节制、勇敢、忠诚等。他必须遵守许多礼节，例如看见了自己的情人时怎样对她单腿下跪，怎样吻她的手，怎样举起长矛，向将要决斗的敌人致敬，等等，相当复杂。

在中世纪的一首诗《鲁奥德利普》中，如此记载了一个合格的骑士应有的品质：

又一个骑士产生，

选自一个家族，

这个世袭的贵族

具有无可挑剔的礼貌，

为富有的领主尽责，

按他们的要求尽力……

主人的话语，

就是对他的托付，

能为他们复仇，

能为他们排难；

决不会拖延，

尽心又尽力。

愿为主人献身，

不论是狩猎还是去作战，

无论在任何事情中。①

即使在中世纪过去好久之后，人们对中世纪的一切可能都说之痛心，唯有骑士精神却长久地给人们以美好的回忆，后来，许多作家们借此创作了许多小说，描述骑士们的浪漫生涯，使得欧洲无数年轻人心驰神往，恨自己不能生在骑士时代，好也创下亚拉冈的约翰一般的伟业，美人财宝双丰收。

第三节　中世纪的结束

封建制和支撑它的骑士们是怎么消失的呢？

前面我们说过，封建制的基础有三个：农奴、封建贵族、骑士。如果他们消失了，封建制自然也就没落了。

虽然有自由的维兰，封建庄园的主要耕种者还是农奴，他们的生活固然比奴隶好多了，但不用说还是比较苦的，趋乐避苦是人之本性，所以他们梦想着更美好的生活。封建制盛行的时候，他们刚尝到甜头，还老老实实地在庄园里劳动。后来发生了几件事，令他

---

① 转引自汉斯-维尔纳·格茨：《欧洲中世纪生活》，王亚平译，东方出版社，2002年8月第一版，第210页。

们见异思迁。

首先是城市的出现。随着生产发展，人口不断增长，欧洲各地出现了许多城市。在城市里人只要有一技之长，例如作木匠鞋匠皮匠之类，就可以生活得相当舒服。即便没一技之长，只干些笨体力活，例如替人跑腿搬东西，日子也比乡下的农奴们要舒服得多。农奴们自然向往这样的生活，一有机会就往城里跑。那时还有一个规矩，只要一个农奴跑进了城，他乡下的主人就不能到城里来抓他，他就自由了。结果农奴们大批大批地往城里跑，主人们一点办法也没有，因为他们毕竟不是奴隶，不能成天把他们锁在屋子里。

怎么办呢？眼看着种地的人一天天少，急疯了的庄园主们只好硬的不行来软的，让农奴的日子过得更好一点，例如少要点租，有时干脆给他们自由。他们知道不给也没用，还不如做个顺水人情。这样农奴日子比先前好过了，还有了人身自由，当然不成天想着往城里跑了。这正如《中世纪的城市》中所言：

"于是一种新型的农民出现了，完全不同于旧式的农民。后者以农奴身份为其特征；而前者享有自由。这种自由也是仿效城市的自由，产生这种自由的原因是农村组织受到城市的影响而出现的经济动荡。新城的居民其实是农村的市民。在许多的特许状中他们甚至被称为市民。他们得到显然是从城市制度中借用来的司法组织和地方自治，因而可以说城市制度逾越城墙扩散到农村，把自由传送到那里。

这种自由在进一步发展过程中，很快就渗入旧领地，那里过时的组织再也不能保持在经过革新的社会之中。或者通过自行解放，或者通过时效或僭取，领主们让自由逐步代替长期以来作为他们佃户的正常身份的农奴身份。"①

另一个原因是14世纪欧洲曾流行一场巨大无比的"黑死病"，即鼠疫，全欧洲的人差不多死了一半，尤其是卫生条件差的农奴死得更多。这样，"人以稀为贵"，黑死病过后，农奴变得金贵起来，每个庄园都有大片的土地等着人种，所以都不顾一切地要农奴，哪怕是另外一个人的农奴。在这种竞争之中，地主们不由争相给农奴们好处，结果几乎所有的农奴们自由多了，租子也少了。

农奴与以前不一样，封建主呢？也不一样了。

随着城市的发展、城里面的生活变越来越舒服，原来生活在乡下的庄园主们也开始向往城里生活了，纷纷移居城市，乡下的庄园有的卖掉，有的交给农奴们，他只派管家去收收地租。还有，住在城里后，他们渐渐发觉种地远没有投资工商业赚钱快，就纷纷转向这新行业，久而久之，原来的封建庄园主慢慢变成了资本家。

上面这些原因的必然结果就是原来的庄园经济没法像以前那样维持下去了，只得崩溃。庄园制一旦崩溃，那封建制的末日也就来临了。

封建制三骨干的最后一位——用武力捍卫封建制的骑士的命运又如何呢？有两个因素把他们消灭了：

一是十字军东征。关于这场特殊的、与宗教直接相关的战争我们后面马上要讲到，这里且不说，总之由于十字军东征的规模惊人，可以说全欧洲的骑士们都动员起来了，结果却惨得很，作为战

---

① 亨利·皮雷纳：《中世纪的城市》，陈国樑译，商务印书馆，2006年7月第二版，第136—137页。

斗主力的骑士们死伤不计其数，俗话说巧妇难为无米之炊，人数少多了的骑士们自然没多大力量保卫封建制了。

人数少了，后来技术的进步使这些少了的骑士的本事也小了。为什么呢？

我们知道，中世纪时骑士们打仗靠的是武艺，这时的战斗正像《三国演义》和《射雕英雄传》中的样子。青龙偃月刀和降龙十八掌之类在冷兵器时代是有力量的。但后来，一种新式的"热兵器"——火药枪——出世了。

在这种情况下骑士对战争的作用就与一个普通农夫没多大差别了。郭大侠的降龙十八掌再厉害、亚拉冈的约翰剑再宽再重，拿到现在有什么用呢？当他们还在百把米开外时，一枪打过去，他俩还有命吗？

在这样的新现实下，骑士们渐渐成了无用之物、渐渐消失了。

当庄园主、庄园、农奴、骑士等作为封建制基础的一切消失之后，封建制也就灭亡了。

当然，就像罗马不是一个月、也不是一年建成的一样，封建制也不是一个月、一年就灭亡的，有一个漫长的、渐进的过程。

中世纪哲学也像中世纪的封建制一样，在这个过程之中慢慢成长、发展、衰落，最后消亡。

第三章　中世纪哲学的大背景之二：犹太人简史

应该说，犹太人是世界上最有名的民族之一，也是命运最悲惨的民族之一，因为在漫长的历史时期内，他们都是被其他民族所欺凌、压迫与蔑视的民族。有些西方的作家与哲学家，对犹太人也抱着浓浓的偏见，作家如莎士比亚，哲学家如伏尔泰。在他们的作品中犹太人基本上都是反面人物。伏尔泰在其《哲学辞典》中是这样评价犹太民族的：

"我老实说，犹太民族本是一个很野蛮的民族。他们把一个不幸的小地方的居民无情地杀光，而他们对于这个地方跟他们对于巴黎和伦敦是一样无权过问的。"①

在这一章我们将讲述犹太人那悲壮而令人悲哀的历史。

之所以要讲述他们的历史，有两个原因：一是因为犹太人的犹太教乃是基督教最初的创造者，就其具有这个身份而言，我们在讲中世纪哲学时，就应该好好讲讲他们；二是因为犹太这个民族本身也的确是一个有故事的民族，从某种程度上来说，犹太人甚至算得上是全世界最有故事的民族。而这个故事不用说是很动人的，或者说是很令人

---

① 伏尔泰：《哲学辞典》，王燕生译，商务印书馆，1991年10月第一版，第716页。

动容的，就像上面所言，这是一个悲壮而令人悲哀的故事。

黑格尔曾用一句话对犹太人的这两大特点进行了概括：

"基督教是发源于犹太教的，发源于那种自觉的悲伤自贱的。这种虚幻的自我感，从一开始就攫住了犹太民族，一种悲伤、绝望、虚幻之感占据了他们的生命和意识。"①

我们知道，缔造现代人类对整个世界基本看法的三大伟人——马克思、弗洛伊德、爱因斯坦——都是犹太人，其中马克思缔造了人类对于社会的看法、爱因斯坦缔造了人类对自然的看法，而弗洛伊德缔造了人类对于自身的看法。

这三个伟人诚然伟大，是犹太民族对人类伟大的贡献，然而并非最大的贡献。什么是犹太民族对人类社会做出的最大贡献、对人类的最大影响呢？

当然是其创始了基督教。

犹太人是基督教之创立者，所以我们讲基督教之创立当从犹太人之诞生说起。

犹太人的祖先，当他们还不曾被称为犹太人时，就来到了现在叫巴勒斯坦的地方。

在进一步阅读之前，我建议大家看一下巴勒斯坦地图，从地图上可以发现，巴勒斯坦有一个很大的特征，就是它易攻难守。在它的四周是一片平坦的沙漠，沙漠平坦得战马可以横冲直撞，它却没有什么可以阻挡这些战马的冲撞。

---

① 黑格尔：《哲学史讲演录》（第三卷），贺麟、王太庆译，商务印书馆，1959年12月第一版，第248页。

这个要命的特点就造成了犹太人以后可悲的历史——只要敌人稍微强大，就可以轻而易举地占领他们的家园，将他们的家园变成囚禁自己的牢狱。又因为巴勒斯坦所处的地方恰恰是一片美好的绿洲，物产丰饶，正如《旧约》上所说，是神赐给犹太人的流奶与蜜之地。好东西人人想要，其它民族便纷纷侵入，简直像蝗虫一样扑来！

犹太人的整部历史就是一部不断被外来民族征服的历史——是一次次反抗、一次次失败与一次次被征服的历史。

犹太人第一次出现在巴勒斯坦是公元前1400年左右，距现在三千多年了。但这时他们还不叫犹太人，而称为海伯鲁人，这些海伯鲁人就是后来的希伯来人。

从此犹太人，也就是希伯来人，走入了历史。

这些海伯鲁人原来居住在沙漠，此前大约是西亚莽莽黄沙中众多原始游牧民族之一，至于这些尚处于原始社会的游牧民族的起源就无从考证了。

海伯鲁人来之前，巴勒斯坦是古埃及帝国的一部分，埃及人一直对它进行有效的管辖，希伯来人到达巴勒斯坦几十年后，埃及人重新征服了巴勒斯坦。这时的巴勒斯坦还有另一个名字——以色列，二者的地域并不完全一样，以色列可能指的仅是希伯来人所住的那部分巴勒斯坦。在公元前1223年古埃及的一个碑铭上有一句话，说"以色列是荒芜的，五谷不生。"[①]或者也有书将这句话说成

---

①　参见罗伯逊：《基督教的起源》，宋桂煌译，三联书店，1958年6月第一版，第14页。

"以色列已化为废墟，但它的种族并未灭绝。"①

　　第一个译法叫人有点莫名其妙，因为巴勒斯坦在那时不大可能是荒芜的，否则何以希伯来人要在那里生活下去呢？何以那么多的帝国都想将它占为己有呢？何以《圣经》称它是"流奶与蜜之地"呢？我想这段话的意思可能有两个：一是希伯来人此时所住的那部分巴勒斯坦地区是荒芜的，因为我们知道，这时巴勒斯坦被埃及人征服了，他们岂不把被征服者赶到荒芜之地去而把流奶与蜜之地留给自己呢？二是相对于埃及人所住的丰饶无比的尼罗河谷来，希伯来人所住的地方即便有草有水，也是荒芜的，因为在这里不能种下五谷，只能牧牛放羊。当然，如果我们采用第二个译法就容易理解多了，希伯来人这时被埃及人征服了，征服之战将他们的国家化为瓦砾，然而其人民并未因战争而全部死灭。

　　不管这段话的意思如何，这句三千年前的铭文是现存所有史书中第一次有关希伯来人、以色列人或犹太人的历史记载。

　　不管采用哪种译法，我们都可以从中知道这些希伯来人被征服了。

　　此后他们又怎样了呢？难道被征服者轻易地被放走了吗？

　　当然不！而是采取了那个时代惯有的征服之形式，就是让被征服的异族做他们的奴隶。如果以色列人曾被征服了，那么他们很可能被埃及征服者拉去做奴隶了，这样它的种族才未灭绝。

　　当然，对这段从以色列到埃及的历史犹太人人自己也有记载，他们是不会说因被征服而成了俘虏的，详情我们可以去参考《圣

---

①　参见王志远主编：《基督教百问》，今日中国出版社，1992年12月第一版，第18页。

经》。①

到埃及后犹太人的历史就好解释了，我们都听说过摩西带领犹太人出埃及的故事，后来犹太人的历史就从这里开始，我们从《圣经》上可以明明白白地看到后来的一切。

但事情却并不这么简单，根本原因就是这里出现了两种历史——考古的历史与《圣经》的历史。

我们知道，《圣经》是半部神话书，所以它上面所记载的东西虽然都有历史的影子，但却与通过考古所发觉的历史不大一样。它上面有些东西，例如上帝的创世，是没法用考古学证明的，所以不能看成史实。

所幸的是，我们固然不能将《圣经》看成完全的史实，但它的大部分内容，尤其是摩西出埃及后的那段历史，仍大体是史实。

这有点像《西游记》，虽然孙悟空猪八戒玉皇大帝之类是子虚乌有的，但唐三藏西天取经却是史实。

那么，我该怎么讲述犹太人的历史呢？

可以采取三种方法：一是从考古学上去讲，二是依照《圣经》去讲，三是两者对照去讲。到底采取何种方法呢？我决定用第三种。因为用第一种将会令这章难懂又没味。要知道关于犹太人的历史考古学上并没有太多的证据，就是考古学家们常也得利用《圣经》，尤其是摩西后的那段历史。但全按照《圣经》又太缺乏历史的真实感了。因此最好是用第三种，我们可以《圣经》为线索，再加上考古学成果，这样一来，就会既清楚又不乏历史的真实感了。

---

① 参见《旧约·创世记》，从第37章起直到最后讲的都是这事。

下面就是结合考古学与《圣经》得来的犹太人的简明历史，将以三个名字的起源为线索，像那根带着忒修斯去逛迷宫的线一样，由它带我们走进犹太人历史的迷宫。

第一节 以色列人的黄金时代

我们上面说，将以三个名字的起源为线索带我们走进犹太人历史的迷宫。这几个词就是：犹太、以色列、希伯来。它们现在的意思大体一样，但它们分别是怎么来的呢，为什么有这三种不同的称呼？这里面就蕴含了犹太人古老的历史。

不过在这里我首先要说明的是，下面这些名字的来源都带有神话性质，并不一定是历史事实，然而我们知道，一个民族不可能来自于神话，但一个民族的名字是完全可以的。正如我们自称为炎黄子孙，但炎帝与黄帝很可能也只是神话人物而已。

《圣经·旧约·创世记》第1章就说，上帝在创造天地万物后，就按自己的形像造人，他造的第一个人是亚当，后来又用亚当的肋骨造了他的妻子夏娃。我们就从这里讲起。

亚当、夏娃本来生活在美丽的伊甸园，成天只要吃了睡、睡了吃，无忧无虑、舒服得很，后来因为受了蛇的引诱，偷吃了禁果，拥有了智慧，就此被神逐出了伊甸园。

被逐后，两人的日子便苦起来了，但并不是一味的苦，他们至少可以有性爱之乐了。这给他们带来了两个孩子，长子名该隐，次子名亚伯。亚伯很得神的宠爱，该隐是个心胸只有针眼大的人，很是不平，就把弟弟杀死在旷野。结果他自己也得到了神的惩罚，被流放到挪得蛮荒之地。后来亚当和夏娃又生了一个儿子，叫塞特。

正是光阴荏苒，不知过了几世几劫，亚当与夏娃的子子孙孙们日益多了起来，遍于大地。真是长江后浪推前浪、一代新人胜旧人，不过他们这个"胜"是坏，是一代比一代坏而不是一代比一代好。

这样渐渐地耶和华神愤怒了，决心惩罚变坏了的人，让他们从大地消失。但他看到有一个人，名叫挪亚，是个好人，便不忍心杀他，就令他造了一艘大船，就是著名的挪亚方舟，让他一家子连同飞禽走兽们，一样一只，躲进方舟。然后神降了一场天大的雨，《圣经》是这样记载的：

"洪水泛滥在地上四十天，水往上涨，把方舟从地上漂起。水势浩大，在地上大大地往上涨。方舟在水面上漂来漂去，水势在地上极其浩大，天下的高山都淹没了。水势比山高过十五肘，山岭都淹没了。凡在地上有血肉的动物，就是飞鸟、牲畜、走兽，和爬在地上的昆虫，以及所有的人都死了；凡在旱地上、鼻孔有气息的生灵都死了；凡地上各类的活物，连人带牲畜、昆虫，以及空中的飞鸟都从地上除灭了，只留下挪亚和那些与他同在方舟里的。"①

这个人类的新祖先挪亚有三个儿子，分别叫闪、含、雅弗。

他们三兄弟又有子孙，这样，一代代生下去，终于到了亚伯拉罕，他是挪亚的长子闪的后代。

这个亚伯拉罕是大好人，对耶和华也很恭敬，神便赐福给他，指示他带着自己的家族往迦南地去，这个迦南地便是今日的巴勒斯坦。

到了迦南地后，亚伯拉罕凭自己的武力和神的帮助打败了原来

---

① 见《圣经·旧约·创世记》第7章。

住在这里的迦南人，定居下来了。由于亚伯拉罕原来是从幼发拉底河那边来的，这条河大家听说过，它孕育了另一种伟大的文明——古巴比伦文明，迦南人便称他们为"希伯来人"，意思是"来自大河彼岸的人"。

这就是希伯来人这个名字的起源。

至于以色列，这个名字的起源要晚一些。

亚伯拉罕由于对神极其忠诚，所以神在他100岁时赐了他一个儿子，名叫艾萨克。艾萨克后来又生了两个儿子，是对双胞胎，大的叫以扫，小的叫雅各。由于雅各用欺骗的手段得到了长子名分以及父亲亚伯拉罕的祝福，所以害怕哥哥的报复，就躲到了舅舅拉班家，经过整整14年的劳作，他娶到了两个表妹为妻。后来就回到故乡迦南地去。

一天，雅各来到一条河边时，已经是傍晚了，他就叫妻子孩子们先渡河到对岸，他自己便一个人在这岸了。这时一个人从夜幕中走来与他摔跤，两人真是棋逢对手、将遇良才，打得难解难分，直到旭日东升还没有分出胜负。那人想走，但雅各不放，说除非得到他的祝福。那人只得给雅各祝福，之后对他说："你的名字不要再叫雅各，要叫以色列，因为你与神和人较力，都得了胜。"这人原来是耶和华派来的天使，此后雅各向耶和华神献祭时，神再次叫他改名，并赐福给他。于是雅各从此就改名叫以色列了。[①]

雅各共有4个妻子和12个儿子，儿子们也有出息，他的家庭便发展成为一个大家族。由于他现在叫以色列了，他的家族便被称作

---

① 参见《圣经·旧约·创世记》第32章。

"以色列家"，家族成员被称作"以色列人"。后来雅各的12个儿子发展成为了以色列人的12个支派，被尊为"12列祖"，再往下这12个民族便发展成以色列民族了。

从上面我们不难看到，希伯来人与以色列人都是亚伯拉罕的子孙，但希伯来人的概念要比以色列人大，因为以色列人只是亚伯拉罕次子雅各的子孙，而亚伯拉罕的长子以扫的子孙是希伯来人，但非以色列人。不过，不知什么时候起，希伯来人与以色列人的概念就混用起来了，好像亚伯拉罕只有一个儿子雅各，而雅各的子孙就是以色列人。这样希伯来人便都是以色列人了。

那么犹太人这个概念又是如何来的呢？

这就是一个更后来的，也更复杂的故事了。从这里我们几乎可以看到《圣经》上犹太民族的整个历史。

前面我们说到，雅各的12个儿子组成了以色列人的12个支派。雅各的众儿子中，他最喜爱的是第11个儿子约瑟，对待他与其他儿子不同，吃的穿的都更好，这令他的哥哥们十分嫉妒，他们便在某一天，乘约瑟单独到他们牧羊的地方去看他们时，把他卖给了正要去埃及做买卖的以实玛利人。

到埃及后，约瑟被卖给了埃及王法老的护卫长做奴隶。由于他聪明能干，护卫长提拔他做了管家。但约瑟的一个"毛病"害了他——他太英俊了。女主人爱上了他，几次想引他上床，然而约瑟是个义人，不肯做对不起主人的事，拒绝了诱惑。恼羞成怒的女主人便去对丈夫说约瑟调戏他。护卫长当然信老婆的话，把约瑟投进了监狱。

在狱里关了一段时间后，他的又一个本事救了他。原来约瑟会解梦，为与他关在一起的一个官员解了梦，预言他不久就会出狱并且官复原职。后来果真如此。那个官员有一次便把这事告诉了法老。法老这时正做了一个难解的梦——就是那个有名的七个丰年连着七个灾年的梦，法老便将约瑟找来，约瑟给他解了，还告诉法老如何应付。一切又应验了，帮了法老一个大忙，于是，当其他国家正闹粮荒时，埃及却粮食满仓，不但够自己吃的，还可以向周围国家出口，使埃及一时声威远播。法老十分欣赏约瑟的本事，就让他作宰相，治理全埃及。

这时远在迦南地的雅各一家子也同样遭了灾，他们听到埃及有粮卖后，便派出他的10个大儿子，也就是约瑟的哥哥们，来埃及买粮。

经过一系列的复杂经过，约瑟与哥哥们相认了，他不但原谅了他们，还将整个家族接到埃及来住，从此以色列人就成为埃及公民了。

这样，过了一代又一代，以色列人一直生活在埃及。由于他们特别善于生孩子，也善于理财，他们的人口日益众多，势力逐渐要超过埃及人了。埃及人很害怕，就求法老制止以色列人。于是法老就没收了以色列人的财产，并且强迫他们做了埃及人的奴隶。

现在的以色列人似乎并不后悔他们这段奴隶生活经历，因为金字塔，这举世第一大文明奇迹可能就是他们的奴隶祖先修筑的，这正是我们在那史诗般的巨片《摩西》中所看到的情景。

如果此前以色列人的历史还比较模糊的话，那么此后的历史就比较清晰了——那就是摩西带领犹太人出埃及的事。

摩西为什么要离开埃及不用说，那做奴隶的日子肯定不好过。我也不想讲摩西是如何为一个埃及公主收养的优美故事了，大家可以去看迪士尼大片《埃及王子》。

后来，摩西由于触怒了耶和华，没走到神所应许给他们的迦南地就死了，带领以色列人到达那地的是约书亚。按摩西的遗嘱，约书亚把迦南地分给了以色列人的12支派。

此后以色列人便进入了所谓的"士师时期"。

这段时期是以色列人的春秋战国，12个支派不但不团结，还互相攻伐，甚至勾结外族凌辱自己的族人，整体实力日渐衰弱，经常受到异邦的欺侮。

后来以色列人总算认清了这一点，改邪归正，慢慢地又联合起来，最后整个民族形成了两大块：一大块是住在迦南地中部和北部的北部集团，另一大块是住在南部的南部集团。

两部虽有攻讦，尚未分裂，都称以色列。

最初北部集团占了上风，因为它出了一个领袖扫罗，他被最后一位士师塞缪尔膏作以色列人的王。扫罗英俊而英勇，力图统一以色列。但内忧外患太过严重，他力不从心，晚年又嫉贤妒能，迫害大卫，终于出师未捷身先死。

继扫罗而起的是南部集团的大卫，他勇敢而又忠心，扫罗死后接作了以色列人的王。他是一个比扫罗更杰出的人，最终完成了统一大业。

从此以色列人建立了统一的国家，成了统一的民族，千年梦想终成现实。

这是以色列人的黄金时代。

以后，当以色列人被迫再次四海漂泊的时候，就把大卫王时代的统一看作是最高梦想。

大卫王在他们心目中的地位可以从一个符号看出来，就是过去希特勒强迫犹太人戴在手臂上，现在被缝在以色列国旗上的那由两个三角形组成的六角星，它的名称就叫"大卫星"，是犹太民族的标志。

第二节　"犹太人"的起源

大卫王死后，他的儿子继位，我相信大家都听说过他的名字，就是所罗门。所罗门这词在西方就像诸葛亮这词在中国一样，是智慧的代名词。《圣经》上说："神赐给所罗门极大的智慧聪明和广大的心，如同海沙不可测量。"①

关于所罗门的智慧的故事数不胜数。我印象最深的是小时候从一本什么民间文学杂志上面看到的那个，直到现在还难以忘怀，故事情节是这样的：

美貌的示巴女王统领着一个强大的国家。她听说了所罗门王的智慧，就带着大批财宝前来访问他。所罗门殷勤接待，并且爱上了美貌无比的女王。女王是个聪明人，岂不知道他心里面的鬼胎呢。于是她对所罗门说：他得发誓不强迫她同他做爱。所罗门答应了，但他也提了一个条件，要女王答应不动他宫中的任何东西。女王答应了，她想自己岂会觊觎他的财富呢！

当晚，女王告别所罗门后上床了，可怎么也睡不着，口渴得像火烧一样，她就起了床，看见房间里刚好放着一瓶水，就喝了一

---

① 《圣经·旧约·列王记》（上）第5章。

口。那水还没进肚子呢，所罗门就从一边跳了出来，说："你违背诺言了！"

女王回答道："可我碰的只是水啊！"

所罗门答："没有比水更宝贵的财富了。"

女王哑口无言，并且感到了所罗门超人的智慧，自愿献身给他，后来她对所罗门说："我在本国里听见人们论到你的智慧，并不相信那些话，现在我才知道人们告诉我的还不到你实际所有的一半。"

这个故事中最令人感佩的是所罗门王那句"没有比水更宝贵的财富了"。大家想想看吧，黄金珠玉，饥不可食、寒不可衣，难道真的比得上粮食和布匹重要吗？更不能比水与空气了。但水与空气都是最平常的东西——其实，这最平凡也就是最宝贵。

在所罗门的治理下，以色列达到了它繁荣的巅峰。但所罗门到了晚年，渐渐地骄傲起来了，开始穷奢极侈。他大兴土木，兴建了豪华无比的黎巴嫩宫，又大娶妻子，这些妻子来自五湖四海，她们给以色列带来了各种异教信仰，把本来很纯洁的以色列搞得乌烟瘴气。但所罗门早年的名望使人民没有起来反抗他。

所罗门王死后，他的儿子罗波安继了位，他这个人像俗话所说"哪壶不开提哪壶"，父亲那样多好处不学，偏偏学到了他晚年那些劳民伤财的坏处。本来已经被所罗门弄得很穷的国库哪经得起他这番折腾，不久更加空虚，人民也开始反抗了。更可怕的是，他的所作所为激起了另一种矛盾——以色列的南北矛盾。

前面说过，以色列原来被分成了南北两部，是大卫把它统一起来的。大卫是南部人，他治理时还算公平，没怎么歧视北部人。但到所罗门晚年已经有了变化，感觉受到歧视的北部人开始了反抗，不过不太剧烈，当罗波安继位后，事情一下变了，这个罗波安不是采取怀柔政策，而是更加歧视北部，令北部人民群起反抗，反抗运动领袖的名字听起来与他差不多，叫耶罗波安。

最后他领导北部反抗成功，另建了一个新的以色列国，而以色列的南面仍归罗波安统治，不过名字改了，被称为"犹大王国"。用这名字是因为大卫王族出身于以色列人12支派中的犹大支。

才统一了八十来年的以色列就此分裂了，这大约是公元前930年的事。

我们知道，一个国家最可怕的不是外患，而是内乱，内乱发生之日，即是国家衰亡之时，以色列正是如此。

分裂成北南两部后，先是，北部一直处于动荡不安中，一个个王走马灯式地换来换去，终于为来自北方的强大的亚述人所灭。

南部犹大国要稳定一些，但正所谓户破堂危、唇亡齿寒，覆巢之下、安有完卵！北面的以色列国被灭后，亚述人紧接着便兵临犹大国首都耶路撒冷城下，不过亚述人没有灭亡它，而是征服后将之列为亚述帝国的附属国之一。

作为亚述帝国的附属国，犹大国继续存在了一百多年，直到亚述帝国被另一个新兴强国——新巴比伦王国——灭亡。

我们知道有个伟大的古巴比伦文明，这个新巴比伦与古巴比伦虽然崛起于同一地区，但同古巴比伦不是一回事。古巴比伦伟大的王叫汉谟拉比，新巴比伦伟大的王则叫尼布甲尼撒。他率大军攻入犹大国，占领耶路撒冷，将大批犹大贵族掳往巴比伦。不过也没有灭亡这国，又过了十来年，他再次进攻，围困耶路撒冷达18个月之久，终于攻而破之。这次可不像上次了，他几乎像罗马人对待迦太基一样处置了耶路撒冷。他血洗全城、拆掉城墙，更令犹太人痛心的是，他还下令摧毁了他们的圣殿。然后将犹大国的王室、贵族、富人、工匠等全部带到了巴比伦，关将起来，这些人就成为了历史上著名的"巴比伦之囚"。这是公元前586年左右的事。

以色列这时虽然被分成了两国，但还是被称为以色列人，也有少数时候被称为"犹大人"，但都可用来指称所有以色列人。

犹大人与犹太人比还差下面那"一点"，所以称不上是犹太人。

犹大被灭后，以色列人的精英们都成了巴比伦之囚，另有许多人逃到了埃及，只有少数人仍留在原地巴勒斯坦。由于这里此时已是地广人稀，其他民族蜂拥而来，巴勒斯坦就由以色列人的聚居地变成了一个许多民族杂居共处之地。土著人与外来人渐渐日久生情，谈起恋爱、论起婚嫁来。

又过了几十年，新巴比伦被灭亡了，灭亡它的是一个我们熟悉得多的国家——波斯帝国。

波斯帝国是史上第一个地跨亚欧非三洲的大帝国，曾经与希腊人大战，即波斯战争，不过波斯人对以色列人可好了。居鲁士，这个伟大的波斯王，在巴勒斯坦为以色列人重建了国家，还把巴比伦之囚释放，让他们回到了故土。

以色列人回到耶路撒冷后，立即着手修复圣殿，经过20余载苦干，圣殿终于重见天日了。这大约是公元前516年的事。

这些回到耶路撒冷的以色列人看到一直没有离开故土的同胞在这里几十年，竟然对倒塌在废墟中的圣殿不闻不问，不但如此，还同异族人杂交，生下了许多"杂种"，不由失望之极。

这个失望开始时还没有爆发出来，他们只是不同"杂种"们混住在耶路撒冷城周围，又过了多年，这时以色列人已经认识到了血统纯正的宝贵。那些原来从巴比伦回来的以色列人的后裔开始自称为"犹太人"，以区别于其他血统不纯的以色列人。这就是犹太人名称的来源了。

由于犹太人就意味着血统的纯正，那些血统并不那么纯正的以色列人为了拔高自己，也慢慢地自称为犹太人。我们知道，居处是可以随意变更的，谁都不能将犹太人与非犹太人的以色列人限止在某个固定区域，而且血统这个东西也很模糊，从外表上谁能区分纯还是不纯呢！就像我们中国人从外表上没法区分湖南人江苏人或北京人一样。这也就是说，谁都没办法阻止那些血统不纯的以色列人自称犹太人。

这意味着什么呢？

——意味着所有以色列人现在都可以自称为犹太人了。

这就是"犹太人"这个称呼的起源。

第三节　混乱时代

这一节许多内容可以回到上一节，因为它在时间上是从重建圣殿讲起的，这时犹太人这个称呼尚未产生。

前面刚刚讲过，"巴比伦之囚"蒙波斯居鲁士大王释放，回到了耶路撒冷，他们费尽移山心力重建了圣殿。

新的历史从这里开始。但此后的历史有些混乱，或者说有些漫无头绪。

虽然有一些犹太人重新回到了巴勒斯坦，然而此时的巴勒斯坦已非往日。犹太人不再是这块土地唯一的民族，甚至不是多数民族，而且由于频繁的战争与征服，巴勒斯坦已经沦为半个废墟了。

但犹太人毕竟还存在，还有它的历史。它后来的历史与我们已经知道的历史是一致的，也就是说，近而言之，它是一段与波斯帝国相关的历史，远而言之，它是一段与后来的亚历山大帝国和罗马帝国相关的历史。我们就将这三个前后相随的帝国作为犹太人的历史进程来讲述吧。

这时候，犹太人已经没有了自己的独立国家。虽然现在犹太人在世界上的影响很大，然而他们不能不接受一个令他们痛心的事实：在犹太人的千年历史中，他们享有独立自由且比较幸福的时光只不过是大卫王和所罗门王统治的区区80年左右而已！其余的漫长岁月只是一部不断被异族征服的历史，犹太民族像一件物品那样从一个主子手上转到另一个主子手上，关键是看谁更有力量——有许多人曾有过这样的力量，就是没有犹太人自己。

我们知道，古代西方世界最有名的战争之一是希波战争，在这场战争中波斯帝国不但没能征服希腊人，反而被他们打得大败。此后希腊人不但在海上打败了波斯帝国，而且登陆小亚细亚。这时已经被波斯帝国征服了的埃及人也起来反抗，叙利亚人也背叛了，整个帝国危机四伏。

正是为了保住紧接叙利亚、处于重要战略位置的巴勒斯坦，波斯王决定重建被尼布甲尼撒摧毁的耶路撒冷城墙。

他派来负责重建工作的是他的一个犹太人侍从，名叫尼赫迈亚，这大约是公元前448年的事。

尼赫迈亚到来后，看到自己同胞的惨状，决心不但要重建耶路撒冷城墙，还要改革犹太社会，因为这时候的犹太上层贵族已经腐化堕落了。像所有有钱人一样，他们将钱财看得重于一切，为此不惜与异族人沆瀣一气，作一丘之貉：他们娶异族的女儿，也把自己的女儿嫁给异族，而且他们还向自己的同胞放高利贷，把那些还不起债的同胞卖为奴隶。尼赫迈亚的改革基础是动员下层人民起来与这样的富人作斗争。

正所谓人多力量大，这道理在哪儿都行得通。凭借广大下层人民的支持，尼赫迈亚竟然只用了区区52天就建起耶路撒冷的城墙，这是一个不折不扣的奇迹。这事《圣经》上也有明确记载："以禄月二十五日，城墙修完了，共修了五十二天。"[①]

尼赫迈亚不但修好了城墙，还改革了犹太社会。他废除高利贷，叫那些以前被高利贷者夺去了财产的人可以重新夺回自己的财产，又禁止犹太人同异族通婚，例如他曾将一个犹太祭司长的孙子赶出耶路撒冷，因为他娶了异族女子为妻。

到公元前397年，又是为了稳定局势，波斯王再次派一个犹太人来到耶路撒冷，这个人名叫以斯拉。

这个以斯拉很像他的前任，也为犹太人带来了改革，并且所使用的方法同所达到的结果都差不多。

他同样依靠下层犹太人的帮助进行改革，他的改革比尼赫迈亚更加激进。他在广场上集合犹太人民，大声宣读《摩西律法》，而广大犹太人则以大声呼喊"阿门"应和，意思是"诚心所愿"。

---

① 《圣经·旧约·尼希米记》第6章。

在以斯拉带领下，犹太社会进行了一系列改革，如重申耶路撒冷圣殿是耶和华唯一的圣所；要大家严守安息日，星期天无论如何不要干活；禁止高利贷；另一项重要内容就是维护犹太血统的纯洁性。这项法规现在来看颇为不人道，它不但要求犹太人不与异族通婚，还要求那些已经娶了异族妻子的人将她们赶回娘家。

但许多人不愿这样做，便被赶出了耶路撒冷，流落各地，这些人当中有许多是犹太人的精英，例如贵族和祭司。

尼赫迈亚虽然修好了耶路撒冷的城墙，然而一圈小小的城墙毕竟挽救不了一个大大的帝国。波斯帝国还是被消灭了，消灭它的人就是亚历山大大帝。

亚历山大大帝是在公元前333年左右攻入亚洲的，他以迅雷不及掩耳之势征服了庞大的波斯帝国。当时犹太人的首都耶路撒冷也是波斯帝国的一部分，不过当亚历山大大帝进攻时，耶路撒冷并没有进行抵抗，所以大帝也就没有为难城市。后来甚至有人说大帝曾亲诣耶路撒冷，与犹太大祭司长对话。

亚历山大大帝建立了一个空前庞大的帝国，但他的帝国亦空前地短命。公元前323年，亚历山大大帝突然去世。英年早逝后，其帝国土崩瓦解，后来经过"继业者之战"，分成了三大部分：以非洲的埃及为中心的托勒密王朝、以安条克（又译为安提阿）为都城的占帝国原亚洲庞大领土的塞琉西王朝（或称塞琉古王朝）、马其顿本土。

那么耶路撒冷归谁了呢？一开始谁也没归，它沦为了塞琉古和托勒密竞相争夺的肥肉。但最后统治埃及的托勒密胜利了，吞并了耶路撒冷。

吞并耶路撒冷后，托勒密将大批犹太人驱逐出去，赶到了埃及。不过没有把他们当奴隶使唤，而是特别划出了一块地区，让他们有自己单独的家园。

从这时，或者更早时起，犹太人开始流落异乡，先在小亚细亚，后来更到了非洲和欧洲、到了整个地中海周围从埃及到希腊的每一座大城市中。他们在这些地方建立起自己的社区，同时大部分人顽固地保持着自己独立的习俗与宗教信仰，开始了犹太人的另一种历史。

也就是在这些新家乡，特别是在希腊人的城市里，他们开始学习希腊人的优秀的语言、文化与哲学，这大大地提升了犹太人的精神境界，对他们把自己原始的犹太教升格为系统的、理论化的宗教起了重要的作用。在这之中属于新柏拉图主义的斐洛贡献尤其巨大。

但正所谓"祸兮，福之所倚，福兮，祸之所伏，"接受希腊人的文明成果对于犹太社会虽然有用，但同时也伤害了犹太人古老而优良的习俗。

我们知道，希腊人诚然优秀，但它建立在少数人对多数人的剥削的基础之上，是一种奴隶制文明。还有，希腊人爱看戏、爱搞运动，还举办奥林匹克竞技会，这些都不是普通老百姓能享受的东西，当犹太人接受到这些后，立即产生了分化，那些上层人物，像祭司和阔佬们，急不可待地投入了这些享乐之中。

与此同时，广大的普通犹太人对希腊人这些奢侈浪费之风十分痛恨，决心起来捍卫祖先的信仰，具体方法就是建立犹太人会，这对犹太人此后的历史产生了重大影响。

犹太人会的成员们在每周固定的时候聚集到一起，学习摩西律法、互相劝勉、诚心向主祷告，将自己本来就不多的财产匀出来救助更贫苦的同胞。

这个犹太人会一兴起就显示了巨大的力量，逐渐代替了原有的祭司制，并成为后来基督教会的萌芽。这是后话了。

至于犹太人的祖居之地巴勒斯坦，我们前面说过，这时候属于托勒密王朝。到公元前198年，事情发生了变化。

塞琉古王朝，它这时的皇帝叫安条古三世，从托勒密那里夺得了巴勒斯坦。

这个安条古三世本来是相当强大的君主，可惜运气不好，当他崛起时，一个更强大的帝国也崛起了。

这就是罗马帝国。

两个帝国之间不可避免地发生了战争，结果安条古三世被击败，被迫向罗马支付巨额赔款。

所谓羊毛出在羊身上，安条古三世的钱自然是从他治下的老百姓身上来。他便开始更残酷地剥削了，甚至亲自率军向那些有钱的神庙攻去，把那里用来供神的金器银器都拿来赔给罗马人。

这当然遭到了虔诚的各教信徒们的激烈反抗，当安条古三世去劫一座波斯人的神庙时遭到了报应，丢掉了脑袋。他的儿子，称安条古四世，并不吸取乃父的教训，仍旧大肆劫掠。他所劫的对象之一就是耶路撒冷犹太人的圣殿——这只是犹太人可悲的圣殿遭受的无数次劫难之一。

到公元前170年，发生了另一件大事。

这年，安条古四世同埃及托勒密王朝再次发生战争，他率军进攻埃及。与此同时，犹太人的耶路撒冷也开始闹将起来。

事件的起因是这样的。我们知道，犹太人的领袖叫祭司长，相当于犹太人的王。这当然成了犹太富翁们争抢的肥肉。这时候有两个人势力旗鼓相当，都想当祭司长。但一个人更聪明些，他便到安条古四世的"中央"去活动。结果不用说，走上层路线的人胜利了。另一个没有当成祭司长的人不服，这时他也聪明了，便去走另一条中央路线——走埃及人的中央路线，占领了耶路撒冷。

看到后院失火的安条古四世立即回师耶路撒冷，包围并且攻而克之。结果犹太人的圣殿、耶和华的家再次被洗劫一空！

不但如此，安条古四世还将犹太人看作自己的死敌，宣布禁止犹太人读摩西律法，逼他们在安息日干活，连割礼也禁止了。

犹太人的割礼我们都听说过，这是男人们的事，犹太的男人们生下不久，教士就会掏出他的阴茎，把包皮割下来。这就叫行割礼了。没有包皮是犹太人之为犹太人的标志之一。

犹太人处在了存亡危急之秋，只有两条路：要么起而反抗，要么甘心灭亡。他们毫不犹豫地选择了第二条，发动了起义。

起义领袖名叫朱达斯·马喀比，他率领起义军进攻安条古四世，并且打败了他。他之获得胜利并不是因为他有多大力量，而是因为这时候安条古四世已经四面楚歌：西面的罗马人和东面的安息人正虎视眈眈，他哪有闲工夫去理会犹太人小小的骚乱。于是马喀比顺利进占耶路撒冷，这是公元前165年左右的事。

进占耶路撒冷后，马喀比宣布全面恢复犹太教的各项仪式，并同罗马人建了盟，这使他在对抗安条古四世的战斗中立于不败之地。

我们可以看到，这时安条古四世已经不能控制犹太人了，而罗马人还是犹太人的盟友而非统治者。那么这时谁统治犹太人呢？

竟然是他们自己！

这是多古怪的事儿！因为自从公元前930年左右的黄金时代消失以来，七八百年里，犹太人们不是被这个就是被那个异族压迫奴役，虽然这时他们已经遍布整个地中海周围，然而无论在何处——即使在他们自己的家园，他们总是被侮辱与被损害者。

马喀比，他死后是他的弟弟西门，领导独立的犹太人重建了秩序，使长久以来被异族压迫得几乎窒息的犹太人终于看到了隧道尽头的希望之光。他们称赞这段时候的美好生活说，邪教徒的桎梏从以色列人身上去除了。他们可以和平地耕他们自己的田地，田地上的收获增加了，平原上的树木结满了果实。年长的人们坐在街道上，他们大家一起谈论着美好的事情，青年们身着华丽的军装。他们每个人都安坐在葡萄架和无花果树下，没有人使得他们害怕。

"没有人使得他们害怕"，对一般人而言是很平常的东西，但对多灾多难的犹太人而言则是宝贵且稀罕的财富。

西门死后，他的儿子约翰·赫克拉斯的继位作了犹太人的祭司长。他起先是个好人，但后来变坏了，变成了地地道道的压迫者。他不信任自己的人民，却请了许多外国人来当雇佣兵，替他对内镇压人民的反抗、对外开疆拓土。

托马斯·杰斐逊曾在《独立宣言》中说过这样的话："若真要审慎地来说，成立多年的政府是不应当由于无关紧要的和一时的原因而予以更换的，过去的一切经验都说明，任何苦难，只要尚能忍受，人类就还是情愿忍受，也不想为伸冤而废除他们久已习惯了的政府形式。然而，当始终追求同一目标的一系列滥用职权和强取豪夺的行为表明政府企图把人民置于专制暴政之下时，人民就有权，也有义务，去推翻这样的政府。"

这正是赫克拉斯的儿子亚历山大·詹那挨斯统治时的情形。

赫克拉斯的暴政诚然是暴政，但感到尚可忍受的犹太人们没有起来反抗，然而他儿子的统治却更加残酷腐败，例如他曾处死他的800个子民，而且先让他们眼睁睁地看着自己的妻子儿女——被杀。真是又一个商纣！

詹那挨斯像商纣一样残酷，犹太人却没有周人的幸运，他们也起而反抗，但并没有成功，暴君平平安安地过了一辈子。他死后由夫人掌政，她可没有夫唱妇随，而是反夫道而行之，抛弃了暴政，实行改革，努力让国家重新安定。

她死后，先是大儿子继位，但她的二儿子又是犹太人的隋炀帝，从哥哥手中僭取了大位。他一上台，马上废除了母亲的一切改革措施，犹太人再次生活在悲惨世界。这是约公元前69年的事。

至此，犹太人的独立自由就像流星一样，在希望的天际一闪而过，从此便杳如黄鹤了。而犹太人以后的历史将是一部从失败走向失败、从绝望走向绝望的历史，天边连希望的流星也看不见了，只有无边的黑暗，直到两千余年之后，1948年5月14日，现代以色列国的建立。

接下来统治犹太人的是罗马帝国。

第四节　帝国时代

前面我们讲过，公元前165年，马喀比进占耶路撒冷，并同罗马人建了盟,这是罗马人第一次与犹太人发生关系,但这还算不上面对面的接触,面对面的接触要等到另一个人——伟大的庞培——的到来。

庞培是罗马帝国最重要的征服者之一,在他的征服之中,最重要的部分就是对东方的征服。

庞培是如何来到巴勒斯坦的呢?原来,庞培当初来到小亚细亚并不是为了巴勒斯坦,而是为了征服比犹太人强大得多的米德里达梯王,但庞培没来,犹太人自己先闹起来了。

闹起来的是两个犹太贵人,名叫阿利斯托布卢和赫克拉斯(他不是前面那个赫克拉斯,是同名的另一个人)。他们两个人大打出手,为的又是争当祭司长。

广大犹太人很讨厌这两个家伙,所以大家派了代表找到庞培的军营,请求庞培把这两个人都废了,让他们另请高明。

大家也许感到奇怪,有句老话说,家丑不可外扬,犹太人为何竟然要把自己的丑事传到庞培那儿去呢?不仅如此,还要请他来废立自己的领袖!这是有点怪,但也不怪,因为庞培在当时是个名闻遐迩的仁慈的征服者与统治者,连被他征服的海盗都不杀,因此当时有的君主,例如亚美尼亚有个叫提格累尼斯的君主,主动将自己的国土奉献给罗马。这些令庞培慈名远播,大概这就是犹太人民请求庞培为他们废立统治者的缘故。

然而这次庞培却没有像往常一样行事,他统军来到耶路撒冷,首先命令阿利斯托布卢和赫克拉斯承认他们是罗马的藩属,但阿利斯托布卢有点儿犹豫,庞培大怒,进攻耶路撒冷,自然是一鼓而下。他这次没有用仁慈之心去对待曾经盼望他主持公道的犹太人,他斩杀了成千上万的犹太人，把许多人卖为奴隶，最后立了一看见他便举手投降的赫克拉斯为耶路撒冷的统治者。但他没资格称王，他所统治的地方也没有资格做罗马直接的属国，而只是帝国叙利亚省的一部分，受驻在那里的罗马总督管辖。这大约是公元前63年的事。

对庞培而言，攻占耶路撒冷只不过是他的无数征服中颇不重要的一次，对他、对罗马可说毫无影响。但对犹太人而言却是一次重要的历史事件，因为这意味着他们短短的自由岁月的彻底丧失，从此有整整两千年，他们的生活只有无边的痛苦与绝望。

一开始，在赫克拉斯的统治之下，耶路撒冷的秩序还算是好的。但到了公元前54年，克拉苏作了叙利亚总督，他是有名的大奴隶主、斯巴达克起义的镇压者、帝国的前三巨头之一，在三巨头瓜分帝国的统治权时得到了东方总督的美差。

到达东方后，他的第一件事便是设法发财。办法很简单，就是抢劫。他听说犹太人在耶路撒冷建立的圣殿里有许多财宝，包括黄金做的烛台，立即兴兵前往，由于他是罗马将军，作为罗马藩属的耶路撒冷当然不会抵抗，他毫不客气地冲进圣殿，大抢了一番，扛着大批金银珠宝走了。

几年之后，在与帕提亚人的战争中克拉苏被打得大败，成了野蛮人的俘虏，被他们用熔化的黄金灌进了喉咙。

克拉苏死后，犹太人乘机而起，举行了反抗罗马人的大起义，这也是他们许多次起义中的第一次。起义很快就被克拉苏的部将卡西约镇压了，他一下子将3万多名起义者卖为奴隶。

克拉苏死后，罗马的统治者就剩前三巨头中另外两个巨头凯撒和庞培了。后来他们两人又发生了大冲突、终于酿成战争，庞培得到了东方君主们的帮助，但在法卢萨一役中，本来稳操胜券的他被幸运女神的宠儿凯撒击溃身死。他在东方的追随者之一名叫安提巴忒，以前是赫克拉斯的助手，现在则已接替赫克拉斯统治巴勒斯坦了。但他是个识时务的俊杰，很快就投到了胜利者麾下。凯撒以他惯有的胸怀宽宥了他，让他官任原职，还赏给了他罗马公民权。不仅如此，凯撒还慷慨地豁免了以前的罗马统治者强加给犹太人的苛捐杂税，并准允犹太人重修耶路撒冷的城墙，也给予他们信奉自己宗教的自由。

这些措施极大地赢得了犹太人的爱戴。所以当凯撒被勃鲁托斯和卡西约等人刺杀后，犹太人表现出的痛苦同罗马人民并无二致。无论在耶路撒冷，还是在罗马，他们用各式各样的方式表达他们对凯撒的崇敬与怀念之情。

犹太人的哀悼并没有持续多久，因为卡西约来了，他刺杀凯撒后，被元老院任命为叙利亚总督，随即在东方招兵买马，在犹太人面前再次张开了掠夺之手。卡西约命令犹太人缴大笔的税，因为他要与屋大维作战，需要大批军饷。

这时安提巴忒已经死了，继位的是儿子希律——在犹太史里也是鼎鼎大名的人物，他见卡西约得了势，便臣服了他，帮他与安东尼作战。安东尼原来是凯撒的副手和骑兵队长，后三巨头之一，与屋大维和雷必达联合起来为凯撒复仇。

后来卡西约战败自杀，识时务的希律立即给安东尼送去了大堆黄金，得到了宽恕，让他继续做犹太人的王。这是公元前42年左右的事。

后来安东尼同屋大维又打了起来，所谓鹬蚌相争、渔翁得利，东方沙漠里的帕提亚人乘机杀将过来，一举占领了巴勒斯坦。随同他们来的还有先前被庞培杀了的阿利斯托布卢的儿子，名叫安提哥那。他是个十分残暴的家伙，犹太人很恨他。希律被打败后逃到了罗马，在罗马受到了元老院的欢迎，一则因为他父亲已经是罗马公民了，二则因为他自己也忠心耿耿地为罗马人服务。

他在罗马流亡了几年后，于公元前39年率罗马大军打回巴勒斯坦，一路势如破竹，两年后便攻占了耶路撒冷，杀了安提哥那。

再后来，当屋大维终于击败安东尼，成为罗马独裁者后，希律王立即表示归顺罗马新主。这位新主也厚待他，将整个巴勒斯坦交到了他的手上，令他成了真正的犹太王。

希律是犹太人，只要不妨害罗马的利益也愿意为犹太人做点事，但他更是忠诚的罗马公民，兢兢业业地为罗马人效劳。公元前4年，他在死前做了一件大大对不起犹太同胞的事：他命令全体犹太人宣誓忠于他与屋大维，还在耶路撒冷的圣殿门口装上了黄金制的鹰，这是帝国的象征。好几千名拒绝宣誓的人受了惩罚，当42个虔诚的犹太教徒将他的金鹰拆下来时，他残酷地将他们活活烧死了。

希律虽然做了许多坏事，例如大搞横征暴敛，把犹太人的油都榨干了，还自命风雅，把许多异教的东西，例如罗马的角斗和希腊戏剧，引进了巴勒斯坦，甚至为了自己的王位稳固杀了亲生儿子。然而在他统治犹太人的几十年间，毕竟为犹太人带来了一样宝贵的东西——秩序，使犹太社会在稳定中得到了一定的发展。

公元前4年，希律王死了，他死之后，三个儿子纷纷起来争王位，巴勒斯坦一下大乱，犹太人又乘机起来反抗。

这次反抗规模空前，同时有三支起义军，由前奴隶和牧羊人之类的下等人领导，他们试图推翻希律家族对犹太人的统治。但罗马的叙利亚总督派大军前来镇压，大家想想吧，处于罗马相对衰弱时期、但规模要大得多的斯巴达克起义尚且不能胜利，这时罗马帝国已经登上巅峰了，一群犹太人又能怎样？不久起义军便被消灭了，残酷的叙利亚总督下令烧掉所有同起义军有瓜葛的城市，还把几千名起义者钉死在十字架上。这是罗马对付起义俘虏的老办法，他们当初就是这样对待被他们俘虏的斯巴达克战士的。

镇压起义后，奥古斯都为了平息纷争，就把巴勒斯坦平分给希律的三个儿子，经过短暂统一与秩序的犹太社会又一次分裂了。

但希律的三个儿子都不是好人，他们的统治令同胞不堪忍受，于是犹太人再次起来反抗，不过这次采用的是和平方式，他们像当初请求庞培一样请求罗马人废除希律家族的统治。一贯比较尊重人民意志的奥古斯都听从他们的要求，下旨巴勒斯坦归帝国直辖。这是公元6年的事。

但犹太人并没有因为奥古斯都听从他们的请求而停止反抗，不久又发动了新的起义。

到这里大家也许会发现一个问题，为什么犹太人还要起义呢？他们究竟为了什么？难道是为起义而起义么？

当然不是！只有神经病才会为起义而起义，才会用赤裸的胸膛迎接罗马人的投枪。

犹太人的起义是一种与以前的奴隶起义完全不一样的起义，以前的奴隶起义，包括斯巴达克起义，奴隶们只是为自由而战，如果他们能凭起义挣脱奴隶之身，成为自由人，就会满足了。但犹太人的反抗并不是一回事，因为犹太人并不是奴隶，他们享有人身自由，他们当然没有罗马公民资格，然而他们不是为这个而战。他们也不是为了民族的独立而战，他们并不反对罗马人的统治，大家从他们两次请求罗马人来废黜他们本族的领袖就可看出。

当然上面的说法并非绝对，也就是说我们并不能说犹太人不珍惜民族的独立与自由。我只是说，犹太人的起义并不全是为了这个，甚至于主要不是为了这个。

那么犹太人到底是为了什么而起义的呢？

答案是：为了民族的理想！

什么是他们民族的理想呢？

这是一个伟大的理想，目的是要建立一个人间天国，在这个人间天国里，任何人，包括奴隶，任何民族，包括犹太人和异族人，都能过上幸福美好的生活。当然在这个天国里犹太人的耶和华是唯一的神。

这体现了犹太人那种深深的民族优越感，这种优越感像弹簧一样，因被压迫而变得更加强烈。但它并没有优越到要将其它民族置于犹太人的统治之下，变成奴隶，一如罗马人对待异族的方式。他们只要求异族承认他们的神。

我们看到起义者们的宣示，他们说只有一个神，就是耶和华；人间所有世俗王国都要灭亡，所有人都归于天主，都像在天堂一样，过上幸福快乐的日子。在这个人间天国里，所有人都是平等的，像一个起义领袖所宣称的一样：对外国人纳贡或称呼任何人为主人都是不容许的，也就是说，人既不能将自己的财产交于他人，亦不能视自己低于他人，人人都是平等的，都是亚当的子孙、上帝的造物。

从这些宣示里我们看到了一个美好的理想：世界大同、人人平等、普世蒙福，这个理想现在何尝不是我们人类的至高理想呢？

犹太人的理想诚然是伟大的，然而并不完美，它有两个弱点：一是对于其他信仰的排斥，把他们的神耶和华当作唯一的神；二是他们虽然认为其他民族也应当过幸福日子，然而却认为自己是上帝特选的子民，因而居高临下地看待其他民族，好像他们是施舍者，而其他民族是乞丐一样，这样做势必严重地伤害其他民族的感情。

后来的历史将证明犹太人的理想的这两个弱点是致命的，一方面给其它民族与其它信仰、另一方面也给犹太人自己带来了深重的灾难：前者就是后来基督教对"异教徒"的残酷迫害，至于后者，由于犹太人有这种优越感而自己又无力捍卫之，他们因此受到了其他民族的憎恨，并最终成了遭受千年迫害的根由之一。

好了，这些都是后话，我们回过头来看看犹太人的反抗在罗马帝国所产生的影响吧。

虽然犹太人不停地反抗，罗马人并不着急，犹太人的势力太弱小了，不足以威胁到帝国的统治。

当然这并不意味着罗马人会对犹太人的起义袖手旁观，他们总是要镇压的，不但要镇压犹太人在巴勒斯坦的反抗，还要镇压他们在罗马各地甚至意大利和罗马城内掀起的小小煽动。

还有，他们听到这些犹太人声称有什么弥赛亚和人子会来拯救他们，让所有人间帝国灭亡，真是岂有此理！所以当罗马诸帝将这些犹太人逮起来后，并不一定会马上杀掉他们，而是要求他们放弃自己的信仰，如果不的话，就将他们杀掉或送到前线打仗，看有没有圣人来救他们，让他们刀枪不入。

如此等等，犹太人受到的残酷虐杀真是有些"罄竹难书"，这里引用一段《殉道史》中的话吧，我们可以看到犹太人是如何被虐杀的：

"主后70年，也就是基督受难后40年，大批犹太人被继承尼禄王位的韦斯巴芗（Vespasian）和他儿子提图斯（Titus）所杀，被屠杀的犹太人多达110万，还不包括韦斯巴芗在征服加利利省时所杀的人。此外，还有一万七千多名犹太人被卖或被遣送到埃及和帝国其他行省当奴隶，提图斯凯旋时又带回了两千多名犹太人，其中一部分人被扔去喂野兽，其他的则用酷刑处死。"①

这两位在罗马帝国历史上并不算昏君，甚至还称得上是贤君，都如此对待犹太人，由此可以想象那些昏君如尼禄是如何残酷对待犹太人的了！

到克劳狄帝时，犹太人再一次被逐出罗马城，罪名是"不断地受到基督的教唆而作乱"。

这个克劳狄帝便是奥古斯都死后五个昏庸皇帝之一，同他们身后的五贤帝形成了鲜明对比。

这是公元一世纪的事。也是基督这个名字第一次出现在罗马历史之中，我们可以把这当作基督教的起源。

此后我们将转入下一章，去讲述基督教起源的历史。

那么后来犹太人的历史又怎样了呢？

---

① 约翰·福克斯：《殉道史》，苏欲晓、梁鲁晋译，三联书店，2011年1月第一版，第4页。

　　我遗憾地告诉大家：有是有，不过没必要再详述了。一则太难，因为犹太人已经分散到世界各地，杂居在西方乃至东方的民族之林里，就像莽莽森林里一些低矮的灌木丛，得用显微镜和望远镜才看得见；二则虽然是犹太人创立了基督教，但他们对基督教已经不重要了，基督教像一个长大成熟了的孩子，不再要母亲的哺乳。

　　然而不仅如此！

　　犹太人之于基督教，或者说基督教之于犹太人，可以用几句中国俗话来说："过河拆桥、卸磨杀驴"，"兔死狗烹、鸟尽弓藏"。犹太人创立了基督教，可从犹太人那里接受基督教的西方人不但不感激他们，向他们交专利转让费，反而"恩将仇报"，把犹太人视为魑魅魍魉、牛鬼蛇神，不断地镇压他们、迫害他们，将他们的悠久历史变成一部令人心酸的痛苦之史。

第四章　中世纪哲学的大背景之三：基督教简史

我们在上章讲了犹太民族的历史。我们说过，之所以要讲他们的历史，在于他们对于西方乃至人类历史的影响与贡献不亚于任何其他民族。而在犹太民族的诸多贡献之中，最重要的就是创立了基督教。因为，毋庸置疑地，犹太人乃是基督教的创立者，这正如耶稣和圣保罗都是犹太人一样。

也正因如此，我们才要在讲基督教的诞生之前讲讲犹太民族的历史，这一方面是为了让我们明白这个伟大民族的历史，而另一方面也因为如果不先讲犹太人的历史，一下子就突入基督教的历史会让大家有突兀之感，甚至被弄得一头雾水。

当我们讲基督教的起源时，也不得不像讲犹太人的起源一样，从神话开始。

不过，较之犹太民族的起源，基督教起源的神话成分要少些。如果说亚当和夏娃纯粹是神话人物的话，拿撒勒的耶稣顶多只是半神话了，很多人都认为耶稣确有其人，至于那正式创立基督教的保罗，则几乎可以肯定是一个真实的历史人物。

我们下面将分四步来讲述基督教的历史：

第一步是耶稣基督和圣保罗的传，正是他们缔造了基督教。

第二步讲基督教与犹太教的分裂，这是基督教诞生的最后一步。

第三步讲他们始受罗马帝国政府压迫而终成为罗马国教的过程。

最后一步是基督教本身分裂的过程。

我们下面就从这几步来讲基督教的故事。

第一节　耶稣传

基督教的产生是从耶稣的诞生开始的。

虽然有人把耶稣当作一个传说人物，然而现在一般人，包括史学家们都将他当作一个真实的历史人物，《不列颠百科全书》与《美国百科全书》等都是如此，大家都依据现存的各种史料，如《圣经》，杂合新的考古发现来分析耶稣这个历史人物，引经据典地尽量从客观的历史角度去考察耶稣这个人，就像考察亚历山大大帝与凯撒一样，大卫·斯特劳斯在《耶稣传》、罗伯逊在《基督教的起源》、卡朋特在《耶稣》中都是这样做的。

当然，关于耶稣最重要的资料来源还是《圣经·新约全书》，就像《美国百科全书》在"耶稣"条目中所言：

"新约中对于重建历史的耶稣以及他对早期基督徒的重要意义，几乎提供了所有的证据。"[1]

基于此，我们后面也主要从《圣经》的角度去解读耶稣的历史。

之所以如此，还有另一个理由是，《圣经》是一部难得的好书，

---

① 《美国百科全书》，台湾光复书局/外文出版社，1994年第一版，第16卷，第23页。

从文学上和历史上看都如此，它那种独特的笔调所具备的美感殊不亚于《伊利亚特》或者《神曲》，我劝大家好好读读，为了证明我的话，在为耶稣作传时我将尽量用《圣经》来代我说话。

关于耶稣的诞生，《圣经·新约全书·马太福音》是这样记载的："耶稣基督降生的事，记在下面。他母亲马利亚已经许配了约瑟，还没有迎娶，马利亚就从圣灵怀了孕。她丈夫约瑟是个义人，不愿意明明地羞辱她，想要暗暗地把她休了。正思念这事的时候，有主的使者向他梦中显现，说：'大卫的子孙约瑟，不要怕，只管娶过你的妻子马利亚来，因她所怀的孕，是从圣灵来的。她将要生一个独生子，你要给他起名叫耶稣，因他要将自己的百姓从罪恶里救出来。'这一切的事的成就是要应验主藉先知所说的话，说：'必有童女怀孕生子，人要称他的名为以马内利'（'以马内利'译出来就是'神与我们同在'）。约瑟醒了，起来，就遵着主使者的吩咐，把妻子娶过来。只是没有和她同房，等她生了儿子，就给他起名叫耶稣。

当希律王的时候，耶稣生在犹太的伯利恒。有几个博士从东方来到耶路撒冷，说：'那生下来作犹太人之王的在哪里？我们在东方看见他的星，特来拜他。'希律王听见了，就心里不安。耶路撒冷合城的人，也都不安。他就召齐了祭司长和民间的文士，问他们说：'基督当生在何处？'他们回答说：'在犹太的伯利恒。因为有先知记着，说："犹大地的伯利恒啊，你在犹大诸城中，并不是最小的。因为将来有一位君王，要从你那里出来，牧养我以色列民。"'当下希律暗暗地召了博士来，细问那星是什么时候出现的。就差他们往伯利恒去，说：'你们去仔细寻访那小孩子。寻到了，就来报信，我也好去拜他。'他们听见王的话，就去了。在东方所看见的那星忽然在他们前头行，直行到小孩子的地方，就在上头停住了。他们看见那星，就大大的欢喜。进了房子，看见小孩子和他母亲马利亚，就俯伏拜那小孩子，揭开宝盒，拿黄金、乳香、没药为礼物献给他。博士因为在梦中被主指示，不要回去见希律，就从别的路回本地去了。他们去后，有主的使者向约瑟梦中显现，说：'起来！带着小孩子同他母亲逃往埃及，住在那里，直到希律死了。'这是要应验主藉先知所说的话，说：'我从埃及召出我的儿子来。'希律见自己被博士愚弄，就大大发怒，差人将伯利恒城里，并四境所有的男孩，照着他向博士仔细查问的时候，凡两岁以里的，都杀尽了。这就应了先知耶利米的话，说：'在拉玛听见号咷大哭的声音，是拉结哭他儿女，不肯受安慰，因为他们都不在了。'希律死了以后，有主的使者，在埃及向约瑟梦中显现，说：'起来！带着小孩子和他母亲往以色列地去。因为要害小孩子性命的人已经死了。'约瑟就起来，把小孩子和他母亲带到以色列地去。只因听见亚基老接着他父亲希律作了犹太王，就怕往那里去。又在梦中被主指示，便往加利利境内去了。到了一座城，名叫拿撒勒，就住在那里。这是要应验先知所说，他将称为拿撒勒人的话了。"[①]

这就是耶稣诞生及早年流浪生涯的大致经过。此后他便同父亲生活在拿撒勒了。

引文里面的许多名字我们是熟悉的，尤其是希律王。我们在上章已经讲过，他是安提巴忒的儿子，约在公元前42年做了犹太人

---

① 《新约全书·马太福音》第1章。

的王，直到公元前4年才死去。所以这段日子就是基督教和基督诞生的大致时间。

大家都知道公元纪年，就是我们现在通用的年，如2000年，即是耶稣2000年华诞。不过这同史书不大一致，但谁能要求这种一致呢？

此后，耶稣就在水里受了圣约翰的洗，《圣经》上说，当耶稣受洗后从水里上来，"天忽然为他开了，他就看见神的灵，仿佛鸽子降下，落在他身上。从天上有声音说：'这是我的爱子，我所喜悦的。'"①

当约翰被关起来后，耶稣就离开拿撒勒，往加百列去了，在靠近海的地方，开始在那里收徒传道了。他在加利利海边，看见一对渔民兄弟在撒网，就要他们跟从他，他将会使他们"得人如得鱼一样"。他们立刻便丢了网，跟耶稣走了。这两兄弟中的一个名叫西门，后来就是著名的大圣徒彼得了。

这样耶稣先后共收了12个大徒弟，除彼得兄弟外，还有马可、犹大等，他们有的抛下渔网、有的丢下账本，毫不犹豫地跟耶稣走了。他召集信徒的法子很简明扼要，只有一句："跟从我。"那个人就会抛下一切，跟他走了。

除收徒外，耶稣还行了许多神迹，这些神迹有很多种：一是为救治病人。《马太福音》这样说："耶稣走遍加利利，在各会堂里教训人，传天国的福音，医治百姓各样的病症。他的名声就传遍了叙利亚。那里的人把一切害病的，就是害各样疾病、各样疼病的

---

① 《新约全书·马太福音》第3章。

和被鬼附的、癫痫的、瘫痪的，都带了来，耶稣就治好了他们。"[①]
例如耶稣到了彼得的家里，见彼得的岳母害热病躺着，他摸了摸她
的手，她就好了。甚至一个闺女，已经死了，可耶稣拉了拉她的手
后，她就活了。种种例子，不一而足。

二是为帮助那些没病，但需要帮助的人。例如他曾用7个饼让
4000人吃饱，剩下的还装满了7个篮子。甚至还用5个饼让5000人
吃饱，剩下的装了整整12篮子。

第三种神迹则是为了考验众门徒的信心。例如他曾夜里四更天
在海里行走，还叫彼得也来走，当彼得害怕会沉没而喊叫时，耶稣
责备他道："你这小信的人哪，为什么疑惑呢？"[②]

由于耶稣这些大神通，他得到了越来越多的信徒，也有越来越
多的民跟从他。耶稣就乘机训示他们，要他们遵守诫命，主要是不
可杀人、不可奸淫、不可偷盗、不可做假见证、不可亏负人、当孝
敬父母等。我们可以看到，这些诫命都是堂而皇之的大道理，即使
到了今天仍是我们的基本道德要求之一。按耶稣的说法，人只要做
到了这些，就可以得到他的爱，可以承受天国了。

由于耶稣行了这些大神通，他渐渐地就被认作犹太人中一直传
说的"弥赛亚"了。

我现在就来说说弥赛亚这词的意思，前面我们谈起过，犹太人
在历史上迭经苦难，在他们的数千年历史之中，真正美好的日子只
有短短的80来年，其余漫长的岁月里他们不是被这个、就是被那

---

① 《新约全书·马太福音》第4章。
② 《马太福音》第8章。

个异族所统治，那些统治不用说是很残暴的。然而犹太人又是一个骄傲而倔强的民族，认为他们乃是上帝的"选民"，是上帝特别宠爱的人，会最先得到上帝救赎的，而且他们也一定会得到救赎。

这信心与苦难的结合慢慢地就形成了犹太人一个坚定的信念，相信总有一天会有一个"受膏者"来救他们于苦海。为什么叫受膏者呢？这来自于犹太人古老的习俗，依照之，当一个以色列人的王就职时，大祭司就会代表耶和华神把橄榄油涂在他的前额上，表示上帝选召了他，他就被称为"受膏者"，是统领犹太人的王。此时，当现实里的犹太人没有能解救他们于苦难之中的王时，他们就更深切地希冀着未来会有这样的王、这样的"受膏者"来拯救他们于水深火热之中。

这个受膏者音译就是弥赛亚，或者也译作基督。

在耶稣诞生之前，犹太人不但相信那位受膏者会来，而且连他怎么来都清楚了。例如说他将是处女所生的孩子，生在伯利恒，骑着驴子进耶路撒冷。说这些的是那些"先知"，正如名字所言，他们是"未卜先知"的人，远在耶稣诞生之前就预言了基督，并将这信念深深地扎根在自己的族人心灵之中。

他们年年失望年年望，最后，当耶稣诞生，并且具有如此神通之后，他们终于感觉找到了魂牵梦绕的基督，就纷纷信仰他，跟从他，视他为弥赛亚。

对耶稣而言，被人视人弥赛亚也许是得其所哉，然而也正是这得其所哉害了他的命。

原因很简单，既然耶稣是犹太人的王、是弥赛亚，那么现在犹太人的统治者们、祭司们、希律王们，又是什么呢？他们岂不也要也认他为王？用一句中国话来说，这不是要"谋朝篡位"吗？

因此，那些祭司长们、希律们决心将这位胆敢篡夺他们的家伙处死。

却说耶稣在各地行了许多奇迹、救治了无数病人之后，赢得了大批信众。于是有一天，他骑着一匹驴子，进犹太人的京城耶路撒冷来了。正如先知们所说："看哪，你的王来到你这里，是温柔的，又骑着驴，就是骑着驴驹子。"

不用说这时的耶稣已经大大有名了，那些百姓大大欢迎他，许多人把自己的衣服脱了为他垫在路上，也有许多人把树枝砍了垫在路上。并且高呼："和散那归于大卫的子孙！"耶路撒冷简直万人空巷，人人都指着他说："这是加利利拿撒勒的先知耶稣。"

这一天大约是公元30年4月2日，在我国是东汉光武6年。

耶稣进耶路撒冷后，第一件事当然是到圣殿去，那里是犹太人最神圣的场所。到了那里之后，他采取了一个"暴力"措施，这也许是耶稣一生唯一的一次使用暴力，因为他从来只用劝诫对人。他这次"暴力"行动就是将那些在圣殿里做买卖的人统统赶了出去。这又是为什么呢？

我们知道，耶路撒冷的圣殿是犹太人最神圣的场所，每天都会有许多人从各地赶来朝拜，用各种方式表达他们对耶和华的爱，最常用的法子就是捐献和放生买来的鸽子。有些人就成群地聚集在圣殿里，把鸽子卖给善人们，还运来了各式各样吃的喝的穿的用的，在殿里卖将开来，甚至把"银行"也搬来了，就是在殿上搁张桌子兑换当时各种钱币。一句话，简直把圣殿变成了小商品市场，买卖的吆喝声和信徒的祷告声此伏彼起、好不热闹。那些圣殿的管理者们，就是祭司们，乘机向商人们收税，这样买卖双方都大获其利，皆大欢喜。

耶稣一进圣殿，第一件事就是洁净圣殿，按《圣经》上说，"耶稣进了神的殿，赶出一切作买卖的人，推倒兑换银钱之人的桌子和卖鸽子之人的凳子。"①

耶稣这种做法立刻遭到了祭司们和犹太长老们的反对，因为耶稣这一来他们当然再也收不到税了。他们去责备耶稣，但说他不过，便决心设法害他。

他们先设计了各样陷阱想让耶稣掉进去。例如问耶稣该不该给罗马人纳税，他们想如果耶稣一心为着犹太人，那么自然会不同意纳税给罗马人，这样便可以把这个口实交到罗马人那里去，定耶稣的罪了。但耶稣一句巧妙无比的"凯撒的物当归给凯撒，神的物当归给神"说得那些人哑口无言，灰溜溜地走了。

诡计没有得逞，他们益发决心要害死耶稣。这时，也许是天意，他们得到了一个人的帮助，这帮助来自一个人——犹大，《圣经》说是这样说的：

"当下，十二门徒里有一个称为加略人犹大的，去见祭司长，说：'我把他交给你们，你们愿意给我多少钱？'他们就给了他三十块钱。从那时候，他就找机会把耶稣交给他们。"②

耶稣知道犹大卖了他，但没有任何害怕的表示，他知道这是他的命，他命定要为人的得救而流尽最后一滴血。

---

① 《马太福音》第21章。

② 《马太福音》第26章。

　　但他也没有默默无语，他举行了著名的"最后的晚餐"，晚餐上，他说了那句响彻云霄直到现在的"你们中间有一个要卖我了"。

　　这事迹因达·芬奇的名作《最后的晚餐》而更加闻名遐迩。

　　那幅名画所描绘的正是耶稣说了上面这句话后门徒们的反应。只见中间的耶稣双手置在桌上，泰然自若地立着，其他人有的愤怒、有的悲伤、有的惊诧，唯有犹大手捏钱袋，面露惊慌。达·芬奇凭对人类灵魂及这灵魂在肉体上的表现的不可思议的洞察力用雷霆万钧的力度表现了一切，使这幅画成为整个西方美术史上数得着的巅峰名作之一。

　　吃完最后的晚餐，并把祝福的饼和如耶稣血的葡萄汁给门徒们喝过后，耶稣就带了众人往橄榄山去，只有犹大离开了，因他要找人来捉耶稣。

　　耶稣他们到了橄榄山的客西马尼地方，他叫门徒们停下来，他好祷告。他叫其他人留下来，自己带着彼得、雅各布和约翰三个门徒进园子去了。这时，感到自己阳寿将尽的耶稣心里极其忧愁起来，几乎愁死。他便叫三个门徒停下来，自己再往前走，然后俯伏在地上，向主祷告。然后他的心稍安了，就回到门徒那里，哪知他们睡着了，于是他唤醒了他们，责备他们太软弱，于是再去祷告，可一会他回来时，他们又睡着了，如是三次。耶稣于是悲哀地对他们说："现在你们仍然睡觉安歇吗？时候到了，人子被卖在罪人手里了。起来，我们走吧！看哪，卖我的人近了。"

　　因为这时，犹大领着许多人来了，他们是从大祭司和犹太长老们那里来的，个个手里执着刀棒。

　　犹大走到耶稣面前，同他亲吻，那帮人便知谁是耶稣了，他们扑上来，抓住了耶稣。

耶稣根本没有反抗，任他们抓拿他，不但如此，当一个跟从他的人抽出刀来剁掉了大祭司仆人的一只耳朵时，他还对他说："收刀入鞘吧！凡动刀的，必死在刀下。"

他的门徒们便作鸟兽散了。耶稣自己被带到大祭司和犹太长老们那里去。后来的情形是这样的，我们还是从《圣经》来看吧，没有比它写得更好的了。

> 拿耶稣的人把他带到大祭司该亚法那里去，文士和长老已经在那里聚会。……祭司长和全公会寻找假见证控告耶稣，要治死他。虽有好些人来作假见证，总得不着实据。末后有两个人前来，说："这个人曾说：'我能拆毁神的殿，三日内又建造起来。'"大祭司就站起来，对耶稣说："你什么都不回答吗？这些人作见证告你的是什么呢？"耶稣却不言语。大祭司对他说，"我指着永生神叫你起誓告诉我们，你是神的儿子基督不是？"耶稣对他说："你说的是。然而，我告诉你们，后来你们要看见人子坐在那权能者的右边，驾着天上的云降临。"大祭司就撕开衣服，说："他说了僭妄的话，我们何必再用见证人呢？这僭妄的话，现在你们都听见了。你们的意见如何？"他们回答说："他是该死的。"他们就吐唾沫在他脸上，用拳头打他；也有用手掌打他的，说："基督啊，你是先知，告诉我们打你的是谁？"
>
> ……
>
> 到了早晨，众祭司长和民间的长老，大家商议要治死耶稣，就把他捆绑，解去交给巡抚彼拉多。
>
> ……

　　耶稣站在巡抚面前，巡抚问他说："你是犹太人的王吗？"耶稣说："你说的是。"他被祭司长和长老控告的时候，什么都不回答。彼拉多就对他说："他们作见证告你这么多的事，你没有听见吗？"耶稣仍不回答，连一句话也不说，以至巡抚甚觉稀奇。

　　巡抚有一个常例，每逢这节期，随众人所要的，释放一个囚犯给他们。当时有一个出名的囚犯叫巴拉巴。众人聚集的时候，彼拉多就对他们说："你们要我释放哪一个给你们？是巴拉巴呢？是称为基督的耶稣呢？"巡抚原知道，他们是因为嫉妒才把他解了来。……祭司长和长老挑唆众人，求释放巴拉巴，除灭耶稣。巡抚对众人说："这两个人，你们要我释放哪一个给你们呢？"他们说："巴拉巴。"彼拉多说："这样，那称为基督的耶稣，我怎么办他呢？"他们都说："把他钉十字架！"巡抚说："为什么呢？他作了什么恶事呢？"他们便极力地喊着说："把他钉十字架！"彼拉多见说了无济于事，反要生乱，就拿水在众人面前洗手，说："流这义人的血，罪不在我，你们承当吧！"众人都回答说："他的血归到我们和我们的子孙身上。"于是彼拉多释放巴拉巴给他们，把耶稣鞭打了，交给人钉十字架。

　　……

　　到了一个地方名叫各各他，意思就是髑髅地。兵丁拿苦胆调和的酒给耶稣喝。他尝了，却不肯喝。他们既将他钉在十字架上，就拈阄分他的衣服，又坐在那里看守他。在他头以上安一个牌子，写着他的罪状，说："这是犹太人的王耶稣。"当时，有两个强盗和他同钉十字架，一个在右边，一个在左边。

　　……

　　从正午到申初，遍地都黑暗了。约在申初，耶稣大声喊着说："以利，以利！拉马撒巴各大尼？"就是说："我的神，我的神！为什么离弃我？"站在那里的人，有的听见就说："这个人呼叫以利亚呢！"内中有一个人赶紧跑去，拿海绒蘸满了醋绑在苇子上，送给他喝。其余的人说："且等着，看以利亚来救他不来。"耶稣又大声喊叫，气就断了。①

　　对于一般人而言，死亡就意味着一切结束，他的传记也该结束了。然而对于耶稣，死亡不但不是结束，反而是一个新的开始。

　　这个开始有两个意义：

　　一是耶稣复活的开始，对于基督教与基督徒而言，这是最为重要的节日之一。

　　二是基督教的开始。

　　耶稣刚死，地就大大地震荡，石头也裂开了，当时就有许多圣徒复活了，这是有许多妇女看见了的。

　　到了晚上，有一个叫约瑟的有钱人，他是耶稣的门徒，他去求彼拉多，得到了耶稣的尸体，把它葬好，用大石头堵住墓口。

　　第二天，那些祭司长们和犹太人的长老们害怕耶稣真如他说的一样会在死后的三天复活，就带了重兵紧紧地守住墓，以防耶稣的门徒来将他的尸体偷去，然后便说耶稣复活了。

　　第三天到了，这时，有两个都叫马利亚的妇女来看耶稣的坟墓。这时，地便大大地震动起来，有一个天使来了，他"像貌如同闪电，衣服洁白如雪。"他对两个马利亚说："不要害怕，我知道你

———————
①《马太福音》第26、27章。

们是寻找那钉十字架的耶稣。他不在这里，照他所说的，已经复活了。"她们听到这好消息，急忙离开，跑去告诉耶稣的门徒。半路上忽然又遇见了耶稣。耶稣对她们说："不要害怕！你们去告诉我的弟兄，叫他们往加利利去，在那里必见我。"

以下是《马太福音》的最后一节，也是十分重要的一节，它预示了基督教的诞生：

"于是，耶稣的11个门徒便往加利利去，到了耶稣约定的山上。他们见了耶稣就拜他，然而还有人疑惑。耶稣进前来，对他们说：'天上地下所有的权柄都赐给我了。所以，你们要去使万民作我的门徒，奉父、子、圣灵的名给他们施洗。凡我所吩咐你们的，都教训他们遵守，我就常与你们同在，直到世界的末了。'"①

以上就是耶稣之生、之死，以及复活的过程。此后，受复活后的耶稣的教训，他的门徒们便开始传播耶稣的教义，这在《新约·使徒行传》中都叙说了。

如果大家谁是绝对的唯物主义者，觉得这耶稣传有太多神话似的不可信的内容，那么，就请删掉有关耶稣行奇迹与显圣复活等的内容，这样就是一部史实式的《耶稣传》了。

第二节　保罗传

保罗原来的名字叫扫罗，这个名字大家听说了，他是伟大的古以色列王之一。从这个名字大家就可以知道保罗是犹太人。他不是

---

① 《马太福音》第28章。

一般的犹太人，还是罗马公民。保罗是他的罗马名字，扫罗则是他的犹太名字。

扫罗出生在一个叫大数的地方，那地方现在叫塔尔苏斯，属土耳其。他的父亲是个织军用帐篷的师傅，被授予了罗马公民权。

长大后，保罗开始并不是一个基督徒，相反，他受教于当时一个著名的犹太经师迦马列，干了许多迫害基督徒的坏事，包括打死了那时一个有名的基督徒司提反。《使徒行传》中说："扫罗却残害教会，进各人的家，拉着男女下在监里。"[①]

然而后来一件事改变了一切。《使徒行传》是这样记载的：

"扫罗仍然向主的门徒口吐威吓凶杀的话，去见大祭司，求文书给大马色的各会堂，若是找着信奉这道的人，无论男女，都准他捆绑带到耶路撒冷。

扫罗行路，将到大马色，忽然从天上发光，四面照着他。他就仆倒在地，听见有声音对他说：'扫罗，扫罗！你为什么逼迫我？'他说：'主啊，你是谁？'主说：'我就是你所逼迫的耶稣。起来！进城去，你所当作的事，必有人告诉你。'同行的人站在那里，说不出话来，听见声音，却看不见人。扫罗从地上起来，睁开眼睛，竟不能看见什么。有人拉他的手领他进了大马色。三日不能看见，也不吃，也不喝。"[②]

这个奇遇改变了保罗一生，他成了耶稣的信徒，开始到处传扬耶稣就是基督——弥赛亚。

---

① 《使徒行传》第8章。

② 《使徒行传》第9章。

　　由于他曾经迫害基督徒，所以开始大家还不信他，但当他把所遇到的奇事告诉他们，他们便信了，尤其是名叫巴拿巴的，他带保罗去见了彼得和雅各布等耶稣的大门徒，他们也信了他，视他为兄弟。耶路撒冷的犹太人见保罗放胆传基督的道，便想杀他，他就躲避了，回到了家乡大数。

　　后来，巴拿巴，就是最先信保罗蒙了神恩的那人，在安提阿地方传道，有了很多信众，他想起保罗，便去找到保罗来，同到安提阿。在这里他们搞了整整一年十分成功的传道，有了许多门徒，也就是在这时他们开始自称为"基督徒"。

　　这就是基督徒这个称谓的起始，是时保罗已和十二门徒齐名了。

　　保罗并不满足，开始行一件大事——他决心把主的道传向遥远的异邦。于是，他便开始了他伟大的传道之行。这大约是公元45年的事。

　　他从安提阿出发，经现在的塞浦路斯到了小亚细亚，再从小亚细亚回到安提阿。一路向人叙说以色列的古事、耶稣在世的事，并证明耶稣就是弥赛亚——救世主。保罗的传道在外邦人，即不是犹太人的人中赢得了许多信众，基督教由此渐渐脱离了犹太人的圈子。

　　传道三年后，保罗到了耶路撒冷，在那里向耶稣的门徒和教会的长老们叙说在外邦传教的经历，并且得到了他们的同意，就是外邦人信基督不必像犹太人一样行割礼，只要遵循不拜偶像、禁绝奸淫、不碰勒死的牲畜和血就行。当保罗将这个决定写信告诉外邦的信徒时，他们十分喜悦，更坚定了信仰。

　　在耶路撒冷汇报工作后，保罗和巴拿巴便又回到了大本营安提阿，这大约是公元48年的事。

过了两年保罗又想出去传道，并且看看上次信主的异邦老弟兄们怎样了。巴拿巴本来也要同去，只是这时他们为带不带一个叫马可的约翰的人同去而发生了矛盾，就分开了，保罗不同意带马可，自带了叫西拉的同去。

然后他便开始了一次更远的传道之旅。

他从安提阿向西，横越整个小亚细亚，到达了特洛伊，它位于小亚细亚半岛西端。从那里保罗又渡过大海，到了亚历山大大帝的故乡马其顿，再往南，到了叫帖撒罗尼迦的地方，再走到雅典和哥林多，又从哥林多渡地中海，经过以弗所，到了耶路撒冷。最后当他回到安提阿时是公元52年。

这一路的艰辛自不必说，他一路得了许多信众，但也得了许多人的恨，他们想尽法子来害保罗，例如刚到马其顿，在第一站腓力比就被当地一个财主抓起来送到罗马长官那里去，被剥了衣裳痛打一顿。

时间才过了一年，保罗又开始第三次传道。

这一次的路线与上次有点相似，他还是从安提阿出发，往西横越小亚细亚半岛，再经以弗所往北，又到了特洛伊，从那里渡过地中海，到了马其顿，再往南直抵哥林多，又转往北，兜了个大圈子，渡海回到了特洛伊，然后从海上一路南行，最后抵达耶路撒冷。这时已经是公元58年了。

这是保罗三次传道中路程最远、费时最久的一次，共历时5年，还是最危险的一次。例如在耶路撒冷保罗就遇到了大危险，经过是这样的：

刚到耶路撒冷时，保罗受到了会众的热情接待。他便到犹太人的长老们那里去，对他们叙说了在外邦传教的成绩，得了多少万信徒。但那些长老告诉他，由于他告诉外邦人不要行割礼，也不要遵行犹太人的教规，令这里的犹太人很恼火。果真，保罗到耶路撒冷第七日，一些从亚细亚来的犹太人看到了保罗，他们曾亲见保罗如何向外邦人传教，便大叫起来，召集其他人一起来抓保罗。

保罗束手就擒。

那些犹太人正想打死保罗，幸好罗马驻军的千夫长带人过来，救了保罗。千夫长把保罗带到营里盘问，外面的犹太人喧哗着："这样的人，从世上除掉他吧！他是不当活着的。"[①]

本来千夫长要打保罗一顿，由于保罗是罗马公民，便免了。但保罗并没有转危为安，因这里的犹太人决意要杀死他，甚至有40个人起誓说："若不杀死保罗，就不吃不喝。"

这令耶路撒冷城里的罗马人很为难，要判保罗的罪呢，他们知道保罗并没有罪，要放他呢，犹太人又不答应，并且放他出去等于杀了他。没办法，罗马人只好采用一个两全其美的妙计——把保罗送到罗马去，让他到那里接受审判。

于是保罗便被送到了罗马，这是约公元61年的事。

在罗马，保罗并没有被当囚犯一样对待，下面是《使徒行传》最后一段，记载了保罗在罗马的生活：

保罗在自己所租的房子里住了足足两年。凡来见他的人，他全都接待，放胆传讲神国的道，将主耶稣基督的事教导人，并没有人禁止。

两年后，保罗从软禁中开释了，他继续传道，又过了两年，他

---

① 《使徒行传》第22章。

再次在罗马被捕，这次他的运气可没上次好了。这时罗马的皇帝是那个罗马历史上也是整个西方历史上最有名的昏君之一尼禄，他下令处死了保罗。时值公元67年左右。

这里要加一句，对于这些数字，是有诸多争论的，例如，在《克利门书信》中就说保罗死于公元64年。

——对于历史，这是正常不过的现象。

第三节 基督教的诞生

从上面耶稣与保罗的生平我们可以看到，他们两人都受到了犹太人的迫害，甚至可以说是死于犹太人之手，而他们本是地道的犹太人，也是虔诚的犹太教徒。

这是怎么回事呢？为什么他们要得如此的命运呢？

这是因为耶稣与保罗所宣扬的教义同犹太教的教义已经不同了、大不同了，所以他们才被虔诚的犹太教徒视为异己，必欲除之而后快。

那么基督教又是如何从犹太教那里分离出来的呢？又与犹太教有了怎样的区别呢？他们又是如何最后脱离犹太教母体、成为独立的基督教的呢？

我们现在来谈谈这个问题吧。

基督教之所以能从犹太教那里分离出来是因为它渐渐有了下面一些自己的特性：

一是有了自己的崇拜对象。

基督教开始时只是犹太教的分支，它的基本教义同犹太教没什么区别。犹太教崇拜的是耶和华，基督教的创始人耶稣所信奉的也是耶和华。在耶稣传道之时，他根本没有反犹太教的意思。相反，他乃是十分虔诚的犹太教徒。百分之百地拥护犹太教教规，即律法。他在登山训众时曾说："莫想我来要废掉律法和先知；我来不是要废掉，乃是要成全。我实在告诉你们，就是到天地都废去了，律法的一点一画也不能废去，都要成全。"①而且我们也可以看到，每当耶稣与人论争，或有所行动时，总是从《圣经》出发，处处引用先知的话，证明他的话乃是符合教义和先知的预言的。例如他进耶路撒冷时特意骑了驴子，就是因为要应验先知的话。

您也许会问：既然如此，那为什么耶稣处处受到犹太教徒的迫害，甚至于死呢？

这里有很复杂的原因，最直接的我们已看到了，当耶稣进圣殿时，第一个行动就是将那些兑换银钱的、卖鸽子的赶走，说要洁净圣殿。这样一来当然遭到了原来从商贩们收税的祭司们、长老们的反对。这也就说明，耶稣虽然遵循犹太律法，但却坚定地反对犹太祭司们和长老们、反对他们利用人们的信奉捞取钱财的不义之举。这当然会遭到那些既得利益被损害的犹太教上层分子的反对。此外，耶稣也反对法利赛人的伪善和假虔敬、反对犹太教的一些陈芝麻子烂谷子式的教条和繁琐得不得了的仪礼。

耶稣这些主张遭到犹太教上层分子越来越激烈的反对，以致必欲除他而后快。这些人在犹太人中颇有身份，他们的主张自然得到了许多，甚至大部分犹太普通民众的支持。这就是为什么耶稣和保

---

① 《马太福音》第5章。

罗在犹太人之都耶路撒冷都遭到了迫害的缘故。

当耶稣和保罗以及他们宣扬的教义在大部分犹太人中遭到迫害与攻击时，他们却得到了另外一小部分犹太人以及其他许多非犹太人的支持。特别是保罗，我们讲了他的三次传道之行，在外邦赢得了大批信众。保罗为什么能获得这样的成功呢？我们已经看到了，其中一个主要原因就是他不拘泥于犹太教的陈规旧矩，例如不要人行割礼，只要他们遵行诸如不奸淫偷盗等诫命，但这些诫命只是作为一个人所具备的起码品质，是理当遵行的，当他们听到做这样简单的事就能获得神的救赎时，焉得不乐而景从呢？

除此之外，耶稣与保罗所宣扬的一个重要观念是：耶稣乃是弥赛亚，是神的儿子。这些他们所宣扬的，我们在前面都见了。当他们作这样的宣扬时，他们自然得到了他们的信众的支持。因为这宣扬说弥赛亚业已来临，将要来救助他们，使他们永福。——试问谁不想永福呢？哪怕是在死后。

但与此同时，广大犹太教徒根本不同意这个说法，他们不但不敬耶稣，还要害他，如何会承认他就是那个将来要带他们去天国的弥赛亚呢？

这样就产生了基督教与犹太教一个根本的分歧：是否承认耶稣是弥赛亚？

那些正统的，或者说是跟着祭司们走的犹太教徒断然否认耶稣就是弥赛亚，认为真正的弥赛亚尚未来临，还要继续等待。

而跟着耶稣和保罗走的犹太人以及其他外邦的信众则相信耶稣便是他们苦待已久的弥赛亚，他已经来了，要来救赎他们。

于是犹太教徒与基督徒便在这里壁垒分明了：凡否认耶稣是弥

赛亚的仍是犹太教徒，而承认耶稣是弥赛亚的便是基督徒了。

第二是基督徒们有了自己的经典。

我们知道，《圣经》分成"旧约"和"新约"两部分，其中"旧约"是犹太教经典，但他们却不承认"新约"。

基督教开始也只有"旧约"，后来由于他们有了耶稣这个伟大的导师和他的12门徒、有了保罗这个伟大的传道者之后，便有信众记录下他们的言行，录成一书，也作为他们信奉的范本，后来这便成了"新约"。

我们从"新约"的目录可看到，它共分27卷，其中有4部福音、一部传记——《使徒行传》、21卷书信、一部《启示录》。其中福音书是耶稣的门徒们替耶稣作的传，《使徒行传》是保罗等人的生活及传教记录，书信是耶稣的门徒们写的私人书信。

这些东西，就像撰写它们的主人一样，当然不为犹太教徒们所接受，却是基督教的经典。这样基督教徒们便有了自己和犹太教徒不同的经典——《新约全书》，两者合起来就是基督教的圣书——《圣经》。

而伴随着经典出世的当然是其中蕴藏的思想，如信奉耶稣乃是神的爱子、他是人类苦难的救赎者，他由处女怀孕而生、将为救人类于苦难而牺牲自己、被钉上十字架，然后又会复活、升天，如此等等，这些便成了基督教独特的教义。后来当一些富有哲学素养的人来阐释它们、深化它们时，这些教义便成了基督教的神学，其主体就是我们下章要讲的中世纪哲学之具体内容了。

第三是基督徒们有了自己的组织与团体。

耶稣和保罗一开始都是在犹太人中间传道的，他们的信奉者也主要是犹太人，所以这时基督教徒与犹太教徒打成一片，后来随着双方的背离，有了基督教与犹太教之分，基督教徒与犹太教徒也分离开来，这样基督教徒便不能再借用犹太教的组织，一个没有了组织的宗教就像一只没了螺壳的寄居蟹，当然会尽快解决这大问题——为自己的宗教建立组织。

最先，耶稣的门徒们、保罗的追随者们与他们所跟从的人是生活在一起的，组成了一个大家庭，过着"共产主义"生活，什么都是公有的，有饭大家吃、有衣大家穿，如果没有衣穿没有饭吃就一起挨冻受饿。

在这个原始基督教团体里是没有债务、更没有高利贷的，而这两样东西是犹太社会最常见的现象，就像中国人一到某处必开饭馆一样，过去犹太人一到某处必放高利贷——这也是他们受到憎恨的原因之一。耶稣初传教时就旗帜鲜明地反对高利贷，断然废止之。

在这个团体里，所有成员一律平等，这也是耶稣的教导之一，对他而言，所有人都是平等的，都是神的子民，他的父母兄弟门徒同普通信众一样一律平等。

《马太福音》里记载了这样一件事，耶稣的两个门徒雅各布和约翰请求耶稣准允他们兄弟俩一个坐耶稣的右边、一个坐耶稣的左边，那意思当然是明白的，他们要做众门徒的老大。

耶稣便如是回答："你们知道外邦人有君王为主治理他们，有大臣操权管束他们。只是在你们中间不可这样。你们中间谁愿为大，就必作你们的佣人；谁愿为首，就必作你们的仆人。"[1]

---

[1]　《马太福音》第20章第25—27节。

这句话不由令人想起来了《老子》中的话：

"江海之所以能为百谷王者，以其善下之，故能为百谷王。是以圣人欲上民，必以言下之；欲先民，必以身后之。是以圣人处上而民不重，处前而民不害。是以天下乐推而不厌。以其不争，故天下莫能与之争。"①

耶稣和老子也算是英雄所见略同，其实，他们的话在今天可以用一句来表达：干部是人民的公仆。

在这个团体里每个成员都要劳动，否则便没有饭吃，不过他们也有休息的权利——每个星期天都休息——这就是现在星期天休息日的来历，其最早的理论根据可以一直追溯到神的创造天地万物：

"天地万物都造齐了。到第七日，神造物的工已经完毕，就在第七日歇了他一切的工，安息了。神赐福给第七日，定为圣日，因为在这日神歇了他一切创造的工，就安息了。"②

当然，人人平等并不是说没有管理者，那是有的，起先的管理者是耶稣的使徒们，如彼得和保罗等，后来随着信众的增多，他们便管不下了。于是大家开了一个大会。经民主推举，信众们选出了7个办事公道、德高望重的老人家来行管理之责，他们便被称为"长老"，专门管理团体的日常事务。

再往后，由于组织进一步扩大，分散到了从叙利亚、非洲直到罗马的广大地区，各地都有自己的基督徒组织，而且一地的信众可能有成千上万，再一起生活当然不现实了。这样他们便分散过自己

---

① 《老子》第六十四章。
② 《圣经·创世记》第2章。

的日常生活，不过还是按期来听使徒们讲道。

讲道总得要个地方，信众们便选某地为聚会所，每次都在这里讲道闻道，后来更在每个聚会所立一名监督主持，又在他下面分出许多执事，叫长老，分管具体事务。

在这样的制度下，无论多少地方有教众、一个地方有多少教众，便都可以方便地生活和传教了。日久天长便逐渐成了基督教会的固定组织形式。

这种组织形式发展到后来便是基督教会，那监督就成了后来的主教。

这样，有了自己独特的崇拜对象——耶稣、有了自己独特的经典——《新旧约全书》、有了自己独特的组织形式——教会，基督教便脱离了犹太教，成为一种与犹太教迥然不同的新宗教——基督教。

第四节　苦难与胜利

基督教从诞生之日起就像耶稣的人生一样，饱经磨难。

也许最先迫害基督教的是其母体犹太教和犹太教徒，但这还不能算是对整个基督教的迫害，只是对某些基督徒个人的迫害。

对基督教加以整体迫害的乃是罗马帝国。

也许您会忍不住问：为什么罗马政府要迫害基督徒呢？

这首先是因为基督教认为上帝是唯一的神，这同罗马政府把皇帝神化，认为皇帝就是神，直接对立。所以皇帝当然要迫害否认他就是神的基督教了。

其次是一开始，基督教就是个地下党一样的组织，教徒们居住在一起，共同劳动、共同消费、不理睬政府，仿佛他们不是住在帝国境内，而是自成一国。而且当时基督教徒常被同犹太教徒混同起来。而犹太教，我们上章讲犹太民族史时说过，曾经屡次造罗马政府的反。因此罗马政府以为这些基督徒们聚众也是为了谋反，尤其是由于基督徒们偏爱在夜间聚会礼拜，这就更激起当局的疑心了。

第三是这些基督徒们在举行"圣餐"时，把他们吃的饼、喝的酒称为"基督的身体和血"，许多教外的人便以为他们真的是在吃人肉、喝人血了，这样一来，岂不会令人视基督教为洪水猛兽、牛鬼蛇神呢？！

讲了这三点后，大家当知道为什么罗马人会迫害基督徒了。

第一个对基督教展开大迫害的就是古罗马第一昏君尼禄。

尼禄堪称古代西方历史上最大的昏君之一，有类于中国的商纣，他以残暴闻名，对此《殉道史》中是这样说他的：

"尼禄完全秉承魔鬼的性情，毫无人性，禽兽不如，他来到人间似乎就是为了摧毁人命。他的残忍令人发指，连自己的母亲、姐夫、姐姐、妻子，还有老师塞涅卡（Seneca）和路堪（Lukan）都一律杀死。不仅如此，他还命人在罗马城十二处纵火，任大火燃烧六天七夜，他则在一边从中观瞻当年特洛伊城在大火中焚毁的'盛况'，一边吟诵荷马史诗。事后为了摆脱咎责，又把罪名推到基督徒身上，让他们遭受逼迫。"[1]

---

[1]　约翰·福克斯：《殉道史》，苏欲晓、梁鲁晋译，三联书店，2011年1月第一版，第1—2页。

此外，塔西佗在他的历史巨著《编年史》中也说了这件事，指出尼禄为了掩饰自己的罪行而将基督徒作为替罪羊：

"尼禄为了辟谣，便找到了这样一类人作为替身的罪犯，用各种残酷之极的手段惩罚他们，这些人都因作恶多端而受到憎恶，群众则把这些人称为基督徒。"[1]

这是公元64年左右的事。

把罪名栽在基督徒身上后，尼禄逮捕了大批教徒，许多人因此失去了生命，据说其中就有伟大的使徒彼得和保罗，这些人受到的残酷折磨塔西佗也有记载：

"他们被披上了野兽的皮，然后被狗撕裂而死；或是他们被钉上十字架，而在天黑下来的时候就被点着当作黑夜照明的灯火。"[2]

此后的几任罗马皇帝，从尼禄直到令帝国走上繁荣之巅的图拉真，都在迫害基督徒。图拉真曾下令解散一切社团，其中当然包括基督教会，又到处搜捕基督徒。如果谁被证明或自认是基督徒，非罗马公民者就地正法，罗马公民则被押往罗马受审。

图拉真以后的几个皇帝，如哈德良、安东尼·庇护、马可·奥勒留等，同样迫害基督徒，特别是马可·奥勒留，他是贤帝，但据说同样残酷迫害基督徒：

"当性格平和温厚的王安东尼·庇护（Antoninus Pius）死后，他儿子马可·奥勒留（Marcus Aurelius）大约在主后161年继位，他是个性情严苛暴戾的人。虽然他在哲学研究与公民政治方面颇有

---

[1]　塔西佗：《编年史》，王以铸、崔妙因译，商务印书馆，1981年4月第一版，第541页。

[2]　同上，第542页。

可夸之处，但对基督徒却心狠手辣，他又发起了对基督徒的第四次大逼迫。"①

但这还不是基督徒最惨的时候，到戴克里先上台后，开始了对基督徒最残酷的迫害。

戴克里先是罗马第一个实至名归的皇帝，他本是个近卫军军官，上台后把屋大维的元首称号正式改称"君主"，穿上了绛红色、中间织着金丝的缎袍，下令所有臣民在觐见他时必须双膝着地下跪。甚至还在宫里养了许多宦官，成了一个中国式的皇帝。

不但如此，这位权欲惊人的皇帝还要求人们把自己看作神，当他得知基督徒们竟敢否认这点，龙颜大怒，立即展开了对犹太人史无前例的大屠杀，对此优西比乌在《教会史》中是这样说的：

"在戴克里先统治第十九年的三月，正是受难节［复活节］临近的时候，他下达一道敕令，命令各地拆毁教堂、焚烧圣经。任何身居高位的基督徒都将失去原有的地位与身份，而皇室中的基督徒如果继续表明自己的基督教信仰就将身陷囹圄。这是针对我们的第一道敕令。紧接着，其他敕令接踵而来，各地教会的领袖因此被投入监狱，同时被以各种方式强迫献祭。"②

吉本在他的不朽巨著中则如此说：

"戴克里先一直反对流血，缓和了伽勒里乌斯的狂怒情绪，要是按照他的提议，凡是拒绝向罗马神明献祭的人士，都要立即活活烧死。但是从目前的规定来看，对倔强顽固的基督徒所施用的惩

---

① 约翰·福克斯：《殉道史》，苏欲晓、梁鲁晋译，三联书店，2011年1月第一版，第13页。

② 优西比乌：《教会史》，瞿旭彤译，三联书店，2009年9月第一版，第376页。

罚，不仅非常严厉而且贯彻到底。诏书特别规定，帝国各行省的基督教堂要拆除干净，凡是敢秘密集会进行宗教崇拜的人员均处以死刑。……根据同一份诏书，立即没收教会的全部财产，……在采行取缔礼拜活动和解散管理组织的有效措施以后，认为有必要要让那些仍然执迷不悟、拒不接受祖先传下来的自然宗教，也就是不信罗马国教的一臣民，陷入万劫不复的处境。……这些人的身家性命都被置于法律保护之外。"①

上面这些敕令被写成告示在全帝国到处张贴，于是，对基督徒的前所未有的大规模迫害开始了，其手段残酷之极。《教会史》后面记载了各地——小亚细亚、腓尼基、埃及等地——产生的殉道者，例如在埃及的底比斯地区是这样的惨状：

"在底比斯地区，殉道者所承受的残酷折磨，根本不能用言语来加以形容。他们的身躯被像爪子一样锋利的陶瓷碎片割裂，直到死去。女人们被绑住一只脚，用机械高高地吊在空中，头朝下，她们的身体全裸，没有丝毫遮掩———对旁观者来说，这是所有景象中最羞辱、最残酷和最不人道的一幕。有些人被绑在树上死去——刽子手用机械使树上那些最粗壮的枝桠弯下，将殉道者的两条腿分别绑到不同的树枝上，然后让树枝弹回自然的位置，受害人的躯干瞬间就被撕裂。这样的屠杀持续了不是几天，而是几年。有时是十个或更多的人，有时超过二十个人，有时三十个人，有时几乎是六十个人被一起处死；还有的时候，一百个男人、女人和幼小的儿

---

① 爱德华·吉本：《罗马帝国衰亡史》（第一卷），席代岳译，吉林出版集团有限责任公司，2011年5月第一版，第449页。

童被宣布处以各种各样的惩罚，并在一天之内被赶尽杀绝。

我亲眼见过一些以砍头或火刑执行的大规模屠杀，有一场屠杀让砍人的斧头都砍钝了，最后这把斧头坏掉并裂成碎片，而刽子手们则杀得劳累不堪，以至于不得不轮番上场。"①

这类惨酷的情形在当时可谓所在多有，而且不止上面的地区，而是遍及从欧洲到亚洲到非洲的整个罗马帝国。

《殉道史》在谈到罗马皇帝和罗马人对基督徒的这种残酷迫害时也说：

"这些撒旦手下的暴君和仆役并不单单满足于处死基督徒，剥夺他们的肉体生命。他们行刑的方式花样迭出，令人毛骨悚然。凡是人类能够想象、发明出来的刑罚肉体最残酷的方式，都被用到了基督徒身上——鞭抽棍打、挖心剖肺、活体撕扯、乱石投掷、铁架烧烤、活活勒死、地牢、监狱、拷问台、绞刑架、猛兽的利齿、公牛的尖角，应有尽有。"②

然而，更令人觉得不可思议的不是这些迫害的残酷，而是这些基督徒们这时候所表现出来的无比的勇气与虔诚，涌现出的一批批堪称伟大的殉者，如《教会史》所说：

"但是，在那些信仰基督的人身上，我也看到了一种伟大的渴望、一种神圣的力量和热情：第一个人一被判决，其他人就会跳上法官的台前，在法官面前承认自己是基督徒。他们轻视骇人的折磨，大胆宣告自己对于全宇宙之上帝的虔信，他们以快乐、欢笑和

① 优西比乌：《教会史》，瞿旭彤译，三联书店，2009年9月第一版，第382页。

② 约翰·福克斯：《殉道史》，苏欲晓、梁鲁晋译，三联书店，2011年1月第一版，第12页。

喜悦领受最后的死刑判决，唱着向上帝感恩的赞美诗，直到生命的最后一息。"①

　　这样的情形难以尽叙，倘若大家愿意，可以阅读《教会史》与《殉道史》，在其中有相当详细的记叙，我想，这应该是人类历史上绝无仅有的情形吧！即人们会为了一种宗教信仰而如此勇敢无惧地面对死亡，并且不是一般的死亡，而是无比残酷与痛苦的折磨，其残酷与痛苦的程度可以说令人无法想象。我们中国过去也有过许多的残酷记载，例如商纣王对大臣与子民的酷刑、唐朝来俊臣这样的酷吏、《蜀碧》中记载的张献忠的屠川以及各王朝末年都有的大规模战争与屠杀，但这些事件要么持续时间不是很长，要么杀的人不是很多、要么屠杀的范围不是很广、要么只是将人杀死而已，但如罗马帝国对基督徒这样持续时间长、屠杀者无以数计、地域又极其辽阔、加之手段残忍之极，可以说前无古人，亦后无来者。

　　而更加令人不可思议同时也应该感到景仰的是这些基督徒面对死亡时所表现出来的无惧与虔诚，这样的情形甚至使得那些屠杀者和旁观者也受到了巨大的震撼，感到这样的信仰背后的真实性与合理性，使他们相信，或许这些人死后真的能够上达天堂，或许他们所崇拜的神真的很伟大和真实，否则何以会吸引如此坚贞勇敢的信徒呢？这亦如《教会史》所言：

　　"在诸如此类的种种磨难中，基督的高贵殉道者们表现得如此卓越，以至于全世界的目击者都因为他们的勇气而深受震撼。他们

---

　　① 优西比乌：《教会史》，瞿旭彤译，三联书店，2009年9月第一版，第382页。

以自身的经历明白无误地证明，我们救主的力量确实是神圣的，而且是无法言喻的。"①

我们在前面讲中世纪历史时说过戴克里先帝的另一件大事，就是为了更好地治理庞大的帝国，他把帝国划分为东西两部，于是原来统一的罗马帝国分成了东罗马与西罗马。东罗马包括希腊及其以东的地方，西罗马则包括意大利及其以西的地方。东罗马由戴克里先自己治理，西罗马则交给他的一个也称皇帝的部将治理，即西帝，只是西帝要服从东帝。

戴克里先死后，两个皇帝继位，西帝是君士坦丁、东帝是李锡尼。

这个君士坦丁对基督教之成为西方正统起了莫大的作用，后来基督徒们追赠了他一个尊号——君士坦丁大帝。据说他是私生子，母亲是小酒馆女侍，父亲则是当时闻名遐迩的罗马将军，长大后，君士坦丁步步高升，终于成了戴克里先帝的左膀右臂。戴克里先死后，他成了治理帝国西部的西帝。

与戴克里先不同，君士坦丁认识到了基督教与基督徒对帝国并没有危害，相反，虔诚地信仰上帝的基督徒，会因为这样的信仰而成为好的臣民。于是，为了自己与国家的利益，他彻底改变了对基督徒的残酷政策。当上皇帝后不久便与东帝李锡尼一齐下旨，赐基督徒以信仰自由。这道敕令便是基督教史上有名的《宽容敕令》，其中有这样的话：

"凭着可喜悦的吉兆，我，君士坦丁·奥古斯都和我，李锡尼·奥古斯都分别来到米兰，就关于公众利益的各种事项进行磋

---

① 优西比乌：《教会史》，瞿旭彤译，三联书店，2009年9月第一版，第389页。

商。对于我们来说，这些事项有益于所有人的福祉。其中最具优先性的事项乃是，我们决定颁布敕令，确保对神（the Deity）的尊重与敬畏，也就是说，把自由给予基督徒和其他所有人，让他们可以遵循各自喜欢的崇拜形式。这样一来，所有存在的神圣的天上力量就可能有利于我们，以及所有生活在我们职权之下的人们。因此，经过全面与审慎的考虑，我们特此作出如下决定：人人均有权遵循或选择基督教的惯例或崇拜形式，这不应加以否定，应让人人都有权将自己的心智献给自认为适合的崇拜形式。"①

这样的敕令无疑是伟大的，它所表达出来的对所有宗教与信仰的尊重、给予所有人民以宗教信仰的自由是直到今天都值得肯定与赞美的。此外，虽然它表面上是给予了所有人民以信仰自由，但实际上由于这时候在帝国境内最主要的信仰乃是基督教，而此前基督教与基督徒又被禁止与迫害，因此它实际上象征着这漫长的迫害过程的结束，基督教从此不但拥有了自由，而且迅速走向强大，不久将成为罗马的国教。

这也正是君士坦丁大帝所要做的，就如巴恩斯在出版于1981年的《君士坦丁与优西比乌》中所说：

"312年后，君士坦丁认为，他作为皇帝的主要责任在于，谆谆劝导臣民追求美德，并且说服他们敬拜上帝……他尽管有各种缺点，对个人权力充满强烈野心，但仍然真诚相信，上帝把一项特殊使命赋予他，即让罗马帝国皈依基督教。"②

---

① 优西比乌：《教会史》，瞿旭彤译，三联书店，2009年9月第一版，第458页。
② 转引自《教会史》之"评注 优西比乌与君士坦丁"，第474页。

323年，君士坦丁大帝击败东帝，成了全罗马帝国的皇帝。

统治整个帝国后，大帝便开始利用当时人数已经极多的基督徒来加强权柄。他颁布新敕令，让基督徒们做了政府的主要官员，并且限制传统的罗马神庙的活动，例如不准罗马政府官员们祭祀神庙。

公元325年，大帝终于举行了全罗马帝国的宗教大会——尼西亚主教大会。

在这次会上制订了一部《尼西亚信经》，它消除了基督教思想界一度乱七八糟的局面，关键是确认了圣父、圣子与圣灵的三位一体，以及圣父与圣子的"本体同一"，又把不接受这个信条的异端，主要是阿里乌斯教派，划为异端、开除出教，从而初步统一了基督教世界，使之成为一种统一的道德力量、一根君士坦丁大帝手中厉害无比的巨棒。

然而令人哭笑不得的是，这个坐在东西方所有主教正中的黄金宝座上的君士坦丁大帝这时候连基督徒都不是，据说在尼西亚大公会议后的一次筵席上，他和主教们开玩笑说自己是"那些教外之人的主教"。

一直要到公元337年，君士坦丁大帝已经行将就木，到了回光返照之境时，才受洗成了基督徒。

这位君士坦丁大帝也因为基督教而成为西方历史上最有名的君主之一，对历史产生了巨大的影响，倘若根据《地中海史》的观点来看，整个西方历史上唯有他才能称得上真正的"大帝"：

"历史上没有任何统治者完全配得上原本属于君士坦丁的'大帝'称号——不论是亚历山大或阿尔弗雷德，无论是查理还是叶卡捷琳娜，或腓特烈和格雷戈里。因为君士坦丁在短短50年内做出的两个决定，任何一个均可改变文明世界的前景。其一，决定采用基督教作为帝国国教——前一代的戴克里先还在迫害基督教，其程度前无古人后无来者。其二，将帝国首都从罗马迁至以他名字命名的君士坦丁堡。它之建立在旧希腊殖民地拜占庭的基础上，在接下来的16个世纪里一直和他的名字连在一起。这两个决定及其结果使君士坦丁完全可以被人们看作有史以来除耶稣基督、先知穆罕默德和佛陀以外最有影响的人物。"①

继君士坦丁大帝之后，另一个不但令基督教成为罗马国教，而且成为整个西方世界无上精神统治者的乃是狄奥多西大帝。

狄奥多西本是西班牙人，在一群哥特雇佣军的支持下做了皇帝。为了弘扬基督教，他采取了更彻底的措施，他对付当时还在帝国境内活动的异教崇拜几乎就像当初戴克里先帝对付基督教一样。例如他下令摧毁所有异教庙宇，这样无论管智慧的雅典娜也好、还是管整个天地的宙斯也好，都成了上无片瓦、下无立锥之地的穷人。他又颁布敕令，规定所有罗马人都必须成为基督教徒，后来进一步规定凡信仰其他宗教的都是叛教行为，将受到严厉惩罚。这是公元380年的事。

至此，基督教不但在反抗压迫的斗争中取得了彻底胜利，还成为了整个西方世界的精神领袖。从精神这个角度来说，它统一了整个西方——它把种族、语言与文化诸方面都极不相同的西方诸国、

① 约翰·朱利叶斯·诺威奇著：《地中海史》，殷亚平等译，（中国出版集团）东方出版中心，2011年7月第一版，第57—58页。

诸民族统一于基督精神之下。

我们可以用《不列颠百科全书》之"教会史"条目中的一段话来概括一下:

"它(指基督教会——作者注)虽是由广泛分散各地的会众集合而成,但被认为是同基督合一的一个团体,一同皈依上帝的一个民族。这个理想的统一表现在许多方面。各基督徒社团之间的互相往来是很活跃的。旅行的基督徒一定会受到他们同教信徒的热情欢迎和款待。各教会之间使者和书翰自由往还。传教士和布道者来往各地络绎不绝。各种各样的文献,包括福音书和使徒书信在内,流传很广。因此统一的感觉在各方面得到了表现,基督教世界广泛分隔的各部分的发展,多少接近于一个共同模式。"①

引文中最后一个词"共同模式"的意义我们不难断定,它就是西方文明,这个文明也可以称为"西方基督教文明"。

此后基督教又怎样了呢?

我首先要说的是,至此,基督教业已诞生、且成长壮大、并成为西方世界的精神统治者了,所以我们这一章的主要任务已经完成了。

但下面我们还有两个内容要讲:

一是整个基督教史上最重要的大事之一,或者说是最大的恶事之一,那就是十字军东征。

二是基督教本身的两次大分裂。

---

① 见《不列颠百科全书》之"教会史"条目,中国大百科全书出版社,1999年第一版。

第五节　十字架下的罪恶

　　狄奥多西虽然大大强大了基督教，然而却没能强大罗马帝国，到他为帝时，罗马帝国已经是日薄西山、江河日下了。西哥特人、汪达尔人、东哥特人像洪水一样涌进他的帝国。此前，狄奥多西已经在395年把帝国分给了两个儿子，分别是以罗马为首都的西罗马和以君士坦丁堡为首都的东罗马。

　　蛮族纷纷进入后，原来帝国的中心、强大无比的罗马城变成了蛮族海洋中的一叶孤舟，公元476年，西罗马最后一个皇帝小罗慕洛斯·奥古斯都路斯被日耳曼雇佣军首领废黜。至此，西罗马帝国灭亡了，差不多有千年历史的西方罗马时代也走向了它的终结。

　　西方历史就此过渡到了中世纪。

　　关于这段时期的历史前面也讲过了，它的主要特色就是基督教在这段时期处于绝对统治地位，不但统治了人们的思想，还统治着人们的肉体，最显著的例子就是所谓"异端裁判所"的建立。

　　所谓异端裁判所就是专门迫害"异端"的。这些异端大体有四类：一类是些真的同正统基督教思想相对立的基督教派别，例如阿里乌斯教派；二类是所谓的女巫，就是一些被认为同魔鬼打交道的可怜的妇女，通常是老婆婆——我相信大家都在卡通片中看到过这些被描绘成尖鼻子、蓝皮肤、长着一对凶恶的三角眼、骑着扫帚做坏事的老婆婆，她们其实是最可怜的一群，直到今天还被误会着，还被当成异端，遭受漫画家们的嘲笑；第三类是相信科学与理性的人；第四类则是一些根本没有反基督教的念头，只是偶尔触犯了某项教规的人，但相对而言最后这类被判为"异端"的人反而最多。

这些人一旦被异端裁判所判为异端，就将面临死亡的危险，有时甚至比普通的死亡还要恐怖。例如大家都知道的，布鲁诺被活活烧死，塞尔维特更惨，被慢慢地烤死。我记得在某本书上曾经读到过，有一个青年，仅仅因为一队苦修士在大雨中走过他面前时，他没有跪下，就被判处这样的刑罚：先活活斩断四肢，再用绳子勒得半死，最后当他还在呼吸时被剖开肚子，掏出心肝，然后把心肝和和残破的躯体一齐投入烈火中烧为灰烬。

其实远在宗教裁判所正式成立之前，基督教拥有庞大势力后，就开始迫害异己了，受害者中之一是西方古代最有名的女哲学家海帕西娅。

关于海帕西娅，《不列颠百科全书》是这样说的：

"新柏拉图主义哲学家，第一位著名的女数学家。她是数学家兼哲学家泰昂的女儿，是亚历山大城公认的新柏拉图主义哲学学派领袖。她以口才、谦逊、美丽以及非凡的才智吸引了大量学生，……希帕蒂娅是学术和科学的象征，……她于415年遭到尼特里亚的修士和追随西里尔的一群狂热基督教暴徒的野蛮杀害，……不论谋杀的确实起因是什么，不久之后，许多学者的离去标志着作为古代学术中心的亚历山大城衰落的开始。"[①]

由于海帕西娅不是基督徒，她教导、宣扬的学问被基督徒们称为异端邪说，更有甚者，据说当时的一些基督徒都去追随了她。这样她就遭到了基督教暴力分子的仇恨，于是，就出现了以下的情景：

---

① 《不列颠百科全书》（第八卷），中国大百科全书出版社，1999年第一版，第279页。

一天，她在讲学回家的路上，被几个基督徒抓进了教堂，他们先把她剥得一丝不挂，然后用锋利的蚌壳将她全身的肉一片片割下来，再硬生生地扯断她的四肢，最后，他们把她还在颤抖着的身躯丢进了熊熊烈火。

除异端裁判所之外，中世纪基督教巨大力量的另一个最重要的表现是十字军东征。

我们上面提到了，395年，狄奥多西帝把帝国分给两个儿子，分别是以罗马为首都的西罗马和以君士坦丁堡为首都的东罗马。81年后，西罗马帝国灭亡了，东罗马帝国则继续存在。

东罗马虽然没有灭亡，但也受到各个蛮族，从日耳曼人到匈奴人，不断的袭击。到11世纪，东罗马帝国受到的压力更大了，这时诺曼人从西边、俄罗斯人从北边一齐往东罗马冲来，不断地欺侮它、压榨它。东罗马皇帝成天疲于奔命、勉强应对，非常辛苦。

不过这还不是其最苦的日子。

当东方的土耳其人，或称突厥人，逼近时，东罗马皇帝最苦的日子便来了，突厥人不断地挺进、挺进，使领土本来已经不大的东罗马帝国有沦亡之险。

这些突厥人在中国也是很有名的，他们本来是住在中国北方的，后来被中国的唐朝打败后，就像被汉武帝打败的匈奴人一样，不断西迁，其中的一支后来到达了现在称为土耳其的地方，并在那里崛起，逐渐发展成为地跨亚欧非三洲的大帝国——奥斯曼土耳其帝国，土耳其就是突厥的另一个译法。

这时东罗马的皇帝叫迈克尔七世，他知道凭一己之力已经无力抗拒强大的敌人了，就采取了一个对历史产生重大影响的步骤——

向罗马的基督教教皇求援。

他请求西方的教友看在同是基督徒的份上帮助他们东方的兄弟。

这时候罗马的教皇已经俨然是整个西方世界的太上皇，其它世俗国家的国王都要听从他这个耶稣与上帝在尘世的代表。

当迈克尔七世求援时，罗马教皇叫格里哥利七世，他本想响应，但一时无法抽身。

迈克尔七世死后，他的后继者是阿历克修斯·穆克宁，这时格里哥利七世也死了，新教皇是乌尔班二世。穆克宁也发出了求救信号。

乌尔班二世立即在一个叫皮雅琴察的地方召开了一次大宗教会议，商讨东罗马人的求援。这是1094年的事。

第二年他又举行了一次宗教大会，在这次会议上，他同主教们商定，向全欧洲发出倡议，要求全体基督徒起来共同反抗异教徒——穆斯林们。

压迫东罗马帝国的突厥人这时已信奉了伊斯兰教，成了穆斯林，在基督徒眼中他们当然是异教徒了。

教皇的呼吁对中世纪那些虔诚无比的普通基督徒们产生了莫大的引力，他们立即骚动起来，群起响应教皇的号召。

有一个隐士彼得，赤着脚、披着破麻布、骑着一匹癞头驴、扛着一个沉重的十字架，在欧洲各地到处浪游，在各个城市、各座教堂、各条街道大声宣讲基督徒的圣墓——它位于耶路撒冷城，是基督徒最崇拜的圣所之一，这时已经被穆斯林占领了——所遭到的毁坏，还说那些到圣城耶路撒冷朝拜的基督徒受到了穆斯林们的残酷虐待。基督徒们信以为真，发狂地要求杀向东方、杀向耶路撒冷，向穆斯林异教徒复仇，夺回圣地。

而那些西方的君主们、贵族们、骑士们，则深信只要到了东方就不但可以收复圣地，还可以从富有的东方夺得无数金银财宝，于是纷纷举起了手中的武器。

正在这时，也就是1094年及其次年，欧洲遭受了大饥荒，大批饥饿的人们都把富庶的东方看成了铺满面包黄油的天堂，纷纷不待正式组织就开始向东方前进了。这时候，那些前往东方的人就像移民一样川流不息，就像近代史中美国西部那些淘金者开赴一个新发现的金矿一样，就像湍急的河水一样，浑浊之中挟带着许多废物，这是一些流浪者、破产者、随军小贩、叫卖商人、飘泊的修士或者逃亡的农奴之类，他们混杂群集，带着一种求生与求富混合在一起的狂热扑向东方。

这就是第一次十字军东征的最初情况，时值1096年。

这群乌合之众的结局是悲惨的，还在半路上就被屠杀殆尽了。

次年，第一次十字军东征的正规部队组成了。他们是由英格兰人、法兰西人、意大利人等为主力组成的，人数庞大，势力当然也强大。他们渡过了博斯普鲁斯海峡后，一举攻克了靠近君士坦丁堡、当时已被突厥人占领的重镇尼西亚。

此后，他们向大海攻去，然后循着海边前进，后来又攻克了安提阿，从前保罗传道的大本营。他们越过安提阿，继续南下，一路夺关斩将，凭着那种因宗教的狂热而激起的高昂士气，终于打到了此行的最终目标——耶路撒冷。

这时他们的领袖名叫戈弗雷，一个当时有名的法兰克武士。他率军将圣城团团围住，开始了狂猛的进攻。《不列颠百科全书》是这样记载这次血腥攻伐的后果的：

"经过一个多月的围攻，该城终于被占领了（1099年7月15日）。屠杀得很惨；满街流淌着被征服者的鲜血，以致人们骑马走过时血花四溅。黄昏，十字军战士……都去了圣墓，合起他们血迹斑斑的双手来祷告。就这样，在七月的这一天，第一次十字军东征宣告结束。"①

这就是第一次十字军东征，也是最成功的一次。对于这次的十字军东征，黑格尔是这样记述和评论的：

"当十字军的队伍出现在耶路撒冷的时候，全体都祈求着、忏悔着、痛彻肺腑地伏地痛哭并祷告着，看起来这似乎是很美的一幕。但这只是在一顷刻间如此，在这一顷刻之前，就有好几个月之久在行军进程中到处都表现出粗野、疯狂、凶恶、愚蠢、卑鄙、情欲。他们用极大的勇敢摧毁了圣城，以致弄得他们在血液中洗澡，大逞禽兽的狂暴，于是他们又转为痛心疾首、忏悔祈祷。后来他们又从跪下忏悔中站立起来了，得到宽恕了，得到净化了，于是转瞬又沉陷于一切卑小可怜的情欲之中，尽情放纵粗野、贪财、好利和好色等情欲。"②

黑格尔的这个记述与评论应该说是中肯的。

第二次十字军东征开始于1147年，起因是基督徒在耶路撒冷之北建立的一个小公国埃德萨被穆斯林攻克。这时穆斯林世界出现了一个伟大的领袖，名叫萨拉丁，直到今天穆斯林们都以他为荣。

---

① 见《不列颠百科全书》之"十字军"条目，中国大百科全书出版社，1999年第一版。

② 黑格尔：《哲学史讲演录》（第三卷），贺麟、王太庆译，商务印书馆，1959年12月第一版，第325—326页。

他看穿了，这次战争乃是整个基督教世界向伊斯兰世界的宣战，于是动员整个伊斯兰世界起来进行"圣战"。

萨拉丁的号召在穆斯林们中激起的反响之热烈就像乌尔班二世的呼吁在基督徒们中激起的一样。他们追随萨拉丁向基督徒们杀去，节节胜利，到1187年，终于成功地夺回了耶路撒冷。第二次十字军东征彻底失败。

仅过了两年，不甘于圣城之失的教皇又力图组织第三次十字军东征，据说这次东征充满了传奇色彩。一方是伟大的萨拉丁，他这时已经建立了强大的萨拉丁帝国，把从埃及到叙利亚的广阔领土包括在内。另一方则包括法兰西、英格兰和德意志三国君王，特别是英国，有名的狮心王查理是它的统帅。他就像罗宾汉一样，是英国历史上的传奇式人物。

不过传说毕竟是传说，这第三次十字军东征却实实在在地失败了。耶路撒冷仍牢牢地控制在穆斯林手里。

第四次十字军东征发生在1202年，这年的教皇是英诺森三世，他想先打下埃及，也就是萨拉丁的基地，然后再攻耶路撒冷。他想同当时拥有最强大海军的威尼斯人合作。威尼斯人答应了，不过条件是先占领君士坦丁堡，这时也叫拜占庭。威尼斯人这样做的原因很简单——因为拜占庭人同他们抢生意！

教皇一听，真是"于我心有戚戚焉！"立即答应了。我们知道，这时基督教已经分裂成以罗马为中心的天主教和以拜占庭为中心的东正教了，西方的教皇早想逼这些东方的"异端"们改宗天主教了。

于是，作为基督徒的十字军们不但不去打异教徒，反而向自己的同教兄弟发动了进攻。结果，措手不及的东罗马人被打败了，拜占庭被占领了。那些西方的基督徒们向东方的基督徒展开了残酷屠杀，他们疯狂的掠夺令拜占庭这座当时世界上最繁华的城市之一变得空空荡荡。

如果讲收获，这次东征算是成功了，十字军战士们不但赚得盆满钵满，还将拜占庭和整个东罗马帝国收入了囊中。但穆斯林却没有因他们的打击而蒙受半点损失，受损的只是东罗马的基督教徒们而已。

这就是第四次十字军东征，也是基督徒们最为耻辱的一次，使今天的基督徒们仍为之汗颜。

这次十字军东征之后，大约1212年，出现了一支特殊的十字军，它令我们对十字军所谓以仁慈的基督之名进行征讨的本质看得清清楚楚。

这支特殊的十字军就是"儿童十字军"。所谓儿童十字军，顾名思义，就是由儿童组成的十字军。

儿童们怎么来当十字军了呢？

原来，在1212年前后，传出一条谣言，说只有儿童的纯洁才能蒙上帝的恩，征服异教徒。这些传说像风一样吹遍了整个欧洲，那些愚信的父母纷纷将自己的孩子交了出来。于是在欧洲的原野上到处出现了一群群儿童，从五六岁到十来岁，衣衫褴褛，吃力地走着，许多人累死饿死冻死在路上，活下来的一直走到了法国南部的马赛港。在那里他们被送上了一艘艘大船，往茫茫大海驶去，准备"用他们童贞的爱而不是用武力"去夺回圣地。

他们最后怎样了呢？他们根本没有被送去打仗，用他们的纯洁征服异教徒。而是径直被送到埃及，卖给奴隶贩子们了。

这就是可怜的儿童十字军的下场。

这件事，联系前面大人十字军们对拜占庭的攻掠和在耶路撒冷的残酷屠杀，我们不难看出来，所谓的神圣的、以基督名义进行、由罗马教皇和各国君主联手领导的十字军东征实际上只是赤裸裸的掠夺，不过手段比正正经经的侵略战争更加卑鄙无耻、更加猥琐肮脏而已！这仍如黑格尔形容十字军所言：

"他们为一个圣洁的目的所吸引，但是在行军途中，他们放纵一切情欲，领袖们带头纵欲。个人容许自身堕落于暴虐、狂放、野蛮的行径中。当他们于最无头脑、最缺乏理智的方式下向前进军，并于丧失了成千的性命之后，他们达到了耶路撒冷。在这里他们全体跪下祷告，痛事忏悔，肝胆欲裂。由于他们征服了耶路撒冷，为胜利威武所陶醉，于是他们又陷于同样的野蛮和情欲之中，在血液中洗澡，穷凶极恶，然后又作忏悔，又回到自私、猜忌等最卑鄙的情欲，把他们用威武夺取的城镇加以毁坏。"[①]

这既是对第一次十字军的描述，也可以用之于整个十字军，因为无论在耶路撒冷还是在拜占庭或者其它他们所占领的城市，无论对待被他们的征服的基督徒还是穆斯林还是其他人，他们都是这么干的！因为他们就是这样的人——自私、猜忌、纵欲、暴虐、狂放而野蛮！

以后的第五、六、七、八次十字军东征我就不说了，不值得为

---

① 黑格尔：《哲学史讲演录》（第三卷），贺麟、王太庆译，商务印书馆，1959年12月第一版，第273—274页。

这样污秽的行为费太多的笔墨，总之他们每一次都是怀着贪婪之心而去，背着耻辱之败而归。

1270年是第八次，也是最后一次东征，这次的领袖是法王路易第九。他也参加了前一次十字军东征，不过可耻地当了穆斯林们的俘虏。

这时距第一次十字军东征差不多200年了！

也许，十字军们200年来的倒行逆施终于触怒了上帝或者安拉，他们在十字军营中降下大瘟疫，十字军们像苍蝇一样成批地死去了，其中包括路易第九本人。

最后一次十字军东征就这样失败了。

他们在东方占领的所有土地一片片被穆斯林夺回去了，到1291年，十字军在东方的最后一个据点阿克城落到了穆斯林手中。

这就是十字军东征的大结局。

值得补充的一点是，在2000年2月底的一次电视讲话中，时隔七百余年之后，当时的教皇保罗二世终于在一次讲话中正式为十字军的倒行逆施表示了道歉。

第六节　基督教后事之一：第一次大分裂

讲完十字军东征之后，有关基督教的历史这一章也该告一段落了。

但此后还有两件事也要简单扼要地说说，就是基督教的两次大分裂：第一次是基督教分裂成罗马天主教和希腊正教，这实际上在十字军时代就发生了，不过我们现在是专门讲述之；第二次是天主教再分裂出基督教新教。

我们先来看看第一次大分裂。

我们上卷讲过，为了便于治理，戴克里先曾将罗马帝国分成东西两部分，分别以意大利和希腊为中心，后来狄奥多西在395年把帝国分给了两个儿子，建成了分别以罗马为首都的西罗马和以君士坦丁堡为首都的东罗马。

其实进行这样的划分并不是出于主观随意，而是有深刻理由的。

首先，这是罗马帝国自然的地理分区。我们知道，西方文明以希腊文明为始，后来发展成为了两大支：一支是罗马建立后发展而成的罗马文明，以罗马城为中心，以罗马帝国的官方语言拉丁语为主要用语；另一支仍是以希腊为中心的希腊文明，不过这时的中心已经不是希腊的雅典了，而是拜占庭。自从亚历山大大帝东征后，希腊文明已经被传播到了东方，从希腊往东，直到印度北部的原亚历山大帝国领土都受到了希腊文明的很大影响，古老的埃及则成了希腊文明最发达的地区之一。到了中世纪，希腊文明世界的中心便是拜占庭了，它的主要语言也是希腊语。

罗马人在政治上征服希腊文明世界之后，在文明上并没有征服之，它仍保持着自己文化、语言等方面的特色。

这样，政治上统一的罗马帝国实际上在文化、地理上都分成了东西两部分。西罗马从意大利半岛往北，包括今天的法国、德国和英国等在内的地区；东罗马则包括希腊及其北面的巴尔干半岛地区，再往东的小亚细亚半岛，直到帝国东方领土的尽头。不过到了中世纪，东罗马已经只有小亚细亚半岛一小部分了，其它地方，包括耶路撒冷在内，已经成了新崛起的大宗教伊斯兰教的地盘了。

　　这个区分应该说主要是语言导致的，进而导致了其它方面，尤其是宗教方面的差异。西方罗马的基督徒们说拉丁语，自然也用拉丁语作祷告、发表他们的神学见解，而东罗马人则用希腊语做这些。这样，两种语言的区分就引起了其它许多区分，例如对耶稣保罗同一段教义的理解，便由于语言不同而产生了分歧。这样最终导致了两类不同的教会：一类教会以拉丁语宣讲传道、进行神学研究，另一类教会则用希腊语。

　　由于地域与语言都不同，两边教会交往不便，来往自然也少了，于是慢慢地各行其是了。

　　然而有一天，大约是445年，西部教会的罗马主教，叫利奥一世，突然宣布自己是整个基督教世界的无上至尊——教皇。

　　这当然意味着东部教会应当听罗马教皇的指挥，东部教会如何会答应？他们决定联合起来反击，在一个叫查尔斯顿的地方举行了主教大会，宣布君士坦丁堡即拜占庭的主教与罗马主教拥有同样大的权力。

　　得到这个消息，罗马教皇立即采取了一些措施，例如下令革除拜占庭主教教籍。拜占庭主教也做了差不多的回应。结果当然是没什么结果，因为一则它们力量大小差不多，二则它们毕竟只是教会，没有、也不能名正言顺地武力相向，结果只是不断地争吵而已。

　　但这样的明争暗吵竟持续了整整600年！

　　到11世纪，双方的争吵终于因一件事而达到了顶峰。

　　这件事的起因是这样的：有一次，罗马教皇派了一个红衣主教到拜占庭去见它的主教，也就是东部教会的教皇，对他说，如果他再闹下去就要革除他的教籍。这位东部教皇便开了个东部主教大会，会上公开骂红衣主教"像野猪一样"，并宣布把罗马教皇革除教籍。那个气不过的红衣主教这时以一个更具侮辱性的行动作了回应——他竟然把罗马教皇革除这位色路拉里乌主教教籍的通谕放在东部教会最崇高的大教堂、圣索菲亚大教堂的祭坛上，然后昂首阔步地回罗马去了。

这是导致基督教第一次大分裂的最后一根稻草，从此基督教决裂成了东西两部，西部自称为"公教"，意思是它是全世界公有的，它也要拯救整个世界。东部则自称为"正教"，强调唯有它才是耶稣基督的嫡系，才是正统的基督教。

这大体是1054年的事，这一年就是基督教会的第一次大分裂之年。

第七节　基督教后事之二：第二次大分裂

我们现在来讲基督教的最后一件大事——第二次大分裂。

在中世纪的千年岁月里，众多教皇之中也有一些的确是虔诚而良善的基督徒，但大部分教皇热衷的与其说是上帝与教民，不如说是财富和权力，同所有普通人没有什么两样，所不同的是他们的这两种贪欲更加强烈而已！他们凭借其双重力量：既是上帝在人间的代表，又拥有巨大的财富、土地与权力，频繁而猛烈地参与到了世俗权力的斗争之中，并且常常取得胜利，例如英国的无地王想与教皇争权斗法，结果落得个屈膝投降、每年赔款1000金镑的下场；德皇亨利四世想同教皇争权，结果为了获得教皇的宽宥，光着头、赤着脚在冰天雪地里站了整整三天！这情形就像黑格尔所言：

"那最勇敢、最高贵的皇帝受到教皇、红衣主教、教皇的使节、甚至受到大主教和主教们的驱逐，没有对付的办法，也不能依靠他们的外在力量，因为他们是内在地破裂了，因此他们经常处于被击败的地位，最后必须向教会投降。"①

黑格尔这里所指的"最勇敢、最高贵的皇帝"大概指的就是亨利四世等人。确实，在西方诸大国中，德意志或者说神圣罗马帝国的皇帝是受到教会干预最严重的。私生活上，中世纪时，从教皇到普通教士很多人都堕落不堪，例如亚历山大六世教皇把他那公开的私生子封为罗马诺公爵，而按照教规天主教教士们应当是禁绝情欲的，教皇更应如此。其实在中世纪，教皇有一个甚至几个私生子是再正常不过的了，甚至有人说，既然教皇是上帝在人间的代表，代他统治世人，那么他当然也可代上帝行丈夫之责，将上帝在人间的妻子们——就是西方修道院里数不清的修女们——视为自己的妻妾甚至玩物。

不但教皇如此，教会的上上下下，从红衣主教到普通修士，许多亦如此！例子这里就不说了，举不胜举，大家可以去读读薄伽丘的《十日谈》。这部书虽然是小说，但也是对当时世间百态，特别是教会百态的生动记述。

上述种种事实说明中世纪的教皇和教会总的来说都已经相当堕落了，这些原本应是社会精英的人物堕落得不但不是有德的样板，而且是无德的典型。

---

① 黑格尔：《哲学史讲演录》（第三卷），贺麟、王太庆译，商务印书馆，1959年12月第一版，第273页。

这样的教皇和教会必然会遭到社会有识有德之士的反对，这反对的结果就是基督教会历史上的第二次大变革。

这次大变革有两个主要领导者，一个是马丁·路德，另一个是加尔文。

马丁·路德1483年生于德国一富有之家。他曾上过大学，毕业后又进入修道院系统地研究神学。由于他一贯勤奋学习，而且德行高洁，博得了时人的尊敬。29岁获得神学博士学位后，他先是出任一所修道院院长，三年后，即1515年，被聘为维登堡大学神学教授。

一直以来，他对当时教会和教皇的腐败都深恶痛绝，并潜心研究基督教的两大经典，即《圣经》和保罗的书信，得出了新的思想，这个新思想的中心就是"唯信称义"。就是说人们只要真正地信仰基督，就能够成为义人，他的灵魂就能够蒙神的恩，上达天堂。如何真正地信奉基督呢？一要凭个人的信心，二要认真地阅读《圣经》，通过《圣经》就能与上帝进行直接的对话。

他这个观点必然地导出了另一个观点：基督教会与个人之信仰以及他能否得救无关！这也就是等于说传统的基督教会根本没有必要存在。

马丁·路德这个思想本来还只存在于他的头脑里，没有公开发表出来，因为他毕竟还是个神甫，是教会的一分子，只要教会不做得太过分，他也许只会把他的新思想藏在心里。

但一样东西使他不能不站出来，勇敢地与教皇展开了公开斗争。

这样东西就是所谓的"赎罪券"。

什么是赎罪券呢？从它上面的这个"券"字可以看出来它是一

种证券或票据之类的东西，而赎罪则说明这种票据是用来赎罪的。至于赎罪的含义大家都知道，就是愿为所犯的罪过付出代价。因此，所谓赎罪券的含义就是表示犯罪者愿为所犯的罪付出多少代价的票据了。

古代西方世界曾有过一种对犯罪的特殊惩罚，就是以罚款代刑罚，例如中世纪早期的法兰克王克洛维在其《萨利克法典》中规定杀一个主教要用900个金币来赎罪，偷东西则只要付63个。

这个赎罪券的用意也差不多。罗马教皇印制了一些票据一样的东西，声称谁买了这东西谁的罪就可以得到赦免。不过不是说他现在犯了罪不用坐牢杀头了，而是说他死后用不着因所犯的罪下地狱了，因为他购买了赎罪券，他的罪便被神赦免了，他可以直升天国了。那些推销赎罪券的教士们眉飞色舞地对可怜的信徒们说：当他们买赎罪券的金币叮叮当当地掉进教士们的钱袋时，他们的灵魂已经飞上天堂了！

不用说，成千上万愚昧的信徒们就这样花掉了成千上万的辛苦钱，而教皇也因此成了西方世界最富有的人。

马丁·路德对这种敲诈信徒钱财的做法极为反感，所以，1517年，当教皇又一次以修缮圣保罗大教堂为名派人来德国销售赎罪券时，他忍无可忍，拍案而起。

这年10月底一个漆黑的夜晚，马丁·路德在他执教的维登堡大学教堂门前贴出了一张"大字报"，名字叫《关于赎罪券效能的辩论》，里面用多达95条的论据证明赎罪券根本没用，只是教皇用来搜刮民脂民膏的伪钞假币。

不用说，马丁·路德的"九十五条论纲"得到了被教会压榨得快成了木乃伊的广大信众的热烈支持，甚至成了后来一场席卷德国的农民战争的导火线之一。

虽然后来马丁·路德退出了政治舞台，专心研究神学去了，但他却已经点燃了一次宗教大改革的星星之火，不久就成了燎原之势，使已经经历过一次瓜分豆剖之苦的基督教再次分裂。

这次分裂出来的部分叫"基督教新教"，马丁·路德就是基督教新教的鼻祖。

不过马丁·路德所创立的并不是基督教新教的全体，而是它的一个分支，被称为路德宗，它在德国、挪威、瑞典、芬兰、丹麦等北欧诸国得到广泛传播，成为那些地方人民的主要信仰。

继马丁·路德之后，中世纪基督教的另一个大改革者是加尔文。

约翰·加尔文1509年生于法国，比马丁·路德小26岁。他12岁就进修道院做了修士，后来又到法国多所著名大学进修神学、法律和文学。

在巴黎期间，按他自己的说法，有一天受到"突如其来的、神的启示"，从而觉悟到如今罗马教会之非，决心像马丁·路德一样起来改革之。几年后，加尔文发表了他的名著《基督教原理》，它被称为基督教新教的第一本系统的神学著作。

在这本书里，加尔文指出了人认识上帝的两条途径：一是通过个人自我内在的顿悟，二是通过《圣经》中上帝的启示。他还有一个令人绝望的观点，就是"预定论"。这就是说：人的一切都是在他生前就预先注定了的，他一生无论做什么都不能改变这一点。

从这里我们可以看到，在加尔文的理论中没有罗马教皇和教会的存在意义，无论是认识上帝也罢、上天堂下地狱也罢，都是如此，和教皇与教会无关。

加尔文的思想不用说遭到了教皇和教会的嫉恨，他们拼命想迫害加尔文和他的信徒们。但像马丁·路德一样，加尔文也赢得了大批追随者。尤其是当他一次偶尔途经瑞士的日内瓦，在这里竟然发现了一片他的新教之沃壤。因为这个美丽的山城，从执政者到普通市民都憎恨罗马教廷，把罗马主教赶走了，他立即着手在这里建立他的宗教理想国。

到1541年左右，加尔文终于在日内瓦建立了他的新教国家，这个国家的主要特色是政教合一，具体来说就是宗教统摄政治。事实上它不但统摄政治，而且统治一切。在他的国家里，他的新教——被称为基督新教加尔文宗——乃是唯一的宗教，所有人都必须信受奉行，违者必遭大罪。

加尔文对他统治下的人民的生活做了种种严格的规定，例如严禁跳舞赌钱，放债挣钱则受到鼓励，等等，使加尔文的日内瓦共和国成了当时西方世界独一无二的政教合一国家，直到1564年死时，他都牢牢地控制着这个国家。

加尔文虽然死了，他所做的一件事还必须提一下，就是他的大肆迫害异己。仅在统治小小日内瓦的最初五年，他就用异端的罪名处死了58人，后来又烧死了伟大的科学家和宗教改革家、也是他的朋友的塞尔维特。而与此同时，新教的信徒们也在欧洲各地遭到了同样的迫害，例如仅在法国的"巴托罗谬之夜"里，新教徒仅在巴黎一地就被杀了两千余人，在法国其它地方还有5万多人暴尸街头。

从此，基督教大体分成了三支：天主教、东正教和基督新教，它们各自又有许多宗派，如新教中有路德宗和加尔文宗。

虽然已经一分为三，但总的来说它们仍属同一大教——基督教，就像《封神演义》里形容阐教、道教、截教的关系一样：

> 红莲白藕青荷叶，
> 三教原来是一家。

第五章　中世纪哲学的三大先声

前面我们讲完了中世纪哲学的三大背景，但我们还不能正式开讲中世纪哲学本身，因为在开讲中世纪哲学之前，我们很有必要先述说与中世纪哲学相关的三项内容，即柏拉图哲学、亚里士多德哲学和新柏拉图主义。

为什么呢？有三个理由：

一是就内容而言，中世纪哲学正是在这三者的基础之上建立起来的，若把中世纪哲学比作一座大厦，那么这三者就是大厦的地基，甚至于是第一层。地基打得不牢固，或者不了解地基打得怎样，大厦是建筑不好的。

二是就形式而言，中世纪哲学是比较晦涩的，其阐释与论证的方式与传统的古希腊罗马哲学甚至与我们现在日常所用的论证方式是不大一样的，为了更好地理解晦涩的中世纪哲学，在这里重温一下上述三者也是有必要的。特别是新柏拉图主义，其堪称古希腊罗马中之最晦涩者，和中世纪哲学无论内容还是形式都是颇为相似的，熟悉它对以后理解中世纪哲学颇有帮助。

第三个理由要稍微复杂一些，就是中世纪哲学的主要工具并非中世纪哲学本身，可以这样说，中世纪哲学本身乃是一种思想体系，但并非完全意义上的哲学体系，这个思想体系本身并没有特殊的论证工具。当它是一种信仰时，它固然可以依赖《圣经》等进行一种非哲学而属于宗教信仰的辩护，但当它不再仅仅是一种信仰，而是一种思想的或者说哲学的体系时，由于它自身并非一种完全意义上的哲学，它就需要从哲学之中借用某些工具了。这就像我们拥有一块肥沃的土地，从这块土地里可以生长出美好的庄稼，然而要让这些美好的庄稼长出来，或者说让它们长得更加茂盛，那就需要工具了，例如耙子、锄头、犁之类，或者更先进些，要有拖拉机、联合收割机，甚至农用飞机和电脑浇灌系统等，总之需要工具才能更好地开垦这片土地，长出更美好的庄稼。

而这个工具就是在中世纪哲学诞生之前已经流行了很久的古希腊罗马哲学，特别是我们所讲的上述三种哲学，就像柯普斯登所言：

"由于基督徒没有自己的哲学（学术意义的哲学），乃自然而然地转向当时盛行的哲学，这种哲学是由柏拉图哲学衍生而来都又大量地掺杂了其它的要素。我们可以粗略地说，早期基督徒学者的哲学观念，在特性上是柏拉图主义的或新柏拉图主义的（又混合了斯多亚哲学），从哲学的观点来看，柏拉图传统之支配基督宗教思想，延续了一段相当长的时间。"[①]

柯普斯登在这里指出了柏拉图的哲学与新柏拉图主义对于早期基督教学者的意义。那么到了后期呢？当然就是亚里士多德的哲学了，这也是中世纪哲学的一个大特点：早期的论证工具主要是柏拉

---

① 柯普斯登：《西洋哲学史》（第二卷），庄雅棠译，台湾黎明文化事业有限公司，1988年3月第一版，第19页。

图的与新柏拉图主义的，往后就是亚里士多德的哲学了。而且，就总的来说，亚里士多德的哲学乃是基督教最主要的论证工具，或者说，是基督教最主要的护教理论。

可以这样说，倘若中世纪哲学家们用不好柏拉图、新柏拉图主义与亚里士多德这些工具，是不可能构建出中世纪哲学来的，相应地，倘若我们不了解中世纪哲学的这些工具，也不可能很好地了解中世纪哲学，这就像《论语》所言：

"子贡问为仁。子曰：'工欲善其事，必先利其器。居是邦也，事其大夫之贤者，友其士之仁者。'"①

孔子告诉子贡，一个做手工或工艺的人，要想把工作做好，就应该先准备好的工具，对于我们了解中世纪哲学而言也是如此。

进一步地，中世纪哲学的存在可以说主要有两个目的：

一是为了论证或者说捍卫神，以抵抗异教徒或者不信神者的攻讦。在基督教初创的年代，这样的异教徒与不信神者当然是很多的，它受到的攻讦也是很多的，亦如柯普斯登所言：

"当基督宗教迅速地发展时，它引起了怀疑和敌对，不只来自犹太人和政治当局，也来自异教的知识分子和作家。有些针对基督宗教的攻击是由于无知、薄弱的怀疑，对未知事物的恐惧，以及以讹传讹。可是也有些攻击则谈论到学理的层次和哲学的根据，这样的攻击是必须面对的。这意味着，哲学的论证和神学的论证一样，都需要派上用场。"②

---

① 《论语·卫灵公》。

② 柯普斯登：《西洋哲学史》（第二卷），庄雅棠译，台湾黎明文化事业有限公司，1988年3月第一版，第18页。

　　二是基督教自身也有理论化的需要，即它不能够仅仅是一种信仰而已。否则的话，它就会像在过去的时代曾经在西方与东方世界广泛存在过的无数宗教信仰一样，或者顶多像古希腊罗马的宗教信仰一样，与它们居于同样的层次。这样一来基督教也就不会是今日如此影响巨大、鼎定西方文明的伟大信仰了。基督教之所以伟大，或者说，之所以与别的普通信仰比较起来犹如鹤立鸡群，主要原因就在于它不但是一种普通的信仰，而且有一整套的理论体系，以论证与捍卫这种信仰。正是这套理论体系的存在才使得基督教远远超出了我们平常所谓的信仰，而为一种伟大的哲学理论。它的深刻程度不亚于任何其它哲学形态，甚至尤有过之。

　　而且，较之于普通的哲学理论，它不但是深刻的，同时还是一种信仰，即它能够给人一种信仰——同时也是一种信心。人在接受了这种信仰之后，能够得到的远非一般的哲学理论例如古希腊罗马哲学所能提供的思辨的愉悦与享受，甚至于也超出了同样以哲学为基础的政治与科学理论，例如柏拉图与亚里士多德的政治与科学理论，而达到了更高的层次。也就是说，它提供了一种对世界与人生的终极性的解释。而这种终极性的解释正是柏拉图、新柏拉图主义与亚里士多德所梦寐以求的，从某个角度上说，神学或者说中世纪哲学在这里达到了柏拉图、柏罗丁、亚里士多德梦寐以求的终极目标。

　　为了达到这两个目的，中世纪哲学都需要有古希腊罗马哲学特别是柏拉图、新柏拉图主义与亚里士多德哲学等作为工具来支撑，而我们为了理解中世纪哲学，也必须对这三者，尤其是其中与神学相关的部分有一个相对完整而清晰的了解。

　　基于以上的理由，在具体地讲中世纪之前，我们必须对柏拉图、新柏拉图主义与亚里士多德哲学之中与神学相关的部分作一个比较简明而完整的表述。

第一节　柏拉图的神学

　　我们首先来看柏拉图。

　　我们知道，柏拉图的哲学可以分成思辨哲学、自然哲学与精神哲学三大部分，其中的思辨哲学就是柏拉图的辩证法。

　　柏拉图是很重视辩证法的，在他看来，只有辩证法才可以让我们直达真理本身：

　　"我说，那么只有辩证法才是惟一的这样一种研究方法，它不需要假设而直接上升到第一原理本身，并且就在那里得到证实，对吗？当灵魂的眼睛陷入奥菲斯教神话中的那个野蛮无知的泥坑时，辩证法能轻轻地把它拉出来，引导它向上。"①

　　柏拉图这种辩证法是一种"在纯概念中运动的辩证法"，也就是说，它是一种对纯粹思想本身的考察，这些纯粹思想是对诸如"有"与"非有"、"一"与"多"、"无限"与"有限"等等概念的抽象的辩证式的沉思，是一种纯逻辑的、最深奥的研究。在黑格尔看来，这种研究乃是柏拉图哲学的最高点。②

---

　　① 柏拉图：《柏拉图全集》（第二卷），王晓朝译，人民出版社，2017年12月第一版，第535—536页。

　　② 参见黑格尔：《哲学史讲演录》（第二卷），贺麟、王太庆译，商务印书馆，1960年6月第一版，第204—205页。

我们后来将会看到，柏拉图的这种论证方式也是中世纪哲学最喜欢采用的方式。

在柏拉图的著作之中，表达其神学理论的最主要的著作乃是《蒂迈欧篇》。关于这一名篇的神学意义，赵老师是这样说的：

"《蒂迈欧篇》是柏拉图最后写作的对话之一，内容涉及数学、天文学、物理学以及解剖学、生理学各方面知识，柏拉图以丰富的想象力把这些知识同神话奇妙地结合在一起，描述了宇宙生成的全景。"[①]

因此，我们也必须在这里寻找柏拉图的神学观点。

在《蒂迈欧篇》里，柏拉图提出了他关于世界的一个基本思想，就是他认为我们这个世界是被创造的。这也可以说是他整个宇宙观的起点。对此他说：

"这个宇宙究竟是永恒存在、没有开端的呢，还是被创造出来的、有开端的？我的回答是，它是被创造出来的。"[②]

不过，柏拉图认为，在我们这个世界被创造出来之前也存在着某些东西，这些东西混乱不堪、没有任何秩序，胡乱地运动着，而神认为这样是不好的，认为有序比无序要好，于是就从那团原始的混沌之中创造了秩序，也就是创造了世界：

"由于神想要万物皆善，尽量没有恶，因此，当他发现整个可见的世界不是静止的，而是处于紊乱无序的运动中时，他就想到有

---

①　赵敦华：《基督教哲学1500年》，人民出版社，2005年5月第一版，第28页。

②　柏拉图：《柏拉图全集》（第三卷），王晓朝译，人民出版社，2017年12月第一版，第280页。

序无论如何要比无序好，就把它从无序变为有序。"①

在这里我们可以联想一下《圣经》的开篇第一句：

"起初，神创造天地。地是空虚混沌，渊面黑暗；神的灵运行在水面上。神说：'要有光'，就有了光。"②

两者显然是颇为相似的。

那么，进一步地，这时候会产生两个相应的问题：

这个作为创造者的神究竟是什么样的呢？他又是如何创造世界的呢？

对于第一个问题，柏拉图说这个神以下有几个特点：

一是神是永恒存在的：

"当创造主用他的眼光注视那永恒自持者，并且用它作为模型，构造出事物的外形和性质，凡这样完成的作品必定是完美的，但若他注视的东西是被造的，他所使用的模型也是被造的，那么他的作品就不完美。"③

二是这个神是善的、最善的：

"然而，我们必须要问这个和宇宙有关的问题。这位'工匠'在创造这个宇宙时用的是什么样的模型，是永恒不变的模型还是被造出来的模型？这里，如果这个宇宙确实应当是美的，而且这位创造者又是善的，那么他显然一定会注视那永恒者，倘若不是这样

---

① 柏拉图：《柏拉图全集》（第三卷），王晓朝译，人民出版社，2017年12月第一版，第281页。

② 《圣经·旧约·创世记》第1章。

③ 柏拉图：《柏拉图全集》（第三卷），王晓朝译，人民出版社，2017年12月第一版，第279页。

（这是个亵渎神明的假设），那么他所注视的必然是被创造出来的模型。但是每个人都能看到，创造主必定注视永恒者，因为这个宇宙是一切被造事物中最美的，而在一切原因中，创造主是最善的。"①

显然，柏拉图这个作为创造者的至善的神和古希腊神话传说中的神是大不一样的，因此这个神当然不会是古希腊神话传说中的神了，而是柏拉图自己的神。神柏拉图并没有给这个神命名，只说其是神而已，是创造世界的大神。

三是这个神是不可感知的。②也就是说，人不可能感知神，它是无形体的。这是一种非常深刻的思想，启迪了后世许多伟大的思想，特别是新柏拉图主义的思想，如其代表柏罗丁也认为那个最初的创造者太一是不可感知的。③

对于第二个问题，即神是如何创造这个世界的，其实我们前面已经说明了，那就是神是根据那个永恒持有的模型来创造这个世界的，因此这个被创造的世界也是完美的。不仅如此，柏拉图认为神还是不嫉妒的，这个不嫉妒的神不但根据自己的形象来创造世界的，还尽可能地使之和神自身相似。总而言之就是说，神是根据那个永恒的模型、并且根据自己的光辉形象从无序的混沌中创造这个世界的，因此，这个世界是完美的、善的、有序的。

此外，柏拉图认为，这个世界还是唯一的：

---

① 柏拉图：《柏拉图全集》（第三卷），王晓朝译，人民出版社，2017年12月第一版，第280页。

② 参见柏拉图：《柏拉图全集》（第三卷），同上，第282页。

③ 参见柯普斯登：《西洋哲学史》（第一卷），傅佩荣译，台湾黎明文化事业股份有限公司，1986年1月第一版，第597页。

"为了使这个宇宙成为惟一的，与那完善的生物相似，创造主没有创造两个宇宙或无数个宇宙，而只创造了这个独一无二的宇宙和天，它现在是惟一的，将来也是惟一的。"[①]

这里也说明了柏拉图一个很有意思的思想，就是他认为这个世界作为一个整体也是一个动物——只是一个大动物而已，并且这是一个既有灵魂、又有理智的动物，而且是唯一的动物。然后，柏拉图还围绕着这个作为一个大动物的宇宙进行了一番精彩的描述，这里就不一一细说了。

第二节　亚里士多德的神学

我们再来看亚里士多德的神学思想。

亚里士多德有一个重要哲学观点，就是认为一切论证都不能够是无限的，必须有两个点：一个是起点，另一个是终点。这个起点在亚里士多德的逻辑学那里就是公理，在他的形而上学那里就是第一推动。

这个第一推动是亚里士多德最重要的、也是对后人影响最大的思想之一，两千年之后，牛顿这位人类历史上最伟大的科学家仍坚守这个理论，作为其科学理论的主要支点。

我们知道，牛顿是史上最伟大的科学家之一，但他同样可称史上是虔诚的基督徒之一，他对于上帝的理解与崇敬可以说不亚于任

[①] 柏拉图：《柏拉图全集》(第三卷)，王晓朝译，人民出版社，2017年12月第一版，第282页。

何虔诚的基督徒与渊博的神学家。特别是到了晚年，牛顿对神学研究得更多，也更为重视上帝的力量，例如1712年，当《原理》出第二版时，快70岁了的牛顿在书中加了一节"总释"，它只有短短的几页，其中"上帝"或者及代词"祂"就有近40处之多。他对上帝表达了如狂热的基督徒一般的赞美，其中有这样的话：

"上帝是能动的，全能全智的存在物；而他的其他完美性，意味着他是至上的，最完美的。他是永恒的和无限的，无所不能的、无所不知的；即，他的延续从永恒直达永恒；他的显现从无限直达无限；他支配一切事物而且知道一切已做的和当做的事情。……所有的人都同意至高无上的上帝的存在是必要的。所有的人也都同意上帝必然永远存在而且处处存在。因此，他必是浑然一体的，他浑身是眼，浑身是耳，浑身是脑，浑身是臂，浑身都有能力感觉、理解和行动；但却是以一种完全不属于人类的方式，一种完全不属于物质的方式，一种我们绝对不可知的方式行事。……我们只能通过他对事物的最聪明、最卓越的设计，以及终极的原因来认识他；我们既赞颂他的完美，又敬畏并且崇拜他的统治；因为我们像仆人一样地敬畏他；……我们关于上帝的所有见解，都是以人类的方式得自某种类比的，这虽然不完备，但也具有某种可取之处。我们对上帝的谈论就到这里，而要做到通过事物的现象了解上帝，实在是非自然哲学莫属。"①

看到了吧，这些话与虔诚的基督徒甚至神学家所说的何异？

---

① 牛顿：《自然哲学的数学原理》，王克迪译，北京大学出版社，2006年1月第一版，第347—349页。

它们不但表达了牛顿对神的崇拜，而且表达了他对神的理解，后面我们将会看到，这种理解与神学家们的理解是一致的。而在引文的最后，牛顿表达了这样的观点：要理解上帝最好的办法就是通过自然哲学去理解，而他在这里所说的自然哲学可不是古希腊的自然哲学，而是自然科学，也就是说，在牛顿看来，理解上帝最好的办法就是通过科学。换言之就是说：科学的发展不应该成为理解上帝的障碍，而是路径。

据统计，牛顿一生留下的有关宗教与神学的手稿达150多万字，足以编成若干卷神学专著！事实上也被编成了不少文章或著作，例如《〈圣经〉里两大错讹的历史考证》、《但以理先知的预言与圣约翰的启示录之评论》，它们分别在牛顿的生前与死后出版。

再来说亚里士多德，他是在《形而上学》第十二卷提出这个思想来的，这一卷也是《亚里士多德全集》里最有意思，也最深刻的卷之一，其所阐述的正是亚里士多德的"神学"。

我在这里的神学打了个引号，因为它和我们在这里要讲的中世纪的神学是有区别的，然而它也与中世纪的神学有着十分密切的关系，理解亚里士多德的神学对于理解中世纪哲学有很大的作用，因此我们才要在这里对亚里士多德的神学作一下简单的回顾。

这一卷里，亚里士多德也是从实体开始入手的，提出了一个最初的、作为世界与万物之本原的实体。他认为有三类实体，有的是可感觉的、有的是永恒的、有的是可消灭的。他在这里指出了一种永恒的实体，也就是他所说的神。

在亚里士多德看来，神具有以下四个特点：

第一，神是实体，并且是永恒的实体。

第二，这个实体是不动的，但它又是最初的推动者。这就是大名鼎鼎的第一推动。

为什么亚里士多德要提出这个第一推动来呢？因为在亚里士多德看来，一切事物的运动都不是偶然的、碰巧的，而是一种结果，也是说是有原因的，有一个推动者使之运动，他说：

"任何东西都不是碰巧而被运动，永远有某种东西在那里，例如现在由于自然这样运动，或由于理智或强制或其他的原因而那样运动。"①

但这时候，另一个问题就出来了：这个过程可以无限推移吗？一个运动有一个推动者，这个推动者自己也是运动的，于是也要有个推动者，如此以往，这可以这样无限地推移下去吗？

当然不能！在亚里士多德看来，任何过程都不能是无限推移的，必须有一个起点，或者说这也是一个终点、一个终极之点、一种终极之力，同时也是一种起始之力。同时这也就是说，必须找到一个起点，这个起点乃是最初的推动者，其他一切的运动都是由之而发起、开始的。对此他说：

"设若是这一移动是为了另一移动，而另一移动又是为了另一移动，而这一系列又不可能陷入无限，那么一切移动将有一个目的，即某种在天上运动着的神圣物体。"②

就这样，亚里士多德简明而有力地证明了"第一推动"的存在及其必要性。

---

① 亚里士多德：《亚里士多德全集》（第七卷），苗力田主编，中国人民大学出版社，1993年1月第一版，第276页。

② 同上，第283页。

　　还有，在亚里士多德看来，这个第一推动者本身则是不运动的。他说：

　　"既然被运动的东西必然被某种东西所运动，最初运动者就其自身是不运动的，而永恒运动是被永恒的事物所运动，单一运动是被单一的东西所运动。所以我们看到，万物的单纯移动，我们说，是由最初的不动实体所运动。"[①]

　　这就是亚里士多德的神的第二个特点。

　　神的第三个特点即神是现实的，第四个特点是没有体积和质料，并且不可感知。这都是好理解的。

　　亚里士多德还称这个实体、这个无限者为"天"，不难看出来，他的这个天和具体的日月星辰这些天体是不一样的，乃是一个抽象的天，一个没有体积的、没有质料的、不可感知的天。

　　这个天或者神的第五个特点是，它是至善至美至乐的，关于这一点，在著作中很少动感情的亚里士多德也写了以下一段很带感情的话：

　　"天界和自然界就是出于这种本原，它过着我们只能在短暂时间中体验到的最美好的生活，这种生活对它是永恒的（对我们则不可能），它的现实性就是快乐。就其自身的思想，是关于就其自身为最善的东西而思想，最高层次的思想，是以至善为对象的思想。……若我们能一刻享到神所永久享到的至福，那就令人受宠若惊了。如若享得多些，那就是更大的惊奇。事情就是如此。神是赋

---

　　① 亚里士多德：《亚里士多德全集》（第七卷），苗力田主编，中国人民大学出版社，1993年1月第一版，第280页。

有生命的，生命就是思想的现实活动，神就是现实性，是就其自身的现实性，他的生命是至善和永恒。我们说，神是有生命的、永恒的至善，由于他永远不断地生活着，永恒归于神，这就是神。"①

亚里士多德在这一段里把神的各种特点都说清楚了，它几乎像是一个虔诚的基督徒或者既崇拜亚里士多德也相信神的哲学家所写的话，也几乎可以从此直达神学。

这个神的最后一个特点是，它是唯一的，同样与基督教神学的基本观点是一致的。

正是因为亚里士多德有着这样的思想，所以他对神学也产生了至为重要的影响，这是任何其他非基督教的哲学家都不能相比的。如赵老师所言，亚里士多德的著作"集希腊哲学之大成，对基督教哲学有十分重要的影响。"②

第三节　新柏拉图主义的神学

以上我们简单说了柏拉图与亚里士多德的神学或者说对神的理解，最后来看新柏拉图主义对神的理解。

新柏拉图主义对于中世纪哲学的影响更为直接，因为它乃是古希腊罗马哲学的最后一章，从它之后，西方社会就走入中世纪，而西方哲学也就进入中世纪哲学了，所以它们是直接相关的。

事实上，更为深入地说，它们的边界都是模糊的，整个中世

---

① 亚里士多德：《亚里士多德全集》（第七卷），苗力田主编，中国人民大学出版社，1993年1月第一版，第278—289页。

② 参见赵敦华：《基督教哲学1500年》，人民出版社，2005年5月第一版，第31页。

纪哲学和古希腊罗马哲学的边界也是模糊的。或者说，在这里，哲学的历史与一般意义上的历史之间是不同的，因而产生出了某种不精确或者说模糊。典型的例子就是我们后面要讲的第一个伟大的中世纪哲学家奥古斯丁。就哲学而言，奥古斯丁是属于中世纪的，并且是中世纪第一个伟大的哲学家，也是整个哲学史上最伟大的哲学家之一，但就一般的历史时期而言，奥古斯丁并非属于中世纪，而是属于古罗马。此外，还有许多中世纪哲学家，例如教父时期的大部分哲学家，倘若讲一般的历史而言也都是属于古罗马而非中世纪的，所以柯普斯登在《西洋哲学史》中世纪哲学一开篇就说了这样的话：

"因为我在第一册所完成的只到新柏拉图主义为止，并没有包含早期基督徒作家的哲学思想，因此我想在本册中谈谈这些思想，乃是大家所期望的。诚然，像格里哥利和奥古斯丁等人是属于罗马帝国时期的人物，他们的思想和广义的柏拉图主义有关联，而且他们不可以说是中世纪的作家。可是他们是基督宗教思想家，并且对中世纪有很大的影响，这个事实则不容抹杀。吾人若不了解奥古斯丁，几乎就无法了解安瑟姆或波纳文德的，若不了解格里哥利和伪名丹尼斯的思想，也无法了解约翰·斯考特的思想。因此，以那些在年代上属于罗马帝国时期的思想家开始，来讨论中世纪哲学，是毋需作任何抱歉的。"①

其实，不但是中世纪哲学，几乎任何有分期的哲学史都是这

---

① 柯普斯登：《西洋哲学史》（第二卷），庄雅棠译，台湾黎明文化事业有限公司，1988年3月第一版，第1—2页。

样，都不可能有截然分明的时间区隔，从古希腊哲学到古罗马哲学再到中世纪哲学是如此，往后到近代哲学和现代西方哲学也是如此，都是没有截然分明的区隔的，以柯普斯登的话来说就是：

"吾人必须记住，无论采取何种区分方式，任何哲学思想史的分期都不是完全封闭，无隙可入的。过渡时期总是渐进，而不是急剧的，其间总有相互重迭和彼此关联之处，因此，前后的系统彼此之间不是截然分裂的。"①

这段话可以作为我们对于整个哲学史分期的整体理解。

也因为这个缘故，在前后相接的两个哲学分期或者处于这个分期的哲学流派之间，彼此之间的哲学思想的分界也是模糊的，因为后面的哲学家们总是受到近前的哲学家思想的强大影响。有时候，这种影响强大到都不知道如何归属之，就像这个时候文学界中的伟人但丁一样，你说他是中世纪的呢还是文艺复兴时期的？都可以，因此有人就干脆说但丁是中世纪最后一位、同时也是文艺复兴时期的第一位伟大诗人。所幸的是中世纪哲学还没有这样的情形，对于哲学家们的归属是分得比较清楚的，因为这里有一个比较明显的尺度，那就是基督教，信仰者便是中世纪哲学的，不信者便是古希腊罗马的。有了这个尺度我们就可以比较方便地界定新柏拉图主义了，界定其代表人物是新柏拉图主义的而非属于中世纪哲学的。

关于新柏拉图主义，我们要讲的是其三个代表性的哲学家，即

斐洛、柏罗丁与普洛克罗。

先来看斐洛。

斐洛对于基督教哲学或者说中世纪哲学有着极为特别的意义。原因就在于从广义上来说，基督教思想本身有两大源头，就是犹太人的思想与古希腊人的思想，甚至可以这样说：正是古希腊哲学思想与更加古老的犹太人的哲学思想的融合才导致了基督教思想的诞生。

古希腊思想与犹太人的思想的这种融合就是从斐洛开始的。

之所以如此，与斐洛的特殊身份有关。一方面，斐洛是犹太人，对传统的犹太哲学非常熟悉，但同时又非常尊敬并且熟悉古希腊的哲学典籍，且在二者之间发现了深刻的关联性，于是将之融合起来，建立了一种统一的新哲学，这就是斐洛的哲学。其哲学的意义正如《不列颠百科全书》所说：

"从某种意义上来讲，可以说斐洛是中世纪哲学——犹太哲学、阿拉伯哲学、更重要的是基督教哲学——的奠基人。"[1]

就历史分期而言，斐洛远不属中世纪而属罗马帝国，他生于公元前10年左右，和耶稣基督大致是同时代人，甚至有传说曾经在罗马见过使徒彼得。

在古希腊哲学中，斐洛最了解的是柏拉图哲学，他的融合就是将犹太人主要表达在《圣经》中的历史当作基础，加以柏拉图式的注解。于是，那些历史上和《圣经》中的传说故事在斐洛这里都不再是表面上呈现的简单的故事，而是蕴含着一种神秘的、寓言式

---

[1] 《不列颠百科全书》之"斐洛"条目，中国大百科全书出版社，1999年第一版。

的意义。例如他在犹太人最伟大的先知摩西身上找到了柏拉图的影子。他的著作主要就是这样的寓言式的神秘解释，这种方法还有一个特别的名称，叫"喻意解经法"。

典型的例子就是斐洛对《圣经·创世记》的理解。我们知道，在《圣经》里，《创世记》乃是第1章，而为了将之与古希腊哲学结合，斐洛便说上帝在创世之前先创造了理念，这个理念既是天堂、天使、气和空虚等，又是具体可感知的事物的范本，即柏拉图式的理念，如水的理念、光的理念、日月星辰的理念，如此等等，它们乃是具体万物，如光、水、日月星辰等的原型，并且是不可感知的。在创造了这些理念之后，上帝才创造了可感知的万物，如光、水、日月星辰等。

斐洛还认为人是可能通过某种方式认识上帝的，这就需要人不断地跃升自己，例如先要做到某种不动心，然后追求更高境界，人有可能追求的最高的境界是这样的：

"人是应该往上升进，先从观念方面认知上帝，再努力求取天界的智慧，或直接观照不可言诠的上帝自身。

灵魂在尘世所能抵达的最高境界，就是被动状态的忘我入神。"[①]

我们可以显而易见地看到斐洛这样的思想是介于古希腊罗马哲学与基督教哲学之间的，是一种中间形态。

斐洛也是新柏拉图主义的先驱，不过，新柏拉图主义真正的创

---

① 柯普斯登：《西洋哲学史》（第一卷），傅佩荣译，台湾黎明文化事业股份有限公司，1986年1月第一版，第592页。

立者乃是柏罗丁。

柏罗丁的思想是很重要的，可以说，他和他所创立的新柏拉图主义既是古希腊罗马哲学的终结——到这里，伟大的古希腊罗马哲学走向了尾声也集中地表达了古希腊罗马哲学中的许多精妙之处，而其中那些分析的深刻性与辩证性要胜过大多数的古希腊罗马哲学家。

还有，柏罗丁思想的重要性不但在于它是辉煌的古希腊罗马哲学的尾声，而且也在于它是中世纪哲学最直接的先声，就像凯尔德在《希腊哲学家中神学的演化》中所言：

"柏罗丁是哲学史中最伟大的名字当中的一个，人类思想主要线索中的一名古典代表；他是典型的神秘主义者，那种造成他的神秘主义的更重要的东西是，他把这种神秘主义呈现为是整个希腊哲学发展的终极结果。此外，要是我们注意到柏罗丁以后的思想发展，我们可以看到，正是通过他，并通过受到过他的影响的圣奥古斯丁，这种神秘主义变成为基督教神学，成了中世纪和近代世界的宗教中的一个重要因素。"[①]

柏罗丁也生活在罗马帝国时代、公元三世纪，其思想最核心的概念是具有无比超越性的"太一"。

对于这个太一，柏罗丁认为它本质上是不可认识的，或者说它超越于我们一切的认识：

"事实上，即使用同一来描述它也是错误的，对它不能有任何

---

①　转引自范明生：《晚期希腊哲学和基督教神学》，上海人民出版社，1993年7月第一版，第322页。

概念或者知识，因此也许只能说它'超越是'"。①

"超越是"即超越存在，即它超越一切的存在者，当然包括我们人，即对于太一只有这一点我们是可以知道的。

根据柏罗丁对其的表达，这个太一也可以用另一个词来解释，即神或者上帝，就如黑格尔所言：

"这样的存在就是上帝，而且永远是上帝，它不在上帝之外，而是与上帝一体，与上帝同一的。"②

与基督教认为上帝是至善相似，柏罗丁认为太一本身就是至善，并且是万物的产生者：

"那原初的至善是超越于一切实在的，是纯粹的善，自身中不包含其他任何事物，不包含万物，超越于万物，是万物之因。"③

在柏罗丁看来，这个善乃是知识与真理的给予者，产生并且滋养万物，且超越一切，也就是说善即太一。

总之，整体上而言，柏罗丁认为太一既是统一，又是善，它是无限的、超越一切的。此外，太一乃是其余的一切——万事万物、爱、道德、理智与自我意识——等等的源泉，简而言之，太一是一切，是其自身不是被产生出来的，是从来如此的，是永远的统一与唯一。

柏罗丁还有一个重要思想，就是认为物质本身就是一种罪恶，

---

① 普罗提诺：《九章集》（下册），石敏敏译，中国社会科学出版社，2009年10月第一版，第592页。

② 黑格尔：《哲学史讲演录》（第三卷），贺麟、王太庆译，商务印书馆，1959年12月第一版，第189页。

③ 普罗提诺：《九章集》（下册），石敏敏译，中国社会科学出版社，2009年10月第一版，第615页。

由于人的身体是物质的，所以自然而然地，人一旦为人，就是有罪的。他在其以晦涩著称的杰作《九章集》的第一卷第八篇"论恶的本性和恶的起源"里说："形体的本性就其分有质料来说，是一种恶。"①后面还说："生成原则就是质料的本性，它非常之恶，能够将自己的恶传给不在它里面，而只是注视它的东西。"②

这里的质料就是物质了，因为物质之所以是物质，就是因为有了质料。所谓生存原则就是物质产生的原则。这也就是说，在柏罗丁看来，物质，由于它产生的方式，即拥有质料，所以先天地就必然与罪恶相关，这既是它的先天，也是它的宿命。显然，这与基督教中的"原罪"是相似的，即人生下来就是有罪的，如《圣经》中所言："我是在罪孽里生的。在我母胎的时候，就有了罪。"③

从这些论述不难看出来，柏罗丁几乎是像神学家论述上帝一样论述他的太一，也因此，他对太一的论述自然会大大地影响后来的神学家，因为他们可以借助他的这些论述去论述上帝，在有的地方甚至只要改个名字而已，即把"太一"改为"上帝"就可以了。

普洛克罗同样是新柏拉图主义的代表人物，同时也是最后一位重要的希腊哲学家，"他的看法对东方和西方后来的基督教神学都具有深远影响。"④

普洛克罗生活在罗马帝国快要崩溃的时代，但他依然是罗马帝

---

① 普罗提诺：《九章集》（上册），石敏敏译，中国社会科学出版社，2009年10月第一版，第77页。

② 同上，第78页。

③《圣经·旧约·诗篇》第51章。

④ 见《不列颠百科全书》之普洛克罗条目，中国大百科全书出版社，1999年第一版。

国人，公元410年生于东罗马首都君士坦丁堡。他有一个特点，就是一直尊奉古老的传统的希腊神祇，特别是太阳神阿波罗和智慧女神雅典娜，甚至有传说他受到了这两位神特别的眷顾，他们曾经在他面前显身，让他看见，就像保罗在大马色路看见耶稣的灵一样。

普洛克罗的思想极其晦涩难懂，甚至要超过柏罗丁，从这一点而言，他是后来以晦涩难解而闻名的经院哲学最典型的代表，就如柯普斯登所言：

"他以辩证能力与过人天才，精密地统合他所学得的一切思想，因而获得最伟大的古代士林哲学家之雅号。"[①]

台湾的士林哲学就是我们所说的经院哲学。姚介厚先生也这样说普洛克罗：

"他勤奋好学，学识渊博，思维缜密，著述丰富，构建了一个古代最大的繁琐的哲学体系，堪称为后来中世纪经院哲学的先本。"[②]

普洛克罗的思想与柏罗丁的思想相似，是以"一"为中心的，但二者有所不同，在柏罗丁那里，太一是一个比较具体的概念，有类于上帝，但在普洛克罗这里，"一"更是一种抽象的概念，没有那么神化。更具体地说，"一"是与"多"对立的一个抽象的概念，当然它也是一种本原，这又似于太一。在其代表性著作《柏拉图的神学》中，普洛克罗指出，神的单一性不是数上的单一，也不是理

---

① 柯普斯登：《西洋哲学史》（第一卷），傅佩荣译，台湾黎明文化事业股份有限公司，1986年1月第一版，第614页。

② 姚介厚：《西方哲学史·学术版》（第二卷）（下），人民出版社，2011年5月第一版，第1159页。

知上的单一，更不是有形之物的单一，而是一种绝对的、完全的单一性："就他们是神来说，完全独立于一切多，超验于一切分割和间隔或倾向于二级种类的习性，也超越于一切复合。他们确实处在不可企及的地方，在全体事物之上扩展，永恒骑乘在存有之上。"[①]

　　普洛克罗最有特色的思想是三一体思想，所表达的是与柏罗丁类似的从太一生化万物的过程。所谓三一体，指的就是在从太一开始的这个生化过程之中，总是存在三个向度或部分，它们又是相互统一、互为一体的，是一种辩证统一的关系，所以叫三一体。至于为什么要如此，普洛克罗是这样说的："每个混合体，如果是正当形成的，就如苏格拉底所说，需要这三样东西：美、真理和对称。"[②]

　　这个三一体也是来自于作为万物之始的太一的，在柏罗丁那里，太一生化的第一个产物就是理智，理智是由太一直接产生的，但普洛克罗的观点不同，他认为太一最初生化的并非理智，而是还有另一个东西，这个东西有各种各样的名字，黑格尔说叫"神灵"：

　　"普洛克罗把前面那种太初的统一叫做神，因而便把后面这种被思维的单一性叫做神灵。"[③]

　　把理智认作第三者，就是在太一之后还有一个第二者神灵，也就是那个统一体，在这个统一体之后产生的就是理智了。这个理智同样有三个部分，也是一个"三一体"，这三个部分分别是永恒的

──────────

　　① 普卢克洛：《柏拉图的神学》，石敏敏译，中国社会科学出版社，2007年12月第一版，第58页。

　　② 同上，第148页。

　　③ 黑格尔：《哲学史讲演录》（第三卷），贺麟、王太庆译，商务印书馆，1959年12月第一版，第217页。

理智、运动的理智与回归的理智，与这三个部分对应的则有另外三个概念，即绝对存在、生命与精神，又构成了另外的三一体，它们还可以对应于另外一个三一体，即限定、无限与混合。还有，上面的三个三一体并非是三个不同的三一体，它们又是统一的，这统一的表现在两个方面：一是它们的全部构成了一个统一的三一体，同时，它们又是一个像那个作为全体的三一体那样的三一体。进一步地，这些三一体中的每一个部分也都是一个三一体。总之，在每一个环节里，在每一个部分里，不但其自身属于某个三一体，同时它自己也是一个三一体。

对这些复杂难解的三一体我们不妨作这样的理解：所有这些三一体都有一个统一的来源，就是太一，它们都分有了太一，太一产生了统一体，统一体产生了理智，而理智是三一体的。我们可以这样假定：理智的这种三一体的特性是来自于太一的，而太一具有三一体的特点，因此将这个特点贯穿到了由之产生的一切之上。

不用说，这样的思想是极晦涩的，这也是普洛克罗的哲学被称为最繁琐最难理解的哲学的缘故，这个特点被紧接着他而来的中世纪经院哲学大大地继承了，而普洛克罗也成了中世纪经院哲学之鼻祖。

普洛克罗之后不久，西罗马帝国就灭亡了，西方历史也进入了中世纪，但新柏拉图主义并没有完全消失，从某种程度上来说它还存在了千年之久，在黑格尔看来，它甚至贯穿了整个中世纪。[①]因

---

① 参见黑格尔：《哲学史讲演录》（第三卷），贺麟、王太庆译，商务印书馆，1959年12月第一版，第226页。

为中世纪的基督教神学——它的主要哲学形态就是经院哲学——在相当大的程度上直接地延续了新柏拉图主义特别是柏罗丁和普洛克罗的思想。

以上我们大致分析了中世纪哲学最主要的三大源流，即柏拉图、亚里士多德与新柏拉图主义，在弄清楚了这三大源流之后，我们现在终于可以方便地进入西方哲学的下一站——中世纪哲学了。有了这个基础，大家将会发现，中世纪哲学也不是那么难以理解的，至少并不比普洛克罗的哲学难理解。

第六章 中世纪哲学的雏形：教父时期

在具体讲中世纪哲学之前，我们要先来讲一下中世纪哲学的分期。

我们知道，中世纪就历史而言是很漫长的，它从五世纪西罗马帝国崩溃起算，一直延续到十五世纪文艺复兴的到来，为时长达千年，中世纪哲学的分期大体也是在这个时期之内。但有一个特点，就是对于中世纪哲学的分期各家说法大不一致，没有公认的分期法。

这个特点我们只要翻看各种西方哲学史的目录就可以清楚地看到。各种哲学史著作几乎都有自己不同的分期，有的则根本谈不上有明确的分期，例如《劳特利奇哲学史》中就是这样，这从它的目录就可以看出来，有时候是一个世纪占一章，如第七章叫"12世纪"；有时候是不以世纪计算的某一段时间占一章，如第十八章"中世纪晚期哲学，1350—1500"；有时候是一个人占一章，如第三章"阿威洛伊"；有时候又是两个或者多个人占一章，如第十五章"瓦尔特·伯利，彼得·奥瑞欧里和里米尼的格里哥利"；有时候又是一类思想占一章，如第四章"犹太哲学"；有时候又是一个学科占一章，如第十七章"中世纪晚期的逻辑学"，全书就由这些章组

成，几乎没有规律可循，相当凌乱。^①

不过，大部分著作没有这么乱，都有一定规律，有的根据时间来分期，有的根据思想来分期，有的根据时间与思想的综合来分期。不过大都比较不好理解，有的没有明确的分期根据，或者分期较多，中间也没有明确的界限。这些都是可以理解的，因为中世纪哲学不像古希腊罗马哲学，它本身的内容的确相当复杂且朦胧，因此后人在梳理它时，难免各人从不同的角度出发去理解之，于是就造成了众多的分期法。

在这些分期这中，最为整齐的分期有两个，一个是文德尔班的，另一个是柯普斯登的。

文德尔班将中世纪哲学整齐地分成两个阶段，即从开始到1200年的第一个时期和从1200年往后的第二个时期。分期倒是相当精确而整齐，但问题是，我并没有在文德尔班正文具体的论述中看到这种分期的根据在哪里。^②

柯普斯登则将中世纪哲学分成三个时期，他在《西洋哲学史》之第三卷《中世纪哲学》的导言中这样说：

"既然我公然地认为中世纪哲学分成三个主要的时期，因此，我所谓的'没落'就是式微的意思。这三个时期，首先是预备时期，从中世纪一开始一直到十二世纪，且包括十二世纪在内。其次是十三世纪的建设性综合时期。最后是十四世纪破坏性批判的时

---

① 参见约翰·马仁邦主编：《劳特利奇哲学史》（第三卷）《中世纪哲学》之"目录"，孙毅等译，中国人民大学出版社，2009年1月第一版。

② 参见文德尔班：《哲学史教程》（上卷），罗达仁译，商务印书馆，1987年4月第一版，目录及第361页。

期，亦即凋零且没落的时期。"①

不难看出来，柯普斯登的分法很整齐，但三个时期所占据的时间很不均匀，第一个时期占了中世纪哲学千年历史的绝大部分，即从五世纪直到十二世纪，长达七个世纪；其后的两个时期分别只占一个世纪；此后的十五世纪在历史上不再属于中世纪，而属于文艺复兴时期了。

经过慎重的思考与选择，我决定不再像那众多的哲学史著作那样自己创造一套分期法，而是以柯普斯登的分期法为标准去理解和讲解中世纪哲学。原因很简单，就是在我看来，这些众多的哲学史著作中，就中世纪哲学这一部分而言，柯普斯登是讲得最好的，内容也最为丰富。还有，他的身份与成就毕竟也摆在这：他任罗马宗座格里哥利大学哲学史教授13年之久。

罗马宗座格里哥利大学创建于1551年，初称罗马学院，后由教皇格里哥利十三世改建为天主教格里哥利大学，就读学生中约有一半是神职人员，其余是一般基督教信徒或者有志于专门研究神学与哲学的非基督教徒，学生来自全世界100多个国家，教授则是来自世界各国的学术精英，全世界有三分之一的红衣主教、四分之一的主教都曾在这里进修或就读，学生中迄今已有19位被追谥为圣徒，还出过16位教皇，因此罗马宗座格里哥利大学可以说是天主教最重要的大学，其校长亦由教皇亲自任命。能在这里任哲学史教授13年，足以说明他在中世纪哲学的成就之大、造诣之深。

---

① 柯普斯登：《西洋哲学史》（第二卷），庄雅棠译，台湾黎明文化事业有限公司，1988年3月第一版，第11页。

当然，我这样提及柯普斯登的身份，并不是"唯身份论"，只是因为他有这样的身份才认可他的哲学，而是在读了其洋洋十大卷的《西洋哲学史》之后，特别是读了其中阐述中世纪哲学的第二卷和第三卷方才选择其说法的。

也因此之故，我在后面讲中世纪哲学时，会经常性地参考与引用柯普斯登的著作，如同在前面讲古希腊罗马哲学时经常性地参考与引用黑格尔的《哲学史讲演录》一样。

现在，我们就依据柯普斯登对中世纪哲学的分期来讲解之。

第一节　早期的希腊教父

我们要讲的中世纪哲学第一个分期中的第一个时期就历史而言并不属于中世纪，而属于罗马帝国时期，关于这一点我们前面已经说过了，这里不再多说。

这个时期就是教父时期，其哲学可以说是基督教哲学的雏形。

关于这个时期的哲学，我们先大致地讲一下它的哲学家与哲学内容，再用主要的篇幅讲其中最伟大的一个教父——奥古斯丁。

教父时期的神学家都是教父或者说护教士，因为他们处在基督教及其思想诞生之初，还处于稚嫩时期，所以需要人来卫护，这些人就是早期基督教的卫护者。

这些教父又分成两大类，即希腊教父与拉丁教父，前者是用希腊文来写作的教父，后者则用拉丁文来写作。不用说，两者之中希腊教父的历史要早得多，因为基督教诞生自东方属于亚洲的巴勒斯坦一带，后来才由保罗等人开始向西传播，而这些东方一带早就希腊化了，这时候属于罗马帝国统治，人们所用的语言也是希腊语，因此这些地方的教父当然也是用希腊语写作的，数百年之后才有了用拉丁文写作的教父。正因为如此，希腊教父也当是最主要的教父。这正如十九世纪的英国历史学家弥尔曼所说：

"西方的全部教会都是希腊人的宗教殖民地。它们使用希腊语和希腊化的组织，它们的著作家是希腊人，它们的经文和仪式也是希腊式的。通过希腊文，西方教会团体牢固地维系于东方。"[①]

也因为如此，我们讲教父哲学时当然要先讲希腊教父。

我们首先要讨论的是查士丁，他是第一位重要的教父，是一位伟大的殉道者，也是第一个将希腊哲学正式与基督教哲学结合在一起的人——这是与将犹太教思想与希腊哲学结合在一起不同的。因此他又被认为是"基督教哲学真正的第一开端"。[②]

查士丁于公元100年左右即二世纪初出生于今天属于叙利亚的拿破里斯地方，当时还是罗马帝国鼎盛的年代。他的父母都是异教徒，他自己则成了一个基督徒，164年时在罗马殉道，也就是说因为信仰与维护基督教而被处死了。他是基督教最早的护教者与殉道者之一，留下了两篇护教辞，分别写给当时的罗马帝国皇帝哈德良和马可·奥勒留，他们都被称为是伟大而仁慈的君主，但对基督教是不大仁慈的，这我们前面讲基督教的历史时已经说过了。

在查士丁的第一篇护教辞里，有这样的话：

"你们会得知，柏拉图是从我们的导师——我们指的是先知

---

① 转引自赵敦华：《基督教哲学1500年》，人民出版社，2005年5月第一版，第104页。

② 参见赵敦华：《基督教哲学1500年》，同上，第80页。

们——那里给出的说法，借来了他的这讲法：上帝改造了杂乱无章的物质，制造了世界。柏拉图听到了上帝通过摩西说的话，而我们前面已表明，摩西是第一个先知，比那些希腊作家都更古老；通过摩西，先知之灵说出了，上帝最先是怎样和从什么物质中造了世界：'起初，神创造天地。地是空虚混沌，渊面黑暗；神的灵运行在水面上。神说："要有光。"就有了光。'于是，柏拉图与那些同意他的人，还有我们自己，都学到了，你们也可以相信，是靠了上帝的言，整个世界都从那摩西早先说的实体中造了出来。"①

　　类似这样的段落在护教辞里还有很多，例如他在第60章里因为柏拉图在《蒂迈欧篇》中说神创宇宙时用了十字形，就说这是借用了摩西的著作。在第二篇护教辞中又将苏格拉底与耶稣相比，说他不如耶稣，还在另一篇《与蒂尔弗的对话》中阐述了他对古希腊哲学尤其是柏拉图哲学的理解，谈到了柏拉图对灵魂的理解，如此等等。这些言论就如柯普斯登所言："在对话录中，犹斯丁讨论柏拉图主义的言谈中很清楚地表示他对柏拉图哲学的尊重。"②

　　然而，在尊重的同时，查士丁清楚地告诉我们：只有基督教义才表达了最高的真理。

　　查士丁说的这一点是否有理我们且不置评，但有一点我们却是可以提出不同意见的，就是他说柏拉图从摩西或者《旧约》那里学了这个那个，这却是不大可能的。因为柏拉图诞生于公元前五世

---

① 赵敦华、傅乐安主编：《中世纪哲学》（上卷），商务印书馆，2013年3月第一版，第5页。

② 柯普斯登：《西洋哲学史》（第二卷），庄雅棠译，台湾黎明文化事业有限公司，1988年3月第一版，第23页。

纪，依据现有的资料看，这个时候即使有了《旧约》的一些原始文本，是否已经从犹太人的希伯来文译成了希腊文是很有疑问的，更大的可能是没有。因此，虽然柏拉图著作中的某个字词如十字形之类和《旧约》中的某些字句可能相似，但以此根据去判断说柏拉图是从《旧约》中学来的是没多少道理的。对于我来说有一点是肯定的，就是通读《柏拉图全集》，既不能从其中找到《圣经》的影子，也没有找到柏拉图受《圣经》影响的影子——根本没有这样的感觉。所以，这些话，以及后面那些凡说柏拉图受到了《圣经》这里那里影响的话，在我看来都是没有道理的，是虔诚的基督徒出于信仰的需要或者信仰本身而作出的片面之见。

查士丁之后另一位著名的教父是塔提安，他有一本名著至今流传，那就是《致希腊人书》，此外据说还有一本重要著作《四福音书概要》，惜已失传。

塔提安是公元二世纪人，生于叙利亚，有可能是查士丁的学生，但不确定。他先是异教徒，后来皈依基督教，但可能在乃师查士丁殉教后，他叛离了基督教。大概他的许多著作因此失传，不过《至希腊人书》还是得以流传。

《致希腊人书》的主题乃是反希腊人而宣扬基督教的，具体而言，他是从三个角度去进行的：

一是直言希腊人以为自己发明了这个那个、创造了这个那个是很荒谬的编造，例如其第一章的名字就叫"希腊人无理地宣称其创造的技艺"，他还具体地说了许多的项目，像占卜术、天文学、几何学等等无不是外邦人创造的，甚至于希腊人自己语言中的字母也是腓尼基人教给他们的。不用说这些都是对的，希腊人虽然后来创造了辉煌灿烂的文明，但他们并非文明的始创者，只是他们善于学习并且将学来的东西发扬光大而已。

二是犹太人的历史更加古老，并且提出了相应的证据，如第三七六章"关于摩西的古老的迦勒底的证词"、第三十七章"腓尼基人的证词"和第三十八章"摩西在伊那科斯统治下的埃及"都提供了一些证据。

三是说明了只有基督教的教义才是真理之所在，并且对神学提供了初步的说明。有的还写得相当精彩，例如在第四章"基督徒们单单敬拜上帝"中有这样一段：

"我们的上帝不在时间之中形成：他自身无始，且为万物之始。上帝是个灵，他并非渗透于事物之中，而是事物灵魂和形状的创造者；他是眼不可见，手不可触，却为可见可触之物的创造者。借着被造之物，我们知道他的存有；借着他的作品，我们了解到他那我们所看不见的大能。"[①]

对于希腊人的哲学，塔提安总的态度则是，无论希腊哲学中有多少真理，都是从基督教、从《圣经》而来的，而为希腊哲学家们另外增添上去的东西，无论有多少，全都是错的。他还无情地嘲笑了希腊的哲学家们，例如第二章的名字就叫"哲学家们的恶习和谬误"、第三章的名字则叫"嘲诸哲学家"。在第二章中，他是这样批评希腊哲学家的：

"你们通过追求哲学又发明了什么高尚的东西呢？你们中间最

---

① 塔提安等：《致希腊人书》，滕琪、魏红亮译，中国社会科学出版社，2009年10月第一版，第141页。

杰出的人们又有谁从虚荣的自夸中解脱出来了呢？第奥根尼向他的浴盆夸耀他的特立独行，却因为吃了生的水蜢而被肠炎所苦，因贪食而命丧黄泉。阿里斯底波穿着紫袍闲逛，按照他所声称的主张，过着放荡的生活。柏拉图，一个哲学家，却因为讲究饮食而被狄奥尼修斯收买。"①

如此等等，总之，他对希腊哲学的态度与乃师不同，是批判甚至蔑视的，至于这些批判本身，至少部分是有道理的，例如阿里斯底波，他的确过着这样的生活。

与塔提安大致同时代的还有一位教父提奥菲勒，或译为提阿菲罗斯，是安提阿教会的主教。据说一开始也是一位异教徒，后来在对《圣经》详加考察之后皈依了基督教，并且成为最早的福音书注者之一，还可能是最早的基督教史学家。他在公元180左右写了一部《致奥托莱库斯书》，内容像是致一位叫奥托莱库斯的异教徒的几封长信。既然是信，所以是以第二人称"你"来写的，在其中他还多次称奥托莱库斯为"我的朋友"，因此可能这位奥托莱库斯真是他的朋友，但也可能只是一种泛泛之称，就像四海之内皆兄弟中的"兄弟"一样。

也许正因为是书信的形式，所以《致奥托莱库斯书》有一个明显的优点，就是文辞优美，通畅易懂，甚至还有相当的说服力，搁到现在也是一篇极好的说教文字，例如其第十二章"基督徒之名的意义"有这样的话：

---

① 塔提安等:《致希腊人书》，滕琪、魏红亮译，中国社会科学出版社，2009年10月第一版，第137页。

"正如什么样的船能够经久耐用且适于航海，除非它被首先以膏抹（因而能防止渗漏）？哪个城堡或房子会美观并经久耐用？当它尚未被膏抹之时？哪个人，当他诞生之时或进入运动场之时，不先受膏油的涂抹？且哪样杰作会拥有熠熠生辉之美，除非它被涂抹而且经过打磨？空气和在天堂之下的一切都以某种方式被光和圣灵膏抹；而你为什么不愿意受上帝的膏抹？正是因为我们受了上帝的膏抹，因此在这意义上我们称为基督徒。"①

作者在这里用了许多的类比来说明人要受上帝膏抹——也就是接受上帝、成为基督徒——的重要性，不但辞句优美，而且有相当的说服力。

至于《致奥托莱库斯书》一书具体的内容则与前面的几位相似，一是为了批判希腊人的哲学，二是为了证明基督教的真理性。还有，与前面塔提安等人不同的是，提阿菲罗斯似乎对希腊哲学掌握得更好，引用的希腊哲学家的思想也更多，从书里面我们可以读到更多古希腊罗马哲学家的名字。例如在第二卷第四章"哲学家论及上帝的荒谬观点"中，他提及了柏拉图及其学派还有斯多葛派的观点，着重批判了柏拉图关于神创万物的观点，以证明只有基督教的上帝才具有最伟大的力量，即"从无中创造出任何他所愿意的无论何种事物"。②在第三卷第六章"哲学家们的其他观点"中，他还具体地提到了《理想国》，同样批判了其中的一些思想，例如柏拉图说在理想国中所有人的妻子都要公用。这种说法基本上是符合事

---

① 塔提安等：《致希腊人书》，滕琪、魏红亮译，中国社会科学出版社，2009年10月第一版，第228页。

② 同上，第236页。

实的，在《理想国》中的确有"一个治理得非常好的国家必须要做到妻子儿女公有"这样的话。[①]但他又说："伊壁鸠鲁本人不仅宣扬无神论，还宣扬与母亲和姐妹乱伦，违犯相关的律法。"[②]前面一句是可以理解的，伊壁鸠鲁的确有无神论思想，曾经毫不隐晦地说太阳不过是一团火，这就是一种无神论了，他也可以和斯宾诺莎并称为古代与近代西方哲学中两大无神论哲学家，而且他们的无神论都是有神的外表下的实质意义上的无神论，比简单地否定神的存在的无神论更加深刻。但这一句话的后面，说伊壁鸠鲁宣扬乱伦，就很有问题了，应该是一种误会。

还有，提阿菲罗斯不仅提到了许多希腊哲学家，还提到了希腊的作家与诗人，例如伟大的荷马和赫西俄德，分析了他们作品中的思想，主要是他们对于上帝的看法，当然也批判了他们一番，说他们那些关于神的说法都是在瞎编，他说："荷马编写特洛伊战争，欺骗了许多人；赫西俄德为那些他所谓的众神编写神谱。"[③]

提阿菲罗斯更重要的贡献是他在书中深入浅出又相当全面地论述了基督教的基本信仰与思想，例如从第二卷第十章起，他分析了上帝是如何创造世界的，将整个创造过程生动而系统地表达了一番。

此外他还有一个比较有特色的思想，就是认为上帝是通过"圣

①　柏拉图：《柏拉图全集》（第二卷），王晓朝译，人民出版社，2017年12月第一版，第545—546页。

②　塔提安等：《致希腊人书》，滕琪、魏红亮译，中国社会科学出版社，2009年10月第一版，第293页。

③　同上，第289页。

言"创造世界的：

"他将此一圣言，作为他创造的一位辅佐，通过圣言他创造了万事万物。"①

这一思想是十分重要的，在《圣经》中上帝是怎样创造世界的呢？祂说："要有光，便有了光。"这就是说上帝通过"圣言"创造世界，圣言是上帝创造世界的工具、手段与方式。这是十分重要的思想，也是我们理解上帝之创造，甚至于理解整个哲学的关键之一。例如现代西方哲学有一个重要转向——语言的转向，这个转向从关注世界转向关注表达世界的语言，重拾了语言对于哲学的本质性意义，语言正具有这样的意义——语言的意义实际上还要超过这种"表达"的意义，而对于语言的重视在提阿菲罗斯这里就得到了很好的体现：语言不但是表达的工具，而且是上帝创造的工具！

其实，在中国哲学中也有类似的思想，例如当我们说老子哲学的核心概念"道"的时候，这个道并不是一个抽象的专有名词，而是有具体而深刻的含义的，例如有"道路"之意，还有"言语"之意，即"说道"，道也就是"说"或者"言"。这样一来，道既是道路，也是言语或语言，经由这样的"道"，就可以达到那条我们想望的道——"道理"了，这也是"道"。这个思想是《老子》开篇就说得很清楚的：

"道可道，非常道。"②

―――――――――――

① 塔提安等：《致希腊人书》，滕琪、魏红亮译，中国社会科学出版社，2009年10月第一版，第247页。

② 《老子》第一章。

这里的第一个道，就是那作为天地万物之本的道，第二个道就有"说"与"言"之意了。这是一个很幽深的问题，在这里我们不能多说。

我们要讲到的第五位教父是雅典的阿萨那戈拉，他也是公元二世纪人，他在公元177年左右将一本名为《为基督徒申辩》的书呈给了当时的两个罗马帝国皇帝，即马可·奥勒留和他的儿子康茂德。在献辞中，阿萨那戈拉这样说：

"致亚美尼亚和撒马提亚的征服者，及比其他一切都重要的，作为哲学家的皇帝马库斯·奥勒留·安托宁，并路奇乌斯·奥勒留·康茂德。"①

之所以也要献给康茂德，一方面是因为他将在马可·奥勒留之后继承大位，另一方面因为他虽然直到180年才继位，但此前已经被父亲委以重任，其权柄几可以与父亲并肩了。

还有，在这里，作者将马可·奥勒留的哲学家身份看得比他的皇帝身份更加重要。此书的历史背景我们前面说过了，当时基督徒仍受到帝国政府的迫害，因此才需要为他们辩护。

阿萨那戈拉的著作内容和前面几位相似，仍然一方面是为基督徒辩护，同时反驳传统的希腊哲学家们，例如柏拉图、亚里士多德和斯多葛学者等人的观念。前一方面，他的特点是辩护的语气更加强硬并且直截了当，例如书的第一、二、三章分别名为："针对基督徒的明显不公"、"在基督徒遭到指控时要求与其他受指控者同等

---

① 塔提安等：《致希腊人书》，滕琪、魏红亮译，中国社会科学出版社，2009年10月第一版，第323页。

对待"、"对基督徒的种种指控"。特别在第三章里，他针对当时对基督徒的三种不实指控，即无神论、食人肉、乱伦等进行了激烈的反驳，他慷慨激昂地说：

"有三样针对我们的指控，即：无神论，人肉的宴会，类似于俄狄甫斯教派的滥交。

如果这些指控是真实的，无论是其中哪一种，请马上着手惩治我们的罪行，连同我们的妻子儿女也一并斩草除根。"[1]

这些辩护虽然言辞慷慨，但似乎没有提阿菲罗斯的优美而有说服力。

对于希腊哲学，阿萨那戈拉没有像提阿菲罗斯那么批判，而是带有一定程度的肯定，例如他这样说："首先，泰勒斯，如那些正确地了解其学说的人所称的，曾将（超越的存在）分为上帝、精灵和英雄。"[2]

他还特别提到了柏拉图在《蒂迈欧篇》中的一段话，就是在古希腊的神话传说之中，神族不是被创造出来的，而是自己诞生的。例如这样诞生出来的第一个神是地母该亚，正是她诞下了我们极目所见的世界万物，她首先生下的是儿子乌拉诺斯，与该亚的大地身份相对，乌拉诺斯则是昊天，或者称天父，后来他们结合生下了其他的神。这就是古希腊神话中神的起源，但柏拉图在这里将这些神说成了是被那个最初的大神创造出来的，他说：

"俄刻阿诺和忒提斯是该亚和乌拉诺斯的子女，俄刻阿诺和忒

---

[1]　塔提安等：《致希腊人书》，滕琪、魏红亮译，中国社会科学出版社，2009年10月第一版，第336页。

[2]　同上，第386页。

提斯生了福耳库斯、克洛诺斯、瑞亚，以及和他们同辈的一些神，克洛诺斯和瑞亚生了宙斯、赫拉，以及所有据说是他们的兄弟姐妹的那些神，再从这一辈衍生出其他许多后裔。"①

看得出来，这些只是古希腊神话的翻版，柏拉图只是在古希腊神话前面加上了一个更早的创造者而已。阿萨那戈拉还提到了《斐德罗篇》中那段十分形象的话：

"你们瞧，众神之王宙斯驾着飞车在天上飞翔。他是诸神和精灵之主，也是众神之首，主宰和照料着万事万物。他领队出巡，众神随行，排成十一队，因为只有赫斯提留守神宫，其余列位于十二尊神的，各依指定的秩序，率领一队。"②

对于柏拉图著作中的这些内容，阿萨那戈拉都作了简单的阐释，以证明柏拉图理论的局限性以及上帝存在之理，就像柯普斯登所言：

"他引用柏拉图的《迪美吾斯》，说明寻求宇宙的创造者及天父上帝是相当困难的，即使寻见了，也不可能将祂完全表述出来。"③

这个《迪美吾斯》是台湾的译法，就是我们所译的《蒂迈欧篇》。

和阿萨那戈拉一样对希腊抱有好感的是克莱门特。他生于公元150年左右，可能出生于雅典，后来到了当时的希腊文化中心埃及

---

①　柏拉图：《柏拉图全集》（第三卷），王晓朝译，人民出版社，2017年12月第一版，第292页。

②　柏拉图：《柏拉图全集》（第二卷），同上，第160—161页。

③　柯普斯登：《西洋哲学史》（第二卷），庄雅棠译，台湾黎明文化事业有限公司，1988年3月第一版，第25—26页。

的亚历山大城，一直生活到公元220年左右逝世。他的主要著作是
《劝勉希腊人》，劝希腊人抛弃对传统的诸神的崇拜，而转向崇拜上
帝，其第一章的名字就叫"抛弃偶像崇拜接受圣言和圣父"。他认
为"由于神的启示哲学家们有时也能触及真理"①，他又说：

"啊，哲学，请你赶快让他们来到我面前，不单是柏拉图一个
人，还有其他许多人，他们也凭上帝自己的灵感掌握了真理，认为
只有唯一真正的上帝才是神。"②

关于克莱门特，柯普斯登是这样说的：

"他在后来总结而成'信以致知'这种态度鼓舞之下，寻求以
真正的睿智来开展出基督宗教智能系统性的表达，以反对错误的睿
智。在整个寻求的过程中，他承认犹斯丁处理希腊哲学的态度，视
希腊哲学是基督宗教的预备，它是为了启示的宗教而教育希腊化世
界，而不是愚蠢的妄想。"③

我们后面会看到，"信以致知"乃是神学最为基础的理论之一，
这种态度应该是从克莱门特开始的。

克莱门特思想的另一个很大的特点与优点是富于理性的思辨。
他有一部《杂文集》，里面有大量的哲学与神学的思辨，这些思辨
的许多内容直到今天都是有价值的，甚至与后来的海德格尔的某些
思想都有一定的相关性。例如他在书中相当详尽地讨论了信仰、智

① 参见赵敦华、傅乐安主编：《中世纪哲学》（上卷），商务印书馆，2013年3月第
一版，第91页。

② 赵敦华、傅乐安主编：《中世纪哲学》（上卷），同上，第95页。

③ 柯普斯登：《西洋哲学史》（第二卷），庄雅棠译，台湾黎明文化事业有限公司，
1988年3月第一版，第36页。

慧、知识、哲学、实践之间的关系，所以赵老师指出："他的一些论述即使按照现代标准衡量也是相当深刻。"①

第二节　第一位拉丁教父德尔图良

现在我们要讲第一位拉丁教父德尔图良。

所谓拉丁教父，就是说用拉丁文来写作的教父，我们前面所讲的教父们有一个共同之点，即都是用希腊文来写作的，可以称为"希腊教父"，后来又有了用拉丁文写作的教父，他们就是拉丁教父了，德尔图良就是其中的首位，但也许不是最早的一位，因为还有一位弥奴秋斯也是拉丁教父，其年代与德尔图良可能差不多，关于他所知极少，所以至少德尔图良是最早有名的拉丁教父。

德尔图良的生年不大确定，柯普斯登说他生于公元160年左右②，《中世纪哲学》说他生于155年③，赵老师则说他生于145年，④《西方哲学史·学术版》也说他生于145年⑤，还有其它的说法。他的父母都是生活在北非的异教徒，所以他一开始也是如此，后来去学了法律，曾在罗马当开业当律师，再后来皈依了基督教，这时候

---

① 参见赵敦华：《基督教哲学1500年》，人民出版社，2005年5月第一版，第95页。

② 柯普斯登：《西洋哲学史》（第二卷），庄雅棠译，台湾黎明文化事业有限公司，1988年3月第一版，第32页。

③ 赵敦华、傅乐安主编：《中世纪哲学》（上卷），商务印书馆，2013年3月第一版，第111页。

④ 参见赵敦华：《基督教哲学1500年》，人民出版社，2005年5月第一版，第104页。

⑤ 黄裕生主编：《西方哲学史·学术版》（第三卷），人民出版社，2011年5月第一版，第53页。

已经四十来岁了，据说他还当过北非迦太基的主教，大概由于曾长期生活在说拉丁语的罗马，便成了第一位用拉丁文写作的伟大教父，也是第一位杰出的基督教拉丁作家。

德尔图良的思想总的来说是反对希腊哲学，同时宣扬基督教哲学，其中尤以前者知名。他有两句很有名的话，一是说在雅典和耶路撒冷之间有何相干呢？与此相类地，在基督徒和哲学家之间有何相干呢？在与错误为友的希腊人和与错误为敌而与真理为友的天堂子民之间有何相干呢？另一句是：基督的真理"因荒谬而可信"。我们不妨从这两点去略加阐述他的思想。

前面那句名言表明他对于传统的古希腊罗马哲学是反感的。在他看来，那些哲学家都是只会夸夸其谈之徒，甚至雅典也是一座只会夸夸其谈的城市，只会"自吹自擂和口若悬河"，这些人当然得不到关于基督的真理。进一步地，他认为这些人和他们的观点只会损害真理，例如在谈到基督教中很重要的有关灵魂的思想时，他说：

"我们决不要在灵魂问题上尝试用我们自己的力量与哲学家抗争，这些人是异端的祖师爷，这样称呼他们是公正的。确实在他那个时代，使徒就已经预见到哲学会对真理造成极大的伤害。"[1]

这可以说是德尔图良对于古希腊罗马哲学的总态度，但要注意的是德尔图良并非真的认为古希腊罗马哲学对于基督教的真理全无益处，他事实上受到了古希腊罗马的影响，就像柯普斯登所言：

---

① 赵敦华、傅乐安主编：《中世纪哲学》（上卷），商务印书馆，2013年3月第一版，第111页。

"虽然戴尔图良把基督宗教的智慧和希腊哲学对立起来，他却仍然发展自己的哲学主张，而且受了斯多亚主义的影响。"[①]

事实上，对德尔图良影响最大的应该是柏拉图，尽管他总的来说反对古希腊罗马哲学，但对于柏拉图则是个例外，他是相当尊敬柏拉图的，他称柏拉图为"高贵的柏拉图"[②]，在谈到灵魂时，他不止一次地表示柏拉图的理论是有一定真理性的，他说：

"对一种坚定的信仰来说，重要之处在于像柏拉图一样宣称灵魂是简单的，换言之，灵魂就其本质而言是单一的。"[③]

"柏拉图的立场与我们的信仰在有些方面相当一致。"[④]

至于他的第二句名言，即基督教的真理"因荒谬而可信"，表明的是他这样的观点：即认为人的真理与神的真理是不一样的，其表达的形式也不是一样的。

为何这么说呢？这可以从一个事实看出来，就是基督的死。我们前面讲过耶稣的生平，我们也知道基督是上帝之子，按一般的道理来说，耶稣作为上帝之子，是"超级太子"，应该比人间的那些太子生活得更加威风八面、荣华富贵的，因为耶稣的父亲乃是万能的上帝，而那些人间的皇子，哪怕是伟大的罗马帝国的太子，其父亲也不过是人间一帝王而已，哪能与上帝相比呢！既然如此，人间帝王之子也应该无法与上帝相比了，上帝之子也应该过着比人间帝

---

①　柯普斯登：《西洋哲学史》（第二卷），庄雅棠译，台湾黎明文化事业有限公司，1988年3月第一版，第33页。

②　参见赵敦华、傅乐安主编：《中世纪哲学》（上卷），商务印书馆，2013年3月第一版，第112页。

③　赵敦华、傅乐安主编：《中世纪哲学》（上卷），同上，第115页。

④　同上，第117页。

王之子更加威风而奢华的生活了。但在耶稣的生平里，我们看得到耶稣过着这样的生活吗？不是！他出生在一个畜栏里，实际养育他的不过是两个普通人，他过着的是当时一般民众的生活，甚至犹有不及。长大之后，过着的也是颠沛流离的生活，完全与富贵二字沾不上边。这些似乎都是很荒谬的，和耶稣的身份很不相称。

最为"荒谬"的是耶稣之死。我们知道，耶稣是被处死的，而且死得很惨，在十字架上被活活钉死，比一般的砍头要痛苦多了，作为上帝之子的耶稣，他如何会死得如此之惨呢？这显然是不符合于常理的。按常理来说，耶稣既为上帝之子，就不应该死得这么惨，也不应该过得这么贫苦，上帝应该让他享受荣华富贵，即使有人要害死他，上帝也应该来救他，这才是符合于常理的，然而耶稣实际上的生平却大非如此。还有，被钉上十字架，根据常理而言，说明他是罪犯，是犯了罪才应该被处死，就像今天那些被法庭判处以死刑的杀人犯一样，而那些被处死了的人的亲人朋友应该为此感到"羞耻"。根据常理也的确应该如此。然而在基督教的真理中却不是这样的，其所表现出来的与我们的常理完全相反，因此，根据常理来说，那确实是"荒谬的"。

如何去理解这个问题呢？德尔图良便提出来了解决之道，就是将人的智慧与神的智慧对立起来，在《论基督的肉身》里，他这样说：

"如果我不为我的主感到羞耻，我就能得救。基督说，谁为我感到羞耻，我也为他羞耻。除此之外，我没有找到羞耻的理由，这些理由表明，因为我鄙视羞耻，所以我的无羞是幸福的，我的愚蠢是得救的。神子被钉十字架，我不感到羞耻，因为这是值得羞耻的，神子死了，这是可信的，因为这是荒谬的，他被埋葬又复活了，这是无可置疑的，因为是不可能的。"①

这段话看上去不好理解，其表达的意思就是我上面说的，要将人的智慧与神的智慧对立起来，即不要以人的智慧、人的常理去揣度神的智慧，这样的揣度只会令人走入迷障。

这个思想其实不是德尔图良发明的，是其来有自的，在《新约全书》里就有这样的思想：

> 因为十字架的道理，在那灭亡的人为愚拙；在我们得救的人却为神的大能。就如经上所记：
>
> "我要灭绝智慧人的智慧，废弃聪明人的聪明。"
>
> 智慧人在哪里？文士在哪里？这世上的辩士在哪里？神岂不是叫这世上的智慧变成愚拙吗？世人凭自己的智慧，既不认识神，神就乐意用人所当作愚拙的道理拯救那些信的人，这就是神的智慧了。犹太人是要神迹，希腊人是求智慧；我们却是传钉十字架的基督。在犹太人为绊脚石，在外邦人为愚拙；但在那蒙召的，无论是犹太人、希腊人，基督总为神的能力，神的智慧。因神的愚拙总比人智慧，神的软弱总比人强壮。
>
> 弟兄们哪，可见你们蒙召的，按着肉体有智慧的不多，有能力的不多，有尊贵的也不多。神却拣选了世上愚拙的，叫有智慧的羞愧；又拣选了世上软弱的，叫那强壮的羞愧。神也拣选了世上卑贱的，被人厌恶的，以及那无有的，为要废掉那

---

① 黄裕生主编：《西方哲学史·学术版》（第三卷），人民出版社，2011年5月第一版，第57页。

有的，使一切有血气的，在神面前一个也不能自夸。①

这段中的思想是很深刻的，看上去也有些难以理解，但只要根据我前面的分析去想，便会懂了。

还有，我们在《老子》里也可以读到这样的文字：

"大道废，有仁义；智慧出，有大伪；六亲不和，有孝慈；国家昏乱，有忠臣。"②

"绝圣弃智，民利百倍；绝仁弃义，民复孝慈；绝巧弃利，盗贼无有。"③

这样的句子是不是与"我要灭绝智慧人的智慧，废弃聪明人的聪明"很神似呢？诚然如是，其中所表达的道理是一样的，我们只要根据前面的分析去理解老子，理解《老子》中那些看上去不符合常理的思想——就像《圣经》中那些不符合常理的思想一样，就可以理解《老子》了。

其实，《老子》中这样的思想是很多很多的，甚至通篇《老子》——从第一章到八十一章——表达的都是这样的思想，即都是与"常理"不同的，甚至显得"荒谬"的思想，这是《老子》一个最大的，也最显明的特点之一，我们应如何理解之呢？就是要像前面理解基督之死的"荒谬"一样去理解之。我们可以这个观念为出发点去理解：老子的智慧与我们的智慧是不一样的，就像上帝的智慧与人的智慧不一样，它们看上去都似乎是不符合常理的甚至是

————————

① 《圣经·新约·哥林多前书》之"基督是神的能力和智慧"。

② 《老子》第十八章。

③ 《老子》第十九章。

"荒谬"的，但在这"荒谬"的外表下蕴含着深刻的"真理"，这就是神的和老子的真理。找到了这个出发点之后，我们才能站在理解上帝和老子的正确而坚实的地基之上，再从这里去进行更为具体而深入的理解。

除了这些之外，德尔图良还有许多其它的思想，例如他曾经分析过神的三位一体这个基督教义中最核心的问题之一，他认为上帝只有一位，三个位格集于同一神，都是神学奠基性的研究。

第三节　异端教父奥利金

奥利金的生年不大确定，《西方哲学史·学术版》说他大约生于212年，《中世纪哲学》和《西洋哲学史》则说他生活于公元185年左右，《基督教哲学1500年》也持这样的说法，相差近30年。他生活的地方则是确定的，那就是著名的亚历山大城，他生于这里，成长于这里，也在这里学习，后卒于该撒利亚。

他生平中最引人注目的事件是据说他年轻时读到了《马太福音》中的一句话："并有为天国的缘故自阉的。"这句话大大地震撼了他，使他决定为了天国而这样做，也就是自己阉割了自己。他从此过着一种苦行僧般的生活，节食少眠，禁欲贫困。①

他的老师据说就是阿摩尼奥斯。伦敦大学哲学教授、曾任哲学系主任的哈姆林教授在他的《西方哲学史》史中说：

"阿摩尼奥斯没有写过任何著作，但他不仅是奥利金的老师，

---

① 参见赵敦华：《基督教哲学1500年》，人民出版社，2005年5月第一版，第97页。

而且是所谓新柏拉图主义学派的创始人柏罗丁的老师。"①

确实，阿摩尼奥斯是柏罗丁的老师。据说28岁时到处找老师学习哲学的柏罗丁到了当时埃及最大的城市、也是整个西方世界新的文化中心亚历山大城，在那里见到了阿摩尼奥斯。听了他的课后，感慨道："这正是我要找的人。"从此跟随他学习哲学。柏罗丁是生于公元205年左右的，逝世于270年左右，与奥利金同一个时代，都生活在亚历山大城，因此他们都跟随当时的哲学名师阿摩尼奥斯是大有可能的。

就思想上而言奥利金属于基督教亚历山大学派，是这个学派的代表性人物。

奥利金也是古罗马一位重要的基督教哲学家，但他的身份比较特殊，此前那些教父们都是纯粹的基督教思想家，但奥利金却不是这样，他不但是一位教父、一位基督教思想家，还是一位真正的哲学家，这是他的特殊之处。正因为这个特异之处，使奥利金在早年虽然被大为尊崇，但他去世三百来年之后，在公元543年却被判为异端并且革除教籍，后来连他的著作都被教会下令焚毁。

即使教会这样对待他，他也并未被遗忘。事实上，他的思想和著作一直流传下来了，并且一直发生影响，十九世纪俄国的宗教哲学家索洛维约夫就被称为"俄国的奥利金"。②

奥利金最大的特点是试图调和古希腊哲学和基督教神学，而不是像前面那些教父那样只是想稍微借用一下古希腊罗马哲学或者甚

---

① D. W. Hamlyn, *The Pelican History of Western Philosophy*, Penguin, Jan. 1989, p.87.

② 参见黄裕生主编：《西方哲学史·学术版》（第三卷），人民出版社，2011年5月第一版，第63页。

至批判之。在奥利金看来，古希腊罗马哲学是有相当的真理性的，就像基督教哲学一样，然而这二者确实是不一样的，因此他的任务就是要将二者调和甚至统一起来。

不难看出，奥利金的做法和新柏拉图主义者斐洛很相似，都是力图调和古希腊哲学与基督教神学，不同的是斐洛所调和的只是《旧约》中的思想，或者说是想调和犹太教的思想与古希腊哲学，奥利金则进一步要调和古希腊哲学和整个基督教的思想，因此我们可以将奥利金看成是斐洛的追随者。事实上，奥利金试图调和的做法也是借鉴了斐洛的，也是一种斐洛式的"寓意解经法"，具体做法就是区分《圣经》中词句的隐义与显义，对此他曾说：

《圣经》为圣灵所写，其意义不仅是一眼可看出的，也有大多数人都没有注意的意义。因为这些文字是某种神秘的形式与神圣事物的影象。"①

所以在奥利金看来，《圣经》的显义与隐义是不一样的，显义是表面上可见的文字，例如上帝创造了万物，要有光就有了光，这样的意义是可以直接理解的。隐义则不是如此，乃是隐藏在这些字句表面下的深刻的含义，经常是一般人难以注意到的，有时候甚至意在言外，意与言之间有着很大的差异，这样一来就使得奥利金的思想有些神秘主义的味道，可以说是此后伪名丹尼斯的先声。正是对斐洛式研究方法的这样热衷使他走向了在传统的基督教看来的"异端"。这正如柯普斯登所言：

"奥利真是在尼西亚会议之前基督徒学者之中最博学、最多产

① 转引自赵敦华：《基督教哲学1500年》，人民出版社，2005年5月第一版，第98页。

的作家。毫无疑问的，他处心积虑地要成为一个正统基督徒，并且保持这种身份。可是他想融和柏拉图哲学和新柏拉图主义的企图，以及他对圣经寓意解经法的狂热，使得他走向一些异端的见解。"①

　　奥利金走向异端的倾向是很明显的。我们要知道，斐洛不是基督徒，他是犹太人，他搞寓意解经法是可以的，但奥利金的身份却是基督徒，他也像斐洛这样的"异教徒"一样狂热地使用寓意解经法去理解和阐述基督教哲学，自然会走向异端。

　　奥利金是如何进行这种调和的呢？这种调和的内容当然是很多的，我们在这里只举一例，如新柏拉图主义后期最重要的代表、也是古希腊罗马哲学最后一个重要人物普洛克罗认为，恶是一种"缺陷"，也是一种"缺乏"，因为物质乃是从太一所产生的最低一个等级的东西，它分有的太一的善自然是最少的，这也使得它难免会有这样那样的缺陷，于是就产生了恶。也就是说，因为它"缺乏"了善，所以产生了恶。奥利金也是这样理解恶的，他认为恶是一种缺乏，而不是某种正面的东西，因此我们不可说上帝是恶的创造者。②

　　还有，在对世界的理解的问题上，奥利金也受到了柏拉图很深的影响。我们知道，柏拉图在谈到世界的创造之时，说过世界并不只有一个，神在造出那个作为有福的神的世界之后，又造了第二个世界，这才是我们现在所看到的宇宙，黑格尔说：

　　"他又把这神性的世界叫做'那单是在思想中并永远自身同一

　　① 柯普斯登：《西洋哲学史》（第二卷），庄雅棠译，台湾黎明文化事业有限公司，1988年3月第一版，第39页。

　　② 参见柯普斯登：《西洋哲学史》（第二卷），同上，第39页。

的模范'。他又提出一个与这个全体相对立的'第二个世界，这是那原始模范的摹本，这是一个有生灭并看得见的世界'。"[1]

柏拉图之后，伊壁鸠鲁进一步认为世界不只有一个，而是有无数个，这无数个世界的整体就是宇宙。而我们所生活的这个世界不过是无数个世界之一，这无数世界就在我们这个世界的周围，只是我们无法知觉而已。

柏拉图和伊壁鸠鲁的这些思想都影响到了奥利金，他于是也主张世界有无数个，他说：

"可是世界有无限多个，一个接着一个而来，而且彼此各不相同。"[2]

还有，他对于上帝的理解也和柏拉图以及新柏拉图主义的理解相似。我们知道，在柏拉图与新柏拉图主义看来，神都是一种"理念"，是一种纯粹的、最高的"理念"，它是一种纯粹的本质与存在，与可感知的我们是截然不同的，奥利金也持着这样的观点，如柯普斯登所说：

"在柏拉图主义和新柏拉图主义的影响之下，他主张上帝是纯灵的，祂是超越真理和理性、本质和存有的，是独一的。"[3]

当然，奥利金并不是一味地尊崇古希腊罗马哲学，他对之也是有批判的，例如在他的代表作《论首要原理》中，第三卷第一章就

---

[1]　黑格尔：《哲学史讲演录》（第二卷），贺麟、王太庆译，商务印书馆，1960年6月第一版，第237页。

[2]　柯普斯登：《西洋哲学史》（第二卷），庄雅棠译，台湾黎明文化事业有限公司，1988年3月第一版，第39页。

[3]　同上。

是"批判斯多亚主义，论自由意志"。[1]

而且，总的来说，作为一个基督徒，奥利金的之所以要综合古希腊罗马哲学，主要还是为了证明基督教哲学，他调和的最终目的依然是要证明基督教哲学的真理性。为了达到他的这个终极目的，他对于古希腊罗马哲学的关注并不是随意为之的，而是有所选择的。进一步地，在选择之后，他还要将这些他所选取的古希腊罗马哲学的内容与基督教哲学综合起来，以达他的终极目的——证明基督教的真理性，这仍如柯普斯登所言：

"奥利真不是随意掠取，而是把他所撷取的哲学纳入基督教宗体系的架构里，因此，他可称得上是基督宗教中第一位伟大的综合思想家。"[2]

第四节   尼撒的格里哥利

奥利金之后，还有许多重要的教父，例如生活于公元四世纪的阿达纳修和格里哥利·纳齐仁，即纳齐仁的格里哥利，他死于公元390年，也是著名的神学家，还有若望·克利索斯顿，他死于406年，被称为是教会中最伟大的雄辩家。[3]对了，纳齐仁的格里哥利是著名的卡帕多西亚三教父之一，其他两位是尼撒的格里哥利和大

---

① 赵敦华、傅乐安主编：《中世纪哲学》（上卷），商务印书馆，2013年3月第一版，第70页。

② 柯普斯登：《西洋哲学史》（第二卷），庄雅棠译，台湾黎明文化事业有限公司，1988年3月第一版，第40页。

③ 参见柯普斯登：《西洋哲学史》（第二卷），同上，第40—41页。

巴希尔弟兄俩，他则是大巴希尔的朋友。小小一隅之地就同时产生了三位哲学史留名的人物，卡帕多西亚可谓人杰地灵。

另外一位重要的教父是该撒利亚的欧塞麦士，他公元265年左右生于巴勒斯坦，也是一位重要的教会史学家，他的观点和前面的许多教父相似，即希腊哲学虽然有许多错误，但总的来说，希腊哲学有一定的真理性，并且它们乃是基督教哲学的一种"预备"，即是基督教哲学诞生的一种基础。在古希腊哲学家当中，他也特别重视柏拉图。在他看来，柏拉图有类于犹太人中的"先知"如伟大的摩西。我们知道，摩西是注定不能到达那流奶与蜜之地的，他只能望见之，柏拉图也是这样，他已经望见了基督教的真理之地，但他还没有达到，也注定达不到，只有后来的基督教哲学才真正地达到了真理之国、那真理的"流奶与蜜之地"。

下面我们要比较多地谈一下最后两位重要的教父，即大巴希尔和他的弟弟尼撒的格里哥利。

我们先说弟弟。

尼撒的格里哥利是最重要的教父之一，也是知识最渊博、对后世影响最大的教父之一，受他影响的包括后来中世纪的多位重要哲学家如安瑟尔谟、维克多的理查德、约翰·司各脱等，可以说，不了解尼撒的格里哥利就难以理解后来这些人的思想，因此，我在这里要比较详细地讲解一下尼撒的格里哥利的思想。

尼撒的格里哥利生于公元335年左右，出生地是卡帕多西亚的该撒利亚，据说从小喜欢哲学，也学过修辞与法律等，生平起伏甚多，例如他曾经被流放过，后来当了修辞学教师，还结过婚。因为他是在尼撒当的主教，所以被称为尼撒的格里哥利。他在世时一度享有相当崇高的地位，不但是大教区的主教，而且贵为帝国皇帝狄奥多西的顾问，还在381年的康斯坦丁大公会议上扮演了重要角色，是早期基督教会的主要权威之一。逝世于公元395年左右。

尼撒的格里哥利像其他教父一样，对古希腊罗马哲学是很重视的，早年尤其醉心于之。在他看来，懂得哲学对理解上帝是大有帮助的，甚至于上帝的存在也是可以通过哲学去证明的——这预示着后来中世纪哲学的主要内容之一即以哲学的方式证明上帝的存在。

他还指出，不仅哲学，其它如逻辑学以及物理学和数学等都对神学有辅助作用，因为它们都有助于我们理解世界——理解这个由上帝创造的美妙的世界。在尼撒的格里哥利看来，我们这个由神所创造的世界是极美妙的，而其中最高贵与美妙的被创造者就是人。可以这样说：我们越是了解人和世界的美妙与奇妙，就越容易走近上帝，因为我们会越发觉得，这种创造太美妙了，太无与伦比了，只有神才可创造出来。为什么后来许多杰出的自然科学家如牛顿那么笃信上帝呢？其中就有这个原因。

当然，也像前面那些尊重古希腊哲学的教父一样，尼撒的格里哥利也认为哲学的作用只是辅助性的，更为重要的不是哲学或者理性，而是信仰，而信仰不是来自逻辑、理性或者哲学的，它高于这一切。信仰高于理性，这是神学或者中世纪哲学中一个基本的原则，直到现在依然如此，这是我们要记住的。

尼撒的格里哥利还试图证明三位一体。我们知道，三位一体是神学最核心的内容之一。三位即神的三个位格，分别是圣父、圣子和圣灵。这个思想也有一个诞生、丰富与完善的过程，神学史上有许多人都想对之作出证明，尼撒的格里哥利就是其中相当早的一位。在他看来，首先上帝只有一位，这是前提，是毋庸置疑的，这就是上帝的一体性。一体其实就是一、唯一，上帝是唯一的，是一个上帝而不是两个三个或者多个，这是基督教最基本的教义，就像伊斯兰教的第一宗旨：安拉是唯一的神一样，基督教也认为耶和华是唯一的神，这个"唯一性"是最基本的前提。

在这个前提之下，上帝的三个位格又如何呢？圣父和圣子是比较容易理解的，重要的是圣灵，如何理解圣灵呢？对于这个问题那时候还很模糊，事实上，直到现在都有些模糊。在尼撒的格里哥利看来，我们可以通过言语、理性与道三个角度去理解圣灵，他认为人有言语和理性，上帝也有，但这是不一样的，上帝的言语与理性是永恒的，而人的则是短暂的，而上帝的言语与理性又体现于道即逻各斯。如此等等，相当深刻，也不那么好理解，不过，这是很自然的事，我们在后面还会多次讲到这个主题。

尼撒的格里哥利还分析了善与恶的问题，在他看来，上帝是本着至善来创造这个世界的，而且上帝在创造这个世界之时，并不是受到任何外在因素的影响的，例如目的、任务之类，而是一种纯然的自由，这也体现着上帝绝对的自由——这也是上帝的重要性质，后来的斯宾诺莎也这么认为，即认为神是绝对自由的原因，是不为任何他物所决定的，因为神只是由于他的本性的必然性而存在，并且是"根据其绝对自由的意志创造一切尚不存在的事物"。①

尼撒的格里哥利进一步认为，上帝同样将他的自由给予了人

---

① 参见斯宾诺莎：《笛卡尔哲学原理》，"附录：形而上学思想"，王荫庭、洪汉鼎译，商务印书馆，1980年6月第一版，第138页。

类，即人类也是有相当自由的，其中包括恶的自由，即上帝允许人有选择罪恶的自由。虽然上帝预先看到了人将为恶，这也如同在亚当和夏娃偷吃禁果之前，上帝预先知道他们会偷吃一样，但上帝还是允许人有这样的自由。

进一步地，尼撒的格里哥利还讲到了为什么会如此，他的观点颇有类于老子，是一种相对的方式去看的：

"天下皆知美之为美，斯恶已。皆知善之为善，斯不善已。 有无相生，难易相成，长短相形，高下相盈，音声相和，前后相随。恒也。"①

这里的不善就是恶了，前面的恶则是丑，在老子看来，天下只是因为有了丑才会有美，有了恶才会有善。换言之就是说，人之为人必然地既会有善，又会有恶，既会有丑，又会有美，这是必然如此的。尼撒的格里哥利也认为如此，在他看来，善与恶乃是人性之两极，人之为人，必有一极附于其身：

"由于善与恶是正相反的两极，两者必有其一粘附在我们身上，因此显然，一个人如果不在善之中就必然表明他在恶之中。"②

当然，这也并不意味着永恒如此，即永远会有善与恶之并存。当最后的审判到来之后，一切恶将会被除去，正如在《论灵魂与复活》中最后的所言：

"当这一切从灵魂中清除出去，并且在烈火所作的治疗过程中彻底消灭之后，构成善的观念的每一样东西将会取而代之，那就是

---

① 《老子》第二章。

② 尼撒的格里哥利：《论灵魂与复活》，张新樟译，上海人民出版社，2006年5月第一版，第88页。

不朽、生命、恩典、荣耀以及其他一切我们推测可以在神的身上、以及在神的形象——他最初所造出来的人的身上所看到的东西。"①

这就是说，人虽然为恶，终究将走向上帝，或者说回归上帝，那些为恶的人，甚至包括邪恶的撒旦，最后都要回归上帝。当然，为恶者在回归上帝之前要经过净化，这会是一个痛苦的过程，我们可以大致地理解为地狱的痛苦吧！但丁在《神曲·地狱篇》里生动而恐怖地描绘了这些痛苦。

还有，这本《论灵魂与复活》写得可以说相当精彩，对于我们今天理解生命与死亡都是极有借鉴意义的。连它的写作手法也是很独特的，它有类于柏拉图的对话体，不过开场的情景和柏拉图的对话大不一样，一开始就震撼人心。它开场的情形是这样子的：作者（我）的哥哥大巴希尔去世了，兄弟情深，他十分悲伤，便去找他们还活着的大姐，她既是大姐，同时也是兄弟俩的老师，有着双重的情感。因此他想当然地认为姐姐也会和他一起悲伤。

当他到达姐姐那里的时候，发现她也已经奄奄一息了，他就更为悲伤了，以他自己的说法是"我无法控制狂风暴雨般的悲伤之情"。②但想不到他的姐姐竟然平静如常，使弟弟感到十分惊讶甚至有些愤愤不平。因为在他看来，人死了当然应该感到悲伤，何况是自己的亲人：

"一个刚刚还活生生、会说话的人在瞬息之间失去生命，不会动弹，这难道还不令人悲伤吗？他身上的所有器官从此都会失去感

---

① 尼撒的格里哥利：《论灵魂与复活》，张新樟译，上海人民出版社，2006年5月第一版，第88页。

② 同上，第27页。

觉，不会看、也不会听，也没有理解能力，对他火烧剑刺，扔给野兽撕咬，或者埋入土中，无论如何对待他，他都不会再有反应了！"①

在我们一般人看来，这的确应该悲伤，所以人都是怕死的，要想尽一切办法逃避死亡，而法律最严重的惩罚也是死刑，如此等等。总之应该恐惧死亡。但他姐姐的一番话语让他终于幡然醒悟，理解了死亡的真谛，那真谛就存在于书名之中：灵魂与复活。

我想，这本书对于我们每一个人都是极为有益的，无论是否信仰基督教。译文也很精彩，颇值一读。

我们最后要谈的是尼撒的格里哥利对于上帝创造人的理解。

这一思想主要体现于他的代表作之一《论人的造成》中，这部著作也是他对于乃兄的名作《创造六日》的续作，大巴希尔在那里讨论了神在前面五日的创造，却没有讨论人的创造，这无疑是一个大遗憾，于是在哥哥死后，弟弟接续了哥哥的工作，写出了《论人的造成》。

在篇章开始不久，尼撒的格里哥利就提出了整整三十个问题，这些问题无一不是极深刻又迷人的，我在下面举出其中的一部分：

1.关于世界性质之部分的探讨，以及关于人类产生之前的事物的更详细说明。

2.人为何在创世中最后出现？

7.人何以没有天然的武器和衣服？

---

① 尼撒的格里哥利：《论灵魂与复活》，张新樟译，上海人民出版社，2006年5月第一版，第28页。

8.人何以有直立的躯干？

10.心灵借感官运作。

11.心灵的本性是不可见的。

12.关于统治本原应属哪一部分的探讨；关于哭和笑的讨论；从生理学的立场推测物质、本性与心灵的相互关系。

13.关于睡眠、哈欠和梦的一个解释。

14.心灵不是住在身体里的一个部分；由此也是身体活动与灵魂活动的一个区别。

17.我们要怎样答复那些提出这样问题的人："生殖既是罪恶之后的事，那么倘若人类的始祖没有犯罪，灵魄会怎样形成呢？"

18.我们的非理性情欲源于与无理性兽类的同宗关系。

19.致那些说"我们所寻求能享有的美事不外乎饮食，因为经上记载人最初住在乐园里时也靠此为生"的人。

20.乐园里的生活是怎样的，禁树又是什么？

21.希望来世有复活，不仅因为《圣经》如此断言，更因为事情必定如此。

22.答复下面的问题："复活既是一件极佳美的事，为何至今仍未实现，只能寄希望于渺茫的将来？"

23.凡承认世界有起始的，也必承认世界有终了。

26.复活并非不可能之事。

27.当人的身体分解归入宇宙的元素之后，每个人都可从共同的源头复得自己的身体。

28.致那些说先有灵魂后有身体，或者说先有身体后有灵魂的人；驳斥关于灵魂轮回的谬说。

30.从一个医学的观点简单思考我们身体的构造。[①]

不难看出，这些问题都是很有意思的，直到今天依然有意义，依然是我们要思考的问题，因为这些问题依然没有得到解决。我想它们永远也不会有固定的答案，所以永远值得我思去思考。

在《论人的造成》这部著作里，尼撒的格里哥利表达了这样一个思想，就是在神所有的创造之中，最重要的乃是人，人是神最重要的创造。这个道理是很明白，在《圣经·创世记》中也说得明白：

"神说：'我们要照着我们的形像，按着我们的样式造人，使他们管理海里的鱼、空中的鸟、地上的牲畜和全地，并地上所爬的一切昆虫。'

神就照着自己的形像造人，乃是照着他的形像造男造女。

神就赐福给他们，又对他们说：'要生养众多，遍满地面，治理这地；也要管理海里的鱼、空中的鸟，和地上各样行动的活物。'"[②]

上帝根据自己的形象造人，也就是说，在所有的创造中，只有人是象神的，既然如此，人当然是上帝最重要的创造了。所以，尼撒的格里哥利在《论人的造成》里大力褒扬人的高贵，例如第三章"人的本性比一切可见的造物更宝贵"、第四章"人的构造全面表明他的统治力量"、第五章"人酷似神的主权"，从名字就可以看出他对于人的赞美。例如在第三章里尼撒的格里哥利就说，当上帝造其它万物的时候是随口而造的，并不需要思考，唯有当造人的时候有

①　参见《论人的造成》，见尼撒的格里哥利：《论灵魂与复活》，石敏敏译，中国社会科学出版社，2004年11月第一版，第7—8页。

②　《圣经·创世记》第1章。

"慎重考虑"：

"多么奇妙啊！神造太阳没有预先考虑，神造天空也没有预先思量，要知道，天与太阳可是宇宙万象中无与伦比之造物。神只要说出一句话，如此伟大的奇迹就成了，……其他各样具体事物，以太、星辰、空气、海洋、陆地、动物、植物，无一不是神只说一句话就成的，惟有在造人的时候，造物主思前想后，慎重考虑。"[①]

还有，人这像神不仅仅是外表的形象，而是内在，在第五章里有这样一句话：

"你可以在你自己身上看到话语和理解，它们其实就是神心和神道的一种模仿。"[②]

在这里，人的"话语"和"神道"都是同一个词"logos"——逻各斯，不但表达了人人的语言与神的道之间的联系，而且表明了它们之间是内在一致的，含义极为深远。

在《论人的造成》里，尼撒的格里哥利还对人作了区分，即分为天上的人和地上的人，在他看来，这两种人是有鲜明区分的：

一、天上的人是一种理念的人，是不可感知的；地上的人就是我们看到、感知到的具体的人。

二、理念的人只存在于神的观念之中，并且没有性别的差异。而我们这些具体的可感知的人则是理念的人的一种具体的表现，并且有性别的不同。

三、理念的人或者说人的理念应该是唯一的，即上帝只有唯一

---

① 《论人的造成》，见尼撒的格里哥利：《论灵魂与复活》，石敏敏译，中国社会科学出版社，2004年11月第一版，第12页。

② 同上，第14页。

的关于人的理念，既不可感知，亦无性别之分，是一种抽象的人的"共相"；而当上帝创造具体的人时，是将那理念的人"分有"到具体的人之中。这样一来，具体的人就表现理念的人了。我们可以这样简地理解：上帝先有一个关于人的理念，在创造人之时，上帝就是根据这个人的理念创造的。

只要对比一下柏拉图和斐洛的思想，就不难发现尼撒的格里哥利的这种思想是深深地受到了他们的影响的。例如柏拉图认为先有人的理念而后才有人，理念是第一位的、是超越于可感知的具体事物的。人如此，一切诸物皆如此，这是柏拉图的一个基本思想。斐洛在论神之创世时则将柏拉图的这个思想接了过来，并且将之和《圣经》结合起来，加以发扬，说神先创造了一个理念的世界，再根据这些理念去进行相应的创造。他说："造物主在创造灵明世界之前，首先创造了无形体的天堂和不可感觉的世界，以及气和虚空的理念，接着又创造了水的无形体的本质和一种无形体的光，以及太阳和一切星辰的不可感觉的原型。"[1]

看得出来，尼撒的格里哥利几乎不折不扣地接受了这些理论，因此，就像柯普斯登所言，尼撒的格里哥利的这个理论"分明是回到新柏拉图主义和斐罗主义"。[2]他还说："格里哥利深受柏拉图主义、新柏拉图主义和斐罗主义的影响。"[3]

---

[1]   黑格尔：《哲学史讲演录》（第三卷），贺麟、王太庆译，商务印书馆，1959年12月第一版，第168页。

[2]   柯普斯登：《西洋哲学史》（第二卷），庄雅棠译，台湾黎明文化事业有限公司，1988年3月第一版，第46页。

[3]   同上，第48页。

当然，我们要注意的是，无论如何注重柏拉图与斐洛，尼撒的格里哥利始终是将基督教义置于一切之重心的。

此外，尼撒的格里哥利也被认为是神秘主义神学的奠基者，关于这种在中世纪有相当影响的神秘主义神学我们在后面将要讲到，这里就不多说了。柯普斯登认为，虽然格里哥利是神秘神学系统的第一位真正的奠基者，也受到了柏罗丁和斐洛的影响，并且接受了他们的许多主张，不过都是在基督教的意义下接受并且应用之的，也就是说，他始终将柏拉图和柏罗丁的思想置于以基督教为中心的思想架构之内。①

对了，在《论人的造成》里，尼撒的格里哥利还颇有意思地分析了这样一个问题，就是神为什么要最后创造人？

我们知道，在《圣经》里，神是在前面五天创造了其它万物的，直到最后一天才创造人，为什么如此呢？既然人是神所有造物中最高贵的，为什么要最后造他呢？

对这个问题，尼撒的格里哥利很巧妙地回答道，正是因为人是最高贵的造物，所以才要最后出来，在第二章中，他简明而生动地说：

"当时那伟大而可贵的造物即人还没有存在于世。不可指望统治者会先于他所辖制的下属出现，那是不适当的事；惟有当他的疆域准备妥当了，君王才会随之出现。所以，可以说，创造万物的主预先为将来的王预备了一个堂皇的住所（这就是陆地、岛屿、海洋

---

① 参见柯普斯登：《西洋哲学史》（第二卷），庄雅棠译，台湾黎明文化事业有限公司，1988年3月第一版，第49页。

以及像穹庐一样覆盖着它们的天空），当各种各样的财物都已经贮备在这王宫里了（财物我是指整个造物，所有植物和树木，一切有感觉、呼吸和生命的东西；还有——如果我们把物质也算作财物的话——所有因其华美而在人眼里看为宝贵的东西，诸如人所喜爱的金银珠宝，所有这些都多多地埋藏在地心里，就如同藏在王室的宝库里一样），他就让人出现在这世界上，对这些宝物或拥有或管理，好让人通过享受这些美物而认识万能的主，因看见万物的美丽和伟大而溯源造主无以言喻的大能。"①

在第八章中，他同样简明地说：

"既然《圣经》告诉我们，人是在一切生物造好之后最后造的，立法者这样记载就是在向我们宣布关于灵魂的教义，认为最完美的事物总是最后才出现，这是符合事物的某种必然顺序的。理性造物中既包含知觉力，也包含生长力，而有知觉然顺序的。"②

这两段话很明白，他还说明，神之所以要为人造这么多的物，乃是为了让人能认识上帝，看到神的大能与万能。

这些引文都来自于《论人的造成》，这部著作是很重要的，直到今天都是如此，因为我们今天依然强调人本主义，而这部著作乃是最早强调人的价值的哲学著作之一。对此赵老师在《基督教哲学1500年》中说：

"他的《论人的构成》是中世纪传统中少有的一本充分肯定人的尊严与价值的著作。他把人的尊严归结于人的无主性或自主性，

① 《论人的造成》，见尼撒的格里哥利：《论灵魂与复活》，石敏敏译，中国社会科学出版社，2004年11月第一版，第11页。

② 同上，第20页。

每个人都有支配自身的权威，在此意义上，他是自立的王，正如上帝是王一样。不仅如此，人还是整个物质世界的王，因为他分属两个世界，即身体所在的可见物质世界以及人性所在的精神世界，人处于联结两个世界的特殊地位，他是一个'小宇宙'；他像上帝统治着整个宇宙一样统治着可见的物质世界。"①

确乎如此！当我们看到大巴希尔这样的思想之时，不但可以看到人在这两个世界之中的尊严，而且可以看到人之为人的意义之精髓所在。

第五节　大巴希尔与《创世六日》

大巴希尔是卡帕多西亚三教父中的长者，公元330年出生于卡帕多西亚的该撒利亚。卡帕多西亚是位于小亚细亚半岛的一个地区，在今天的土耳其境内。此外，在巴勒斯坦还有一个该撒利亚，是上面提过的欧塞麦士的故乡，我们不要混淆了。

据说大巴希尔的父亲是有钱人，既是虔诚的基督徒，也是善良的人。当381年大巴希尔去世的时候，他的好友纳齐仁的格里哥利为朋友巴希尔致悼辞，不仅称颂了巴希尔在信仰上的献身精神与在哲学上的精湛造诣等，还赞美了他的父母，指出巴希尔的父母的"主要特点就是敬虔"、"对德性有一种共同的鉴赏力"，他们因"关爱穷苦人、款待外来客"而闻名遐迩。②

---

① 赵敦华：《基督教哲学1500年》，人民出版社，2005年5月第一版，第135页。

② 参见《创世六日》之中译本导言，巴西尔：《创世六日》，石敏敏译，三联书店，2010年10月第一版，第1页。

大巴希尔从小受到了很好的教育，长大后到了雅典留学，正是在那里认识了纳齐仁的格里哥利，另外还认识了后来成为罗马皇帝的朱利安，即有名的叛教者朱利安，他有这个名号自然是因为他想要灭掉基督教。大巴希尔一开始并没有接受基督教，直到25岁时才接受基督教并且受洗，此后他就成为了活跃分子，还当上了该撒利亚的大主教，不但在教会事务上贡献良多，还笔耕不辍，写下了许多著作，例如《驳优诺米》、《论圣灵》、《创世六日》，等等，还写下了许多也可以称为哲学著作的重要书信。也许由于太过劳累的缘故，他很早就坏了身体，辞世时不到50岁。

那时候他的姐姐还在世，我们前面提过，他的弟弟尼撒的格里哥利去看姐姐，想和她一起悲伤哀悼，但结果却在姐姐的点醒之下，产生了对人的生与死即灵魂和复活的深刻理解。我们可以相信这不是虚构，而是实有其事。因为这样严肃的事情是不能虚构的，和柏拉图的虚构对话的情形大不一样。

在这些著作中最有名的是《六天创世六日》，它本是大巴希尔的布道词，共包含9篇布道演说。顾名思义，它的内容就是上帝创造世界的六天，不过，他实际上只说了五天，第六天创造人没有说，后来由他的弟弟尼撒的格里哥利完成了。

在这本书里，大巴希尔首先说明了世界是有起源的，即有一个开端，这是上帝创世的必要基础，因为倘若世界是永恒的，自然不需要上帝来创造了，这是显而易见的。为了避免这个陷阱，大巴希尔一开篇就指出：世界是有开始的，并且是上帝就是这个开端者，他说：

"'起初上帝创造。'多妙的遣词造句啊！他首先确定有一个开端，免得有人以为世界从来就没有开端。"①

他甚至进一步想到了在神创造世界之前的情形，他这样说：

"事实上，在这个世界之前似乎还存在一类事物，我们可以形成对它们的一定观念，但是无法言说，因为对在知识上还是婴孩的初学者来说，这样的题目太过高深。在这个世界诞生之前，超自然的权能大行其道，他们超越时间的界限，永恒而无限。"②

确实，这个题目到了现在也高深莫测，我们只要想想都感到恐惧，这的确超越了我们的思想所能及。即使就今天的科学来说，例如根据宇宙大爆炸说，这个宇宙起源于一次大爆炸，那么自然而然地，我们可以问：在这次大爆炸发生之前宇宙又是什么样子呢？或者大爆炸开始前的这片"空间"是样子呢？更往前，倘若那是一个所谓的"奇点"，由它开始爆炸，那么这个"奇点"有没有"起点"呢？难道它是永恒的吗？难道从来如此？这显然是有问题的。所以，对于宇宙的起源，倘若我们穷加思索，除非找到一个永恒无限的存在者，否则那无尽的追寻足以使人发疯。而倘若像基督教一样，找到了一个神，这个神是永恒无限、从来如此的，不必加以进一步的追思，其实是最令人轻松的。将那可怕的永恒交给万能的上帝，交给他无限的权能，这是最简单易行的，也许是最可靠的。

还有，大巴希尔关于上帝的创世的谈论中有一个地方特别值得注意，就是关于时间与创造的关系。我们大都有一种关于时间

---

① 巴西尔：《创世六日》，石敏敏译，三联书店，2010年10月第一版，第6页。
② 同上，第8页。

的通俗观念，认为时间是无始无终的，即是永恒的，大巴希尔认为不是这样的，时间也是上帝创造的。而且，上帝是在创造世界的同时创造了时间，也就是说，时间也是有起点的，并不是永恒的。这也说明，在时间的起点之前并不是时间，或者说并没有时间，对此他说：

"作者既然说'起初上帝创造'，那就是在教导我们，上帝的意愿一旦发出，瞬间不到就产生了时间。为了更清楚地表达这样的含义，另有阐释者说过'上帝即时创造'，那就是说，一切都在瞬间同时被造。"①

这里说明，上帝创造时间是与创造万物一起的，创造万物的同时也创造了时间。自然而然地，在这个时间被创造之前是没有时间的，或者说，时间的开始并不是时间。对此他说：

"开端实质上是不可分的，是一瞬间的。就如路的开端还不是路，房子的开端还不是房子，同样，时间的开端还不是时间，甚至不是时间的最小部分。"②

正由于对时间的这种深刻理解，所以赵老师说：

"大巴兹尔是第一个对时间问题作出详细论述的神学家，他已经提出了问题的关键，即，时间有无开端？世界是否永恒？以后的神学家对时间的思考都以此为焦点。"③

时间而外，大巴希尔还认为上帝在创造万物之前，先创造了一种东西作为万物的原料：

---

① 巴西尔：《创世六日》，石敏敏译，三联书店，2010年10月第一版，第10页。
② 同上。
③ 赵敦华：《基督教哲学1500年》，人民出版社，2005年5月第一版，第131页。

"关于诸天的本质，我们觉得以赛亚说的话就足够了，他用简单的语言使我们对诸天的本性有了充分的认识，'天被造成烟云一般'，也就是说，上帝造了一种稀薄的实体，没有硬度或密度，用这种实体构造出诸天。"[①]

这个思想却不是《圣经》里有的，与新柏拉图主义的见解也是不一样的，是大巴希尔的创见。

关于创造问题我们就说到这。在古希腊罗马哲学与基督教的关系问题上，大巴希尔的观点和前面诸人也是相似的，例如他也认为以理性为基础的古希腊罗马哲学有一定的合理性，在某些时候可以作为论述基督教哲学的辅助，但是更为根本的不是哲学而是信仰，或者说信仰是高于理性的，他说："在一切事件上，我们不妨选择单纯的相信，而不是理性的证明。"[②]这乃是基督教神学总的原则之一。

至于为什么，他在这里也作出了说明，就是因为理性有一个无穷追问的毛病，从而导致一种"无穷的倒退"，在此他还打了一个支撑物的比喻：

"你们猜想有一个更重的物体阻止大地不坠入深渊吗？那么你们必须想到这个支撑物自身也需要一个支撑物防止它坠落。我们能想象这样一个支撑物吗？即使能，我们的理性马上又要求有另一个支撑物，由此我们就会陷入无穷倒退，总是要为已经找到的基础设想另一个基础。"[③]

① 巴西尔：《创世六日》，石敏敏译，三联书店，2010年10月第一版，第12页。
② 同上，第14页。
③ 同上，第13页。

这些句子是不难理解的，无需多说。我们的理性也的确有这样的毛病，对此亚里士多德也早就作出了说明，他指出，那些无穷的追问显然是不必要、也不可能的。这样一来就不可避免地要得到一个结论：必然有一个最终的本原，它乃是一切的创造者与产生者。我们可以联想到亚里士多德曾在逻辑学中多次申明的，"确乎存在着某种本原，它不是没有限制的，既不能在直接后果方面无限制、也不能在种类方面无限制。"[①]

关于这种本原不能无限，他说：

"而且，向上固然有个开端，向下延伸也不能无限，如水出于火，土出于水，如此一直都有某种东西生成。"[②]

在这里，亚里士多德表达了这样的思想：对于万物之因的追求不能是无限的，也就是说必须有一个终点、一个界限，就像逻辑推理中必须有一个作为起点的公理，这就是推理的前提。

那么这个界限是什么呢？亚里士多德说是目的，但在基督教里，这个界限就是上帝了。

显然，大巴希尔在这里所表达的就是亚里士多德这样的思想，当然他这时候不大会读过亚里士多德的这部作品，只是英雄所见略同罢了。

他还在许多地方对古希腊罗马哲学提出了批评。例如我们知道，古希腊哲学特别是其自然哲学最大的主题是所谓万物的本原，从泰勒士的水开始，包括恩培多克勒的四根说，直到德谟克里特的

---

① 参见亚里士多德：《亚里士多德全集》（第七卷），苗力田主编，中国人民大学出版社，1993年1月第一版，第60页。

② 同上，第61页。

原子等等，所在多有。在大巴希尔看来，这些都是"轻率无聊"的文字游戏，不是真理，我们只要知道"上帝创造天地"就可以了，这就是简单而神圣的真理。①

这是大巴希尔在《创世六日》中的第一篇布道书所说的。在第二篇布道书里，他同样反驳了传统的古希腊哲学。第二布道书名字的含义就是反驳希腊哲学中的宇宙生成二元论，反驳的实际上就是亚里士多德的形式与质料说。例如亚里士多德认为质料是一直存在的，神以之为原料根据形式创造了万物，对此大巴希尔说：

"如果质料是非受造的，它就有权利声称与上帝同享荣耀，因为它必然与上帝处于同一地位。这岂非邪恶之极？"②

如此等等，总而言之，大巴希尔不但看到了古希腊哲学家们的种种谬误，也如同斐洛一样，在《圣经》里看到了无限的哲学奥义，引人入胜、令人掩卷深思，我们不妨以《创世六日》中的这句话作为结尾吧：

"一旦你明白了谁在说话，就应当立即想到谁是听者。神说：'……要有光体……于是神就造了两个大光。'谁在说话？造光的又是谁？你没有发现这里有双重的位格吗？在奥秘的语言里，历史处处都充满着神学的教义。"③

这不由让我想起了罗丹的一句名言："生活中不缺少美，缺少的只是发现美的眼睛。"这句话也可以改成：《圣经》中不缺少深刻的哲学，缺少的只是发现哲学的眼睛。"可以将这句话送给那些

---

① 参见巴西尔：《创世六日》，石敏敏译，三联书店，2010年10月第一版，第15页。
② 同上，第17页。
③ 同上，第60页。

读了《圣经》后，以为其仅仅是一本古老的神话故事集的人们。

至此我们就讲完了作为中世纪哲学先声的教父哲学，这些教父们的哲学也许不大知名，其思想却是很深刻的。

最后我们来总结一下教父的两大特点：

一、它与古希腊罗马哲学有相当密切的关系，教父们大都以古希腊罗马哲学为工具或武器为基督教思想服务，即在他们这里，哲学与神学从某个角度上而言还是一体的，就如柯普斯登所言：

"希腊教父没有很清楚地划分哲学和神学，而认为基督宗教是唯一真正的智慧或'哲学'，他们都想视希腊哲学为基督宗教的预备，所以在处理它们时主要的兴趣在于看出其中所隐含对基督宗教真理的预期，以及指出对他们而言显然与真理相违背之处。"①

二、对教父们影响最大的古希腊罗马哲学家不是亚里士多德而是柏拉图，这可以从上文中明显地看到，在分析教父们的思想时，几乎没有亚里士多德的影子，柏拉图的影子则随时可见。这有两个原因：

一是与亚里士多德著作的命运有关。安德罗尼卡是亚里士多德学园吕克昂的最后一代传人，是他将亚里士多德的作品重新加以编排整理，并且公开发表，这是亚里士多德这些作品的第一次出版，这时已经是公元前60年了，亚里士多德去世快300年了！② 后来，

① 柯普斯登：《西洋哲学史》(第二卷)，庄雅棠译，台湾黎明文化事业有限公司，1988年3月第一版，第52—53页。
② 参见《不列颠百科全书》之"亚里士多德"条目，中国大百科全书出版社，1999年第一版。

这些作品的绝大部分慢慢地在欧洲失传了，例如在1115年以前，讲拉丁语的西方世界只知道亚里士多德的《范畴篇》与《解释篇》。一直到了1278年，亚里士多德的几乎全部著作才终于被译回了当时全欧洲通用的学术语言拉丁语。后来十字军东征时把许多希腊文的亚里士多德著作带回了欧洲，1453年，土耳其苏丹穆罕默德二世攻占东罗马帝国都城君士坦丁堡时，从城里逃出来的希腊人也将一些亚里士多德著作带到了欧洲。经过如此漫长的努力才使得欧洲人充分地认识到了亚里士多德的伟大。这些事实说明在教父时代，他们可能都不大了解亚里士多德的作品，自然也不会将之作为论证神学的工具了。

另一个原因是与当时流行的哲学有关，那时流行的哲学就是柏拉图和与他紧密相关的新柏拉图主义，教父们最了解的古希腊罗马哲学就是这个，因此，当他们以哲学去论证神学时，自然也就采用了柏拉图与新柏拉图主义。

总之，在柏拉图与亚里士多德之间，这也如柯普斯登所言：

"希腊哲学家在教会教父中获得最高崇敬地位的人不是亚里士多德，而是柏拉图。其所以如此，大部分原因是因为新柏拉图主义是那时代中最主要、最有劲道的哲学，以及教父大都是透过新柏拉图主义的解释和发展来看柏拉图哲学，并且在绝大多数情况下，对亚里士多德的了解可说是微乎其微。然而，不管如何，教父们总把柏拉图看成是基督宗教的先驱者，他们所采用的哲学要素，大都也是来自柏拉图传统。如果再把奥古斯丁算进去的话，那么教父哲学影响所及不只是早期中世纪的思想，也不只是像安瑟姆、波纳文德等等卓越的思想家，甚至连多玛斯本人也深深受到教父哲学的影响。"①

　　在这里柯普斯登不但说明了柏拉图和新柏拉图主义对教父的影响，还说明了教父们的思想对更后来的中世纪哲学的影响，这种影响可以说是贯穿整个中世纪的，当我们在后面分析中世纪哲学时将会看到这一点。

　　不过，在所有的教父们中，对中世纪哲学产生最大影响的还不是上面几位，而是另一位——奥古斯丁，他才是最伟大的教父，也是中世纪与整个西方哲学史上最伟大的哲学家之一，我们马上来讲述。

───────────

　　① 柯普斯登：《西洋哲学史》（第二卷），庄雅棠译，台湾黎明文化事业有限公司，1988年3月第一版，第53页。

第七章　奥古斯丁的一生

现在我们来讲奥古斯丁，这位最伟大的教父，也是最伟大的哲学家与神学家之一。

奥古斯丁生平有几个特点：

一是他的年代相对而言并不遥远，二是他在生前就已经被尊为圣人一般的伟大基督教思想家与著作家，因此他的著作不但数量惊人地多，而且绝大部分都流传下来了。三是他的生平事迹也被记录下来，因此我们对于他的生平与他的著作一样，都有相当详细的了解。

在关于奥古斯丁的生平资料中，最重要的当然就是他的自传《忏悔录》了。这部作品堪称人类历史上最伟大的自传体作品之一，无论从内容还是从文体上都是如此。我们下面就以之为蓝本来介绍奥古斯丁的生平。

之所以在这里要比较详细地介绍奥古斯丁的生平，主要有两个原因：

一是因为奥古斯丁是中世纪也是整个西方历史上最重要的思想家之一，所以值得我们记念；二是因为奥古斯丁的人生本身是跌宕起伏、非常精彩的，而且极富教育意义，所以更值得我们铭记不忘。

第一节　皈依前的岁月

奥古斯丁生于公元354年11月13日，出生地是北非的塔加斯特。塔加斯特当时属于罗马帝国的努米底亚省。努米底亚是一个古老的地名，领土大约相当于现在的阿尔及利亚东北以及突尼斯的一部分，人民以骁勇善战闻名。塔加斯特虽位于北非，但并不靠海，地中海在它的北面一百来公里，南面过了一座山就是辽阔的撒哈拉沙漠了。

虽生活在努米底亚省，奥古斯丁并非努米底亚人，可能是一个混血儿，他的父亲叫帕特修斯，应该是一个罗马人，母亲叫莫尼卡，可能是个柏柏尔人。柏柏尔人是非洲一个有名的种族，不过在种族与文化上都很复杂，肤色也是一样，介于黑人与白人之间，比黑人要白、比白人要黑，甚至有点像黄种人。据说柏柏尔人这个称呼来自拉丁语中的barbari，意思就是野蛮人，他们的文化比起罗马人来要落后一些。

奥古斯丁家里的血缘和人种都比较复杂，宗教信仰也是如此。他的父亲是个异教徒，即不是基督徒，母亲则是位非常虔诚的基督徒。小时候他的母亲就将基督的真理教导他，他也听进去了，相信母亲的话，只是由于种种缘由，他一直没有受洗，也就是说没有正式成为基督徒。

作为罗马公民的儿子，他当然是要接受教育的，他在塔加斯特接受了最初的教育，学习了当时的官方语言拉丁文还有数学之类，但对学习一点也不热衷，倒是很热衷于玩各种游戏。他从小就性格外向，很讲义气，所以总有一帮子朋友跟着他，从小到大都是如此。后来他又学习了希腊文，但他似乎天生就讨厌希腊文，学得自然也不好，因此他就成为了几乎所有教父中或者说所有重要的古希腊罗马哲学家中唯一不怎么懂希腊文的。

十二岁左右的时候，奥古斯丁到了马达拉城，相当于上中学了，学的仍然是拉丁文之类，就像我们从小学到中学学的都是语文，但学的内容是不一样的。

在马达拉待了四年之后，他十六岁时又回到了塔加斯特，本来他是要继续去迦太基学习的，相当于我们现在的上大学吧，但他家里并不是很有钱，就像他自己后来谈到这事时所言：

"这时我离城回乡，家中为我准备更远的到迦太基留学的费用。这是由于父亲的望子成龙，不是因为家中富有：我的父亲不过是塔加斯特城中一个普通市民。"①

就现在我们中国的观点来看，他父亲不应该是个普通的市民而已，而是个官，因为他是当地罗马政府的一个行政官员。②

由于学费一时筹措不起来，他就在家乡混了足足一年，基本上什么正事也不做，成天带着一帮小兄弟斗鸡走狗，甚至干些不大不小的坏事。后来他对这段荒唐的岁月相当后悔，特别懊悔其中一件坏事，就是偷梨。这件事他也详细地记录在《忏悔录》里：

"在我家葡萄园的附近有一株梨树，树上结的果实，形色香味并不可人。我们这一批年轻坏蛋习惯在街上游戏，直至深夜；一次

---

①　奥古斯丁：《忏悔录》，周士良译，商务印书馆，1963年8月第一版，第27页。

②　参见《美国百科全书》，台湾光复书局/外文出版社，1994年第一版，第1卷，第433页。

深夜，我们把树上的果子都摇下来，带着走了。我们带走了大批赃物，不是为了大嚼，而是拿去喂猪。"①

这样的事在我们看来是小事，很多人都这样干过，长大后只是付之莞尔，并不当回事。但奥古斯丁却深深忏悔，他说：

"我却愿意偷窃，而且真的做了，不是由于需要的胁迫，而是由于缺乏正义感，厌倦正义，恶贯满盈。因为我所偷的东西，我自己原是有的，而且更多更好。我也并不想享受所偷的东西，不过为了欣赏偷窃与罪恶。"②

看得出来，奥古斯丁之所以长大之后都要深深忏悔，就是因为他知道自己偷梨只是为了好玩，并不是真的想吃这梨。事实上，他家里有更多更好的梨，在他看来，这样一来罪就大了，因为那说明他本性有罪、心中有恶念，真是罪莫大焉！

在家乡玩了一年左右后，父母终于为他筹措到了足够的学费，据说是一位叫罗曼尼安的人帮了他，此后他便去迦太基了。

迦太基是当时非洲最大的城市之一，也是历史名城，曾经称雄地中海，与初霸时的罗马为敌，从公元前264年开始与之发生了三次布匿战争，虽然一度在汉尼拔的统领之下差点灭亡罗马，但最终还是被罗马人彻底打败。罗马人最后是这样处置迦太基的：将所有活人卖为奴隶，迦太基城被彻底摧毁，夷为平地，并且在上面用犁犁过，罗马人还诅咒说，凡敢再在这里建城的人必遭天谴。不过罗马人的诅咒没用，由于迦太基地理位置优越，还是渐渐兴起了，慢

---

① 奥古斯丁：《忏悔录》，周士良译，商务印书馆，1963年8月第一版，第30页。
② 同上。

慢又成了大城。

这时的迦太基也是异教的大城，城市生活非常奢靡，肉欲泛滥，而奥古斯丁正值青春年少，禀性又贪玩，不久就完全投入了这种生活，天天疯玩，甚至还搭上了一个女人。这个女人虽然出身低微，但相当纯洁，对他的感情也非常真挚。他们不久就同居了，后来一起生活了十五年之久，还为他生下了一个儿子，这是奥古斯丁唯一的孩子，他给儿子取名"天赐"。

玩归玩，但奥古斯丁还是很重视学业，加上他天赋异禀，因此成绩优异，几年之后便很好地掌握了修辞学等功课，不仅如此，他这时候的心态也发生了大改变。

据他自己说，这个转变来自他有一天读到了斯多葛派哲学家西塞罗的著作《荷尔顿西乌斯》，[①]这本书现在早已失传，大概是记述古罗马伟大的雄辩家荷尔顿西乌斯的。荷尔顿西乌斯和西塞罗是同时代人，西塞罗更加伟大，但荷尔顿西乌斯更会论辩，据说曾经在公开的论辩中打败过西塞罗。在这本书中，西塞罗教人要追求真理与智慧，放弃对情欲与功名利禄之类的追求。

这本书对奥古斯丁产生了很大影响，他决定抛弃过去糜烂的生活，去追求真理与智慧。

但这一次奥古斯丁走上的不是智慧之路，而是另一条邪路，一条思想的邪路，而且一走就是很久。

我们前面说过，还在很小的时候，奥古斯丁就受母亲的教导，信了基督，只是没有受洗。本来，既然现在他要追求智慧与真理，

---

① 　参见奥古斯丁：《忏悔录》，周士良译，商务印书馆，1963年8月第一版，第159页。

最方便的便是回到基督教。他本来也准备如此，并读了一番《圣经》，然而由于它里面的文字平实，只是一些神话故事一样的东西——他还不能理解这些故事背后的奥义，因而没能吸引他。相反，这时候在迦太基和整个北非都相当流行的另一种宗教——摩尼教——吸引了他。

其实他早就关注摩尼教了，据说初到迦太基时，他就发现喜欢抱团的摩尼教徒彼此和睦友爱、互相帮助、宽宏大度，便生了敬意。后来他也和一些摩尼教徒成了朋友，受了他们很大的影响。因此，当他在《圣经》里找不到自己想要的东西时，自然而然地就转向了摩尼教，不久就成了其中的一员。这年他十九岁。

奥古斯丁转向摩尼教当然不全然是因为摩尼教徒的生活方式，摩尼教的教义也起了相当大的作用，其基本教义是说在世界的一开始就有光明和黑暗两个王国并存，光明占据北、东、西三方，黑暗占据南方，光明与黑暗之间一直在苦苦争斗。摩尼教的这类教义大家可能听说过，不过不是从奥古斯丁那里听说的，而是从金庸的《倚天屠龙记》里看到的，其中一段极为精彩：

"当此之际，明教和天鹰教教众俱知今日大数已尽，众教徒一齐挣扎爬起，除了身受重伤无法动弹者之外，各人盘膝而坐，双手十指张开，举在胸前，作火焰飞腾之状，跟着杨逍念诵明教的经文：

'焚我残躯，熊熊圣火。生亦何欢，死亦何苦？为善除恶，惟光明故，喜乐悲愁，皆归尘土。怜我世人，忧患实多！怜我世人，忧患实多！'

明教自杨逍、韦一笑、说不得诸人以下，天鹰教自李天垣以下，直至厨工夫役，个个神态庄严，丝毫不以身死教灭为惧。

空智大师合什道：'善哉！善哉！'"①

不用说这样的教义是很吸引人的，当初我读时亦是如此，或许和奥古斯丁当初受摩尼教吸引的情形差不多吧。

到了公元374年，20岁的奥古斯丁又从迦太基回到了家乡塔加斯特。但这次的回乡遭遇了两件令他痛苦之事，一是他的一个好朋友得病死了，本来这位好友已经被他劝说信了摩尼教，但死前却皈依了基督教；二是他父亲在第二年也去世了，同样在临死前皈依了基督教。

这两件事在他心中既留下了阴影，也种下了光明，两位他的至亲至爱之人临死前都诚心皈依基督，这不能不令他在内心深处重新审视自己的信仰。

他又回到了迦太基，这是公元375年左右的事。据说他在迦太基创立了一所修辞学院，他此时的修辞学水平不用说是很高的，他也以自己不凡的辩智与才智在摩尼教中大受欢迎，甚至还写起诗来，据说他的一首诗曾经在诗歌大赛中夺魁，还出版了他的第一部作品《论美与善》。

他这次在迦太基一直待了将近十年，到383年时，他动身前往一座更大的城市——罗马。

他之所以要去罗马，据说一是因为迦太基的学生读书不认真又不好管教，令他烦心，同时听说罗马的学生比较好教；二是罗马毕竟是伟大的罗马、帝国的首都，他相信在那里可以有更加远大的前程。这时候的奥古斯丁还很有世俗的抱负，希望能够出人头地。

---

① 见《倚天屠龙记》第二十回"与子共穴相扶将"。

对了，他一直是和没有结婚的妻子以及和她生的孩子生活在一起的，这次去罗马也带了母子俩同去。

他带着妻儿横渡地中海，到了罗马，又在那里成立了一所修辞学校，招收了不少学生。但他很快发现在这里谋生比在迦太基强不到哪儿去，罗马的学生虽然上课时不怎么捣乱，但却相当狡猾，就是上了一段时间课后，到了要交学费的时候马上就溜了。奥古斯丁是靠学费过日子的，收不到学费怎么过日子呢？也是巧合，这时候，从罗马皇帝当时的驻跸之地米兰传来了一个好消息，皇帝要招聘一位宫廷雄辩术教授，他便应征了，他的水平当然是够的，不久便被选中，前往米兰了。这是公元384年的事。

在米兰他过着很好的生活，养活着一大家子人，要知道奥古斯丁一向亲戚朋友学生众多，许多都跟着他来到了米兰，包括他的母亲，也从迦太基到米兰来找他了。他挣的钱足以供养一个大家庭。

还有，因为这时候他的身份地位不同了，他母亲便向他提出了一个要求，就是要他正式结婚。虽然十多年来他一直和那个女人生活在一起，她也为他生下了儿子，但他们一直没有正式结婚。据说原因之一是根据罗马当时的法律，婚姻不能跨阶级，而这个女人出身低等阶级，和身为罗马公民的他是不可以结婚的。但他又不能在娶妻后还和这个女子生活在一起，于是他被迫和她分手了，她被迫回非洲去了，这件事令他极为痛苦。在《忏悔录》里他这样写道：

"我的罪恶正在不断增长，经常和我同居的那个女子，视为我结婚的障碍，竟被迫和我分离了。我的心本来为她所有，因此如受刀割。这创伤的血痕很久还存在着，她回到非洲，向你主立誓不再和任何男子交往，她把我们两人的私生子留在我身边。"①

应该说，奥古斯丁和她之间的感情是十分真挚的，当奥古斯丁和她在一起的时候，虽然以他的身份和魅力，随时可以勾引到女人，她也没有办法，甚至不会计较，但他一直对她保持忠诚，这已经是相当了不起的了，足以说明他是个重情重义之人。现在，她离去之后，奥古斯丁痛苦之时，一方面是痛苦难耐，另一方面是寂寞难耐，竟然不久便找到了另一个情人。但依然不是未婚的妻子。据说是因为他求婚的对象还是个十岁的小女孩，而根据当时罗马的法律规定，女人结婚的最小年纪是十二岁，因此她还要等上两年才能结婚，奥古斯丁只好先找了一个情人满足肉体的需求。

看了这样的年纪，大家不要感到奇怪，不要以为奥古斯丁刻意要找这么一个小姑娘，而是当时的意大利正有这样的风俗，女孩子们都是很早就结婚的。莎士比亚的《罗密欧与朱丽叶》里就有这么一幕：在意大利的维洛那城里，朱丽叶的母亲凯普莱特夫人对女儿说："好，现在你把婚姻问题考虑考虑吧。在这儿维洛那城里，比你再年轻点儿的千金小姐们，都已经做了母亲啦。就拿我来说吧，我在你现在这样的年纪，也已经生下了你。"②

这时候的朱丽叶有多大呢？不到十四岁，也就是十三岁多，当时的很多女孩在这个年纪已经生孩子了，她母亲也是在这个年纪生下了她，也就是说，她们都是在十二岁左右结婚的。

虽然找到了另一个情妇，满足了肉体的需要，但奥古斯丁的心

① 奥古斯丁：《忏悔录》，周士良译，商务印书馆，1963年8月第一版，第117—118页。
② 《罗密欧与朱丽叶》第一幕，第二场。

里却十分痛苦，因为他已经深知他爱的不是婚姻，不过是为了满足肉欲而已。在《忏悔录》里，他说：

"我何尝爱婚姻，不过是受肉情的驱使，我又去找寻另一个对象、一个情妇，好像在习惯的包庇下，继续保持、延长或增加我灵魂的疾疢，直至正式结婚。第一个女子和我分离时所留下的创伤尚未痊愈，在剧痛之后，继以溃烂，疼痛似乎稍减，可是创伤却更深陷了。"①

所谓穷则思变，人的心灵在极度痛苦之时也会思变，抛弃旧有的信念去寻找新的信念。奥古斯丁正是如此。

第二节　皈依基督

我们知道，此前他一直信仰的是摩尼教，其实还在去罗马之前，在迦太基时，他对摩尼教的信仰已经动摇了。那时候，爱读书的奥古斯丁读了许多译成了拉丁文的古希腊罗马哲学著作，包括一些自然哲学家的著作，受到了很大触动。他在《忏悔录》里是这样说的：

"我记取了他们观察受造物所得出的正确论点，我也领会他们推算时辰季节并用观测星辰相互印证的理论，拿来和摩尼教关于这一方面的大批痴人说梦般的论著比较后，看出教外哲学著作有关夏至冬至、春分秋分、日蚀月蚀以及类似现象所给我的知识，在摩尼教的著作中都无从找到，摩尼教只命令我们相信，可是这

---

① 奥古斯丁：《忏悔录》，周士良译，商务印书馆，1963年8月第一版，第118页。

种信仰和有学术根据的推算，以及我所目睹的事实非但不符，而且截然相反。"[1]

这诚然是对的，到了这个时代，伟大的哲学家如柏拉图、亚里士多德，伟大的科学家如欧几里得和阿基米德，在好几百年前就已经去世，古希腊人好几百年前就在哲学与科学领域取得了巨大的成就，这些摩尼教自然望尘莫及、只能望洋兴叹。奥古斯丁既然在古希腊罗马哲学里找到了那些，而在摩尼教的经典里根本找不到，自然会对过去的信仰产生深度的怀疑。

后来，摩尼教一位著名人物浮士德博士来了，奥古斯丁和他对话，发现他虽然和蔼可亲，但对于他的疑惑全然不能解答。于是，他对摩尼教的信仰就大大地动摇了。但还没有消失，初到罗马时，还和摩尼教的人交往密切，但既然已经产生疑惑，他就继续在古希腊罗马哲学里寻找答案。据说他在罗马时又阅读了不少这样的著作，包括柏拉图的、新柏拉图主义的和怀疑主义的作品，这些作品都给了他极大的触动，使他对摩尼教的信仰更加动摇。

后来，他遇到了三个人，一个是当时基督教米兰的主教安布罗斯，另两个是辛普里西安和蓬提齐亚努斯。这三个人中第一个通过他的演讲和布道使奥古斯丁对基督教产生了好感。但他作为米兰主教，是个大忙人，没工夫和奥古斯丁单独证道。另外两个则不然，他们都给予了奥古斯丁单独的指导，特别是辛普里西安给他讲了一位叫维克托林的新柏拉图主义哲学家皈依基督教的故事，蓬提齐亚努斯则给他讲了沙漠修士圣安东尼放弃巨大的财产、独自一人在荒

---

[1]　奥古斯丁：《忏悔录》，周士良译，商务印书馆，1963年8月第一版，第79—80页。

凉的沙漠城堡中苦修 25 年的事迹，都大大地激动了奥古斯丁的心，使他慢慢地走近了基督。

终于，有一天发生了一件奇迹，使奥古斯丁投入了基督的怀抱，这件事他详细地记录在《忏悔录》第六卷里，经过大致是这样的：

有一天，他和一个叫阿利比乌斯的朋友正待在家里，蓬提齐亚努斯来访，这时候，奥古斯丁正在研究圣保罗的书信，蓬提齐亚努斯看到了，他也是一个虔诚的基督徒，看到这书，很是高兴，便给他讲了一些人献身基督的故事，包括圣安东尼，还有他的两个朋友，他们是当时的皇帝得宠的近臣，都决心献身基督、而他们的未婚妻也都立誓终身守贞。令本来已经走近了基督、只差一层窗纸没有捅破的奥古斯丁受到了极大的震撼，他的内心深处犹如在经历一场暴风骤雨，他跑到了房子外面的小花园里，在那里漫无目的地乱走，心中的各种情感犹如火山爆发，难以自抑，他想起了自己过去的种种不是、种种耽于尘世逸乐的所为，不由痛苦万分，下面的情形就由奥古斯丁自己来说吧：

"我不知道怎样去躺在一棵无花果树下，尽让泪水夺眶而出。……

我说着，我带着满腹辛酸痛哭不止，突然，我听见从邻近一所屋中传来一个孩子的声音——我分不清是男孩子或女孩子的声音——反复唱着：'拿着，读吧！拿着，读吧！'立刻我的面色变了，我集中注意力回想是否听见过孩子们游戏时有这样几句山歌；我完全想不起来。我压制了眼泪的攻势，站起身来，我找不到其他解释，这一定是神的命令，叫我翻开书来，看到哪一章就读哪一章。我曾听说安东尼也偶然读福音，读到下面一段，似乎是对他说的：'去变卖你所有的，分给穷人；你积财于天，然后来跟随我。'① 这句话使他立即归向你。

我急忙回到阿利比乌斯坐的地方，因为我起身时，把使徒的书信集留在那里，我抓到手中，翻开来，默默读着我最先看到的一章：'不可耽于酒食，不可溺于淫荡，不可趋于竞争嫉妒，应被服主耶稣基督，勿使纵恣于肉体的嗜欲。'② 我不想再读下去，也不需要再读下去了，我读完这一节，顿觉有一道恬静的光射到心中，溃散了阴霾笼罩的疑阵。"③

历经此一奇迹之后，奥古斯丁终于大彻大悟，投向了基督的怀抱，成为了一名至为虔诚的基督徒。这是公元386年夏天的事。

从此之后，奥古斯丁开始了全新的人生。

他信仰基督后做的第一件事就是辞职，倒也凑巧，这时候他正患了肺病，这是辞职的好借口。

辞职后，奥古斯丁到了米兰附近一个叫卡西齐亚根的地方度假兼治病，他在《忏悔录》里又记录了一次奇迹：

"这时你用牙痛来磨难我，痛得我连话都不能讲。我想起请在场的亲友们代我祈求你一切救援的天主。我写在蜡板上递给他们看。我们双膝刚刚下跪，热切祷告，我便霍然而愈了。多么剧烈的疼痛！怎样消失的呢？主，我的天主！我真是惶恐不安，我承认，因为我一生从未经历过这样的情况，你的德能渗透到我心坎深处，

---

① 《圣经·新约全书·马太福音》19章。

② 《圣经·新约全书·罗马书》13章。

③ 奥古斯丁：《忏悔录》，周士良译，商务印书馆，1963年8月第一版，第167—168页。

我在信仰之中感到喜悦。"①

他在卡西齐亚根待了四个来月，在这段时间里，他一方面虔诚地事奉上帝，同时也在写作，写出了《反学园派》、《论幸福生活》、《论秩序》等著作，这几部著作可以看作是奥古斯丁的"哲学对话录"，因为它们都是用柏拉图式的对话体写成的，而且是奥古斯丁少数称得上是哲学著作的作品之一，因为这时候他的心虽然已经归向了上帝，但他的思想还不是真正的基督教的，而是新柏拉图主义的，或如柯普斯登所言，"甚至比新柏拉图主义还象新柏拉图主义"。②

回到米兰后，他在387年复活节这天由安布罗斯施洗，正式成为了基督徒。

此后，他决定回到家乡，于是带着母亲还有弟弟和其他人，大家往南而去。到了台伯河入海口附近的奥斯蒂亚时，他的母亲病倒了。

这时候我们要来谈几句奥古斯丁的母亲了。奥古斯丁一生都挚爱母亲，他在《忏悔录》里详细记录了母亲的许多言行，使我们看到了一位堪称完美的母亲。她极其善良贤德、对上帝更是虔诚无比，读之令人动容。例如他记录道，他父亲的心地虽好，但脾气不大好，容易发怒，每当这时，她总是言容温婉，默默地等待丈夫发完火之后，再讲出自己的理由。由于她的理由总是对的，丈夫怒气平息之后，就明白了，也明白了妻子的贤德。由于她这贤德，虽

　　① 奥古斯丁：《忏悔录》，周士良译，商务印书馆，1963年8月第一版，第179页。
　　② 参见柯普斯登：《西洋哲学史》（第二卷），庄雅棠译，台湾黎明文化事业有限公司，1988年3月第一版，第64页。

然丈夫脾气不好，但也从来没有虐待殴打过妻子，后来她还将这传授给周围的女人，使她们也夫妇和顺，她的婆婆一开始也生过她的气，后来也被她的贤德感动，终于使全家人和睦安宁，"家人之间融融泄泄，值得后人怀念"。[①]

他母亲生病之后，知道自己时日无多，临死之际，她叮嘱不要把她的灵柩扶回故土——本来他是有此打算的，安葬在死之地就可以了。当有人问她是否担心葬身遥远之异域时，她回答说："对天主自无远近之分，不必顾虑世界末日天主会不认识地方而不来复活我！"[②]

母亲死时，享年五十有六，奥古斯丁则三十三岁，也就是说，他三十三岁之际已经父母双失了。

对于母亲的去世之后的情形，奥古斯丁是这样述说的：

"我给她闭上了眼睛，无比的悲痛涌上心头，化为泪水；我的两眼在意志的强制下，吸干了泪壑的泉源，……因为我们认为对于这样的安逝，不宜哀伤恸哭：一般认为丧事中必须哀哭，无非是为悼念死者的不幸，似乎死者已全部毁灭。但我母亲的死亡并非不幸，且自有不死者在。以她的一生而论，我们对这一点抱有真诚的信念和肯定的理由。"[③]

不难看出来，这正是孔夫子所说的"哀而不伤"[④]，令人感佩不已。

---

① 参见奥古斯丁：《忏悔录》，周士良译，商务印书馆，1963年8月第一版，卷九第八、九章。

② 同上，第191页。

③ 同上，第191页。

④ 参见《论语·八佾》。

关于母亲及其去世的事迹奥古斯丁主要记述在《忏悔录》卷九的第八至十二章，其中的第十章中的一段被称之为"奥斯蒂亚异象"，周伟驰教授还将这段用诗体的形式翻译出来，相当优美：

> 如果血肉的喧嚣归入寂静，
>
> 寂静了一切属地、属海、属空的形象；
>
> 如果诸天寂静，灵魂对自己寂静无声，
>
> 因出窍而浑然忘我；
>
> 如果一切的梦幻与想象寂静，一切的口舌与符示，
>
> 还有一切转瞬即逝的事物，
>
> 若是你侧耳倾听，便会听到他们在说，
>
> "我们不是自造的，我们是那永不消逝者造的"：
>
> ……①

在卷九的最后，奥古斯丁还说出了他为什么要写这本《忏悔录》——正是为了他父母，他这样说：

"希望我父母安息于和平之中，……我的主，我的天主，求你启发你的仆人们，我的弟兄们，求你启发你的子女们，我的主人们；我现在以心灵、以言语、以文字为他们服务；求你启发一切读这本书的人，使他们在你台前纪念我的父母，——我不知道你怎样用他们的血肉生我于此世——你的婢女莫尼加和她的丈夫巴特利西

---

① 周伟驰：《奥古斯丁的基督教思想》，中国社会科学出版社，2009年5月第二版，第89页。

乌斯，希望读者以虔诚的心情纪念我今生的父母，……这样，通过我的忏悔而获得许多人的祈祷，比了我一人的祈祷能更有力地完成我母亲的最后愿望。"[①]

　　这些文字都是极为真挚而美好的，因为它所表达的情感也是极为真挚而美好的，发乎情，亦止乎礼，这就是《忏悔录》为什么这么伟大、这么广为流传的原因，我相信只要人类文明存在，它将一起不朽！

　　安葬母亲后，他本想马上回迦太基，但由于船只暂时无法启航，他便回到罗马，在那里写出了《论灵魂的价值》、《论基督教的德行和摩尼教的德行》、《论意志的自由选择》等著作，一直等到来年秋天，他才正式启程回到了非洲。这是公元388年的事。

　　他先到了迦太基，在那里盘桓数日后，回到了家乡塔加斯特。

　　在家乡，他先献出了自己的财产，然后又从朋友那里接受了一些援助，成立了一个规模很小的隐修会，大家集中生活在一起，天天讨论他所喜爱的种种问题，即与基督教和哲学相关的问题。

　　在这段时间他又有一个莫大的损失，就是他的独生子"天赐"死了。

　　天赐自从生下来后就一直与父亲在一起，父子俩感情深厚，奥古斯丁从小看着天赐长大，对他作了相当细致的观察。在《忏悔录》卷一第七和第八章里，奥古斯丁描述了关于婴儿的一些情形与理论，理论自是深刻，描述也细致生动，例如其中有这么一句：

[①]　奥古斯丁：《忏悔录》，周士良译，商务印书馆，1963年8月第一版，第195—196页。

"我见过他体验到孩子的妒忌：还不会说话，就面若死灰，眼光狠狠盯着一同吃奶的孩子。"[1]这"眼光狠狠盯着"何其生动，大家可以观察一下类似的事例，就会发现正是这样的情形。类似细致入微的观察在奥古斯丁的著作里是不少的。例如他描写他母亲曾经喜欢尝酒味，注意，不是真的喝酒，只是出于好奇而尝酒而已，他是这样描述的：

"她的父母见她是一个循规蹈矩的女孩子，往往叫她从酒桶中取酒。她把酒杯从桶口去舀，在注入酒瓶之前，先用舌头舔上一舔，并不多喝，因为她并不想喝，她所以如此，不是为了嗜酒，而是出于孩子的稚气，喜动而好玩。"[2]

同样生动吧！这体现了奥古斯丁不但善于深刻的思辨，而且擅长细致的观察，同时能够用恰当的语言将这些观察与思辨表达出来。

能够集这三种才能于一身的人，不但在哲学史，在整个历史上也是不多见的。因为哲学家一向只长于思辨，作家、诗人或者科学家只长于观察，即使少数人同时具有这两种能力，但又能够恰如其分地协调它们，并且将沉思与观察所得到的结果以恰如其分的方式表达出来，并且有机地融合在一起，这更是难上加难。

据我了解，哲学界将这些结合得最完美的唯有奥古斯丁而已，连集作家与哲学家于一身的萨特也有所不及，因为萨特的文学作品主要也是思辨性的，只是用文学的语言表达他的思辨而已，观察并

---

① 奥古斯丁：《忏悔录》，周士良译，商务印书馆，1963年8月第一版，第9页。
② 同上，第184页。

非他的强项。

文学界则是但丁，他的作品不但有细致入微、极为生动的观察，也有深刻的思辨，只是他用文学的语言来表达，就像奥古斯丁用哲学的语言一样。例如讲到细致的观察，在《地狱篇》里有这样一段：

> 他们正沿着是岸走来，
> 一个个盯住我们不放，
> ……
> 又对着我们眯起他们的双眼，
> 如同年老的裁缝穿针引线时的模样。①

这里描绘了但丁碰到一群灵魂时，灵魂看见他这个活人时的样子，很生动传神吧！

在《炼狱篇》里，诗人描写了他同一群灵魂默默地围着一位叫卡塞拉的，听他唱歌时的情形：

> 好象一群野鸽围着麦子或豌豆，
> 一声不响只管在那里啄食。②

《神曲》虽然是一部文学的巨作，但它的深刻远远超过一般的

---

① 《神曲·地狱篇》，第十五歌。
② 《神曲·炼狱篇》，第二歌。

文学作品，其中存在着大量的哲学与隐喻，这使得《神曲》成为西方文学史上最晦涩的作品之一。其中贯穿《神曲》全篇的哲学思想正是但丁对于神的思考，这与奥古斯丁的思考主题是一致的，其中最典型的就是关于神学中"三位一体"的沉思。

我们知道，三位一体是基督教神学中的基本观念，前面讲过的德尔图良教父也曾经分析过神的三位一体问题，尼撒的格里哥利还试图证明三位一体。三位一体也是神学中最神秘的问题之一，就是专业的神学家们用一整本书来讲也很难理解，如奥古斯丁就有这样的杰作即《论三位一体》，然而但丁却在他的文学作品中讨论这样的问题，试图说明之。当然，但丁作为诗人并没有直接用哲学的方式去解释，而是用了一些奇妙的隐喻。例如在《神曲》的最后一歌中，但丁在行将完成他的惊世之旅、《神曲》也行将结尾时，在惊鸿一瞥之间看到了圣三位一体的"最后的幻象"，诗中如此说的：

> 在那澄澈又崇高的幽光的生命里，
> 我看到了三个圈环，三个圈环
> 有三种不同的颜色，一个容积；
> 第一个圈环仿佛为第二个所反映，
> 如彩虹为彩虹所反映，第三个象是
> 相等地从这两者里面发出一片火光。①

---

① 《神曲·天堂篇》，第三十三歌。

不但有三位一体，在《神曲》里还有大量涉及神学与哲学的段落，有时几乎整段都是，特别是在"天堂篇"里，例如第五歌"誓约与自由意志"、第十三歌"阿奎那的谈话"、第二十四歌"圣彼得考试但丁关于希望的问题"、第二十五歌"圣雅各布考试但丁关于希望的问题"、第二十六歌"圣约翰考试但丁关于爱的问题"、第二十九歌"天使的创造与性质"、第三十三歌"最后的幻象"，如此等等。这些章内容如其名，都是以神学与哲学为核心的，例如"誓约与自由意志"讨论的是有关人之自由意志的问题，我们刚刚提到，奥古斯丁在罗马就写了一部著作《论意志的自由选择》，这问题也是神学中的基本问题之一，我们在奥古斯丁和后面讲托马斯·阿奎那等的神学思想时都会讲到。

总之，奥古斯丁与但丁之所以如此伟大，又在各自的领域内如此地独树一帜、与众不同，正在于他们将细致的观察、深刻的思辨、生动的表达集于一身，令人高山仰止。

我们回过头来说天赐，奥古斯丁一辈子只有这个孩子，十分疼爱，由于孩子表现得很是聪明，他曾经略带骄傲地说："如果我的父爱没有蒙蔽我的眼睛，他的天分是大有前程的。"[1]

但现在，他深爱的孩子死了，这对奥古斯丁的打击之重可想而知。

所幸的是，现在奥古斯丁已经将全部身心献给了上帝，因此接连失去了他在尘世间最爱的两个人也能慨然承受。这也从另一方

---

[1]　转引自周伟驰：《奥古斯丁的基督教思想》，中国社会科学出版社，2009年5月第二版，第8页。

面说明了奥古斯丁信仰的坚贞。因为倘若他没有坚贞的信仰，在接连失去两位亲人，尤其是唯一的儿子之后，是可能对上帝产生怨怼的。我们要知道，即使耶稣，当他在十字架上快死之时，也曾经表现出对上帝的这种"怨怼"的：

"从正午到申初，遍地都黑暗了。约在申初，耶稣大声喊着说：'以利，以利！拉马撒巴各大尼？'就是说：'我的神，我的神！为什么离弃我？'……耶稣又大声喊叫，气就断了。"①

这段话中，耶稣说上帝为什么离弃他，不表示他怀疑上帝离弃他了吗？当接连失去母亲与孩子的时候，奥古斯丁本来也可以这样说的："以利，以利！拉马撒巴各大尼？"但他没有，依旧那么一心向主，这足以说明他对上帝的信仰是何等的坚如磐石！

他将自己的全部的时间与精力都投入到为上帝服务之中，撰写了许多著作，如《论音乐》、《论教师》、《从创世纪驳摩尼教》、《论真的宗教》等等，这些著作的目的只有一个，就是证明基督教的真理性，证明从上帝可以找到一切所需要的知识，一切知识都在于对上帝的信仰之中。后面我们讲奥古斯丁的思想时会讲到，奥古斯丁的创作速度之快，著作数量之众几乎是令人难以想象的。

为了能够尽可能多地抽出时间来写作，奥古斯丁尽量不去招惹外面的世界，但这时候他的名声已经开始传到外面的世界了，许多人知道在塔加斯特有一个奥古斯丁，对于有关上帝的各种问题无所不知，于是很多人开始涌向他这里，向他请教各种关于基督教、信仰与上帝等等的问题，出于维护基督教的责任，他不能躲避。

---

① 《马太福音》第27章。

第三节　希坡主教

到了公元391年时，这时候他在家乡已经待了将近三年，一个更大的惊扰来了。

原来，在奥古斯丁附近的希坡地方有一个官员，他不但是官，还是虔诚的基督徒，据说他曾经对朋友说，倘若奥古斯丁能够来和他谈一谈，他或许可以放弃所有的财产，去过隐修的生活，就像圣安东所做的一样。奥古斯丁听说这事后，就真的去希坡找那位官员，希望他真的能够做到他说的那些。不过，说的容易做起来难，这是千古不变之理，那官员说什么也不肯了。奥古斯丁不是轻易就放弃的人，他又努力了几天，仍是徒劳。不过，那另外带来的一件事却就此改变了他的命运。

原来，奥古斯丁虽然在基督教界已经相当知名，倘若他愿意，完全可以当上某个地方的主教，但他早已视名利如浮云，从不追求这些，因此在基督教会里一直只是个普通的教徒而已，并没有担任圣职。这次到了希坡后，有一天他去当地的教堂礼拜，作为一个虔诚的基督徒，这是必须的。想不到希坡的主教在礼拜时突然当众宣布说，他现在老了，需要一位司铎来襄助他。他说这番话时，眼睛自然是盯着奥古斯丁的，下面的信众们也都知道奥古斯丁来了，知道主教这番话的意思，于是大家的目光当然也投向他了。显然，这事是违反了奥古斯丁本人意愿的，但作为虔诚的教徒，他总是要尽一切可能服事上帝，因此他不能够拒绝，这样他就被迫当上了司铎，也就是说成为基督教会里有正式品位职称的人了。从某个角度上说，从此没有了自由之身。

　　既然成了希坡的司铎，他只能迁居到希坡了，他想继续沉思与写作，便提出在希坡建立一座隐修院，那位主教也同意了，并且在教堂的地皮里划出一块来，供他建修院。

　　从此奥古斯丁就生活在希坡了。

　　没过几年，公元396年，希坡原来的主教去世了，奥古斯丁就顺理成章地接任了主教，从此他的身份不再仅仅是奥古斯丁，而是希坡的主教奥古斯丁了，他任这个职位30余年，直至去世。

　　在教会里担任职位，还长期担任主教，这对于奥古斯丁的一生无疑有重要影响，这影响不只是他的生活，还包括他的思想、著作，等等，就像周伟驰教授所言：

　　"就任教职不只是对奥古斯丁的生活方式，还对他的思想产生了根本的影响。"[①]

　　更为具体地说，就是奥古斯丁就任神职后，特别是为主教后，他必须不但在理论上为基督徒辩护，还要在实际的行动中采取各种形式来维护基督教，包括维护他的教区，对此柯普斯登说道：

　　"由于身为主教，奥古斯丁必须管理整个教区——该教区被多纳特派所侵占，因此他无法再专心一致地过着祈祷与研经的生活。奥古斯丁舍下个人对宁静的祈祷与研经生活的偏好，而以讲道、辩论、发表反多纳特派的言论，激烈地展开反多纳特派的争战。"[②]

---

　　①　周伟驰：《奥古斯丁的基督教思想》，中国社会科学出版社，2009年5月第二版，第19页。

　　②　柯普斯登：《西洋哲学史》（第二卷），庄雅棠译，台湾黎明文化事业有限公司，1988年3月第一版，第65页。

柯普斯登在这里更加明白地说出了作为普通信众的基督徒与作为主教的基督徒之间的区别。作为主教，他有主教的责任，这责任不但是理论的，而且是实践的，这实践又分成两部分：一部分仍与理论有关，就是与各种对手进行理论的论战，以捍卫他自己的主张；另一部分则是事务性的，例如他要整顿他所管理的教区的各种教务，要知道作为一个地方的主教，他的地位类似于行政官员，主教也是一种"官"，对教区教徒们的生活有着重大的影响，也有相当的权力，这一切世俗的事务都要他这个主教去承担。

当上主教之后，他在基督教理论的探讨方向上也有了变化，例如此前他可能多做形而上学的沉思，但现在身为主教，他每天要做的功课就是布道，为了更好地布道，他必须更加熟读《圣经》，将更多的时间花在不是如何去深刻地表达基督教思想，而是让思想更容易为一般信众所理解。哪怕是深刻的思想，也要尽量以易于理解的方式表达出来，让听众与读者易于理解。这也是奥古斯丁著作的一大特点，就是无论讲多么深奥的思想，奥古斯丁总能够以比较畅达明白的方式表达出来，易于读者理解与接受。当然，这个特点不是在奥古斯丁当上主教之后才有的，他一向有这样的才能，只是在当上主教之后在这方面更加注意罢了。例如他在为培训年轻司铎而写的《基督教教导》里说，讲道时要设身处地地为听众着想，从他们的处境去看所讲的主题，并且用明白畅达的语言将这些表达出来，这样就会在讲道者与听道之间产生互动，使讲道更有效果。①

---

① 参见周伟驰：《奥古斯丁的基督教思想》，中国社会科学出版社，2009年5月第二版，第19页。

当然，无论是说还是写，语言与文字的畅达并不意味着思想不再深刻，完全不是这样，而是一样地深刻，只是要表达这种深刻更难一些。我们知道，在哲学里，甚至在其它学术领域里，将简明的、本来易于理解的东西用一种深刻的，或者说难以理解的方式表达出来是很容易的；但反言之，要将深刻的，本来难以理解的思想以易于理解的方式表达出来那就很难了。

哲学史上真正能够做到这一点的人不多，这就是为什么我们觉得哲学难懂的原因。其实不单在思想之难，更在于以一种易懂的语言去表达这些难解的思想。但实际上，任何深刻的思想，至少在原则上，都是可以通过比较易于理解的语言去表达的，这是一定可以的，之所以做不到，有时候是因为哲学家本人不愿意这样，他更愿意用一种深刻的或者说难懂的语言去表达自己的思想；但更多的时候似乎是不能，要知道思想的能力和语言的能力是不一样的，深刻的思想往往是比较难懂的，因此正常来说是用深刻的也就是难懂的语言去表达，这样的哲学家所占的比例也是最大的，例如斯宾诺莎、康德、黑格尔、胡塞尔等等就是这样。而要将之化为比较容易懂的语言，这里面还有一个过程，这个过程是另外一种语言能力，却是一般的哲学家所不具备的。哲学史上，最具有这种能力的哲学家或者说伟大的哲学家据我看来只有两个，就是柏拉图和奥古斯丁。此外洛克和培根也可勉强算作，不过他们的情形和柏拉图与奥古斯丁不一样，他们的思想本来就不深刻——这不是说他们的思想不伟大与不重要，深刻与伟大或者重要不是一码事，不深刻的思想也可以是重要而伟大的，就像培根与洛克的思想。换言之，那些似乎是深刻的或者说难懂的思想也完全可能是浅薄的甚至毫无意义的，这样的情形就比较多了。

此后奥古斯丁的生平就比较简单了：他写作，他论战，然后他死了。

所以我们下面就从奥古斯丁的三次比较重要的论战来讲述他此后的人生。至于他的写作，我们将在下一章再行叙述。

第四节　大论战

奥古斯丁的第一次重要论战是他此前论战的延续，论战对象则是摩尼教。

这时候，奥古斯丁所在的希坡是一座相当大的城市和港口，在北非可与迦太基、亚历山大城等相匹，基督教信众不少，但其它宗教的信众也不少，包括摩尼教。

我们知道，摩尼教是奥古斯丁过去信奉的宗教，后来他弃绝之而投向了基督教，并撰写了批判摩尼教的著作。现在当了主教之后，他更向摩尼教发动了直接的攻击，开始了论战。

这次与他论战的是摩尼教信徒富图纳特。据说辩论的地点是希坡公共浴室的走廊，这是公共场所，辩论自然也是公开的。整整进行了两天，结果奥古斯丁把对手辩得灰头土脸，大败而去，甚至最后也归入了基督教。这既是奥古斯丁的功德，也说明了他的论战水平之高，就像古希腊的高尔吉亚、中世纪我们后面要讲的托马斯·阿奎那，还有中国唐朝的玄奘法师一样。

奥古斯丁第二次论战的对象是多纳特派。

多纳特派是基督教内的一个分支，是很有"来头"的一个教派。前面我们讲基督教的简史时说过，基督教曾经受到罗马帝国政府的残酷迫害，当那些迫害发生的时候，有一个时期，只要基督徒将自己的《圣经》交上去就可以免于受罚。由于这并不是要他们公开宣示放弃信仰，只是交《圣经》而已，因此不少的基督徒都这样做了，他们被称为"递交《圣经》者"。对于这样的基督徒，一部分基督教会的领导者认为他们已经不能算是基督徒，持这个主张的人就被称为"多纳特派"。后来，基督教成为了罗马的国教，于是，那些多纳特派便认为自己乃是基督教会的"纯净者"，而当时负责管理基督教会的许多主教都是"递交《圣经》者"，没有资格继续当主教，并且在主教选举时经常拿这个去说事，终于导致了北非一带基督教会的纷争与分裂。后来这纷争一直闹到了罗马的大主教甚至帝国皇帝那里。结果，罗马大主教和皇帝都作出了对多纳特派不利的裁决，这使得多纳特派更加不服和不忿，于是纷争从语言的争论升级成了暴力的打斗。这些事情其实在奥古斯丁之前早已经发生，他此前没有介入，但当上主教之后就不得不介入了，因为在他的教区里就有这样的斗争呢！

不仅如此，由于帝国中央政府反对多纳特派，他们便连中央政府也反起来了。恰在此时，帝国将军吉尔多在非洲发动了叛乱，许多多纳特派加入了进去，这直接使得当时的皇帝霍诺利发布了一道敕令，正式宣布多纳特派为异端，这是公元405年的事。

这下，看到皇帝不分青红皂白、一竿子打翻一船人，多纳特派更加愤怒了，于是斗争变成了恐怖活动，许多基督徒包括主教因此被残酷杀害。

由于暴力活动愈演愈烈，非洲的基督教会，也就是大公教会，请求皇帝直接干预。于是霍诺利派了一位叫马色林的护民官前来非洲处理此事。

马色林来后，表达了皇帝的旨意，就是要公教和多纳特派进行公开的大辩论，再由马色林根据辩论的情形进行裁决，也就是说，他可以裁决究竟哪边是异端，显然，这是给了多纳特派一条退路。

多纳特派当然接受，公教一方也没有拒绝的理由，于是，从公元411年6月1日开始，直到8日，一共举行了三场大辩论。

参加辩论的多纳特派一方有284位主教，公教一方有286位主教，人数上可谓旗鼓相当，当然不能这么多人都参加辩论，于是双方决定各派七名代表进行辩论。公教这一方便由奥古斯丁等三人担纲主辩。

辩论的具体情形就不说了，简而言之，奥古斯丁再次显示了高超的论辩技巧和极其渊博的学识，将对方辩得哑口无言，公教一方也大获全胜。

辩论结束后，结果不用多说，到6月26日，马色林作出了裁决，正式判定多纳特派为异端，并且宣布没收其财产和教堂，主教和神职人员都被放逐，普通教徒则只能参加公教的聚会。

多纳特派仍然不服这样的裁决，于是，暴力活动再次升级，许多公教徒遭到多纳特派极端分子的暴打甚至杀害，其中包括奥古斯丁的人。据说他的一个司铎被挖掉一只眼睛、砍掉一根手指，另一位司铎则被杀害了。奥古斯丁本人处境也很危险，有多纳特派主教宣称奥古斯丁是狼，是来害羊群的，谁杀了他，谁的罪就可以得赦免。还传说有一次奥古斯丁出门，路上已经有多纳特派的人准备暗杀他，但因为意外，他走了另一条路，才免遭横祸。

　　这时候奥古斯丁就显示了他更伟大的一面，就是仁心。对于多纳特派的暴行，他没有以牙还牙——虽然他完全可以、也有权这样做，而是呼吁多纳特派放弃暴力，声明多纳特派教徒只要改正错误，哪怕曾经犯过错，也可以得到宽恕，他还告诫公教徒不要以论战中的胜利者自居，更不能以暴制暴，而要宽恕容忍，并表明多纳特派的主教只要加入公教会，就可以保留其主教的职位，哪怕在一座城里有两个主教也行。这实际上是有违当时教规的，但为了避免流教徒更多的血，奥古斯丁也做了。后来杀害他司铎的凶手被抓住了，奥古斯丁还分别给当时的非洲总督和护民官写信求情，请求不判他们死刑，也不要给他们加会使他们致残的刑罚，而要给他们悔罪与更新的机会。①

　　通过奥古斯丁的以上种种努力，多纳特派事件终于结束了。这不能不说是大功德一件，因为他不但制止了教会的进一步分裂，还拯救了许多基督徒的生命。

　　但正所谓一波未平、一波又起，这边多纳特派的事刚刚结束，或者说还没有完全结束，那边又出大事了，也就是说，奥古斯丁又有一派要反了，这就是佩拉纠派。

　　佩拉纠派由人名而来，佩拉纠在公元350年左右出生于英国，当然那时候还没有英国，是罗马的不列颠省，因此他也是罗马人。后来他到了罗马，由于他富有教养，精通拉丁文，而且擅长写作，文辞优美，因此在罗马有相当的声望。后来由于蛮族大举进攻罗

---

　　①　参见周伟驰：《奥古斯丁的基督教思想》，中国社会科学出版社，2009年5月第二版，第23—24页及"略论奥古斯丁的基督教法律思想——由多纳特派之争展开"，邓子美、丁露，《西南民族大学学报》（人文社科版）2008年7月，第203期。

马，他匆忙逃离，先跑到了非洲，在那里和奥古斯丁见过面。这时候和他在一起的是一个叫科勒斯蒂的年轻人。佩拉纠不久后又离开了非洲，到了圣地巴勒斯坦。但科勒斯蒂留了下来，他本来想生活在非洲，从教会那里谋一个位子，但他的思想却有些异端，主要是因为他否认原罪，也就是说，亚当偷吃了禁果只害了他自己而没有罪及他的后人。显然这样的思想和传统的基督教是不相符的，他因此受到了非洲教会的谴责，被革除了教籍，但这并不说明他的思想没有人认同，后来他跑到了以弗所，在那里谋到了长老之职。

以弗所可不一般，它位于今天的土耳其，是基督教早期最重要的根据地之一，在罗马时代也是亚细亚省的首府和罗马总督驻地，现在还保存着规模巨大的希腊罗马古城，甚至比意大利著名的庞贝古城还要规模宏大。那里也曾经是保罗传道的中心之一，保罗曾亲自在那里建立了新约教会，科勒斯蒂能够在这里获得长老之职，足以说明他的思想在当时是有很多追随者的。

我们后面会看到，他和他的盟友佩拉纠的思想不但在那时，在整个基督教时代，甚至直到今天，在基督教思想领域内都是有追随者的。

再来看佩拉纠，到了巴勒斯坦后，他在那里遇到了圣哲罗姆。

哲罗姆是基督教史上相当重要的人物，学问精深、道德高尚，被尊为圣哲罗姆，主要贡献是将《圣经》翻译成了当时普通罗马人能读懂的拉丁文，对中世纪神学有很大影响，后来他的译本被定为天主教的法定版本。艺术史上也有许多作品描绘他，例如威尼斯画派的创立者、伟大的贝利尼就有一幅名作《阅读中的圣哲罗姆》，展现了一个宁静的精神世界，达·芬奇也有一幅《圣哲罗姆》。

圣哲罗姆当时就生活在巴勒斯坦，他的观点和佩拉纠是截然不同的，现在佩拉纠找上门来，甚至住的地方都不远，圣哲罗姆哪里受得了，不久两人就开始论战。后来还在耶路撒冷主教面前进行了对质，但那次会议上佩拉纠并没有受到谴责。这是公元415年的事。

这时候佩拉纠的朋友科勒斯蒂却已经被开除了教籍，其中奥古斯丁起了很大的作用。

不过在奥古斯丁和佩拉纠之间并没有直接对立。413年时奥古斯丁还给佩拉纠写过一封表示客气的信，当然只是表示客气而已，并不表示认同佩拉纠的观点。但佩拉纠却将奥古斯丁抬了出来，不但引用他的某些观点，还提到奥古斯丁给他写了信，似乎奥古斯丁支持他。

这时候，佩拉纠的作品已经传到了非洲，奥古斯丁也看到了，发现佩拉纠的思想，特别是他关于原罪、恩典和自由意志等的思想和自己是对立的，是一种不折不扣的异端思想。于是开始奋起反击，写了大量著作还有书信反对佩拉纠，例如《论本性与恩典》、《论佩拉纠决议》、《论基督的恩典》、《论原罪》、《论恩典与自由意志》，等等，都是奥古斯丁的重要作品。奥古斯丁反佩拉纠的部分作品由周伟驰教授系统地译成了中文，总名《论原罪与恩典》①。

与佩拉纠之间的论战耗时漫长，几乎涉及奥古斯丁一生的后二十年，直到他辞世还没有完。因此我们讲完这次论战后，也就讲完奥古斯丁的一生了。

反佩拉纠派可以说是奥古斯丁一生中最重要的大事之一，既是

---

① 见奥古斯丁：《论原罪与恩典——驳佩拉纠派》，商务印书馆，2012年12月第一版。

思想的大事，也是行动的大事，因为与之相关的可不只有论战，而是像前面的反多纳特派一样，涉及到方方面面，例如各种宗教会议。

　　得知佩拉纠在耶路撒冷没有被判罪后，奥古斯丁策动在迦太基举行了另一次会议，想在会议上给佩拉纠定罪。他还给当时的罗马主教，也是整个天主教首领的英诺森一世去信，说明了佩拉纠思想的异端本质。到417年，他收到了英诺森一世的回信，表示认可他的观点，并且表示要革除佩拉纠和科勒斯蒂的教籍。但他不久就去世了，继位的佐其玛斯主教本来想重新审理此案，这样一来就给了佩拉纠派卷土重来的机会，但非洲的主教们不同意佐其玛斯的这种做法，召开大会，再次作出决议，公开谴责了佩拉纠派。后来，连帝国的皇帝赫诺黎尔士都干预了此事，他接到奥古斯丁的请求后，站到了奥古斯丁一边。这样一来，佐其玛斯就只好作罢，后来他也转到了奥古斯丁一边，接受了非洲主教大会的决议。这是公元418年的事。

　　但还没有完，另一个对手又来了，那就是一个叫朱利安的主教，他也是属于佩拉纠派的，公开谴责了奥古斯丁，说奥古斯丁反对婚姻。理由很简单：奥古斯丁既然肯定人是有原罪的，即人天生就有罪，也就是说，所有婚姻生下来的孩子都是罪人，以此推理，那么婚姻不也有罪了吗？这个推理乍看上去是有道理的，就像一对父母，他们知道自己是带有遗传性疾病的，如地中海贫血、白化病甚至艾滋病、精神病之类，只要结婚就会遗传给下一代，但他们仍执意结婚，结果就真的生下了带遗传病的孩子，这样的父母岂不是有罪呢？

　　对于这样的观点，奥古斯丁也写书作答，那就是《婚姻与贪欲》，否认了朱利安的指控，表示婚姻是无罪的，是善的。后来还写了一本《反朱利安》，更加系统地反驳了朱利安的观点。但朱利安可不是容易驳倒的，他也写了整整八卷书，名为《致弗罗尔》，再反驳奥古斯丁。奥古斯丁读到后，也随即写书反驳，这时候是公元429年左右，奥古斯丁已经油尽灯枯，第二年就去世了，因此他反朱利安的作品也永远不能完成了。

奥古斯丁是在公元430年8月28日逝世的，享年76岁，在那个时代已经是罕见的高寿了。

当他辞世之际，罗马帝国已经江河日下，眼看要分崩离析了。事实上，他临死之际，野蛮的汪达尔人已经攻入了北非，甚至包括了奥古斯丁当主教的希坡，他就死于城围将破之时。

奥古斯丁死后没有留下任何遗产，因为他早已将所有财产都捐给了教会，就像他将自己的身心献给了上帝一样，但他给后人留下的是远比金银财宝等物质财产更加重要的财富，那就是他丰富的思想和大批的著作——在下一章我将把奥古斯丁的这些珍贵无比的财富——呈现给大家。

第八章　奥古斯丁的思想

在谈奥古斯丁的思想之前，我们先来谈谈他的著作。

奥古斯丁被认为是古代甚至是整个西方哲学历史上著述最多者之一。

在谈到奥古斯丁的著作时，周伟驰教授说："在古代作家中，从传世作品的总量上说，没有人能够超过奥古斯丁。"[①]这句话应该是有道理的，因为他指出了"传世作品"这四个字，这是很重要的，因为奥古斯丁的著作固然多，但若不就传世而是就传说而言，他不是最大的著作家，最大的著作家可能有两位，一位是继芝诺和克雷安特之后主持斯多葛派的克吕西波，他的著作据说多达705种，更有传说多达5000种！若真如此，那他就是古往今来第一大的著作家了。不过他的著作基本上没有传下来，这没法和奥古斯丁比。

另一个就是伟大的亚里士多德了，我们现在的《亚里士多德全集》，例如中文版的，由十卷构成，加起来估计有5000页左右，最多四百万字不到。但这个规模比传说中亚里士多德著作要少得多，

---

① 周伟驰:《奥古斯丁的基督教思想》，中国社会科学出版社，2009年5月第二版，第32页。

例如拉尔修在亚里士多德的传记里附带了一个亚里士多德著作的目录，仅仅目录就有将近7页的篇幅，拉尔修还说著作共有445270行，[①]然而这些著作绝大部分在现存的《亚里士多德全集》中找不到，黑格尔认为，总的说来，现存的《亚里士多德全集》只有拉尔修记载的约四分之一。[②]《不列颠百科全书》则说，在古代目录中可信的亚里士多德独立著作就达170种以上，现在只留下了约30种。[③]另外《美国百科全书》则说，古代的学者把四百多篇论著归于亚里士多德，现今在他名下保留下来的约有五十篇，其中只有半数能经得起真伪的考验。这也就是说，亚里士多德只有约百分之十的作品流传下来了，其中可靠的只有一半，即亚里士多德著作总数的二十分之一！[④]此外还有其它说法，若依此论之，则亚里士多德曾经写下的全部著作应该达8000万字左右，至少也应该有4000来万字。若是如此，则当然是奥古斯丁所不及的了。

不过，前面两位都只是传说作品多而已，若就传世的作品而言，奥古斯丁最多是大有可能的。奥古斯丁曾经在公元427年整理过自己的作品，写了一部《更正篇》，就包括93部著作，但此后他还活了三年，又写了三部作品，共计96部。其中最后一部《反朱

---

① 参见第欧根尼·拉尔修:《名哲言行录》(上)，马永翔等译，吉林人民出版社，2011年1月第一版，第242页。

② 黑格尔:《哲学史讲演录》(第二卷)，贺麟、王太庆译，商务印书馆，1960年6月第一版，第278页。

③ 参见《不列颠百科全书》之"亚里士多德"条目，中国大百科全书出版社，1999年第一版。

④ 《美国百科全书》，台湾光复书局/外文出版社，1994年第一版，第1卷，第176页。

利安》未完成。除了这些正式著作外，奥古斯丁还有两种特殊的作品，就是书信和布道辞。奥古斯丁的朋友一向很多，而且他在世时很有名，许多人有了关于信仰的各种困惑都会向他写信求答，他有时候也会主动给人写信，例如给主教、罗马大主教甚至皇帝写信，反映一些与基督教有关的问题，这些信中的许多都保存下来了，有200封左右。另外作为主教，他是要定期在希坡的教堂里布道的，他一生大约做了八百次的布道，由于他在世时已经被认为是最伟大的神学家与最杰出的布道家了，因此他的每一次布道几乎都有专人用速记的方法记录下来，现在保存下来了其中的一半，即400篇左右。这些都可以算是著作。这样一来奥古斯丁的著作就多了，据估计，若全部译成中文有1500万字左右。也就是说，若现在用中文出版奥古斯丁全集，会有50部标准厚度的书，每部30万字、300页左右。自然比柏拉图和亚里士多德这些古代的著作大家要多得多了。

但这里还有一个地方要说明的是，有的哲学史著作说奥古斯丁出版了"一千多本著作"，这个说法应该澄清一下，就是这一千多本里"本"来自"books"这个词，这个词的一般意义确实是书本，但在奥古斯丁这里却和传统的意思不一样，不是一本书的本而是"卷"的含义，或者说相当于我们的"章"这样的含义。这样的"本"的字数是很有限的，可不能作为一本书的"本"去理解，例如仅仅《忏悔录》就有13卷，在汉译本里最多的1卷也就40多页，最少的只有12页，一般是20多页，这样的"卷"虽然也称为"books"，但可不能理解成一本书的"本"，比较恰当地应当理解成一本书中的"章"，卷后面还有节，一节短的不到一页，多的也就几页。奥古斯丁的一千多本著作确实的含义是一千多"卷"或者"章"的著作，就一本本书的本而论就是前面的96本了。

不用说，仅仅是96本书已经令人震撼了，即使今天，也很少有哲学家或者作家能达到目的个数目——网络作家除外。

这些作品有许多分类法，例如由于奥古斯丁的许多著作都是用来论战的，于是根据论战对象分成九类，如反异教、反犹太人、反摩尼教、反多纳特派，等等；有的则同样根据这个特点，只分成三类，分别反对三个最主要的"敌人"，即反摩尼教、反多纳特派与反佩拉纠派；周伟驰先生则根据著作的具体内容和写作形式分成自传与通信、哲学著作、反异端著作、反佩拉纠派、《圣经》解释等七类。

这些分类当然都是有其道理的，这里就不多加分析了。奥古斯丁之所以能够写这么多书，有三个主要原因：一是他的确有过人的思想与写作天赋，这是显而易见的；二是他的勤奋，奥古斯丁在正式开始写作之后，大概从他的米兰岁月开始，几乎每天都要写作；三是至少他的某些作品是有些仓促的，[①]往往是找到一个主题之后，执笔就上，匆匆而写，一挥而就，用不了多久一本书就成了。

这是由奥古斯丁写作的特殊环境造成的，我们在前面看到了，奥古斯丁的许多作品都是为了反对佩拉纠派、多纳特派而写的，往往是看到或者听到敌人的某个观点后，奥古斯丁马上动笔，写一本书去反驳其观点。例如公元415年，他读到了佩拉纠的《论本性》

① 参见《美国百科全书》，台湾光复书局/外文出版社，1994年第一版，第1卷，第433页。

之后，里面竟然引用了奥古斯丁的作品，似乎他赞同佩拉纠观点，奥古斯丁立即写了一本《论本性与恩典》来反对之。所以，雅斯贝尔斯在谈到奥古斯丁的作品时说：

"无休止的修辞学的铺张，没完没了的重复，但其中有少量完整的、经典性的章节。要想整个地研究这些著作，那是专家的毕生事业，或僧侣们冥思所做的事。奥古斯丁似乎每天都在写作，现在的读者必须花像奥古斯丁写作时所花的同样多的光阴去读。"①

当然，这并不是雅斯贝尔斯认为奥古斯丁的著作不好，他上面的话后接着便说：

"在浩瀚无际的篇章中，对一个有耐性的读者来说，它有取之不尽的可供发掘的可能性。"②

的确如此，一个人要写这么多著作，自然不可能本本都是独创性的巨作。不过，奥古斯丁的著作虽然有些的确是仓促而成，但也有的则称得上精雕细琢、美丽无方，例如《上帝之城》，奥古斯丁花费了十余年才完成之，《忏悔录》则可以说"读你千遍也不厌倦"，字字珠玑、感人至深，同时又不晦涩深奥，是奥古斯丁最值得拜读的作品。

除此之外，奥古斯丁还有一部经典之作《论三位一体》，这三本可以说是奥古斯丁最经典、也最重要的作品，我们若想通过阅读原著理解奥古斯丁的思想，读这三部大致就可以了，都有很好的中译本。此外，奥古斯丁的许多其它著作也已经译成了中译本，例如

---

① 雅斯贝尔斯：《大哲学家》（上），李雪涛、李秋零等译，社会科学文献出版社，2012年11第三版，第274页。

② 同上。

《论灵魂及其起源》①、《论自由意志》②、以及前面说过的《论原罪与恩典》等，相当多。可以这样说吧，奥古斯丁不但是作品最多的古代哲学家，也是其作品被译成中文最多的古代哲学家之一，大概仅次于柏拉图和亚里士多德。

至于奥古斯丁的作品原文，当然是拉丁文了，倘若结合作品的数量、质量与文字本身的功底而言，也许称得上是有史以来最伟大的拉丁文作家，或者至少可以说与维吉尔并称最伟大的两位拉丁文作家。不过，虽然《埃涅阿斯纪》是最伟大的拉丁文文学作品，但维吉尔作品太少，这就没法和奥古斯丁相匹了。

第一节　知识及其由来

奥古斯丁的思想不但在中世纪哲学，而且在整个西方哲学史中都占有很重要的地位，对此雅斯贝尔斯是这样说的：

"奥古斯丁之前的拉丁语基督教思想（德尔图良、拉克坦西）尚未达到一种真正的哲学世界的广度和深度。奥古斯丁之后出现的一切，都仰仗他。奥古斯丁给基督教哲学创造了不可逾越的拉丁语形式。"③

赵老师在《基督教哲学1500年》中则说：

---

① 奥古斯丁：《论灵魂及其起源》，石敏敏译，中国社会科学出版社，2004年10月第一版。

② 《论自由意志——奥古斯丁对话录二篇》，成官泯译，上海世纪出版集团，2010年1月第一版。

③ 雅斯贝尔斯：《大哲学家》（上），李雪涛、李秋零等译，社会科学文献出版社，2012年11第三版，第333页。

"奥古斯丁是教父思想的集大成者，他的著作是神学的百科全书。"①

他在总结奥古斯丁的思想时还说：

"奥古斯丁的集哲学与神学为一体的'基督教学说'影响了中世纪全部的思想进程。"②

《美国百科全书》的"奥古斯丁"条目说：

"奥氏被称为'最伟大的教会博士'中之翘楚，深深地影响后世西方的思想，中世纪所有较具代表性的教师，大多诉于他的权威，……即使到了近代，奥氏仍未被忽视，且今日的哲学家们对他的兴趣仍是有增无减。为奥氏的哲学所吸引的思想家清楚地看出，他仍能教导他们了解上帝、灵魂和其他无数问题。因为他的为人和行谊，使奥古斯丁成为世界思想史上最伟大及最具影响力的人物。"③

梯利则说：

"奥古斯丁是早期基督教会最伟大而有创见的思想家、最有影响的大师，……他的体系讨论了当代最重要的神学和哲学问题，阐释了一种基督教的世界观，这种世界观达到教父思想的顶峰，成为此后几个世纪基督教哲学的指南。奥古斯丁的观点对中世纪哲学、宗教改革时期和近代的基督教神学都有影响。"④

---

① 赵敦华：《基督教哲学1500年》，人民出版社，2005年5月第一版，第139页。

② 同上，第179页。

③ 《美国百科全书》，台湾光复书局/外文出版社，1994年第一版，第1卷，第434页。

④ 梯利：《西方哲学史》，葛力译，商务印书馆，1995年7月第一版，第161—162页。

柯普斯登则是这样说的：

"无论是从文学或从神学的观点来看，奥古斯丁在拉丁基督教界最伟大的教父中，都是大名鼎鼎，鹤立鸡群的。"[1]

周伟驰教授则更说：

"奥古斯丁之后的基督教神哲学，也可视为奥古斯丁神哲学的一系列脚注。但就奥古斯丁本人的著作来说，由于数量极为庞大，要做脚注也不是那么容易的。"[2]

此外，我们前面还引用过文德尔班对奥古斯丁的评价，这里就不重复了。[3]

奥古斯丁对当代的影响还可以用一个简单的事实看出来，即使现在，在南北美洲、欧洲各国中还有大量的奥古斯丁修道会，其中的修士和修女数以千计，再往以前，在近代特别是宗教改革之前，那更是数以万计。

总而言之，奥古斯丁不但是中世纪，也是整个西方哲学史上最伟大的哲学家之一，其地位可以说不亚于柏拉图与亚里士多德之外其他任何的思想家与哲学家，对于这样一位伟大、重要而富有仁心的思想家与哲学家，黑格尔竟然根本不作论述，不能不说是《哲学史讲演录》这部伟大杰作里最重大的缺陷。注意，是缺陷而不是瑕疵，因为这不是瑕疵，而是缺陷。

---

① 柯普斯登：《西洋哲学史》（第二卷），庄雅棠译，台湾黎明文化事业有限公司，1988年3月第一版，第59页。

② 周伟驰：《奥古斯丁的基督教思想》，中国社会科学出版社，2009年5月第二版，第32页。

③ 参见文德尔班：《哲学史教程》（上卷），罗达仁译，商务印书馆，1987年4月第一版，第354—355页。

既然黑格尔那里存在着这个大缺陷，那么我们就来尽量地弥补之，好好讲讲奥古斯丁的伟大思想吧！

我们要讲的奥古斯丁思想的第一个内容是他关于知识的理论。

对于知识的理解可大可小，大者，我们的一切认识，或者一切所知的都是知识，无论是对于外部世界、对于上帝，或者对于一场梦的认识与了解都可以说是知识；小者，并非所有认识都称得上是知识，知识之为知识必须是具备一定条件的认识，例如具有一定的明确性甚至系统性，这样才称得上是知识。甚至于有些人还将知识与真理联系起来，即具有真理性的认识内容才能称为知识。这些说法都是有其道理的。

对于何谓知识，我认为存在着以下几个简单的问题：

一、对于认识的对象需不需要界定？例如，对一个唯物主义者而言，对上帝的认识是否是知识？同时，对于一个信仰上帝的人来说，唯物主义的思想算不算得上是知识？还有，对于一个怀疑一切的怀疑主义者而言，是否有知识？

二、一个白痴是否可能有知识？一个原始人是否有知识？而一个生活在现代世界的原始人，例如澳大利亚那些现在还处在新石器时代的土著是否有知识？

这些问题都是当我们思考何谓知识时可能面临的问题，这个问题的根子就在于对何谓知识难以有明确的、公认的定义，正如对何谓存在一样，这样的情形在哲学领域内是广泛存在的。这个难题，本质上就是确定性的不明确，而当我们想探讨知识时，往往首先就要面对这个问题。

奥古斯丁亦是如此，当他想探讨有关知识的问题时，首先面对的或者追求的就是寻找确定性。

当然，对于奥古斯丁而言，这里的确定性并非是确定性本身的问题，即我们是否可以获得确定性的知识，而是我们是如何获得确定性的，即确定性的存在对于他而言并不是一个问题。

至于为什么如此，我们后面会看到一些具体的证据。但我们首先可以根据一个最简单的事实弄清楚为什么在奥古斯丁那里确定性不是一个问题，这就是上帝。

我们知道，奥古斯丁是一个极虔诚的基督徒，对于他而言，上帝的存在以及万能等是绝对的、毋庸置疑的，也就是说，上帝是确定的，上帝的这种确定性不但是存在的，而且是最高的。所以，在奥古斯丁那里，确定性本身并非一个问题，他的问题乃是：这个确定性是怎么来的？

不过，奥古斯丁的这种确定性也不是从来就有的。我们前面讲过，奥古斯丁最初并非基督徒，他一开始是一个顽童，长大后一度沉溺于享乐，再后来接受的第一个信仰是摩尼教，他之所以离开摩尼教，是因为阅读了许多古希腊罗马的哲学著作，例如自然哲学和新柏拉图主义的著作，读到这些后，他发现在摩尼教那里找不到知识，他们对于日月星辰等的解释是很荒谬的，而这些古希腊自然哲学早已作出了很好的解释。不仅如此，奥古斯丁同样接触了古希腊罗马哲学中的怀疑主义，包括皮浪的怀疑主义和后来新学园派如阿尔刻西劳和卡尔内亚德的怀疑主义。怀疑主义的特点之一是怀疑一切，但并不是否定一切，因为这种否定实际上也是一种肯定，怀疑主义的主要特点是不作任何肯定，对一切需要作出肯否判断的东西都进行悬搁：

"阿尔凯西劳……从来没有被发现就任何东西是否成立做过任何断言，他也没有依据可信程度或别的什么而优待任何东西超过别的什么，而是对一切事情悬搁判断。"①

这个悬搁换言之就是否定任何确定性，不肯定也不否定就是不确定。奥古斯丁人生中也有一个这样的时期，他说：

"这时我心中已产生了另一种思想，认为当时所称'学园派'等所创的'新柏拉图派'哲学家的识见高于这些人，他们主张对一切怀疑，人不可能认识真理。"②

正是因为接受了怀疑主义，奥古斯丁才放弃了摩尼教，他说：

"因此，依照一般人所理解的'学园派'的原则，我对一切怀疑，在一切之中飘摇不定。我认为在我犹豫不决之时，既然看出许多哲学家的见解优于摩尼教，便不应再留连于摩尼教中，因此我决定脱离摩尼教。"③

因为接触了怀疑主义而放弃摩尼教，这是很自然的，因为怀疑主义意味着怀疑一切，当然也要怀疑摩尼教的教义了，何况他因此发现古希腊罗马的哲学家们的见解比摩尼教更高明，他当然更要弃之如敝屣了。

但奥古斯丁在怀疑主义里并没有沉迷太久，就走向了另一个主义，即新柏拉图主义，后来还写了一本《驳学园派》，来反驳怀疑主义。

---

①　克里斯托弗·希尔兹主编：《古代哲学》，聂敏里译，中国人民大学出版社，2009年3月第一版，第311页。

②　奥古斯丁：《忏悔录》，周士良译，商务印书馆，1963年8月第一版，第90页。

③　同上，第96页。

为什么奥古斯丁会走向新柏拉图主义呢？原因也是很简单的，因为他发现了怀疑主义的那个基本原则——一切都是不确定的即不能肯定亦不能否定——是错误的，也就是说，他发现了某些东西是可以确定的，这样一来，怀疑自然就不成立了。

在《驳学园派》里，奥古斯丁举出了好几个具确定性的论题，都是相当高明的。例如他认为矛盾律是确定的，为什么呢？例如谈到世界是一个还是多个，或者有一个世界，或者有多个世界，或者有限数目的世界，或者有无限数目的世界；另外，这个世界或者是有始有终，或者是无始无终；对究竟是何种情形，我们是不能确定的，但这里却也有一个可以确定的：那就是这个世界或者一个或者多个；或者有限或者无限；或者有始有终或者无始无终，而不能够既一个又多个、既有限数目又无数数目、既有始有终又无始无终，这是不能成立的。为什么呢？因为倘若这样，就违反了矛盾律，根据矛盾律，相互矛盾的结论是不能同时成立的，即"不能既是 p 又是非 p"。亚里士多德在《形而上学》的第四卷中分析了这个重要的逻辑推理原则。[①]

根据这样的分析，奥古斯丁就得到了一个具确定性的对象：矛盾律。

另外就是感觉，感觉一向是可以怀疑的，也是一切怀疑主义首先要怀疑的对象，怀疑主义提出的怀疑证据有许多，例如一根棍子放在水里，看上去是弯的，但它实际上是直的，这就说明感觉不可

---

① 参见亚里士多德：《亚里士多德全集》（第七卷），苗力田主编，中国人民大学出版社，1993年1月第一版，第93页。

靠。但奥古斯丁反驳说，这里正说明了一个事实，那就是我看水里的棍子的时候，它看上去是弯的，这就是确定的。还有，任何感觉都是这样，这东西吃起来是甜的、冰摸起来是冷的，这些都是我的感觉，无论它是不是真的甜还是凉，但根据我的感觉，它的确是甜的与凉的。即我的感觉是不会欺骗我的。也就是说，我的感觉是确定的，这是又一个具确定性的对象。①另外，奥古斯丁在《论自由意志》里也简单而深刻地分析了人的"内感觉"。②

奥古斯丁的这个思想是很创见的，也很重要的，它可以使我们对于我们自己的感觉有更深一层的认识，在这里要注意的是必须将我的感觉与事物实际的情形脱钩，即不要考虑事物实际的情形，而专注于我的——我个人的——而不是他人的感觉，例如倘若我是一个患了黄疸病的人，在我看来一切物体都是黄色的，人家说那是白云，我看起来却是黄云。这云在其他人看上去是白的。但同样地，在我看来，这云乃是黄的也是真的，是非常确定的。也就是说，对于我的感觉来说，云是黄的，这是确定的，也就是说，我的感觉是确定的。简而言之就是：我的感觉不会欺骗我。换言之就是：我的感觉是确定的。

这一思想和后来叔本华的"世界是我的表象"以及胡塞尔对意向性的认识之间有着内在的、深刻的关联。

另外一个更简单明白的确定性内容是关于怀疑主义本身的，怀

---

① 参见柯普斯登：《西洋哲学史》（第二卷），庄雅棠译，台湾黎明文化事业有限公司，1988年3月第一版，第77页。

② 参见奥古斯丁：《论自由意志》，成官泯译，上海人民出版社，2010年1月第一版，第103—109页。

疑主义者怀疑一切，但这里却昭示着一个明显的确定性：就是这个怀疑本身是确定的，无论怀疑主义者怀疑什么、怎样怀疑，他们在怀疑乃是确定的！

进一步地，奥古斯丁还发现了一个确定的对象：我的存在。

奥古斯丁的这个推理很简单的：怀疑需要条件，就是怀疑者，由于怀疑的存在是确定的——怀疑主义者也不会怀疑这个，于是，就必然地推导出存在着一个怀疑者，在这里这个怀疑者首先是我，倘若我怀疑，那么我就存在，当然，对于他人也是一样的：倘若他怀疑，他就存在，因为怀疑需要一个怀疑者。

我们可以从语法或词义上进行分析：怀疑是一个动词，动词是不能做主语的，它需要一个主词才能构成一个完整的句子，这个主词就是怀疑者。

显然，奥古斯丁的这个结论预示出了笛卡尔那个著名的哲学口号：我思，故我在。笛卡尔正是从这样的怀疑之中推导出"我思，故我在的"，这个推导的起点就是：一切从怀疑开始。①

奥古斯丁在这里还用一个巧妙的法子证明了我的存在，假如有人这样说"我以为我存在，但是我受骗了"，这恰恰说明了他的存在，因为倘若他不存在，他怎么能够受骗呢？所以我受骗，故我在！

更进一步地，奥古斯丁在《论自由意志》里指出，有三样东西是确定存在着的，那就是存在、活着和理解，他说：

---

① 参见笛卡尔：《哲学原理》第一部第一节，关文运译，商务印书馆，1958年9月第一版第1页。

"因为存在性、生命、理解是存在着的三件事。"[①]

这三件事更清楚地说就是我存在，我活着，并且我能够理解，这都是具确定性的。存在已经说过了，生命呢？这理由也很清楚：要是他死了，他能够怀疑吗？所以既然一个人能够怀疑，那么一定就是活着的，而不是死了的。理解也同样：当一个人说怀疑一切时，请问怀疑是不是一种理解呢？诚然是的，怀疑本身就是一种理解。所以即使从怀疑主义的基础出发，这三样的存在也是确定的。

当然，奥古斯丁认为并不是所有的存在者都具有这三个特点，例如石头就存在但无生命，普通动物则存在且有生命但不能理解，只有人同时具备三者：

"埃：一块石头存在，一个动物活着，但我不认为石头活着或动物理解。但凡理解的一定也存在且活着。所以我毫不犹豫地得出，完全拥有这三者的比缺少其中一个或两个的优越。因为凡活着的也存在，但不一定也理解，我认为动物的生命就是如此。那存在着的，不一定活着且理解，因为我们可承认尸体存在，但谁会说它活着呢？而任何不活着的东西，显然不能理解。

奥：所以我们认为尸体缺乏这三者中的两个，动物缺其中之一，而人则三者都拥有。"[②]

对了，《论自由意志》是用对话体写成的，类似于柏拉图的对话录，但行文要简单得多，这里的埃就是埃伏第乌斯，《论自由意

---

① 奥古斯丁：《论自由意志》，成官泯译，上海人民出版社，2010年1月第一版，第103页。

② 同上，第103—104页。

志》就是以奥古斯丁与埃伏第乌斯对话的形式写成的，奥古斯丁在《忏悔录》里对他评价很高：

"'你使一心一德的人住在一起'①，使我们的同乡青年埃伏第乌斯来与我们作伴。他本是政府大员，先我们归向你，受了洗礼，便辞去职位，转而为你工作。我们常在一起，而且拿定神圣的主意，要终身聚在一起。"②

这三个确定性的对象乃是奥古斯丁哲学走向下一步的开始。

在得到这三个确定的对象后，奥古斯丁进一步问：我们为什么会确定这三者呢？即我们这种确定性是怎样来的呢？这实际上是一个更为重要而基本的问题，就如赵老师所言：

"奥古斯丁关心的主要问题并不是知识的确定性。对他来说，人类已经把握的知识的确定可靠性是显而易见、不容置疑的事实。他竭力探究的问题是：人的确定知识是从哪里来的？"③

首先他指出这确定性不能凭我们的感觉而来。他说：

"我们存在，我们知道自己存在，我们为自己的存在和知道自己的存在而感到高兴。还有，涉及我说的这三样东西，没有任何类似于真理的谬误在困惑我们。因为我们并不是凭着某些肉体感官与这些东西发生接触，就像我们与外在于我们的事物发生联系一样。比如说，我们凭视觉得到颜色，凭嗅觉得到气味，凭味觉得到滋味，凭触觉得到软硬，在所有这些情况下，形象与可感物体相似，但形象并不是有形物体本身，我们的心灵得到的是形象，并且留

① 《圣经·诗篇》第67篇。
② 奥古斯丁：《忏悔录》，周士良译，商务印书馆，1963年8月第一版，第183页。
③ 赵敦华：《基督教哲学1500年》，人民出版社，2005年5月第一版，第146页。

有记忆，记忆激励着我们去向往物体。然而，没有任何虚幻的形象或幻影可以使我完全确信我存在、我知道我存在、我喜欢这一事实。"[①]

这段话的含义相当丰富，主要有三点：

一是奥古斯丁指出了感觉是重要的，但不是可靠的，我们不能依靠感觉。这是显然的，例如放在水里的棍子明明是直的，看过去时得到的感觉却是弯的。

二是在感觉之中，我们的心灵得到了某一些形象，这些形象有类于一些幻影。这种思想是很深刻的，千年之后的洛克对这个问题有深入的分析，它从另一个角度拓展了我们对于感觉的认识，不过，由于它太过深刻，我们在这里且不多说。简而言之就是，我们感觉到某个对象，我们感觉到了，例如看到了，但我们感觉到的、看到的真是这个对象本身吗？不是，我们感觉到的、看到的其实只是我们心灵中的某个印象、映像甚至幻影，例如我们看天上的太阳，我们何曾看到了太阳呢？我们看到的、得到的其实只是我们心灵中那样一个影像而已。这也就是我们所了解的事物。不过，洛克认为我们的认识只能停留于事物的这些现象以及与之相反的"名义本质"，而对于事物的"实在本质"，即事物的真实本质究竟为何，我们是不可能知道的。[②]这就与奥古斯丁的观点相反了。

三是在奥古斯丁看来，人的感觉只能在心灵中留下这些"幻

---

① 奥古斯丁：《上帝之城》（上卷），王晓朝译，人民出版社，2006年12月第一版，第478—479页。

② 参见洛克：《人类理解论》第二编，第二十三章，第三十二节，关文运译，商务印书馆，1959年2月第一版。

影"，这就说明我们是不可能只靠着感觉就明白存在、生命与理解这三个确定的对象的，如上文所言"我们并不是凭着某些肉体感官与这些东西发生接触"。那么，对这三者的确定性来自于何方呢？答案是来自于我们的心灵，这个心灵不是普通的心灵，而是灵魂，我们要从灵魂的角度去理解这三个确定性质的来源。还有，对于奥古斯丁而言，灵魂乃是"上帝的肖像"，为了达到上帝，我们要从灵魂出发，而不是从感觉出发，这样才能走向上帝、走向真理。①

显然，奥古斯丁这种虽然有一定程度的重视、但怀疑感觉的可靠，而强调要从心灵与灵魂出发去认识的方法既是柏拉图的，也是新柏拉图主义的。因为柏拉图也不是完全否定感觉，在他看来，感觉对于认识是有一定帮助的，它乃是认识的第一步，通过感觉所得来的感性知识乃是知识最初的形态。但总的来说，最重要的还是思维。因为我们的一切认识归根结底是为了要认识理念，而理念归根结底是要依赖思维去认识的：

"认识理念就是哲学的目的和任务。理念应该从纯思想本身去探讨，而纯思想只运动于这样的纯思想之中。"②

新柏拉图主义者则更加否定感觉，甚至认为人生最高的目标则是要干脆摆脱肉体、摆脱整个可感觉的感性世界——它也是一个作为罪恶之渊薮的世界，而上达太一、与神合一。

奥古斯丁没有新柏拉图主义这样否定感觉，但他有一点和柏拉

① 参见柯普斯登：《西洋哲学史》（第二卷），庄雅棠译，台湾黎明文化事业有限公司，1988年3月第一版，第79页。

② 黑格尔：《哲学史讲演录》（第二卷），贺麟、王太庆译，商务印书馆，1960年6月第一版，第197页。

图以及新柏拉图主义是完全一致的，就是我们所要认识的、追求的不是感觉以及由感觉而得来的东西，而是超越感觉的东西，在柏拉图和新柏拉图主义看来是理念以及与之相关的神、太一之类，而奥古斯丁则是上帝——基督教的神。

更为具体地说，在奥古斯丁那里，知识是分等级的。这也是和柏拉图一致的。我们知道，柏拉图认为人的灵魂有四种性能，形成概念的思维占最高地位，理智居第二，信仰居第三，最后一个就是表象或图画式的知识。[①]其中最后一个实际上就是感觉知识，它们只是对理念的感官表象或者描绘而已，就像在纸上来出来的几何图形一样。

对于奥古斯丁而言，知识具体来说分成以下三个等级：

第一级的、最初步的知识当然是感觉知识了，奥古斯丁是不否认感觉和感觉知识的重要性的，这我们已经说过了。

第二级的知识则是理性知识。所谓理性的知识就是人的理性根据一种永恒的标准去判断有形的、可感觉的对象。例如当我们看到一朵红玫瑰时，会有美的感觉"这朵花真美"，甚至于可以联想起爱情来，将它作为美好爱情的象征。或者说，当有人在黑板上画一个圆时，我们会说：这圆画得真好，很圆；或者说，画得不够圆。在这里我们感觉到了某些对象，例如看到了花和圆，但我们并没有停留在感觉之上，而是作出了判断：这花真美，这圆画得好圆！倘若我们仔细思量，便会发现一个问题：我们是如何作出这种判断的

---

① 参见黑格尔：《哲学史讲演录》（第二卷），贺麟、王太庆译，商务印书馆，1960年6月第一版，第198页。

呢？显然，我们是根据内心的某一种原则去作出这些判断的，例如我们的心灵或者灵魂之中有某种美的标准、标准的圆，我们是根据这个美的标准与标准的圆去判断玫瑰花是美的或者圆画得很圆的。

——在此我们也可以思考一下康德的审美标准，即这些标准是哪里来的。康德的回答就是上帝，即是上帝将这些标准先天地置于我们心灵之中的。康德在这里与奥古斯丁产生了交集。

在奥古斯丁看来，我们的理性根据心灵之中的标准去评价感觉的对象所得到的知识就是理性知识。

从上面的两级知识我们可以看出来两点：一是第一级知识普通的动物也是可以有的，例如人可以看到玫瑰花，蜜蜂也可以，但第二级知识却是人所独有的，动物不可能有，蜜蜂可以看见玫瑰花，并且从那里采蜜，但它不可能判断说这玫瑰是美的；二是两级知识的对象都是可感知的外物。到了第三级知识里就不是如此了，因为在奥古斯丁看来，第三级知识的对象乃是"永恒之事物"。

不用说，这"永恒之事物"就是上帝，而关于上帝的知识乃是第三级，也是最高等级的知识。

关于上帝的知识乃是最高等级的知识这是容易理解的，不需要多说，现在的问题是：我们如何获得这种知识呢？

当然不能靠感觉，感觉的对象只能是外在的物体，如何能够是上帝呢？奥古斯丁说，要获得关于上帝的知识靠的不是感觉，而是冥想。当我们对那"永恒之事物"，即上帝，或者说永恒的上帝进行冥想时，我们得到的就是最高等级的知识。

甚至于，在奥古斯丁看来，这些通过冥想得到的关于上帝的知识已经超过了知识的范畴，而是智慧：

"善用可变的东西的活动有别于于对永恒事物的冥想，前者可归类为知识，后者则是智慧。"①

这里的"可变的东西"指的当然就是可感觉的外物了，它们是变动不定的，在奥古斯丁看来，正因为外物是变动不定的，有生有灭的，所以它们也是不可靠的，也不可能从它们那里得到不变的永恒的知识，这样的知识只能在于上帝。

到这里后，奥古斯丁也就由新柏拉图主义走向了基督教、走向了上帝。

从这里也可以看到我们为什么要将知识论放在奥古斯丁思想的第一部分了，因为这一部分不但是奥古斯丁思想的基础性理论，而且它也显示了奥古斯丁思想的转变过程：从感觉知识走向理性知识再走向关于上帝的知识即智慧，就是从怀疑主义走向新柏拉图主义再走向基督教，随着知识的一级级提高，奥古斯丁也一步步走向了上帝。

关于奥古斯丁的知识论我们要谈的最后一点是，那第二与第三级的知识是怎么来的？

对于这个问题，奥古斯丁的回答很明白：那是上帝给予我们的。

这就是他的"光启理论"。

在奥古斯丁看来，人之所以能够获得真理，即关于不变的"永恒之事物"的真理，仅仅依赖人自身显然是不可能的，即或我们有某种理性能力也不行，人要获得那样的知识，必须由上帝进行"光

---

① 柯普斯登:《西洋哲学史》(第二卷)，庄雅棠译，台湾黎明文化事业有限公司，1988年3月第一版，第82页。

启"，或者说"照亮"。

要对这上帝的光启进行很深的认识是很难的，我们不妨通过这样的方式去作一种形象的理解：在一片漆黑、伸手不见五指的夜里，上帝手拿一盏灯给我们照明，凡祂照到的地方，我们的心灵之眼——就是我们的理智——就"看见"了，由于上帝所在之处都是永恒的事物，例如理念或者上帝自身，因此我们便通过这样的方式认识了理念与上帝：

"当它根据创造主的安排，指向自然秩序中可了解的对象时，它在某种无形的光中——这光是自成一类的，看见了它们，正如同肉眼在有形的光中看见了周遭的东西。"[①]

这里的"它"就是心灵、理性、理智，而"它们"就是所得到的关于"永恒之事物"的知识了。

当然，在这之先，一个必要的前提是，人的心灵之所以能够接受这些光，乃是因为上帝在创造人类的时候，就预先给了人类这样的本领，这是人的理性与知性之类，这样才使得心灵能够接受光，并且由之得到光所照耀到的、给它显示了的东西，那就是最高的知识或者说真理自身：

"上帝创造的人心是理性的、是知性的，因而它可以接受他的光，……而它自己是如此光启它，使得它不只看见了真理所彰显的那些东西，也看见了真理自身。"[②]

这就是奥古斯丁对于知识的终极理解，这个理解归根结底就

---

① 《诗篇注》第118篇，转引自柯普斯登：《西洋哲学史》（第二卷），庄雅棠译，台湾黎明文化事业有限公司，1988年3月第一版，第87页。

② 《诗篇注》第119篇，转引自柯普斯登：《西洋哲学史》（第二卷），同上，第89页。

是：知识与真理源自于上帝。

第二节　对上帝的理解

谈完知识之后，我们要谈的奥古斯丁思想的第二项内容是上帝。

可以说奥古斯丁所谈的都是上帝，就像一切的存在都可归于上帝一样，要是这样谈起来，那就是整部书也谈不完——就是所有的书也谈不完，因为对上帝的言说一方面是无穷无尽的，就像上帝本身是无限的一样；另一方面又是无可谈的，因为虽然我们谈论上帝的言语与作品汗牛充栋，这但些所谈的则本质上又是与上帝无关的，或者说我们并不能确知其与上帝有关，更不能确定其与上帝的本质有关。因为归根结底上帝是不可知的，这就是我们对于上帝所知所言的矛盾，这一矛盾将永恒存在，也无可解决。

这一不可解决之矛盾的根源在于人类理性的有限性，理性不可能真的理解上帝，因此，对于上帝，最重要的不是理性地理解，而是信仰，信仰上帝，当以理性去理解上帝发现矛盾与不明白之处时，就信仰，信仰乃是最后的归宿与一切的根基，这也是神学最根本的原则。

当然，这个最根本的原则并不否定我们以理性的方式去分析上帝，这种理性的分析本身就是神学——关于神的学问。

奥古斯丁对于神的理解是丰富而复杂的，我们在这里不能一一言说，只挑取了其中三个基本性的内容来简单地分析一下，这三个内容分析是：论证上帝的存在、上帝如何创造万物以及与之相关的理念说。

　　我们知道，神学最基本的使命或者说命题是论证上帝的存在，这种论证以托马斯·阿奎那最为有名，托马斯·阿奎那也因此成为最伟大的神学家，但在他之前，奥古斯丁已经作了相当简明而有力的论证。

　　奥古斯丁是从两个角度论证上帝的存在的，第一个角度是从普遍真理的角度去论证。

　　所谓普遍真理就是大家都了解、认同且是作为不变的判断标准的真理。奥古斯丁认为存在着这样一种真理，他说，这真理"不能说它是我的，或者是你的，或是任何一个人的；而是呈现给众人的，且是平等地给予众人的。"①

　　那么，这种真理是怎么来的呢？我们先来看，这里的基础是我们认识了这个真理，我们是如何认识这个真理的呢？又如何认为它是普遍的真理呢？简而言之，这普遍认为乃是一种人通过理性或理智的了解，我们通过理智而不是感觉去了解这种普遍真理的存在。这也是显而易见的。

　　那么，这真理是不是理智构造出来的呢？当然不是的，否则的话真理就是一种主观的东西了，因为我们的理智是每个人都有的，并且是带有主观性的，倘若真理是我们的理智所造出来的，那么就会导致各人因自己的理智的不同特点而得到不同的真理，这样一来就没有普遍的真理存在了。这也就是说，人的理智是不能构造真理的，同样理智也不能修正真理，原因也是一样的：倘若理智可以修

---

　　① 柯普斯登：《西洋哲学史》（第二卷），庄雅棠译，台湾黎明文化事业有限公司，1988年3月第一版，第95页。

正真理，那么不同的人会以不同的方式去修正真理，那么也就没有普遍的真理了。

那么，现在的问题是，这个普遍的真理是怎样来的呢？它的根源在哪里？奥古斯丁说，它的根源就在于上帝。因为只有在上帝那里才存在着永恒与普遍，才存在着必然。这真理既然是普遍的、必然的，那么当然只能源自上帝，这个推理是很明显的。

从这里，我们可以反过去推理，由于存在着普遍的真理，由于这普遍的真理只可能来自于上帝，于是上帝便必然存在了。这就是关于上帝存在的"普遍同意说"的证明。

这个证明后来在笛卡尔那里得到了更深刻的应用。笛卡尔在证明上帝存在时，其出发点之一就是在我们心中存在着一些不言而喻的普遍性的真理，这些真理我们不能证明，却人人都同意：

"虽然这是完全不能证明的，但是人人都自然而然地肯定。"[①]

进一步地，在笛卡尔看来，上帝的存在就是这样，这是最普遍而明显的，因此也最是真理的。当然，笛卡尔在说出这个证明之前还论证了他著名的"我思，故我在"，以之作为基础来论证，这里就不多说了。

奥古斯丁论证上帝存在的第二种方式是从我们可以感知的世界出发的。

我们知道，人否认上帝存在的一个最有力也最简单的根据是人看不见上帝，即无法感知上帝，像感知日月星辰或者花草树木一

---

① 参见笛卡尔：《哲学原理》第一部第三十四节，关文运译，商务印书馆，1958年9月第一版。

样。对用这样的方式去否认上帝存在的人，奥古斯丁的反驳简单而有力，就是看不见、感知不到某个事物并不能证明其不存在，他在这里举了灵魂为例，说：

"我看不见你的灵魂，又如何如道你活着呢？我如何知道呢？你将回答：因为我说话，我走路，我做事，愚蠢的人啊；因着身体的运作，我知道你是活着，难道你就不能因着创造的作为来知道创造主吗？"①

奥古斯丁的论证是很清楚的，就是说，我们人并不能看见自己的灵魂，而人要活着是需要灵魂的。那么，我们既然看不见灵魂，又如何去证明人是活着的呢？就是通过人在说话、走路、做事，通过人的身体的各种运动，就可以判断是人活着的，并不需要看见灵魂。证明上帝的存在也是一样，我们虽然看不见上帝，无法感知上帝，但我们却可以看见上帝所创造的一切，就是这个外在的世界，这些日月星辰或者花草树木，这一切都是上帝创造的，既然有了这些上帝的创造物，我们就可以判断上帝的存在了，又何必亲眼看见上帝呢？这就像我们不必亲眼看见灵魂也知道人是活着的一样。

当然，奥古斯丁在这里还隐含着一个前提，就是上帝所创造的感觉世界乃是伟大的、了不起的，这样的世界只有上帝才能创造。对此我们可以打一个简单的比喻：我看到了一幅画，我并不知道这幅画是哪个画家画出来的，但我感觉它是一幅伟大的杰作，从它的

---

① 转引自柯普斯登：《西洋哲学史》（第二卷），庄雅棠译，台湾黎明文化事业有限公司，1988年3月第一版，第97页。

构图、色彩与立意都可以明显地看出来，于是，即使我不知道这幅画是哪位艺术家创作的，我也可以断定创造它的乃是一个伟大的艺术家，这是显而易见的。这样的例子我本人就曾有过，1987年时，我去县城参加高考，高考完后去逛县城的新华书店，在那里看到了一本画册，我一看就震惊了，因为从来没有看到过这样的画，它太奇怪了，和以前看到的任何画都不一样，令我震撼，于是便用本来要吃午饭的钱买下了它，这本画册的名字就是《凡高》，虽然是薄薄的一册，但收录了凡高最具代表性的名作，封面和封底分别是他的"向日葵"和"鸢尾花"。

从我这个亲身经历的例子便可以知道，这个我们生活于其中的世界，它是何等的伟大、丰富而复杂，可以说是超越了我们人类的任何想象，远远不是我们的感觉所能够理解的，这个如此伟大、丰富而复杂的世界是怎样来的呢？是自己产生的吗？这显然是难以理解的，甚至是不可能的，一个更为合理的设想应该是它有一个创造者，一个无比伟大的、万能的创造者，用另一个词来表达，那就是神。也就是说，我们不必亲眼看到神，仅仅从这个世界的伟大、丰富而复杂就可以知晓神的存在，就像我并不知道凡高的存在，仅仅看到他的作品就可以知道创造这幅作品的人一定是个伟大的艺术家一样。

对于这一点，奥古斯丁也这样说：

"在一切可见事物中，这个世界是最伟大的；在一切不可见事物中，上帝是最伟大的。我们看见这个世界存在，而我们相信上帝存在。

……

即使撇开先知们的声音，这个世界本身，依据它的变化运动的完善秩序，依据它的一切可见事物的宏大瑰丽，也已经无声地既宣告了它是被造的，也宣告了它只能由一位在宏大瑰丽方面不可言说、不可见的上帝来创造。"①

奥古斯丁的这个论证方式，从可感知的外在世界的某些特点出发去论证上帝的存在对后来的托马斯·阿奎那也是有着极为重要的影响的。

当然，这里要说明的是，奥古斯丁对上帝存在的论证还是比较简单的，个中原因也许主要是在奥古斯丁那里，神的存在是不需要那样严密而系统之论证的，它更多是不言而喻的，他之所以要做这样的论证其实只是一种说明：让基督徒们更清楚更轻松地明了上帝的存在。

还有，即使后来托马斯·阿奎那如此系统地证明了上帝的存在，对于上帝的存在，我们更要清楚的是，归根结底，无论奥古斯丁还是托马斯·阿奎那所做的论证，并不能毫无疑义地证明上帝的存在，而上帝的存在之终极的证明并非任何的论证，而是信仰，就像奥古斯丁在《论自由意志》中所言：

"奥：你至少确知上帝存在吧。

埃：即便这一点也是靠信仰，不是自己知道的。"②

我们接下来谈奥古斯丁认为上帝是如何创造世界的，或者说根

---

① 奥古斯丁：《上帝之城》（上卷），王晓朝译，人民出版社，2006年12月第一版，第446—447页。

② 奥古斯丁：《论自由意志》，成官泯译，上海人民出版社，2010年1月第一版，第102页。

据什么而创造世界的，尤其是创造我们人。

对于这个问题，奥古斯丁的回答是很简单的，因为这答案就存在于《圣经》中了：

"神说，我们要照着我们的形像，按着我们的样式造人，使他们管理海里的鱼，空中的鸟，地上的牲畜，和全地，并地上所爬的一切昆虫。

神就照着自己的形像造人，乃是照着他的形像造男造女。"①

《圣经》里只是说明了上帝根据自己的形像造人，而奥古斯丁更进一步，指出整个世界乃是上帝根据自己的意志创造出来的，他在创造事物之前，先有了关于事物的"理念"，上帝是根据这些理念去创造万物的。这也就是说，上帝在创造万物之先，是早就知道了祂所要创造的万物的。进一步地，根据这一点，可以得出这样两个结论：

一是从某种意义上说，上帝是内在于一切万物的，即万物之中都有上帝的影子。原因很简单：因为万物是根据其理念而创造的，这些理念乃是内在于上帝的，即万物之中有理念的影子，而理念是内在于上帝的，上帝在创造万物之先便有了万物的理念，如此一来也可以说上帝自然内在地拥有万物了，或者反过来说即万物存在于上帝之中。——从这里将可以隐隐约约然而相当直接地导出斯宾诺莎的上帝观。

二是万物虽然源自于上帝，源自于那源自上帝的理念，然而万物当然不可能就是理念本身，而只是理念的一种不完全、更不完美

①《圣经·旧约·创世记》第1章。

的反映。这也是显而易见的，万物当然不可能完全符合于理念，而只能是理念一种很不完全的模仿或者反映而已。

更加具体地说，奥古斯丁认为理念是"某些原型的形式，或是事物的固定不变的理由，它们不是自己形成的，而是永桓地包含在神心中，始终如一，它们没有出现，也不会消失，可是那些出现或消失的东西都是根据它们而形成的。"①

这段话表达了奥古斯丁的理念说，显然，奥古斯丁的这个思想是源自柏拉图的理念说的，内容也颇为相似，其中核心的一点是，先有关于万物的理念而后才有万物，并且万物的理念是超越于、高于可感知的具体事物的。

而对于一切人与事物或者说万物与上帝之间的关系，奥古斯丁是这样认为的：

"然而我们是人，是按照我们的创造主的形象被造的。……这样的事物若不是作为最高的存在、最高的智慧、最高的善的造物主创造的，那么它们不可能以任何方式存在，或以任何形状保存，或可指望保持任何秩序。"②

这也就是说，包括人与一切事物在内的万物都是神所创造的，这也是万物之所以存在并且以某种方式存在、在存在之时具有秩序的根由所在。

这可以看作是奥古斯丁对万物与上帝之关系的总结性表达。

---

① 转引自柯普斯登：《西洋哲学史》（第二卷），庄雅棠译，台湾黎明文化事业有限公司，1988年3月第一版，第101页。
② 奥古斯丁：《上帝之城》（上卷），王晓朝译，人民出版社，2006年12月第一版，第482页。

第三节　对世界的理解

以上就是奥古斯丁对上帝的理解，接下来我们要谈的是奥古斯丁是如何理解这个由上帝所创造的世界的。

在阅读这一篇之前，我推荐大家阅读一下柏拉图在《蒂迈欧篇》中所说的神创世界的理论，这个理论不但比奥古斯丁的更加深刻而丰富，而且它们也直接影响了奥古斯丁。此外，柏罗丁的太一说对奥古斯丁关于世界的理论也有重要影响。

作为一个至为虔诚的基督徒，奥古斯丁的基本观点当然是认为上帝创造了一切：

"我笨拙的口舌向高深莫测的你忏悔，承认你创造了天地，创造了我所目睹的苍天，创造了我所践履的地，我一身泥土所自来的大地。是你创造了这一切。"[①]

在奥古斯丁看来，上帝在创造世界这个问题上是有着绝对的权威的，可以这样说：上帝创造或者不创造这个世界，如何创造这个世界，以及将世界万物创造成什么样子的，都完全地、绝对地取决于上帝，上帝没有任何的限制，也没有任何的规定。

这是奥古斯丁对上帝与创世的一种基本理解，这个理解的核心就是强调上帝的绝对地位，按斯宾诺莎的说法，上帝是"绝对自由"的。

---

① 奥古斯丁：《忏悔录》，周士良译，商务印书馆，1963年8月第一版，第276—277页。

我们可以将这个说法与新柏拉图主义进行比较，例如柏罗丁的太一类似于神，有时候甚至可以称之为神，这个神是通过"流溢"来创造万物的。怎样流与溢呢？柏罗丁用了几种比喻，例如太阳放出光芒、火释放出热量、雪放射出寒冷，或者像芳香的物体发出香气，甚至镜子和镜中之像，等等，他还强调，太一虽然产生了万物，但并不会因此受到任何损失，"原件既不改变，也无损失。"[1]

柏罗丁的流溢和奥古斯丁的创造表面上相似，但实际上是有重大区别的，这个区别就是自然而然与主动为之。

在柏罗丁那里，太一创造万物并不是一种主动性的创造，太一并没有什么意志，想要做什么或者不想做什么，太一也不会有什么目的，并且为了这个目的去刻意地做什么、产生什么，而太一之所以产生出了万物，那乃是一个自然而然的过程，是自然而然的。就像《老子》中那位最高等级的君主"太上"："太上，不知有之。……功成事遂，百姓皆谓，我自然。"[2]太上的方式乃是最高的方式，在这种方式之下，他把事做成了，老百姓都说：这是自然而然的事啊！我们在这里可以将这个"太上"之君看作太一，祂也正是这么做事的，仅仅知道祂存在，或者说都不知道祂的存在，而事就自然而然地做成了。

但在奥古斯丁那里上帝可不是这样的，上帝之创造世界乃是主动为之，他享有绝对的主权与权威，无论创造与否还是如何创造，总之，有关创造世界的一切问题，上帝享有绝对之权威，有类于人

---

① 参见柯普斯登：《西洋哲学史》（第一卷），傅佩荣译，台湾黎明文化事业股份有限公司，1986年1月第一版，第599页。

② 《老子》第十七章。

世间的那些拥有绝对权力的帝王与独裁者，例如以前中国的皇帝与土耳其的苏丹。——当然，上帝的权力更比皇帝与苏丹要大无数倍。

对于柏罗丁的太一与奥古斯丁的上帝创造世界的差别，柯普斯登是这样说的：

"在柏罗丁的流衍理论中，世界被描写为是由上帝流衍出来的，上帝不因此就消失或改变，可是柏罗丁的上帝不能自由地活动，因而是必然如此的。上帝必然地流衍自己。……（奥古斯丁）在根本上，他坚持主张上帝绝对的主权，世界完全倚靠着祂，万有的存在都出自于祂。"①

在柏罗丁这里，自然而然与必然如此的含义是一致的，我们可以用死亡来类比一下，人有生必有死，是不是自然而然的呢？当然是的，是不是必然如此的呢？当然也是的。

上帝是以绝对的意志去创造世界的，他也的确创造了这个世界，这是很清楚的。那么，下一个问题是，上帝是用什么"原料"去创造这个世界的呢？

提出这个问题的原因很简单，因为上帝创造了世界，这个世界乃由我们所感知到万物构成的，这些万物可以称之为"有"即存在者，那么它们是从何而来的呢？这是一个极其高深的问题，不但是一个哲学问题，也是一个科学问题，任何人想要了解这个世界是如何产生的就不得不面对这个问题。

对于这个问题可能的答案有两个：一是这个存在着的世界或者

---

① 柯普斯登：《西洋哲学史》（第二卷），庄雅棠译，台湾黎明文化事业有限公司，1988年3月第一版，第104—105页。

说"有"是源自于无的，即无中生有；二是源自于有，即从某些别的原料产生了如今的世界万物，是"有"中生"有"，不过第一个有和第二有的含义是不一样的。

关于这个问题，前面已经有不少哲学家提出过有关的观点，例如老子说："天下万物生于有，有生于无。"①而在黑格尔看来，有可生于无，因为纯有就是无，他说："这种纯有是纯粹的抽象，因此是绝对的否定。这种否定直接地说来也就是无。"②恩培多克勒则认为万物都是由水火土气四大元素按比例混合而成的，四大元素不会消灭，因此宇宙万物不会真的死亡或消失，而只是组成万物的四大元素的凑合与分裂，对此他说：

"任何变灭的东西都没有真正的产生，在毁灭性的死亡中也并没有终止，有的只是混合以及混合物的交换：产生只是人们给这些现象所起的一般名称。"③

在这个问题上，奥古斯丁的观点是很鲜明的，他站在老子和黑格尔一边，认为无中可以生有，认为上帝是从虚无中创造世界的。不过他也提出了一些似乎不同的假设，例如说上帝是以某些没有形式的质料来创造世界的，但这并不意味着这些质料是独立于上帝的，因为倘若这些质料是绝对没有形式的，那么它们就是虚无，"甚至比无更为无"。④倘若它们不是完全的无形式，而是即具有了

---

① 《老子》第四十章。

② 黑格尔：《小逻辑》，贺麟译，商务印书馆，1980年7月第二版，第192页。

③ 北京大学外国哲学史教研室编：《古希腊罗马哲学》，商务印书馆，1961年5月第一版，第81页。

④ 参见柯普斯登：《西洋哲学史》（第二卷），庄雅棠译，台湾黎明文化事业有限公司，1988年3月第一版，第105页。

某种接纳形式的能力，这时候它们似乎不能够说是虚无了，但它们又是怎样来的呢？当然也是由上帝创造出来的。总而言之，一切都是由上帝创造的，不但这个世界如此，这个世界由之形成的质料亦如此——倘若有某些质料的话。

其实，奥古斯丁这么认为是必然的。前面说过，在奥古斯丁那里，上帝具有绝对的权威，这就必然决定了上帝是一切的创造者，不但是世界本身的创造者，而且是世界的原料的创造者，简而言之，一切都要依赖上帝去创造，上帝必然是从无中创造世界的。

现在我们要来讲一个具有奥古斯丁特色的理论，那就是他的"种子形式"。

所谓种子形式，指的是万物的"种胚"，它们有两个特点：

一是这些种胚可以发展成为具体的万物，就像种子可以发育成长为植株一样，这不难理解。这可以让我们联想起阿那克萨戈拉的种子说，在阿那克萨戈拉的种子说里，"肉是由许多小的肉的部分组成的，黄金是由许多小的黄金的部分组成的，诸如此类。"①

当然，阿那克萨戈拉的"种子说"和奥古斯丁的"种子形式说"是很不一样的，其中最大的不一样是前者缺乏了一个创造者——上帝。

二是种子形式是由上帝创造出来的。这是不言而喻的。

将上述两点结合起来，就是说，在奥古斯丁看来，种子形式是"在一种不可见的、潜能的、因果的方式下被造的，这种方式是事

---

① 黑格尔：《哲学史讲演录》（第一卷），贺麟、王太庆译，商务印书馆，1959年9月第一版，第359页。

物将会被造却还没有被造的方式。"①

看得出来，奥古斯丁是将种子形式与上帝之创造万物结合在一起来考察的。为什么如此呢？这是因为奥古斯丁之所以提出种子形式这个概念是有特殊原因的。

原来，在《便西拉智训》里有一段话："那永活者在同一时间内创造了万物。"②这显然与《创世记》中的话是违背的，因为根据《创世记》，上帝是分六天创造万物的。这两段话都是基督教中的经典之语，任何一者都不能毁弃。怎么办呢？于是奥古斯丁也许是借用了阿那克萨戈拉的种子说，创造了一个种子形式来调和。具体就是说，上帝是在开始创造万物之时便在最初创造了万物的种子形式，然后再根据种子形式去分别创造具体的万物。这样一来，"那永活者在同一时间内创造了万物"就成立了，因为上帝在同一时间内创造了万物的种子形式，而这个种子形式也就是万物的种子形式，其中蕴含万物，当然也可以说是万物，此后上帝便根据种子形式次第创造万物，两种原来相矛盾的说法就这样得到了调和。

还有，译本在这里有一处错误，就是将"那永活者在同一时间内创造了万物。"注释为出自《传道书》的18章1节，我读到这里时不由大感困惑，《传道书》哪有18章呢？明明只有12章吗！难道柯普斯登犯错了？

稍一想，这似乎是不可能的，我们前面说过，这位柯普斯登教授是当今世界最著名的中世纪哲学大家之一，曾任罗马宗座格里哥

---

① 《创世记字义注释》6，5，8，柯普斯登：《西洋哲学史》（第二卷），庄雅棠译，台湾黎明文化事业有限公司，1988年3月第一版，第107页。

② 《便西拉智训》第18章1节。

利大学哲学史教授13年之久，不可能犯这样的低级错误。

困惑之余，便去查英文的来源，一看是"Book of Ecclesiasticus"，便明白不是柯普斯登而是译者在这里犯了一个很大的错误，他简单地将Ecclesiasticus理解成传教——在字典里的确是这样的意思，而在《圣经》里又确实有《传道书》，于是就想当然地将Book of Ecclesiasticus译成《传道书》了。但在这里Book of Ecclesiasticus根本不是《传道书》，而是《便西拉智训》，即"The Book of Sirach"的另一名称。《传道书》成书于公元前1000年左右，属于旧约，《便西拉智训》则成书于公元前180年左右，属于新教次经，两者相差近千年之久，不可同日而语。

在《便西拉智训》第十八章第一句便是"永生的天主，一举而创造了万物"（He that liveth for ever created all things together）。也可以译为"那永活者在同一时间内创造了万物"。译文是没有错的，译者是庄雅棠，校订者则是著名的傅佩荣先生，耶鲁大学哲学博士、台湾大学哲学系教授。

这个小例子告诉我们，名家也是偶尔会犯错的，当然，这样的错任何人都会有的，只是我们读书的时候要注意就是，对于有疑问的地方多加查证就可以了。

这时候不由又想起了《传道书》，它是《旧约》的一部分，据说是所罗门王所作，语言极致优美、思想亦极致深刻，令人叹为观止，如它的前面几段是这样的：

"在耶路撒冷作王，大卫的儿子，传道者的言语。

传道者说，虚空的虚空，虚空的虚空。凡事都是虚空。

人一切的劳碌，就是他在日光之下的劳碌，有什么益处呢？

一代过去，一代又来。地却永远长存。

日头出来，日头落下，急归所出之地。

风往南刮，又向北转，不住地旋转，而且返回转行原道。

江河都往海里流，海却不满。江河从何处流，仍归还何处。

万事令人厌烦。（或作万物满有困乏）人不能说尽。眼看，看不饱，耳听，听不足。

已有的事，后必再有。已行的事，后必再行。日光之下并无新事。

岂有一件事人能指着说，这是新的。哪知，在我们以前的世代，早已有了。"

从这短短的篇章里，使人既想到了毕达哥拉斯与柏拉图的轮回说、又想到了佛家的四大皆空，甚至想到了叔本华的生存空虚说。更想到了我们中国古人的话，如老子的"致虚极，守静笃。万物并作，吾以观复。"还有庄子的"天下之水，莫大于海，万川归之，不知何时止而不盈；尾闾泄之，不知何时已而不虚。"以及《春江花月夜》中的美句：

江畔何人初见月？江月何年初照人？

人生代代无穷已，江月年年只相似。

不知江月待何人，但见长江送流水。

如此等等，而远在三千年之前的古人——无论是否真的是所罗门王——却在短短的几句里将这一切都说出来了！而且说得甚至更加丰富而深刻，真是何等的大智慧啊！

再来说种子形式，这里要注意的是，我们不要认为这个种子形式和现实意义上的种子是同样的东西，它们是大不一样的，因为种子是可以感知的，而种子形式则不可以。在这个意义上，它更类似于阿那克萨戈拉的种子。在阿那克萨戈拉那里，种子的特点之一就是不可感知，即我们不能感觉到种子。其实，我们从"种子形式"的名字就可以看出来它是不可感知的，因为它只是一种"形式"，就像形式与质料一样，这个形式当然是不可感知的。

在奥古斯丁看来，有了这种种子形式之后，才进一步发展成为了可以感知的种子，而实际的万物后来正是通过这样的种子而繁衍的：

"因此，每一物种，以及所有它们未来的发展和特定的份子，在起初时已被造于适当的种子形式之中了。"[①]

第四节　关于人的创造

在上帝之创造世界中，有一个最重要的创造这里要拿出来特别说说，那就是人的创造。

人是由上帝创造的，这不用说，当奥古斯丁讨论人的创造时，最中心的问题是有关灵魂的问题。

哲学史上有许多人讨论过灵魂，其中最杰出的当然是柏拉图对灵魂的分析。柏拉图在《蒂迈欧篇》里对灵魂谈得非常之多，而且颠来倒去地说，这也是《蒂迈欧篇》难读的原因之一。例如柏拉

---

① 柯普斯登：《西洋哲学史》（第二卷），庄雅棠译，台湾黎明文化事业有限公司，1988年3月第一版，第108页。

图认为，人的躯干的主要用途之一是装载灵魂，并认为人有三种灵魂，[①]这三种灵魂一般地说指理智、激情与欲望，其中理智的灵魂是最神圣的，也是不朽的，位于头颅里，其它两种灵魂则是可朽的，其中激情的灵魂则装在胸腔里，[②]欲望的灵魂则安放在肚子里。[③]

而关于人的创造与产生，柏拉图的观点是这样的：

"创造主自己创造了神圣事物，但把创造可朽事物的使命交给了他的儿子。他的儿子们模仿他的做法，从他那里接受了灵魂的不朽本质，以此为中心塑造有生灭的形体，用这种形体来运载灵魂，又在形体内建造了一个具有可朽性质的灵魂。"[④]

这就是说，人的身体是由大神的神族儿子们创造的、是可朽的；身体是用来装载灵魂的；灵魂乃是人体的中心；灵魂又有两部分：一部分是不朽的，来自大神，另一部分是可朽的，来自神族。这可以看作是柏拉图对于人的肉体与灵魂的概述。

奥古斯丁正是在接受了柏拉图一些关于灵魂的观点之后，提出了自己关于灵魂的观念。

首先，和柏拉图一样，奥古斯丁认为人是由肉体与灵魂组成的，这是最基本的观点。在二者之间，当然灵魂是更为重要的，因为在奥古斯丁看来，灵魂是不朽的，它当然比可朽的肉体重要。

不过，奥古斯丁对一种观点是很反对的，就是认为灵魂是和上

---

① 参见柏拉图：《柏拉图全集》（第三卷），王晓朝译，人民出版社，2017年12月第一版，第343页。

② 同上，第323页。

③ 同上，第324页。

④ 同上，第323页。

帝一体的，甚至分享了上帝的神圣，在他看来，这是错误的，因为灵魂也是上帝从虚无中所创造出来的，一如万物：

"灵魂或者是从气中造出来的，或者是神的气造成的，不管怎样，都不是从他自身造出来的，而是他从虚无中造出来的。"①

他甚至更进一步地设想了上帝是如何创造灵魂的：

"我们可以按这样的方式设想，神周围有一定的空气，他先吸进一些空气，然后又呼出来，当他把气吹在人的脸上的时候，就形成了人的灵魂。过程果真如此，那灵魂就不可能出于他本身，而是出于周围气体性的质料。"②

从这里可以看出，在奥古斯丁看来上帝似乎是用气作为原料去创造灵魂的。这样一来，由于气是外在于神的，当然不能够说是神的一部分了，也不可能分享只属于神的神圣了。

由此，奥古斯丁进一步认为，只有神是不变的，而灵魂则是可变的，他说：

"无论祂从自身创造了什么，祂必然保持自我同一的本性，因而是不变的；但灵魂是（如所允许的）可变的。因而它不是从祂出来的，因为祂事实上是不可变的。另外，它也不是从另外的东西中创造出来的，既如此，那它必然是从虚无中创造出来的，当然是神自己创造出来的。"③

还有，奥古斯丁也像柏拉图一样区别了不同种类的灵魂，例如

① 奥古斯丁：《论灵魂及其起源》，石敏敏译，中国社会科学出版社，2004年10月第一版，第188页。

② 同上。

③ 同上，第189页。

动物的灵魂和人的灵魂，前者只能感觉，后者则有理性的与推理的能力，这样的观点是不难理解的。

此外，对于灵魂的另一个问题奥古斯丁也提出了自己的重要观点，那就是我们的灵魂是怎样来的？因为每个人都有灵魂，这些灵魂似乎有两个可能的来源：由父母的遗传而来或者由上帝特别为每个人特别创造。在这个问题上，奥古斯丁的观点是偏向遗传的，这是与他的另一个重要思想有关的，即他关于原罪的观点。既然人有原罪，而人是灵魂与肉体的结合，其中灵魂更为重要，那也就是说，灵魂也必然是有原罪的。这样一来，这个有原罪的灵魂当然应该是由遗传得来的，不可能是由上帝个别创造的，而是从第一个灵魂即亚当的灵魂那里就有了罪的，这个罪通过遗传代代相传，直到所有的人。这就是人的原罪，这原罪无疑是与人的灵魂相关的，对此奥古斯丁是这样说的：

"这意味着要解决这样的问题：灵魂从哪里被送入肉体，到什么时候它该脱离肉体——假设的一个例子就是还没有长到有自由意志的婴儿的灵魂，——找不出别的原因解释为什么它没有接受洗礼就该定罪，惟有一个原因，那就是原罪。因为原罪，我们不能否认灵魂受罚是公义的，因为神公义的律法已经命定对罪的责罚。"[①]

奥古斯丁进一步认为，受了洗礼后，虽然人自己脱了原罪，但其后代并不因此就没有这原罪了，他还举了一个类比，说人的胡子刮了后，还是会长出来，因为胡子根仍在，洗礼也是一样，洗去的

---

① 奥古斯丁：《论灵魂及其起源》，石敏敏译，中国社会科学出版社，2004年10月第一版，第199页。

只是受洗者自己的罪，但那罪的根源仍在，就像刮了胡子后那胡子的根仍在体内一样，因此之故，人自己受洗脱离原罪后，其后代仍一样有原罪。[①]这也就是说，我们人的得救仍需要上帝的恩典，这是奥古斯丁很强调的一个思想。

还有，我们要注意的是，在有关灵魂的问题上，奥古斯丁总的来说是抱持着审慎态度的，因为在他看来，灵魂是极其深邃的，我们人很难看透，例如上面似乎说灵魂是由气组成的，但在这里奥古斯丁也许只是想表明灵魂并不是上帝的一部分，并不是真的说灵魂是由气组成的，因为这样一来，就与灵魂的另一个基本特点相违背了：即灵魂的不可感知性以及不朽性。

所以，在灵魂的问题上，除了灵魂是由上帝创造的之外，我们不要轻易地断言奥古斯丁认为这样那样，对这一点奥古斯丁自己也是很小心翼翼的，例如在关于灵魂的起源问题上，奥古斯丁就说这似乎超出了人的理性所能够理解的，所以要慎之又慎，他在《致僧侣莱那图》里说：

"最好的办法就是像我一样在灵魂的起源问题上谨慎又谨慎，不可放胆地断言人的理性所不能领会的、神圣权威也不能辩护的问题。"[②]

讲完了世界、人与灵魂，我们下面一讲奥古斯丁另一个独特而重要的思想，就是他关于善与恶的思想，特别是恶的思想。

---

① 参见奥古斯丁《论原罪》第44章；周伟驰：《奥古斯丁的基督教思想》，中国社会科学出版社，2009年5月第二版，导言第xxix页。

② 奥古斯丁：《论灵魂及其起源》，石敏敏译，中国社会科学出版社，2004年10月第一版，第200页。

第五节　善与恶

在善与恶之间，对善是比较好理解的。简而言之，在奥古斯丁看来，人的善是人转向上帝、信仰上帝，并且遵照上帝所规定的律法行事，这就是善。通过这样的善，人便能得到幸福。人的善与人的幸福是一致的，都在于上帝，包括善本身。人之所以会向善，也在于上帝，或者说是上帝赐予了人向善的、有德行的能力：

"使你幸福的，不是你灵魂的德行，而是那赐给你德行的祂，祂感动你的意愿，又赐给你能力去行。"①

从这里可以看出来，人之所以会有德行、会有善、会有幸福，全在于上帝，这不需多言，几乎每一个基督徒都是这么认为的。

但恶就不一样了，我想大家可能都想到过样的问题：既然上帝是万能的，那么上帝为什么要创造一个有恶的世界呢？而不创造一个完美的、没有恶的世界呢？还有，既然万物都是上帝创造的，那恶也是上帝创造的了，上帝创造了恶，祂还能算是完美的吗？如此等等，这些问题都是基督教神学中面对的最难回答的问题之一。对于这样的问题，作为基督教神学的大师，奥古斯丁自然会予以回答。

对于为什么会有恶的问题，我们首先要清楚的一点是，在奥古斯丁看来，上帝绝对不是恶的原因，即恶不是由上帝创造的，上

---

① 柯普斯登：《西洋哲学史》（第二卷），庄雅棠译，台湾黎明文化事业有限公司，1988年3月第一版，第114页。

帝是没有创造恶的，也没有决定人去为恶。在他的《论自由意志》里，卷一第一章的名字就叫"上帝是恶的原因吗？"并且作出了否定的回答。①

恶不是自上帝而来，那么它源自何方呢？要回答这个问题，我们要先清楚在奥古斯丁那里有两种类型的恶，或者说可以从两个角度去理解恶，一是从具体的恶事的角度，即具体的人所犯的各种具体的恶，例如奸淫掳掠之类，另一种是抽象的哲学意义上的恶，对于这两种恶的起源，奥古斯丁分析的方法是不一样的。

对于具体之恶，奥古斯丁的回答比较明白，就是恶来自贪婪。他的《论自由意志》的卷一第三章名字就是"贪欲是恶的来源"。在这一章里，奥古斯丁简单地列举了一些恶，例如奸淫、谋杀与渎圣，指出它们的起源在于贪欲：

"埃：再清楚不过了！我看没有必要用冗长的讨论来说服我了，在谋杀、渎圣以及每一诸如此类的犯罪中情况都是如此，很清楚是贪欲引起了每一种恶行。"②

在第三章里，他又说：

"请你相信这教训的不可逾越的真理：贪婪是万恶之根。"③

这句话奥古斯丁是引自《提摩太前书》，里面有这样一段：

"贪财是万恶之根。有人贪恋钱财，就被引诱离了真道，用许

①　参见奥古斯丁：《论自由意志》，成官泯译，上海人民出版社，2010年1月第一版，卷一，第一章。
②　同上，第75页。
③　同上，第170页。

多愁苦把自己刺透了。"①

　　奥古斯丁的这个观点是可以理解的。确实，人世间大部分的恶事，倘若我们具体地分析每一桩，那做恶的人几乎都有一个共同的做恶之因，就是贪婪：奸淫者是为了贪图性欲的满足；偷盗者是为了贪图钱财；谋杀者之所以要谋杀，无非是为了贪求权位、金钱或美色之类，即使是为了报仇，也是为了贪图报复的快感；即使是那些一时兴起的无因之恶，同样是为了贪图那种为恶所带来的快感。总之，在万千具体的恶事之后，我们总可以看到一个大写的"贪"字！

　　我们知道，佛教谈论三毒：贪嗔痴，其中贪是指染着于色、声、香、味、触等五欲之境而不能离之，即"于外五欲染爱名贪。"②为什么会有这贪呢？那是因为我们生活于世间，以各种感觉器官如眼、耳、鼻、舌、身等与外界相接触，就产生了色、声、香、味、触等感觉，而这些感觉能自然而然地引起人们的欲望，即"五欲"，有这五种欲望是自然的，但倘若对之产生了过度的爱念，执着而不能离之，那就是贪了。而这贪乃是人之觉悟的大敌，也是人产生种种烦恼的根本原因，故可列于三毒之首。

　　其实，老子也有相似的说法：

　　"五色令人目盲；五音令人耳聋；五味令人口爽；驰骋畋猎，令人心发狂；难得之货，令人行妨。

　　是以圣人为腹不为目，故去彼取此。"③

　　这里的"去彼取此"就是要人不要去接近、痴迷于那些五色、

---

①　《提摩太前书》第6章第10节。

②　见《大乘义章》卷五。

③　《老子》第十二章。

五音、五味之类，这些接近、痴迷也就是贪，"去彼取此"就是不要贪。

为什么不要贪？那原因是不言而喻的，因为贪乃万恶之源。

其实，通观老子，从第三章："是以圣人之治，虚其心，实其腹，弱其志，强其骨。常使民无知无欲。使夫智者不敢为也。为无为，则无不治。"到第十二章："是以圣人为腹不为目，故去彼取此。"到第十九章："绝圣弃智，民利百倍；绝仁弃义，民复孝慈；绝巧弃利，盗贼无有。此三者以为文，不足。故令有所属：见素抱朴，少思寡欲。"直到著名的第八十章："小国寡民。使有什伯之器而不用；使民重死而不远徙。虽有舟舆，无所乘之，虽有甲兵，无所陈之。使民复结绳而用之。甘其食，美其服，安其居，乐其俗。邻国相望，鸡犬之声相闻，民至老死，不相往来。"其主旨与目的都只有一个，就是要使人去除贪欲之心。

并且，老子在这里比奥古斯丁和佛家更高明的是，他不但点出了贪是万恶之源，而且指出了去除这贪的具体办法：就是要回到一种更加"原始"的生活，在这种人的原初状态之下，人活着的唯一需求就是活着而已，没有别的欲求。欲求本身少了，贪欲自然也就少了，这是一种"三十六计"第十九计的法子——釜底抽薪。这种法子与佛家的悟是相反的，悟是需要知识的，悟就要去除痴、无名，以消除人的愚昧无知，在懂得之后再去抛弃，就像佛陀一样，是先作为王子，享受了，也懂得了人世间一切的吃喝玩乐与荣华富贵，然后才去悟。老子的办法则是根本不要懂得、更不要去获得，使人心中根本没有五欲，人自然就不会贪了。

我们可以联想起《神雕侠侣》中的一幕场景，当时武林中最强的几位论定"东邪、西狂、南僧、北侠"之后，讨论中央的那一位，也就是"武功天下第一"该当由谁居之。大家故意东拉西扯，从小龙女到黄蓉都说了，就是不提周伯通。——大家都知道其实他的武功最强，不提他只是想看看他着急的样子。想不到周伯通鼓掌笑道："妙极，妙极！你甚么黄老邪、郭大侠，老实说我都不心服，只有黄蓉这女娃娃精灵古怪，老顽童见了她就缚手缚脚，动弹不得。将她列为五绝之一，真是再好也没有了。"

各人一听，明了周伯通虽然天性好武，却从无争雄扬名的念头。黄药师不由笑道：

"老顽童啊老顽童，你当真了不起，我黄老邪对'名'淡薄，一灯大师视'名'为虚幻，只有你，却是心中空空荡荡，本来便不存'名'之一念，可又比我们高出一筹了。东邪、西狂、南僧、北侠、中顽童五绝之中，以你居首！"[1]

依此推来，老子的办法比佛家的办法是要略胜一筹的。

当然，做不做得到，就另当别论了！至于原因，就是一本书也写不完，这里且不多言。

前面我们分析了具体之恶的起源，再来看哲学意义上的恶。

对于这个哲学意义上的恶或者说抽象的恶的起源，奥古斯丁也说得很清楚，那就是人的自由意志。

奥古斯丁的《论自由意志》卷三第十七章名字就叫"意志是一切罪的根本原因"，里面指出"邪恶的意志是万恶之原因。"[2]

---

① 见《神雕侠侣》第四十回"华山之巅"。

② 奥古斯丁：《论自由意志》，成官泯译，上海人民出版社，2010年1月第一版，第170页。

在奥古斯丁的《手卷》里，他更具体地说：

"善的东西之原因是善，而恶的原因则是由于受造的意志转离不可变的善。"①

据此来看，奥古斯丁认为人是有自由意志的，即人的意志是"自由的"，这个自由决定了其可以自由选择向善还是向恶，倘若其选择向善——上帝，那就是善，若其转向恶，那就是产生恶了。这就是恶的起源。就像柯普斯登所言：

"如果道德的完美在于爱上帝，并且指挥所有其它的能力（如：感觉的能力）与这个方向相调和；那么恶便是人的意志转离上帝。"②

奥古斯丁还将人的善分成了三个等级，即大善、中等之善与最低之善，这些善都是上帝创造的，人的意志之自由本来也是一个中等之善，然而，人的意志却并不会停留于之，而是为"转向"，这就是它的"自由"，它既可以转向最高等级的善，同样也可以转向最低等级的善，这时候它就犯罪了、为恶了：

"当意志忠于公共的不变的善，便会得到属人的最大、最重要之善，尽管意志本身只是中等之善。但若意志从共同不变之善转回到它自己的私善，或外在的或低下的事物，它就犯罪了。它想作自己的主，便会转向自己的私善，热衷于别人的事或与己无关的事，便会转向外物，以身体快乐为乐，便会转向低下的事。一个人这样变得骄傲、好奇、贪纵，他就被另一种生活所攫取了，与更高的生

　　① 柯普斯登：《西洋哲学史》（第二卷），庄雅棠译，台湾黎明文化事业有限公司，1988年3月第一版，第118页。

　　② 同上。

活比，这就是死。但即便这种生活也是由神意统管着的，神意使万物各从其位，使每人各得其所。

因此，罪人所求的善，决不是恶事，被我们列为中等之善的自由意志也不是恶。所谓恶，是意志背弃不变之善而转向可变之善。既然这转向不是被迫的，而是志愿的，它受痛苦惩罚便是公义、应该。"①

这一段话里，奥古斯丁指出了恶的原因在于自由意志的转向低下之事，于是人就"这样变得骄傲、好奇、贪纵"了，也就是说恶了。不过，这并不说明自由意志本身是恶，自由意志本身是善的，或者说它本来是善的，只有当它转向之后才恶了，或者说行了恶事。这里在言辞上有着微妙的差别，我们要仔细地辨别。

但在这里有一句"但即便这种生活也是由神意统管着的，神意使万物各从其位，使每人各得其所。"这似乎是说，奥古斯丁认为恶的生活也是由神来决定的，能够由此说恶是由神来决定的吗？恐怕不能。这应该只是一种抽象意义上的言说，即奥古斯丁认为人的生活是由神来决定的，神使所有人以及万物都各归其位、各得其所，如此而已。

不过，这里似乎还有一个问题，就是人的自由意志本来是善的，却如何会转向恶呢？这种自由意志的转向恶的"运动"是上帝决定的吗？倘若是，那上帝岂不的确是恶的渊薮了？

按理说，这是一个自然而然的结论，对于这样的结论，奥古斯

---

① 奥古斯丁：《论自由意志》，成官泯译，上海人民出版社，2010年1月第一版，第135页。

丁当然是反对的，这我们已经说过了，不过，对于自由意志为什么会有这样的转向，奥古斯丁的回答则是——不知道：

"也许你要问使意志从不变之善转向可变之善的运动的缘起是什么？尽管自由意志本身因为没有它无人能正当生活而被当作善，意志的这运动显然是恶的，因那背离主上帝的运动无疑是罪恶。我们肯定不会说上帝是罪的原因，而这运动也非来自上帝。但是它从何而来？如果我告诉你我不知道，你可能要失望了，但这却是真实的。人是不可能知道虚无的东西的。"①

在这里，奥古斯丁坦率地对进一步的追问作出了"我不知道"的回答，这也许不那么完满，但却是合理的，甚至是必然的，因为这询问与探求都是不会有止境的，就像奥古斯丁在讲意志是一切罪的根本原因中所说的一句："即便能证明它的原因是万恶之根，如我所说，你一旦有了这发现，又会再寻找这原因的原因，你的探寻不会有止境。"②

这句话不但可以用在探讨罪的原因，也可以用在对一切的探求之上。这样一来，就必然地必须为探求找到一个终点，这个终点既可以是奥古斯丁在上面说的"我不知道"，也可以是某些不变的公理，这一点亚里士多德也是十分强调的，我们前面讲亚里士多德的逻辑学时就说过，所有证明都必须有一个起点或者说本原，它是无须证明的：

"证明的本原是一个直接的前提。所谓直接的前提即是指在它

---

① 奥古斯丁：《论自由意志》，成官泯译，上海人民出版社，2010年1月第一版，第136—137页。

② 同上，第170—171页。

之先没有其他前提。"①

在亚里士多德看来，这些作为本原的公理是具有一种极强的自明性的，他说：

"我们认为，并不是所有知识都是可以证明的。直接前提的知识就不是通过证明获得的，这很显然并且是必然的。"②

奥古斯丁是在为证明找一个终点，亚里士多德是在找一个起点，其实这起点就是终点，就像一个圆上的某个点一样，它既是起点，也可以说是终点。

而对于基督教哲学，对于奥古斯丁，所有的论述最终都必须归到一个基点、起点、终点，就是信仰，理性必须服从于信仰，也必须归于信仰，这是我们一再提到过的，也是理解基督教哲学的根本之点。

我们前面讲了两种恶即具体的恶与哲学意义上的恶的起源，现在我们要来谈一下奥古斯丁对恶的另一种更加深刻的认识，那就是恶不是一种东西，而是一种虚无。

奥古斯丁的这个观点在上面的引文中就提出来了，上面他说"人是不可能知道虚无的东西的"，这里的"虚无的东西"也可以指恶。他在《论教会的德行》中也说，恶是"从本质堕落而倾向于不存在……倾向于制造那要消灭的。"③

---

　　① 亚里士多德：《亚里士多德全集》（第一卷），苗力田主编，中国人民大学出版社，1990年9月第一版，第249页。

　　② 同上，第251页。

　　③ 柯普斯登：《西洋哲学史》（第二卷），庄雅棠译，台湾黎明文化事业有限公司，1988年3月第一版，第119页。

显然，奥古斯丁关于恶是虚无的思想可以说是直接师承新柏拉图主义的。如在新柏拉图主义的领袖柏罗丁看来，物质就是罪恶，并且恶是不存在的，是一种虚无。

当然，柏罗丁在这里所说的不存在指的并不是真的不存在、没有这个东西，而是说倘若认为善、理智、思维这一类是存在，那么与它们相对立的物质与罪恶就是不存在；这里我们也可以将"存在"理解为一种性质，既然善、理智、思维具有"存在"这种性质，那么和它们水火不兼容的物质与罪恶当然不可能具有"存在"这种性质，也就是说，物质与罪恶只能是"非存在"了。但这个非存在并非是不存在、没有这个东西，而是它也构成另一种性质，即"非存在"这个性质。对此柏罗丁有这样一段话：

"假如这是存在的和高于存在的东西，那么罪恶就不在存在物里，更不在高于存在物的东西里；因为这就是善。因此只能说，假如还有罪恶存在，那它只能是在无有中，它只是一个不存在的形式。不过不存在者并不是完全不存在，而只是存在物的对方。"[1]

与柏罗丁不一样，另一位新柏拉图主义的大师普洛克罗则认为，恶只是一种"缺陷"，因为物质毕竟是从太一所产生的最低一个等级的东西，它分有的太一的善自然是最少的，这也使得它难免会有这样那样的缺陷，于是就产生了恶。

奥古斯丁对于柏罗丁和普洛克罗的思想都加以继承。他一方面继承了柏罗丁，认为恶是一种虚无，即虚无总是与恶连在一起，由

---

[1]　黑格尔：《哲学史讲演录》（第三卷），贺麟、王太庆译，商务印书馆，1959年12月第一版，第200页。

于受造物是从"虚无"中造出万物来的，因此它们的存在是不完美的，是有变化之可能的，而这就可能产生"恶"。[①]

看得出来，奥古斯丁虽然认为恶是一种虚无，但角度和柏罗丁是不一样的，结论却是一样的，即恶是虚无。

同样地，奥古斯丁也像普洛克罗一样认为恶是一种缺乏，即善的缺乏，正是这种缺乏导致了恶。例如动物生病了就意味着健康的缺乏，生病是恶、健康是善，缺乏健康就是恶，即恶是善的缺乏。对此他说：

"我们称之为恶的东西，除了是善的缺乏外，还是什么呢？在动物的躯体里，疾病和伤口只不过意味着健康的缺乏。"[②]

在这一点上，奥古斯丁的观点和普洛克罗就是很相似的了。还有，说恶是虚无与缺乏其实是一致的，因为虚无也可以被看作是一种缺乏。我们可以这样形象地理解：一个杯子里没有水，缺乏水，那么这个杯子里就是"无"水，这里的"无"就是"缺乏"，两者即使从字义上看也是有关联的。

不过，与柏罗丁认为物质乃是恶不同的是，奥古斯丁认为物质也是善，因为物质是"存在者"，而在奥古斯丁看来，一切存在者都是善，他说："一切存在的东西，既然它们的创造者是至善的，它们自己也就是善的。"[③]

当然，由于存在者是上帝创造的，它们不可能像上帝那样是至

① 参见周伟驰：《奥古斯丁的基督教思想》，中国社会科学出版社，2009年5月第二版，第195页。
② 转引自周伟驰：《奥古斯丁的基督教思想》，同上，第197页。
③ 同上。

善，因此它们是可能趋向恶的，即它们的善是可以减少和增加的，而善被减少，这是一种恶，无论它减少了多少，都是一样。

在这里就呈现了奥古斯丁对于善的一种巧妙而独特的理解。我们知道，柏罗丁认为物质是一种恶，原因之一就是因为它是可朽坏的。在柏罗丁看来，这些形态万千的物质、这个感性的物质世界，既只是一种可能性或者说偶然性，又是暂时的，转眼就是明日黄花，又和它来自的神圣的太一与理念毫不相似，甚至和祂们对着干，是祂们的否定与反动，是典型的"不肖子"。因此他说：

"物质世界及其万事万物都是不真实的、虚假的，或者说，它不是一种存在，而是一种非存在，也就是说，'物质是带着存在物的形象的不存在的东西。'"[①]

这个思想是柏罗丁一个很重要也很深刻的思想，但奥古斯丁对这个思想没有继承，而是巧妙地从物质的这种"可朽坏"、暂时的特性得到它不是恶的，而是善的这个结论来，并且继而得出了恶的来源，即恶是虚无、恶不存在的结论来，并进言之赞美了上帝所创造的这个世界的美好，也就是说赞美了上帝的伟大。

奥古斯丁的这个思想集中地体现在《忏悔录》中的一段话：

"我已清楚看出，一切可以朽坏的东西，都是'善'的；惟有'至善'，不能朽坏，也惟有'善'的东西，才能朽坏，因为如果是至善，则是不能朽坏，但如果没有丝毫'善'的成分，便也没有可以朽坏之处。因为朽坏是一种损害，假使不与善为敌，则亦不成其为害了。因此，或以为朽坏并非有害的，这违反事实；或以为一切事物的朽坏，是在砍削善的成分，这是确无可疑的事实。如果一物丧失了所有的'善'，便不再存在。因为如果依然存在的话，则不能再朽坏，这样，不是比以前更善吗？若说一物丧失了所有的善，因之进而至于更善，则还有什么比这论点更荒谬呢？因此，任何事物丧失了所有的善，便不再存在。事物如果存在，自有其善的成分。因此，凡存在的事物，都是善的；至于'恶'，我所追究其来源的恶，并不是实体；因为如是实体，即是善；如是不能朽坏的实体，则是至善；如是能朽坏的实体，则必是善的，否则便不能朽坏。

我认识到，清楚认识到你所创造的一切，都是好的，而且没有一个实体不是你创造的，可是你所创造的万物，并非都是相同的，因此万物分别看，都是好的，而总的看来，则更为美好，因为我们的天主所创造的，'神看着一切所造的都甚好'。"[1]

上面最后一句引文系奥古斯丁引自《圣经·创世记》第1章第31节。

经过了上面的分析，这段话是不难理解的。简而言之就是，事物之所以能够朽坏，是因为其中有善，这乃是其能够朽坏的"资本"，这就像一个败家子之所以能够挥霍浪费，是因为他有家产可供挥霍一样，这些家产就是他挥霍的"资本"。对于事物而言，这个资本就是其存在，即其是物质，而这些存在着的东西之所以是善的，乃是因为它们是上帝所创造的，作为上帝的造物，它们当然是

---

① 奥古斯丁:《忏悔录》，周士良译，商务印书馆，1963年8月第一版，第135—136页。

善的，这道理是显而易见的。进而言之，有两个极端：一是至善者，若为至善者便不会朽坏了，即是永恒的了！这就是神及与之相关的天使之类了；二是无善者，即其没有任何的善了，这时候，其就不再存在了，也属于恶了，而恶是不存在的，即恶乃是缺乏与虚无，这我们前面也分析过了。

奥古斯丁的这些关于善与恶的思想是不难理解的，并且是非常自洽的、系统化且具独创性的理论，我们理解了上述这段话也就理解了奥古斯丁关于善与恶的思想、理解了奥古斯丁思想理论中一个极重要的部分。

当然，奥古斯丁的思想是很丰富的，我们还可以继续写下去，就像周伟驰先生一样写一部《奥古斯丁的基督教思想》，再加一部《奥古斯丁的神哲学思想》，甚至再写几部也是写不完的，要知道，奥古斯丁不但是最伟大的教父哲学家之一，也是最伟大的哲学家之一，还是留存著作最多的哲学家之一，甚至要远远超过绝大部分现代哲学家，要完整地分析思想如此伟大而丰富的哲学家，一章是远远不够的，遗憾的是我们只能打住了，因为还有很多也很重要而伟大的哲学家等着我们去述说呢！

第九章　伪名丹尼斯

现在我要来讲一个相当特殊的人物，其特殊性有二：一是不知其名，因为他只有一个叫丹尼斯的伪名；二是国内的哲学史著作中甚少提及之，但这个人或者说其著作在神学中的地位却是极高的。

第一节　神秘的丹尼斯及其著作

这位丹尼斯现在经常称为"伪名丹尼斯"，以前的传说是他乃是耶稣基督的门徒保罗的弟子，因保罗的传道而皈依了基督教。是雅典人，希腊最高法官，被称为"亚略巴吉特的丹尼斯"。甚至有传说他乃是雅典的首任基督教主教或者巴黎主教，但这些说法后来统统被否定了，否定最有力的根据便是这位丹尼斯在他的著作中大量地甚至有时候几乎是逐字逐句地引用新柏拉图主义哲学家普洛克罗的作品，普洛克罗生于公元410年，逝世于公元485年，这样一来他显然不可能是生于公元前4年、逝世于公元64的保罗的弟子了。因此这个丹尼斯就盖棺论定，成了"伪名丹尼斯"。

那么这位伪名丹尼斯究竟姓甚名谁呢？是何许人也？虽然也有一些坊间传说，但都没有得到公认，恐怕永远也不会有人知道了。

这对于那位伟大的著作家与神学家而言确实是一个损失，因为倘若他不托名而用真名，一定可以凭借他的著作而永垂不朽的，但正因为他用了一个托名才使得自己的真名湮没无闻。但对于我们则不是如此，对于我们而言，重要的是著作本身而不是谁写的，是张三写的也罢，李四或者王二麻子写的也罢，只要书写得好，可以读到，其它的就可放到一边去了。就像英国牛津大学神学家麦奎利在谈到这个托名时所说的：

"哲学与神学的学说之价值是以其锐见之丰富与辩说之合理性来决定的，而非其教师之身份与地位。"[1]

确实，这位伪名丹尼斯的著作是很重要的，早在公元533年时就有人把他的著作当成权威来引用，这大概也是最早的引用，结合普洛克罗逝世于485年，后人由此合理地推测这位丹尼斯活跃于公元500年左右，其著作也成书于此期间。后来的罗马教皇马丁一世也在649年引用过他的著作，这也足以显示他在当时的重要影响。

丹尼斯影响最大或者说贡献最大的是他对三位重要的中世纪哲学家或神学家的影响，这三位分别是爱留根纳、大阿尔伯特与托马斯·阿奎那，后两位都为他的著作专门写了注释，其中托马斯·阿奎那据统计在他的著作之中共引用丹尼斯多达1700次。而且，早在公元649年，伪名丹尼斯的著作就被教皇马丁一世钦定为正统神学著作。[2]爱留根纳更是受到他极大的影响，就像柯普斯登所言：

"若不了解格里哥利和伪名丹尼斯的思想，也无法了解约

---

① （托名）狄奥尼修斯：《神秘神学》，"中译本导言"，包利民译，商务印书馆，2012年6月第一版，第ix页。

② 参见赵敦华：《基督教哲学1500年》，人民出版社，2005年5月第一版，第195页。

翰・斯考特的思想。"①

　　对了，这里的约翰・斯考特就是爱留根纳，爱留根纳的全名就是约翰・斯考特・爱留根纳，是基督教早期的另一位重要神学家，我们在后面会专门讲到他的思想。

　　到十五世纪时，著名的库萨的尼古拉更称丹尼斯为"最伟大的神学家"。

　　如此各种事实，都说明无论丹尼斯是什么样的人，他的思想与著作都是很重要的，是我们了解中世纪哲学与神学时不可或缺之部分。

　　丹尼斯现在一共留给后世四部著作和十封书信，四部著作分别名为：《天阶体系》、《教阶体系》、《论圣名》与《神秘神学》。其中著作是以丹尼斯长老致提摩太长老的信件的形式写就的，这在中世纪尤其是教父时期是一种比较常见的写作方式。

　　这些著作中，十封书信可以看作是其神学体系之导言，整体地表达了作者对于何谓神学的理解，并导出了其神学的根本之点，也就是其名——神秘神学。

　　伪名丹尼斯的著作对于神秘神学的影响极其巨大，就像陈佐人先生所言：

　　"狄氏此种以《圣经》为本的神秘神学传统，便型构了往后一千多年的西方基督教神秘主义的发展，从马克西姆、奥古斯丁、爱留根纳、伯尔拿与艾克哈特，皆是先始于圣经神秘经验的象征

---

　　① 柯普斯登：《西洋哲学史》（第二卷），庄雅棠译，台湾黎明文化事业有限公司，1988年3月第一版，第1—2页。

学，再拓展出他们神秘神学的体系。"①

在伪名丹尼斯的著作中，《天阶体系》顾名思义，指的是天上的阶层体系。在丹尼斯看来，天上也是有秩序与等级的，就像人间一样，其根据则是与所受神的启示之多寡或者与神接近的程度。第三章"什么是阶层体系，其益处何在"对这个体系作了明确的解说：

"在我看来，一个阶层体系是一个神圣的秩序、一种理解状态和一种与神圣者尽量近似的行动。它与所受到的神圣启示相称地被提升至对上帝的模仿。"②

《教阶体系》同样可以顾名思义，就是基督教会的阶层体系，这个体系与上面的天阶体系核心是一致的，即是地上的基督教会也要像天上一样，有等级与秩序，在丹尼斯看来，这是一个"可敬的传统"：

"我们有一个可敬的圣洁传统，它肯定每个阶层体系都是它当中的圣洁组成要素的完全表达。它是它的所有圣洁成分的完满整体。所以我们的阶层体系也包容了它的圣洁成分的每一个。正由于此，圣洁的祭司在被祝圣后便要专心于他所有的圣洁活动。实际上这就是为什么称他为"祭司"的原因。如果你谈论'阶层体系'，你实际上便是谈到了所有圣洁的实在的秩序安排。"③

《论圣名》则论述了有关上帝的各种名称，如善、光、存在、

---

① （托名）狄奥尼修斯：《神秘神学》，"中译本导言"，包利民译，商务印书馆，2012年6月第一版，第xxi页。

② （托名）狄奥尼修斯：《神秘神学》，"天阶体系，三，1"，同上，第111页。

③ （托名）狄奥尼修斯：《神秘神学》，"教阶体系，一，3"，同上，第154页。

智慧、真理、信、救赎、全能等等，这些名称全部来自于《圣经》，作者就通过对这个名字的诠释去力图了解上帝。

之所以要从《圣经》出发，是因为在丹尼斯看来，《圣经》乃是我们理解上帝的唯一路径，除此而外，别无其它，在《论圣名》的一开始，他就说：

"我们仍将遵循《圣经》的指示：当我们想要对上帝有任何言说时，我们'不应当用人的智慧的似是而非的言论'，而应当用'圣灵和大能'对《圣经》著述者的明证来确立真理。"①

但我们要明确的是，虽然作者说了很多圣名，也说了很多关于神的话，归根结底神却是不可了解的，我们的了解乃是一种不似之似，或者似之不似，是一种近乎谬误的真理或者近乎真理的谬误，这个中的味道可以说超越了一切言说，就如书中所言：

"事实上，不可思议的太一是一切理性过程都无法把握的。任何词语都不能冀及无法言说的善、太一、一切统一之源和超存在之在。它是超出心灵的心灵，超出言说的言道，它不能由任何言谈、直觉、名字所理解。"②

最后一部《神秘神学》非常之短，中译本也只有短短七页，然而其就像司马迁形容屈原的《离骚》时所言：

"其文约，其辞微，……其称文小而其指极大，举类迩而见义远。"③

可以说，丹尼斯"神秘神学"之最高境界的内容全在于此短

---

① （托名）狄奥尼修斯：《神秘神学》，"论圣名，一，1"，包利民译，商务印书馆，2012年6月第一版，第1页。

② 同上，第2页。

③ 《史记·屈原列传》。

短的几页之中。然而，正由于其是最高的境界，因此也是最难理解的，只能够用一些朦胧的甚至浮光掠影般的字句去勉强地触及所要讨论的主题，而这个主题直指上帝本身，这可以从它的名称看出来，例如第四章名为"一切可感物的最高原因本身是不可感觉的"、第五章名为"一切概念性事物的最高原因本身并非概念性的"，这其中表达的思想简而言之就是，到了那最高处，我们以前的所有言辞所表达的都已经不中用了，无论原因也罢，概念也罢，一切的言辞都无法表述那最高的东西，即神本身。

怎么办呢？文中是这样说的：

"……攀登得越高，语言便越力不从心；当它登顶之后，将会完全沉默。"[1]

这样的感觉是最美的，这样的思想也是最深刻的，当我们沉思内心，体验那最为深刻的思想，最为神圣的对象，我们一定会发现，那最美的美是无法描述的、最神圣的神圣是无法称赞的、最深刻的道理是无法表达的，总而言之，它们都是不可言说的，就像陶渊明所言："此间有真意，欲辩已忘言。"[2]

或者像维特根斯坦所言："确实有不可说的东西。它们显示自己，它们是神秘的东西。"[3]

不仅如此，"对于不可说的东西我们必须保持沉默。"[4]

---

[1]　（托名）狄奥尼修斯：《神秘神学》，"神秘的神学"，包利民译，商务印书馆，2012年6月第一版，第99页。

[2]　陶渊明：《饮酒》。

[3]　维特根斯坦：《逻辑哲学论》，贺绍甲译，商务印书馆，1996年12月第一版，6.522。

[4]　同上，7。

第二节　肯定神学与否定神学

这就是伪名丹尼斯著作的主要内容，我们现在来简要地分析一下其思想的要髓。

这个要髓就是肯定神学与否定神学，这可以说是伪名丹尼斯最重要、最富有创见，也最引人入胜的思想。

所谓肯定神学，是指当我们理解上帝时，先从那些最高的范畴开始，然后慢慢向下移动，一直到达最后的普通的事物，就像他自己所言："当我们肯定时，我们从最先的事物开始，通过居中事物向下移动，直到我们到达最后的事物。"[1]

这里所谓的"最先的事物"，指的是一些最为接近上帝，或者可以最为接近地描述上帝的词，例如善、光、生命、存在、智慧、真理、信等等，就是那些在《论圣名》中所用的词，丹尼斯先从这些词出发去诠释或理解上帝。之所以要这样做，是因为这些词的内涵最接近上帝，因此也适合用来描述上帝。对于这种方法的道理或者用处，丹尼斯用一句话就说的相当明白：

"难道说上帝是'生命'和'善'不是比说他是'石头'或'空气'更加真实些吗？"[2]

这里的用意大致是说，当我们要形容上帝的时候，总得用一些什么词汇，那么究竟用一些什么样的词汇呢？这些词汇当然只能从

---

① （托名）狄奥尼修斯：《神秘神学》，"神秘的神学"，包利民译，商务印书馆，2012年6月第一版，第98页。

② 同上，第100页。

我们已有的词汇中去找，这些词汇无非就是生命、善、石头、空气之类，在这些词中哪些词可能和上帝最为接近，或者更为适合用来描述上帝的呢？当然是生命、善之类而非石头、空气之类。这就是肯定神学的起源与用意。

但是，像生命与善这些词并非只能用来形容上帝，同样可以用来描述一般事物，这是因为上帝将其所具有的属性例如善与光赋予了其余的万物，万物也因此蒙了上帝的恩。这也是好理解的，因为万物本来就是上帝所造，当然"分享"了上帝的某些特质，就像前面奥古斯丁所言，万物也是善的，因为它们是上帝所造，必分有了上帝之善。

在丹尼斯看来，在这些名中，"善"具有最基础的意义，因为它最适合描述上帝：

"让我们现在讨论'善'这个名字，圣洁的著述者总是将它从所有其他名字中挑出来，描述超神圣的上帝。他们把神圣的实体称作'善'。这一根本之善由于自己的存在便将善性延伸入万物之中。"[1]

从这里看出来，善不但是最接近于上帝的，同时上帝也将这善化入万物之间，使万物也具有了善。

将上帝或者神当成善或者至善，在古希腊罗马哲学中是古已有之的，例如柏拉图与亚里士多德都有这样的观点。柏拉图认为至善的神从无序的混沌中创造了一个有序的世界，他说"这位创造者又

---

① （托名）狄奥尼修斯：《神秘神学》，"论圣名，四，1"，包利民译，商务印书馆，2012年6月第一版，第26页。

是善的，……而在一切原因中，创造主是最善的。"① 亚里士多德也说："神就是现实性，是就其自身的现实性，他的生命是至善和永恒。我们说，神是有生命的、永恒的至善，由于他永远不断地生活着，永恒归于神，这就是神。"② 此后的新柏拉图主义就更是如此了，例如柏罗丁认为万物的终极本原乃是太一，太一又是至善，普洛克罗则认为从太一产生"单元"，亦即所谓超乎本质的与无法了悟的神祇，它们是眷顾之来源，我们可以称之为善者。③

如此等等，看得出来，丹尼斯认为善乃上帝之第一性乃是其来有自的。

善之后则是光，他说：

"想一下这与我们的太阳的相似性。它并不作任何理性活动，并无选择行为，但它只存在那里便把光给予了一切能以自己的方式分有它的光照的事物。这同样也适合于善。善远远存在于太阳之上，是比自己的昏暗形象远为高超的原型，将自己来区分的善之光芒送向一切能以自己的方式接受它的事物。"④

从这里可以看到，丹尼斯是把善比喻成光的，或者说善就像光，它普照万物，将善像光一样洒向万物，使万物也蒙了善的光辉。

---

① 柏拉图：《柏拉图全集》（第三卷），王晓朝译，人民出版社，2017年12月第一版，第280页。

② 亚里士多德：《亚里士多德全集》（第七卷），苗力田主编，中国人民大学出版社，1993年1月第一版，第278—279页。

③ 参见柯普斯登：《西洋哲学史》（第一卷），傅佩荣译，台湾黎明文化事业股份有限公司，1986年1月第一版，第615页。

④ （托名）狄奥尼修斯：《神秘神学》，"论圣名，四，1"，包利民译，商务印书馆，2012年6月第一版，第26页。

但我们还要知道，尽管用了善与光这些词来表述肯定神学，但这些词却是有限制的，它们用在上帝和用在上帝所造之万物上时意义是不一样的，特别是对于上帝，它们只是一种"近似的"描述，而真正的上帝自身是不可知的，也无法描述，这我们前面已经说过了。

关于否定神学，它的方式和肯定神学是相反的，即不是从距上帝最近而是从最远的属性开始，这些距上帝最远的属性都不是属于上帝而是属于上帝之所造物的，将这些属性一一排除，再慢慢走向上帝，这就是否定神学的要旨。《神秘神学》也给了否定神学一个简要的说明："难道否定祂会'醉'或'怒'，不比否定他有语言或思想更正确吗？"①

《神秘神学》还打了一个很有意思的比喻，就是用雕刻家雕像的方式去类比否定神学：

"这才是真正的看和知：用超越的方式，即通过否定万物，来赞颂那超越的太一。我们应当像打算雕刻一具塑像的雕塑家。他们移去一切障碍以获得对隐藏的形象的纯粹观照，他们仅仅通过这种清除行动便展现了隐秘之美。"②

我们知道，雕刻家首先拿到的只是一块石头，里面并无雕像的痕迹，但塑像本身实际上已经包含在石头里，而雕刻家要将这块石头雕刻成一座雕像，就要把那些不属于雕像本身的石头部分锉掉，这样才能使得雕像显现出来。这个"锉掉"的过程就有类于否定神

---

① （托名）狄奥尼修斯：《神秘神学》，"神秘的神学"，包利民译，商务印书馆，2012年6月第一版，第100页。

② 同上，第98页。

学中的"排除"。我们可以将万物当成那块石头，我们知道，万物由上帝所造，万物之中实际上已经有着上帝的属性，只是这些属性被万物的许多其它远离上帝的属性所遮蔽了，否定神学就是要将万物之中那些与上帝有关的属性一一呈现，具体的办法就是通过否定万物之中那些远离上帝的东西，例如醉与怒——上帝当然断乎是不会醉与怒的，通过这样的否定与排除，一步步走近上帝，也就是赞美上帝。

在这里我们还要注意的是，这种否定的过程并不是单纯地否定万物之中的某些东西，而是当它的否定走向终极时，也就是走向真正的上帝时，万物将被全部否定，个中的道理就像我们前面所言的，因为上帝的本来面貌或者说上帝的本质其实是不可知的，不断否定的结果最后必将否定一切而走向一种"终极的黑暗"。这黑暗不是说上帝是黑暗的，而是说，到这里后，一切都沉入一片黑暗之中，我们将无法知晓其中的一切，就像我们无法看到黑暗中的事物一样。而上帝对于我们就有类于此，他是不可感觉的、不但不可感觉，也不可用任何理性的概念言之。总而言之，上帝是不可知的，这就是否定的最终结果。《神秘神学》的第四和第五章分别叫"一切可感物的最高原因本身是不可感觉的"、"一切概念性事物的最高原因本身并非概念性的"指的就是这一点。

到了这个境界之后，就像我们上面指出过的一样：语言将力不从心，登顶之后，我们只能完全沉默。

更进一步地，根据上面的分析，我们同样可以看到，其实无论否定还是肯定神学，实际上都不能真的描述上帝，真正的上帝是无法描述的、亦不可知的，它超越肯定与否定，正如祂超越一切可以言说的：

"当我们攀登到更高处时，我们便会看到这一点。祂不是灵魂和心智，也不拥有想象、信念、言语或理解。祂本身也非言语或理解。祂不能被论及，也不能被理解。祂不是数字或秩序、大或小、平等或不平等、相似或不相似。祂不是不动的、不是动或静的。祂没有力量，祂不是力量，也不是光。祂并不活着，也不是生命。祂不是实体，也不是永恒或时间。祂不能为理解力所把握，因为祂既非知识也非真理。祂不是王。祂不是智慧。祂既非'一'也非'一性'、神性或善。祂也不是灵——在我们理解的那个意义上。祂既非子也非父，祂不是我们或其祂存在者所认识的事物。祂既不可被'不存在'，也不可被'存在'所描述。存在者并不知道祂的真实存在，祂也不按它们的存在认知它们。关于祂，既没有言说，也没有名字或知识。黑暗与光明、错误与真理——祂一样也不是。祂超出肯定与否定。我们只能对次于祂的事物作肯定与否定，但不可对祂这么做，因为祂作为万物完全的和独特的原因，超出所有的肯定；同时由于祂高超地单纯和绝对的本性，祂不受任何限制并超出所有局限；祂也超出一切否定之上。"①

这一段话是《神秘神学》第五章的全部内容，并不难理解，但极为深刻，所以我全文抄录。可以说这乃是对神的一种终极的理解，也是唯一正确的理解。因为无论我们对于神——所有民族、宗教、神话与哲学的神——有什么了解与看法，提出了这样那样的理

---

① （托名）狄奥尼修斯：《神秘神学》，"神秘的神学"，包利民译，商务印书馆，2012年6月第一版，第100—101页。

论，但真正的神即便有也不可能为我们所知，祂也许全知全能，也许是耶和华与安拉那样的世界与万物的创造者，也许是像电影《黑客帝国》中的那位设计 Matrix 的电脑工程师，也许是像另一部电影《普罗米修斯》中那样的外星人，也许是任何其它的可能，但真正的神，我们不会知道，也不可能知道，正如我们永远不会知道这世界究竟是怎样诞生的、这宇宙究竟有没有尽头……一切的追问到达终极之后，必将堕入黑暗、绝对的黑暗之中！

这就是亚里士多德在各种场合屡次强调不能无穷追问的根本原因所在，因为一切的追问到尽头都将走入不可见、不可知，亦不可言说的黑暗。

伟大的吉尔松在谈到伪名丹尼斯的这些观点时，也不由赞叹说：

"狄奥尼修说：我们理性所认识的天主，依然是个不可知的天主。实在有理。因为我们知道天主存在，知道他不是什么，至于他真正是什么，我们仍然完全无知。"[①]

除了肯定与否定神学外，伪名丹尼斯当然还有其它的思想，例如对于三位一体的理解，认为上帝像光那样流衍而创造、被创造者亦将复归于上帝的看法。

还有对于恶的理解，恶不是由上帝创造的，上帝绝没有创造恶，这样的思想后来为托马斯·阿奎那继承了，他在《神学大全》中说：

---

① 吉尔松：《中世纪哲学精神》，沈清松译，上海人民出版社，2008年11月第一版，第211页。

"奥古斯丁在《教义手册》中说：'既然上帝是至善的，在他的工作中就不允许有恶的存在，除非他既是全能的又是至善的，能使恶转化为善。'所以，上帝允许恶存在，并从恶中引发出善，这说明上帝无限善良。"①

如此等等，此外还有恶的具体来源，如认为恶源自于缺乏。这些思想在伪名丹尼斯那里都有体现，它们也与新柏拉图主义有着密切的关联，这里都不再赘述了。

最后，我将用《神秘神学》之开头的一首诗作为伪名丹尼斯这一章的结尾，因为这首诗不但写得好，译得也非常好！在我看来，这首诗可以作为其神学最好的和最终的解释，这解释，可以用一个词形容之，就是两个字——"神秘"：

　　　高于任何存在、任何神明、
　　　任何善的三位一体啊！
　　　基督徒在智慧天国中的向导啊！
　　　引导我们向上越过无知与光，
　　　上升到神秘的《圣经》的最远、最高的巅峰，
　　　在那儿有上帝之道的奥秘，
　　　它们单纯、绝对而不可更易，
　　　处于隐秘的寂静的辉煌黑暗之中。
　　　它们在至深的幽暗之中

---

① 赵敦华、傅乐安主编：《中世纪哲学》（下卷），商务印书馆，2013年3月第一版，第1328页。

把淹没一切的光撒遍在最清楚者之上。

它们在完全感觉不到和看不见的事物中

用超越一切美的宝藏

充满我们无视力的心灵。①

---

① （托名）狄奥尼修斯:《神秘神学》,"神秘的神学",包利民译,商务印书馆,2012年6月第一版,第95页。

第十章　波埃修

在那位伪名丹尼斯的同时代，还有一位成就与其成就交相辉映，但不伪名的伟大哲学家，那就是波埃修。

第一节　最后一个罗马人

波埃修大约出生于公元470年至480年间，具体时间说法不一，《不列颠百科全书》说是475至480间的某一年，《美国百科全书》说是480年。当他出生之时，圣奥古斯丁去世不久，因此他们之间仿佛给人一种"接踵而至"的感觉，就像他们的思想一样。

不过在进一步说下去之前，我要介绍几句历史背景。

前面讲中世纪的历史时，我们说过，公元476年，罗马日耳曼军人的首领奥多亚塞废黜了最后一个西罗马帝国的皇帝罗慕洛斯·奥古斯都，西罗马帝国崩溃了。这实际上也意味着整个罗马帝国的崩溃。这位奥多亚塞是意大利的第一个蛮族国王与统治者，他的统治一直持续到公元493年被东哥特国王狄奥多里克诱杀，波埃修就是生活在这位狄奥多里克的统治时期。

波埃修出身十分高贵，瑙尔斯甚至说他"诞生于一个最高贵、最杰出的罗马家庭"①。这句话应该不是夸张，例如他的父亲就在当时统治罗马的奥多亚塞王朝里当大官，曾经担任罗马执政官，他的岳父西马古斯在当时也地位显赫，他自己更不用说，很早就进入了政界，成了罗马元老院的一员。对了，这时候罗马还有元老院，以半自治的方式治理罗马人。在元老院里波埃修显示了极高的行政才能，吸引了狄奥多里克的注意，三十来岁时就荣任执政官。又过了十来年，更担任了皇帝的首席大臣，相当于现在的总理或者首相。然而好景不长，不久就因为被怀疑和当时的东罗马帝国私通，密谋造反，被逮捕下狱，关了九个来月后被处死。②这时候大约是公元525年左右。

至于他是否真的通敌，历史上似无定论，有人说他的确不支持狄奥多里克的蛮族统治，因而支持东罗马帝国，特别是当时的查士丁尼大帝；也有人说纯然是冤案，他是被诬陷的或者是狄奥多里克多疑所致。但不管怎样，他确实是被捕了，还被砍了头。

波埃修在中世纪哲学中的地位是很高的，成就也是很大的，而且他的成就和地位还要分几个角度说。

首先，从总的方面来说，波埃修被认为是罗马世界最后一个伟大的思想家，就像普洛克罗是最后一位伟大的希腊思想家一样，因此他有一个绰号"最后的罗马人"。

其次，就语言角度来说，他精通拉丁语写作，堪称伟大的作

---

① 大卫·瑙尔斯：《中世纪思想的演化》，杨选译，商务印书馆，2012年5月第一版，第88页。

② 参见《美国百科全书》，台湾光复书局/外文出版社，1994年第一版，第4卷，第90页。

家。虽然他的语言能力比不上伟大的西塞罗，但却是比西塞罗更杰出的哲学家。加上他的思想直接影响了他之后的中世纪哲学，因此他的语言实际上成为了中世纪哲家们的语言典范。有许多的哲学术语，例如我们熟悉的人格、自然、永恒、天道、智慧等概念，都是波埃修创制的。还有，由于希腊文的地位在当时早已经式微了，正是依赖波埃修，古希腊的许多学术遗产才得以被当时的西方人知道并且继承，就像《不列颠百科全书》在"波埃修"条目中所言：

"由于他的学术活动，古希腊细密精确的学术用语得以用拉丁文保存，而希腊文本身则知者甚少。"[①]

再次，从更为具体的哲学角度上说，波埃修是将亚里士多德思想带入中世纪的第一人。我们此前讲中世纪哲学时，大家不难发现，那些中世纪哲学家们所借助的哲学思想可以说全部是柏拉图的，包括柏拉图与新柏拉图主义，亚里士多德难觅踪影。正是波埃修第一个改变了这种局面，将亚里士多德的思想带入了中世纪哲学。

我们也知道，中世纪哲学的主体即经院哲学的思想之支柱并非柏拉图，而是亚里士多德，从这个角度上说，波埃修对中世纪哲学的影响是非常巨大的。就像瑙尔斯所言：

"波埃修斯是把亚里士多德的方法运用于神学问题和教义阐述的第一人。他关于哲学在分析、定义和解释教义方面的功能的概念，非常接近于经院学者们的观点。事实上，经院学者们正是建筑在波埃修斯的基础之上的。"[②]

---

① 《不列颠百科全书》，中国大百科全书出版社，1999年第一版第二卷，第548页。

② 大卫·瑙尔斯：《中世纪思想的演化》，杨选译，商务印书馆，2012年5月第一版，第91页。

据说波埃修在30岁之前就曾经下决心要把全部的亚里士多德著作从希腊文译成拉丁文，但由于他在四十来岁时就匆匆离世，因此未能克功，实际上只翻译了《范畴篇》和《解释篇》以及相关的一些注释。但即便只是如此，这些著作对中世纪哲学也产生了相当大的影响。如在1115年以前，讲拉丁语的西方世界只知道亚里士多德的《范畴篇》与《解释篇》，就是波埃修的功劳了。

波埃修并不只是一个哲学家，他有多方面的成就，他集哲学家、政治家和音乐理论家等多重身份于一身。政治家不用说，音乐上他也卓有成就，曾写过一部《音乐原理》，总结了古代的音乐理论，当9世纪欧洲开始形成系统化的音乐理论时，主要的基础便是波爱修的这部著作。

此外，波爱修还有一个比较特别的贡献，就是将算术、几何、音乐、天文称为"四艺"，这个名称也是他创制的，这对中世纪的学校教育起了巨大的作用，成为了中世纪教育的标准内容。

由上可见，波埃修其人及其思想对中世纪有着多方面的重大影响，对此《美国百科全书》的"波埃修"条目有一个很精当的总结性说明：

"罗马哲学家、政治家与基督教神学家。他的作品同时展现其古典和基督教的传承，他是罗马最后一位重要思想家，通过其积极的学说使拉丁文成为哲学语言，保存大部分古典文献，是中世纪经院哲学派伟大哲人与神学家之先导。"[1]

---

[1] 《美国百科全书》，台湾光复书局／外文出版社，1994年第一版，第4卷，第90页。

第二节 哲学的慰藉

波埃修的哲学著作主要是《哲学的慰藉》，还有一部《神学短论》。此外他在翻译柏罗丁的弟子波菲利的著作《导论》时写的一篇注释文章也有比较重要的哲学意义，因为在其中探讨了一些重要的哲学命题，例如属、种、共相等，特别是存在这个概念。不过最有重要影响的还是《哲学的慰藉》。

《哲学的慰藉》与《神秘神学》并称中世纪流传最广的两部哲学著作，因为它们都短小精悍、文辞优美、内容生动、思想深邃，能够集这几大优点于一身的著作整个哲学史上也没有几部，因此直到今天都拥有众多的读者。

《哲学的慰藉》的起因是正在狱中长吁短叹的波埃修遇到了哲学女神的降临，哲学女王先申斥了他一番，然后开始了对话，对话的内容便是本书了。全书共分五卷，分别是问疾篇、祛蔽篇、卸轭篇、慰心篇、解惑篇，每一卷又分成若干章，每一卷的每一章都有鲜明的主题，其中还有许多优美的诗篇。

第一卷中，作者"我"向命运女神抱怨为什么恶人当道、好人遭罪？哲学女神详察之后，告诉他，他这样哀叹其实是一种病，病根在于忘却了真我，或者说是忘却了世界的真正本质：

"你因为不明白万有的指归，所以就说坏人走运、奸邪当道；你因为忘了这世界是受何种力量掌控的，所以就以为命运无常。"①

---

① 波埃修：《哲学的慰藉》，代国强译，江西人民出版社，2007年12月第一版，第169页。

　　这是一种哲学上的病根，在第二卷里，女神指出了更具体的病因，就在于一则命运本来就是无常的，二则是人的贪婪与不知餍足，并让哲学家知道他其实还是个幸运儿——只要想想他往昔的荣华富贵就知道了。最后告诉他，财富、荣誉、权力其实都是幻景，到头来是一场空。女神说：

　　"其实幸福在于内心，你们这些凡人，为何却要向外求福呢？"①

　　女神进一步告诉他，为了达到内心的幸福，其实厄运比好运好，因为只有厄运才导出了命运的真正的本质。

　　在第三卷里，女神开始为作者指示真正的幸福之路。在这里女神特意提到了伊壁鸠鲁的快乐哲学：

　　"瞧，人类幸福的轮廓已然摆在你面前：财富、荣誉、权力、荣耀、欢乐。伊壁鸠鲁只关注这些东西，并断言至高的善在他看来就是快乐，因为其他东西带给心灵的无非是愉悦。"②

　　女神表面上也不是完全否定这些，因为这些东西表面上也好像在追求某种善。但也告诉他，这些东西都不是幸福的可靠保证，因为"财富使人患得患失"、"地位与尊荣难以持久"、"权力令人不得安宁"、"赞誉来自谬赏"、"肉体享乐如蜂螫刺心"。总之，"它们都是虚幻的善"。引号内的部分都是第三卷第三章至第八章的章名。接着在第九章"论真正的幸福和善的源泉"里，女神告诉了作者真正的善与幸福在哪里：

------

　　① 波埃修：《哲学的慰藉》，代国强译，江西人民出版社，2007年12月第一版，第181页。

　　② 同上，第199—200页。

"您的荣光照亮天际。对有福之人，您就是

祥和与安宁：他们的目标就是要见您，

始终惟有您，

才是他们的源泉、推动者、引导者、道路与归宿。"[①]

这个您就是神，简而言之，"至善与至福都在神那里"，这是第十章的标题。

在这一卷的最后一节里，作者特别赞美了一下柏拉图，说："我十分赞同柏拉图。"[②]

对了，虽然波埃修的重大贡献是将亚里士多德引入了中世纪哲学，但并不说明他只重视亚里士多德而不重视柏拉图，事实上，波埃修同样是很重视柏拉图的，连新柏拉图主义也很重视，就像瑙尔斯所言：

"他不仅吸收了占统治地位的新柏拉图主义，而且从原装的希腊文吸收了柏拉图和亚里士多德二人的权威教诲。他本人是个折衷主义者，对混合或使两位大师的学说相协调怀抱希望。"[③]

我们前面在讲中世纪哲学时主要引用的是柏拉图和新柏拉图主义的思想，现在再加上亚里士多德的思想，这三者就是整个中世纪哲学全部的思想基础，这三大基础在波埃修这里第一次得到了全面的体现，从这个角度上说，波埃修可以说是整个中世纪哲学的缩

---

① 波埃修：《哲学的慰藉》，代国强译，江西人民出版社，2007年12月第一版，第219页。

② 同上，第229页。

③ 大卫·瑙尔斯：《中世纪思想的演化》，杨选译，商务印书馆，2012年5月第一版，第89页。

影，至少是早期中世纪哲学的缩影。

第四卷特别重要，里面生动而深刻地探讨了善与恶的问题，在这里要特别多说一些。

第一章的一开始，作者表示虽然他理解了女神的话，但告诉女神，他仍然纠结痛苦于一个事实。这段话很生动，也很深刻，即使在现在也有警世的意义，值得引用出来：

"我之所以伤心的最大原因在于：尽管确实有一个善的宇宙统治者，但是邪恶却依然存在、甚至得不到惩罚；您想想看吧，光这一件事就让人迷惑不解。更有甚者：一方面恶人猖獗、横行霸道，另一方面善却没有善报，反而被小人打翻、踩躏，乃至替恶受罚。这种事发生在全知全能、唯善是举的神的国度，居然没有人感到惊诧或抱怨。"①

这段话非常通俗，一看就懂，而且看上去确实有道理——直到现在依然有道理，那么，哲学女神是怎么回答这个问题的呢？她说：

"你将看到，在我们所说的神的国度里，善的力量总是强大，而恶则显得可鄙和虚弱，恶总有恶报，善总有善报，成功与好人相伴，厄运则与坏人相随，如此等等的事情，都将抚平你的抱怨，坚定你的信心。"②

下面，在第二章里，女神分析了好人有力、恶人虚弱，她用的办法就是回到对善与幸福的定义。她说，其实无论恶人善人，都在追求善与幸福，但恶人追求不到善，只有善人追求得到，因此前者

---

① 波埃修：《哲学的慰藉》，代国强译，江西人民出版社，2007年12月第一版，第236页。

② 同上，第236—237页。

弱而后者强：

"既然双方都追求善，而前者获得、后者却落空，那还有谁会怀疑好人有力、恶人虚弱呢？"①

这样的论证表面上看是合理的，就像两个猎人都去打野猪，一个打死了野猪，另一个没有，反给野猪顶了个人仰马翻，前者当然比后者要强。但我们仔细想一下，就会发现其中的逻辑核心是对善与幸福的定义。倘若依据哲学女神的定义，那恶人自然得不到这样的善与幸福了，但问题在于，那些恶人追求的善与幸福——即便他们的确也在追求善与幸福——是女神所说的善与幸福吗？这显然是有问题的。这就依赖于这样一个命题了：追求上帝是唯一的、最大的幸福与善。

对于这个命题，在哲学女神或者基督教义看来是无需证明的，也就是说不言而喻。

只要接受了这个命题，那么一切证明便逻辑清楚、具有说服力了。当然，我们可以不接受，但我们只要理解哲学女神的论证是建立在这样的逻辑基础上的，就会不难理解她那些在我们看来有些"怪异"的结论了。

接下去，女神进一步论证了恶，其论证的方式我们前面已经说过了，就是恶是虚无。

我们前面在讲奥古斯丁的善恶观时说过，奥古斯丁对柏罗丁和普洛克罗的思想都加以继承，例如他继承了柏罗丁，认为恶即是一

① 波埃修：《哲学的慰藉》，代国强译，江西人民出版社，2007年12月第一版，第240页。

种虚无，因为虚无总是与恶连在一起，由于上帝是从"虚无"中造出万物来的，因此它们的存在是不完美的，是有变化之可能的，而这就可能产生"恶"。[①]还有，他也像普洛克罗一样认为恶是一种缺乏，即善的缺乏，正是这种缺乏导致了恶，于是进而将恶与虚无联系起来，认为恶就是一种虚无。

波埃修在这里也是一样，认为恶是虚无，不过他的角度有所不同，他认为人之为人是有条件的，就是具有一些人的本质或者本性，即"是"，这个"是"就是"存在"。因此，一旦他们没有了那种本性，也就是放弃了"是"，也就是说不再"存在"了。即"恶是无"，因为"恶无真实的本性"。[②]他还借着哲学女神之口说：

"对于那些恶人，我不否认他们是邪恶的；但我否认他们纯纯粹粹是。你可能会说一具尸体是一个死人，但你不能简单地称之为一个人，所以，我可以勉强提及恶人，说他们确实是邪恶的，但我根本不能承认他们是。因为，这个'是'保持着它的秩序并保留着它的本质；无论什么，一旦没了这个，也就放弃了存在（这有赖于它的本质）。"[③]

不难看出来，这样的论证是基于对人的本质的解释，可以化为一个简单的三段论：

---

① 参见周伟驰：《奥古斯丁的基督教思想》，中国社会科学出版社，2009年5月第二版，第195页。

② 参见赵敦华：《基督教哲学1500年》，人民出版社，2005年5月第一版，第192页。

③ 波埃修：《哲学的慰藉》，代国强译，江西人民出版社，2007年12月第一版，第242页。

若 A 是人，必须拥有本质 B。

现在 A 不具有本质 B，

因此 A 不是人。

这个大前提中的 B 与上面的"追求上帝是唯一的、最大的幸福与善"密切相关，甚至可以说就是这个"B"。

与做人一样，女神说，坏人们做的事同样是虚无，因为他们做的事乃是恶事，而恶乃是虚无，恶事当然同样是虚无了，所以，恶人们"既然他们只能作恶，那显然这些恶人只能做虚无。"①

对于这个结论是否成立或者人是否接受，同样取决于是否接受那个大前提。而这就是另一个问题了，或者说是一个关于信仰的问题。

在接下来的第三章"善是给好人的奖赏，恶是对恶人的惩罚"里，哲学女神甚至将这些恶人赶出了人类的行列：

"你千万别把那些因为恶行而扭曲了的家伙，称作是人。贪得无厌地侵夺他人钱财的家伙：你可以说他像一头狼。在争辩中蛮不讲理、喋喋不休的家伙：你可以把他比作一条狗。骗成之后沾沾自喜的骗子：你可以把他与小狐狸相提并论。怒不可遏、大吼大叫的家伙：你就当他是狮精附体好了。动不动就受惊逃跑的胆小鬼：你可以把他看作一只獐鹿。麻木、愚蠢的懒汉：他过着蠢驴的生活。见异思迁的轻浮之徒：他与鸟雀无异。在污秽欲望中的打滚者：就说他是沉溺于脏母猪的享乐。所以，谁要是离弃了善，便不再是一

---

① 波埃修：《哲学的慰藉》，代国强译，江西人民出版社，2007年12月第一版，第242页。

个人，因为他不能升华到神性状态，反而变成了一只野兽。"①

这段话十分精彩，对恶人与善人的论证在我看来也是波埃修大作里最精彩的篇章。

在后面的篇章里，波埃修还论证了几个也很有意思的问题，例如机遇的问题与命运的问题，认为表面上是机遇的事，实际上依然缘自神的统治，"有一个善的统治者，正在井井有条地治理着这个宇宙。"②还有命运的问题，告诉我们，"命运掌握在你自己手中"。③

第五卷最有意思的是关于自由意志的问题：

我说："上帝预知一切，人有自由意志，这两件事看起来实在矛盾至极。既然神预见了一切，而且从不出错，那他在神佑中所预见的事情都必将发生。如果自始至终，神不仅预知人类的行为，而且预知他们的计划和欲望，那自由意志就不存在了；因为人类的行为和欲望，都逃不出无谬神佑的预先察知，舍此别无其他可能。因为，如果它们能够撇开预见而采取其他形式，那么，神对于未来，就不再有可靠的预知，而只有不确定的意见——这在我看来，是对神的亵渎。"

对于这个问题，前面奥古斯丁也作了分析，认为人是有自由意志的，即人的意志是"自由的"。这个自由决定了他可以自由选择向善还是向恶，倘若他选择向善——上帝，那他就是善，若其转向

---

① 波埃修：《哲学的慰藉》，代国强译，江西人民出版社，2007年12月第一版，第245页。
② 同上，第254页。
③ 同上，第264页。

恶，那就是产生恶了。这就是恶的起源。波埃修在这里的回答不一样，他认为，所谓自由意志是与预见挂钩的，但对于神而言根本没有什么过去现在和将来之分：

"既然每一个判断都是依其自身本质来把握对象的，而神又拥有永恒、当下的本性，因而，祂的知识也就超越了时间的推移，永远处在当下的纯粹之中，并且又拥有未来和过去无限范围内的一切，把这一切纳入纯粹的认知行为中进行思考，仿佛它们正在眼前发生一样。"①

也就是说，神是永恒的，对于神而言，永远只有现在，只有一个时态，因此我们的所谓自由意志其实并不存在，一切都在神的掌握之中。从这一点说，波埃修的观点是和斯宾诺莎相似的，即都不认为有自由意志，神决定了一切。

当然，这样的解释是不完满的，也不可能完满，现在依然一样。

在著作的最后，波埃修最后点明了他这本书的终极主旨：

"在洞悉万物的法官面前行事，你若不想自欺欺人的话，那就行善吧！"②

这就是波埃修《哲学的慰藉》的着眼点，也是其哲学的主旨。

此外，他翻译亚里士多德的著作诚然意义重大，但那主要是一种历史性的意义，我们在这里就不多说了。

这里最后要说的是，《哲学的慰藉》也许不是最重要的哲学著作，但却是我们最应该去读的哲学著作之一，就像奥古斯丁的《忏

① 波埃修：《哲学的慰藉》，代国强译，江西人民出版社，2007年12月第一版，第286页。

② 同上，第289页。

悔录》一样，因为它们既思想深刻，相对而言又比较通俗易懂，文辞亦优美典雅，且有优秀的汉文译本，如本章所引用之译本。因此我们读之不但可以领略其中的思想之美，还有语言之美，且不必大费功夫。

一举多得，何乐不为！

第十一章　爱留根纳

爱留根纳之于中世纪哲学的意义,《劳特利奇哲学史》有一个精辟的说明:

"在某些方面,我们可以认为,西方中世纪哲学开始于9世纪杰出的、有争议的思想家爱留根纳。"[①]

第一节　爱留根纳与加洛林文艺复兴

但在进一步谈爱留根纳之前,我们要先简单地谈一下他所处的时代。

爱留根纳所处的历史时代是比较复杂的。我们前面讲波埃修时说过,波埃修是罗马最后一个重要哲学家,从某种意义上说,波埃修依然是罗马时代的人,倘若仅仅从常规的历史概念去考虑,他的思想也可以归于罗马时代,前面的教父们包括奥古斯丁同样如此。现在到了爱留根纳这里就不一样了,不但他的思想属于中世纪,他所处的历史时代也已经走进了中世纪,所以,爱留根纳是第一个完

---

① 约翰·马仁邦主编:《劳特利奇哲学史》(第三卷),孙毅等译,中国人民大学出版社,2009年1月第一版,第137页。

整意义上的重要的中世纪哲学家，也难怪他会被尊为"中世纪哲学之父"、"中世纪哲学的查理曼大帝"。[1]

罗马时代结束之后，西方历史走进了中世纪，关于中世纪的整体样貌我们前面已经说过了，但还有一样重要内容没有述说。

这就是我们要讲的另外一个古老的西方大国——法兰克。

在说法兰克的故事之前我们先要做一件事，就是看看现代欧洲的地图。

从地图上可以看到，大体上，欧洲各国是这样分布的：最西面是葡萄牙和西班牙；从西班牙往东就是法国，法国往东是德国，它俩之间有三个小国丹麦比利时荷兰，法德南面是意大利，再往它们的东边就是俄罗斯和一些东欧小国波兰捷克匈牙利等了，北面是三个北欧国家挪威瑞典芬兰。在欧洲大陆之外，与法国隔海相望的是英国。

前面我们说到了公元476年西罗马帝国因各蛮族的入侵而灭亡，替而代之的是一些蛮族王国，主要有西哥特王国，它占有了欧洲西部，包括现在的西班牙和法国西部；东哥特王国，它占领了意大利；北面是法兰克王国，它占有了现在的法国与德国的大部分。

上章讲波埃修时，我们又说到了476年，罗马日耳曼军人的首领奥多亚塞废黜了最后一个西罗马帝国的皇帝罗慕洛斯·奥古斯都，西罗马帝国崩溃了，这位奥多亚塞是意大利的第一个蛮族国王与统治者，他的统治一直持续到公元493年被东哥特国王狄奥多里

---

[1]　参见车铭洲:《西欧中世纪哲学概论》，天津人民出版社，1982年4月第一版，第45页。

克诱杀，波埃修就是生活在这位东哥特王狄奥多里克的统治时期。

在西哥特、东哥特与法兰克三个主要蛮族国家中，以法兰克势力最强。法兰克人原来住在莱茵河下游，像东哥特与西哥特一样，法兰克人也是日耳曼人的一个分支。当罗马帝国日薄西山时，他们乘机而起，到处抢占罗马人的地盘，他们的南边紧挨着就是高卢，所以第一个征服的自然就是它了。

这时法兰克涌现了它的第一个伟大的王——克洛维。

克洛维统领法兰克人不断攻城略地，486年，他率军在苏瓦松之战中击败了罗马人在高卢最后的残余势力，建立起一个强大而统一的法兰克国家。他继续南征北战，又在普瓦提埃战役中彻底击败西哥特王国，征服了整个高卢。后来在都尔的教堂里，他戴上了王冠，成为了"全体法兰克人的国王"，建立了墨洛温王朝。

在位期间，除攻城略地外，克洛维做了几件对于以后的法兰克以至整个欧洲都影响深远的事：一是他皈依了基督教。我们前面讲过了基督教的历史，当罗马帝国覆灭时，基督教已经成了罗马的国教，欧洲各地都有了大量基督徒，基督教教会也有了庞大的势力，这对于任何征服者都是莫大的财富。聪明的克洛维审时度势，决心把这些力量拉为己用。496年，他率领3千亲兵接受洗礼，成了基督徒。从此他的征服得到了基督徒们的大力支持，经常地，当他兵临某城下时，城里的基督徒们偷偷地或明目张胆地大开城门迎他入城，令他在战争中势如破竹，最终建立起了庞大的法兰克王国。

第二件事是他大封法兰克贵族、亲兵和教士。每征服一地，他便夺取三分之二的土地分给上面这些人，这些人和他们的后代后来便成了封建领主，建立了封建庄园，一句话，确立了欧洲的封建制。

第三件事是他颁布了一部法典，称为《萨利克法典》。虽然这部法典有些地方相当好笑，主要是做了什么坏事基本上都可以赔钱了事，远远比不上原来罗马人的法典，但无法无以成国家，有了这部《萨利克法典》后，法兰克也就成了一个真正的国家了。

后来，墨洛温王朝的王一个比一个懒，被称为"懒王"。他们不问国家大事，整天沉迷于基督教或者美女美酒之中，大权渐渐落到了"宫相"手中。这些宫相本来只是王宫的总管，就像清朝的大太监一样。后来他们不但控制了政权，让国王成了纯粹的木偶，还把职位变成了世袭，成了王国事实上的统治者。

后来，先后出现了两个都是雄才大略的宫相，即赫斯塔尔·丕平和他的私生子查理·马特，前者统一和完全掌控了整个法兰克，后者则成功解决了当时欧洲面临的一场极大的危机——伊斯兰教的入侵。

兴起于中东的伊斯兰教势力这时候已经庞大无比，建立了强大的阿拉伯帝国，帝国势力远达非洲，而这时候的东哥特人已经很衰弱了，抵挡不住阿拉伯人潮水般的大军，不久整个伊比利亚半岛都归于了阿拉伯人的统治之下，并且很快就被阿拉伯化了，就如吉本在他的杰作《罗马帝国衰亡史中》所言：

"西班牙陆续混合古迦太基人、罗马人和哥特人的血胤，不过几个世代就全盘接受阿拉伯人的姓氏和习俗。"[1]

但阿拉伯人并没有就此止步，而是一直往东，穿越了比利牛斯

---

　　① 爱德华·吉本：《罗马帝国衰亡史》（第五卷），席代岳译，吉林出版集团有限责任公司，2011年5月第一版，第261页。

山，也就是到达了今天的法国，占领今天法国的阿基坦地区，势力甚至远达里昂一带。倘若没有遇到强大的阻遏，可以想象他们将占领整个法兰克，然后就是包括英国在内的整个欧洲大陆了，对于这样的情形，吉本在他的《罗马帝国衰亡史中》中也作了这样的想象性描述：

"胜利的队伍从直布罗陀的岩石到罗亚尔河岸，迤逦的路途长达千里之遥，要是再加上一个同等的空间，就可以使萨拉森人到达波兰边境或苏格兰高地。莱茵河并不会比尼罗河或幼发拉底河更难渡过，阿拉伯人的舰队不必经过一次海战就可驶进泰晤士河口。牛津大学或许现在还要教授《古兰经》的释义，学生可能要对这个受到割礼的民族宣扬穆罕默德天启的神圣真理。"[1]

当然这只是想象，事实上，一位法兰克人站了出来，他就是查理·马特，他在普瓦提埃战役中大败阿拉伯人，此后阿拉伯人迅速逃离了比利牛斯山以东地区，回到已经被他们牢牢控制的西班牙去了。这是公元732年的事。

查理·马特死后，把他的国家平分给两个儿子卡罗曼和丕平。这卡罗曼是个极虔诚的基督徒，过了几年便放弃王位，到修道院做修士去了，整个法兰克王国便落到了丕平一人手里，这丕平就是历史上鼎鼎大名的"矮子丕平"。

这时，法兰克名义上还由克洛维建立的墨洛温王朝统治，丕平只是宫相。有一天，丕平派了一个人到教皇那里，问谁是真正的法

① 爱德华·吉本：《罗马帝国衰亡史》（第五卷），席代岳译，吉林出版集团有限责任公司，2011年5月第一版，第282页。

兰克人的王，是头戴王冠的懒汉呢还是掌握王权、为法兰克人辛勤操劳的人？教皇那时正要人帮忙，便回答是后者。于是，丕平便召集法兰克的贵族们，由贵族们"选举"，名正言顺地做了国王。

这是751年的事。他建立的王朝叫加洛林王朝。

矮子丕平死后，法兰克王国又由他的两个儿子卡罗曼和查理平分，但只过了三年卡罗曼就死了，法兰克王国便统一于查理之手，这查理就是历史上著名的查理曼大帝。

查理曼继位后，发动了全面的扩张战争，他先向意大利北部的伦巴底人开战，征而服之，势力一直达到罗马。

这时候的罗马的教皇是利奥三世，势力并不大，甚至时常受到从东罗马皇帝到罗马城贵族的欺压，他认识到只有查理曼能够为他撑腰，便把罗马城最有名的圣迹圣彼得墓的钥匙和一面旗帜送给了查理曼，查理曼便成了罗马城之主。

到了公元800年，圣诞节，在罗马最大的圣彼得教堂发生了一个戏剧性场面：当查理曼跪在地上，向神祈祷过后，刚要起立时，利奥三世冷不丁把一顶皇冠戴在了他的头上，宣布他继承昔日的罗马帝国，成为全体罗马人的皇帝，尊为奥古斯都。

这样，罗马帝国崩溃324年之后，再一次——至少在名称上——得到了复兴，它的疆域大约包括现在的法国、德国和意大利三国。

查理曼是个非常虔诚的基督徒，酷爱基督教神学，身边总聚集着一些博学的教士，他自己也精通神学。我们知道基督教有圣三位一体，即圣父、圣子、圣灵，本来只有圣灵出于圣父之说，但后来却变成了圣灵出于圣父与圣子，这圣子的加进去查理曼便起了很大作用，这就是基督教史上有名的"和子句"纠纷，这对基督教的影响远甚于许多大部头的神学著作，是造成基督教第一次大分裂——分裂成东正教和天主教——的原因之一。

814年，查理曼死了，他的儿子路易继位，路易有个绰号"笃诚者"，比之乃父更是虔诚的基督徒。继位才三年，他便把国土分给三个儿子。但过了15年后，他又反悔了，要求更改。这是因为妻子死后，他娶的新妻又给他生了个儿子，史称"秃头查理"，他钟爱这个幼子，要求三个大儿子每人分一些领土出来给小弟。然而三个哥哥谁也不答应，气愤的父亲就向三个儿子宣了战，战争打了整整十年，直到840年路易死了，他的长子罗退尔当了国王才告一段落。三年后，在凡尔登地方签订了一个条约，规定：秃头查理获得法兰克西部、日耳曼路易获得法兰克东部的国土、罗退尔获得法兰克中部和南部。

这三部分后来就形成了三个独立的国家，分别是法国、德国、意大利。

至此，这三个现代西方的主要国家就步入了历史舞台，开始扮演各自的角色了。

不过，大家也看出来了，在这三国之中，英国还没有出现，它的历史略有不同，我们后面再说，现在先来讲爱留根纳的生平。

爱留根纳诞生于公元810年，出生地是爱尔兰，实际上，"爱留根纳"的意思就是"属于爱尔兰人的"。这时候的爱尔兰还不是一个统一的国家，英国人也没有介入，但爱尔兰人都像爱留根纳一样很爱自己的家乡。

对于爱留根纳早年在爱尔兰的生活现在几乎一无所知，只知道他在爱尔兰的某间修道院求学，并且在那里学会了希腊语。对了，这时候的爱尔兰修道院有一个独特的传统，就是非常重视教授希腊语而不是拉丁语，这对于爱留根纳的一生有着重大的影响，因为爱留根纳的思想和奥古斯丁、波埃修不一样，不属于罗马人的拉丁传统，而是植根于希腊文明的。

爱留根纳在爱尔兰一直生活到四十来岁，850年时，他越过英吉利海峡，来到了法兰克西部，并且进入了这里的统治者秃头查理的宫廷，并在宫廷的学院里担任了重要职位。

我们可以想象，爱留根纳之所以能会渡海离开爱尔兰，又能够直接进入尊贵的宫廷，一定是因为他在当时已经相当有名气，因此国君便邀请他加入自己的宫廷学院。

对了，我们这时候还应该讲另一个历史名词"加洛林文艺复兴"，了解它对于我们了解中世纪哲学的历史也是有必要的，柯普斯登的大作里波埃修之后便另外附设了一章"加洛林王朝的文艺复兴"。

加洛林文艺复兴顾名思义就是加洛林王朝的文艺复兴，它就发生在公元8世纪晚期至9世纪，由查理曼大帝和他的后继诸王促成，在西方历史上也有重要意义，被称为"欧洲的第一次觉醒"。

加洛林文艺复兴的内容或者说成就主要有三方面的：

第一个方面是改革了传统的古典拉丁文，使之更加适用时代潮流，例如用大写字母作为一个句子的开头，句子的结尾用句点结束。这种新的书写方式大大改变了古典拉丁文句子与句子之间不分开的老习惯，对于拉丁文的学习与阅读起了很大作用。这从我们中国自己的文字就看得出来，我们知道，中国的古代文献是没有标点的，这是其读起来麻烦的主要原因之一、也是主要的毛病之一。

第二个方面是在整个国家建立了初步的教育系统，使人民能够学习文化知识——要知道当时的绝大部分人都是文盲。

第三个方面是开始了基督教教义和宗教活动的初步规范工作，例如查理曼大帝就制定了《加洛林书》，规定了基督教的基本教义和基本的宗教仪式，从而使帝国各地本来相当混乱的教义解释与宗教仪式得以定型，对后来西方基督教的发展产生了重要影响。

关于教育与教义，查理曼曾经说过这样的话："对我们和忠诚的朝臣来说，基督指定的、我们所信赖的主教管区和修道院的管理不应满足于常规的奉献生活，而应教育那些从上帝获得学习能力的人，根据各人不同的能力施教，这将有很大的好处，有利于政权……虽然善功比知识更好，但没有知识就不可能行善。"

他还于789年颁布法令，其中说："在每一主教管区和每一修道院里，都必须讲授赞美诗、乐谱、颂歌、年历计算和语法。所有使用的书籍都要经过认真审订。"

他的话也得到了包括教会在内的切实执行，例如813年召开的查伦主教会的决议中也说："根据我们的查理皇帝命令，主教要建立学校，讲授文化与经文的学问。"

教会主持的修道院也作出类似决定，例如当时的佛洛伊利修道院的院长提奥多尔夫曾说："在村庄和城镇，神父要办学校。如有信徒把孩子们送来学文化，不要加以拒绝，而以慈善态度教育他们……承担此项工作的神父不要索取报酬，但可从他们父母处收些小礼物。"[1]

----

[1]　以上引文均出自赵敦华：《基督教哲学1500年》，人民出版社，2005年5月第一版，第206页。

如此等等，足以显示当时的查理曼帝国是多么地重视文化与教育，正是因为这样才促成了欧洲文艺在古希腊罗马之后的第一次复兴。

加洛林王朝建立的学校分三类，其中最高级的是宫廷里的学校；第二类是主教主持的学校，主要培养神父与教士，讲授神学；第三类就是修道院办的学校了，其课程除了与宗教有关的外，还有所谓的"七艺"，主要就是一些世俗所需要的生活技能，毕业后就可以利用这些技能谋生了。

正是为了实现振兴文化的目的，从查理曼大帝开始，帝国的君主们从欧洲各地聘请有学问的人前来帝国，许多人直接进入宫廷，得到了国王的宠信。

国王请来的这些人都是基督教教士，因为当时有学问的甚至识字的基本上就是这些人。其中最著名的有来自不列颠的阿尔古因，还有他的学生拉巴努斯·莫鲁斯，爱留根纳也是这样来到加洛林王朝的宫廷中的，并且被称为是加洛林文艺复兴最后的集大成者。

在宫廷里，现在还有一些关于他的趣闻轶事，这里记录一则。据说有一次参加国王的宴会，他就坐在国王的对面，大概是看他很能喝吧，国王突然问他："酒鬼和爱尔兰人有什么区别？"这是一个文字游戏，酒鬼当时的词汇是"sot"，爱尔兰则被称为"scoti"，[①]读音相近，国王大概以此讽刺爱留根纳是酒鬼，但爱留根纳巧妙地回答道："一张桌子啦！"这样一来，由于他坐在国王对面、两人

---

① 参见柯普斯登：《西洋哲学史》（第二卷），庄雅棠译，台湾黎明文化事业有限公司，1988年3月第一版，第163页。

只隔着一张桌子，国王就反而被他暗讽成酒鬼了。[①]

爱留根纳在宫廷中的地位是很显要的，据说是宫廷学院的院长，他在这里一定做了很多的事，但留给后人的主要是两件：一是翻译和注释前人的著作，二是创作自己的著作。

爱留根纳翻译的最主要作品是我们前面讲过的伪名丹尼斯的《神秘神学》，将之由希腊文译成了当时欧洲大部分地区通用的拉丁文。我们说过，这部著作对中世纪哲学产生了巨大影响，其影响主要就是从爱留根纳的译本来的。此外爱留根纳还注释了其它一些哲学著作，包括波埃修《哲学的慰藉》，我们前面也说过了。

至于他自己的著作，最重要的就是《大自然的分类》，我们后面再说。

关于爱留根纳的晚年生活有各种说法，有的说法是他回到了爱尔兰，有说法是他担任了一座叫艾瑟尔奈的修道院的院长，总之离开了宫廷。至于他的死，有说法是被其他修士暗杀的，但这些说法没有一个是有可靠证据的。[②]

至于他的死年，大概是880年左右，具体并不确定。

第二节　大自然的分类

爱留根纳的思想在无论在哲学家当中还是在神学家当中都是十

---

① 参见车铭洲：《西欧中世纪哲学概论》，天津人民出版社，1982年4月第一版，第45页。

② 参见柯普斯登：《西洋哲学史》（第二卷），庄雅棠译，台湾黎明文化事业有限公司，1988年3月第一版，第165页。

分独特的，甚至可以这样说：在哲学家当中，他是最神学的，而在神学家当中，他是最哲学的，直到今天依然如此。

在他生活的年代，他的思想之独特就更加惹人注目了。《美国百科全书》的"爱留根纳条目"说他是："神学家和哲学家，在这两方面都是当时最前进的思想家。"①柯普斯登则说他的哲学系统"好比是一块雄巍的岩石屹立在一片平坦地面上。"②威柏也在《中世纪哲学》中说："（爱留根纳）他的地位，好像是平原上的火山，凌越一切。"③以此来形容爱留根纳的思想在当时的卓尔不群，在时人中有如鹤立鸡群。

不过，也许正因为太过先进，他的思想在基督教里一直饱受争议。当他还在世时，在瓦兰斯和兰格尔的两次大公会议中，他都遭到了指责，过了好几百年后，直到1681年，他的代表之作《大自然的分类》仍被罗马教廷列为禁书之一。

这部巨作称得上是严格意义上的中世纪哲学的开山之作，也是整个西方哲学史上重要的经典名作之一，系统地表达了爱留根纳的哲学思想，被称为是"中世纪第一个完整的哲学体系"。④

《大自然的分类》，共分五卷，整体地概括了他的思想。因此，我们讲爱留根纳的思想主要也就是讲《大自然的分类》中的内容。

在《大自然的分类》中，爱留根纳首先道出了他对于"自然"

① 《美国百科全书》，台湾光复书局/外文出版社，1994年第一版，第10卷，第208页。

② 柯普斯登：《西洋哲学史》（第二卷），庄雅棠译，台湾黎明文化事业有限公司，1988年3月第一版，第162页。

③ 阿佛烈·威柏：《中世纪哲学》，台湾金枫出版社，1987年8月，第23页。

④ 参见赵敦华：《基督教哲学1500年》，人民出版社，2005年5月第一版，第210页。

这个概念的理解。这当然是必要的，因为自然这个词看上去很简单，就像存在一样，但它的内容其实非常复杂，特别是在他所处的那个时代，这些名词的内涵更是模糊，首先讲清楚它的含义是很必要的。

爱留根纳的"自然"有什么含义呢？这个说起来要复杂是很复杂的，例如在他看来，那些"存在"的东西或者"不存在"的东西都属于自然，可感觉的事物和超感觉的上帝也属于自然，那些"已经实现了的"或者"还没有实现的"东西也属于自然，如此等等，内容丰富得很。其实，我们可以用一个更为简单的方式去理解之，即：自然就是一切！凡我们所感觉到的、感觉不到但想得到的，总之一切的一切都属于自然，这就是爱留根纳的自然的含义。以他在《大自然的分类》第一卷中开篇就提出来的说法是：

"老师：我常常思考，并极力细心探讨，心灵所能了解的或者超越心灵力量所能及的全部事物，从最根本和最重要的方面来看，如何区分为存在的与不存在的。我想到了一个概括所有这些事物的词语，这个词语用希腊文表示是 physis，用拉丁文表达是 natura，就是自然。

……

老师：那么，'自然'就是我刚才说的所有存在和不存在的事物的一般称号了。"①

《大自然的分类》是以对话体的形式写成的，对话者是没有具

---

① 赵敦华、傅乐安主编：《中世纪哲学》（上卷），商务印书馆，2013年3月第一版，第676—677页。

体姓名的老师与学生，这种写作方式在中世纪是很普通的。

顾名思义，爱留根纳的《大自然的分类》就是要对这个意义上的自然进行分类，也就是说要对一切来进行分类。

这一切爱留根纳称之为"自然"，这个说法与我们现在的说法是不相符合的，因为自然在我们现在看来即自然界，乃是一切可感知之物的整体，并不能包括上帝等不可感知者在内，究竟用一个什么样的词来综合地表达这个概念呢？似乎没有一个真正恰如其分的词，为了方便，我在这里用"世界"这个词。

爱留根纳的这个要对自然——世界——进行分类思想是极其深刻而原创的，对于我们理解世界、建立一个能够理解整个世界的哲学系统有着根本性的意义，——而哲学的根本任务简而言之不就是以哲学的方式、从哲学的角度去理解世界吗？但在我看来，这个思想似乎还没有得到哲学研究者们足够的认识，因此我在这里将就这个问题进行一番比较深入的阐述。

首先，哲学的根本任务是以哲学的方式认识世界、解释世界，对于这个问题我想大家没有多大歧义，就像我们在高中时就听过的对于哲学的解释一样：哲学是对世界的总的看法和一般观点。这个对哲学的理解是正确的，但问题在于用什么样的方法进行理解。还有，这里的世界当然应当包括一切，而不能将任何对象排除在外。这个问题其实也是很复杂的，但在这里我们不能多说，我只要举一个简单的排除法就可以了：我们是否可以找出任何一个对象或者说事物来，哲学不能对之进行研究？无论这是什么样的事物，从太阳、杯子、猫、太平洋里某个荒岛上的岩石到原子、夸克到我们唐朝时候的祖先到哥德巴赫猜想到方之圆到神仙精灵与妖魔鬼怪直到文学作品中的虚拟人物，我们不可以进行哲学的分析？答案是找不出来，无论什么对象，哲学都可以对之进行分析——具有哲学特点的分析，这就是哲学之为哲学的基本的与核心的特点。

确定哲学的任务是解释世界——或者以爱留根纳的说法是自然——之后，马上会产生这样一个问题：对于可以说是无限的万物，我们如何进行解释呢？

办法就是先对其进行分类。

为什么呢？我们知道，这个"世界"中的事物是极其复杂、无限多样的，多到超乎我们的想象，我们怎样才能解释之呢？

这看上去是很难的，甚至似乎不可能，但哲学之外的其它科学例如自然科学给了我们一个很好的办法，就是首先对这无限之多的对象进行分类。

我们知道，自然界的生物也是极其繁多的，同样可以说无限之多，生物学家们如何对这些数量无限的生物进行研究呢？最基本的办法就是对生物进行分类。例如首先分为动物、植物、真菌、原生生物和无核原生物五个"界"，然后又在这五个界里再进行分类，例如将动物界又分成多个门，像轮虫动物门、扁形动物门、纽形动物门、环节动物门、节肢动物门、软体动物门、脊索动物门，等等，共达33个门。而在门下面又有纲，如节肢动物门下有昆虫纲、甲壳纲、蛛形纲、多足纲，如此等等，在纲下面还会有更小的分类，一直到种为止。共有多达7个分类环节，即界、门、纲、目、科、属、种。有时候为了进一步区分，在界、门、纲、目、科、属、种后面还会有亚门、亚纲、亚目、亚科、亚属、亚种，等等。就拿我们人来说吧，人在动物分类里大致是这样的：

动物界、脊索动物门、脊椎动物亚门、哺乳纲、灵长目、人科、人亚科、智人属、智人种。

经过这样的分类，每一种动物都在这个等级序列中与适当的名称和位置。如棉蚜、属于动物界、节肢动物门、昆虫纲、同翅目、蚜科、蚜属；又如咱们著名的大熊猫，属于脊索动物门、哺乳纲、食肉目、大熊猫科、大熊猫属，如此等等。在各个门、纲、目、科、属、种下面还有亚门、亚纲、亚属等等，如大熊猫就属于脊索动物门、脊椎动物亚门。

经过这样的划分，使整个生物界整齐有序、井井有条。

这样做的原因其实是很明白的，几乎所有事物都是既多又复杂的，看上去是纷繁杂乱的，我们如何去研究事物这些纷繁杂乱的事物呢？一个简单而且必要的办法就是先对事物进行分类，即将纷繁复杂、无限多样、令人目不暇接甚至眼花缭乱的事物划分成整齐有序的各种类别，就像图书馆里将几十万甚至几百万册的图书进行分类、使之整齐有序一样。

与生物学一样，哲学研究的第一步就是要对所研究的对象——整个世界中的一切也就是爱留根纳所说的"自然"——进行完整、系统而且合理的分类。我们要知道，其它任何学科，如动物学、植物学、天文学、数学、化学与法学等等研究的都只是世界上的一部分事物，它们对其研究领域内的对象尚且有清楚的分类，而哲学所研究的则是所有的事物，它不但包括所有各门自然科学所要研究的对象，还要包括所有社会科学所要研究的一切对象，甚至一些自然科学与社会科学都不研究的对象也在哲学研究的对象之列，如上帝与方之圆等等，没有清晰、合理、系统而完整的分类行吗？

至于究竟如何进行分类、根据一种什么样的标准进行分类，这是另一个问题了，以后若有机会，我们将进一步分析。

闲话就说到这，我们后面继续讲爱留根纳的思想。

第三节 肯定神学与否定神学

我前面说了这么多闲话，目的主要是赞美爱留根纳之远见卓识，他在千余年之前的遥远时光，就已经清晰地把准了哲学研究的一个重要的基本方法，难怪其在哲学史上拥有如此独特而崇高的地位。

那么，爱留根纳是如何对世界或者说他的自然进行分类的呢？

他将之分为四大类，即创造而非受造的自然、受造而且创造的自然、受造而非创造的自然、非创造亦非受造的自然，对此他说：

"自然可以通过四种种差区分为四个种：它首先是这样，自然是创造，而不是被创造；其次是，它是被创造的，又能创造；第三是这样一种形式，它是被创造的，而不能创造；第四种形式是，它既不能创造，又不能被创造。"①

我们下面就分别解释这四个概念。

第一个，创造而非受造的自然，这个指的当然就是上帝。从字面上就可以看出来，这个名称表明了上帝的两个特性：一是创造，二是非受造。创造，指的当然就是说上帝乃是万物的创造者，这乃

---

① 赵敦华、傅乐安主编：《中世纪哲学》（上卷），商务印书馆，2013年3月第一版，第677页。

是基督教最基本的教义，不用多说。非受造，指的是上帝乃是万物的创造者，但祂自己却不是被创造的，受造，就是被创造之意。这也是显然的，作为万物创造者的上帝，祂当然不是被创造出来的，祂只是创造者，而不是被创造者。就像爱留根纳自己所言：

"关于前述的自然区分，我们所理解的第一个区分是创造而不被创造。这是不无道理的，因为这一自然的种只能用来述谓上帝，只有他才能被看作anarchos，也就是说，他没有开始，他创造万物；因为万物的第一因出自于他，由于他，万物得以创造；他是万物的终极，因为万物都依赖于他。"①

现在的问题是我们如何理解上帝的这个"创造而非受造"的进一步含义呢？前面的解释太过简单，显然不够。为了进一步理解这个上帝，爱留根纳采用了我们上面讲过的伪名丹尼斯的法子，即肯定神学与否定神学。

倘若我们要理解爱留根纳的这个主要思想，不先理解伪名丹尼斯是不行的，这一点柯普斯登已经说得很清楚。②事实上也是如此，所以，倘若一本西方哲学史著作写了爱留根纳却少了伪名丹尼斯，是有点问题的。从某个角度上说，伪名丹尼斯甚至比爱留根纳还重要，因为少了爱留根纳，只要有伪名丹尼斯，仍然可以构成以后中世纪哲学的基本脉络。不妨打个这样的比喻：如前面柯普斯登的比喻所说，爱留根纳像是平原上一座突兀而起的高峰，诚然是伟

---

① 赵敦华、傅乐安主编：《中世纪哲学》（上卷），商务印书馆，2013年3月第一版，第684页。

② 参见柯普斯登：《西洋哲学史》（第二卷），庄雅棠译，台湾黎明文化事业有限公司，1988年3月第一版，第1页。

大的，但也是孤立的，他的思想在神学中一直是卓尔不群也是孤傲不群的。但伪名丹尼斯就不一样了，他就像爱留根纳这高峰之下的土地，没有这块承载的土地，爱留根纳这座高峰固然没有，以后的中世纪哲学很可能也难以发展，或者会以另外一种方式、在另外一块平原上发展。我们不要忘了，最伟大的神学家托马斯·阿奎那曾在他的著作之中引用丹尼斯多达1700次之多，他受伪名丹尼斯影响之大可想而知！而且，早在公元649年，伪名丹尼斯的著作就被教皇马丁一世钦定为正统神学著作。[①]也许正因为如此，瑙尔斯在他的经典之作《中世纪思想的演化》里是没有专讲爱留根纳的，却对伪名丹尼斯有专门的分析，并且指出了他对于中世纪哲学的直接影响：

　　"他在将要被打断的柏拉图主义悠久传统的继承人中，甚至在他还在创作时，就可能是构造西方基督教思想模式的那些人中在时间上最后的一位。"[②]

　　也就是说，伪名丹尼斯是直接影响中世纪哲学甚至整个西方基督教思想模式的人物中的最后一位，从他之后，西方哲学史就正式进入中世纪哲学或者说基督教神学了。

　　伪名丹尼斯对爱留根纳的影响最明显的地方就是爱留根纳借用了伪名丹尼斯的肯定和否定神学来分析上帝。

　　我们前面讲伪名丹尼斯时说过，所谓肯定神学就是指当我们理解上帝时，先从那些最高的范畴开始，然后慢慢向下移动，一直到达最后的普通的事物。否定神学则相反，不是从距上帝最近的而是

---

①　参见赵敦华：《基督教哲学1500年》，人民出版社，2005年5月第一版，第195页。

②　大卫·瑙尔斯：《中世纪思想的演化》，杨选译，商务印书馆，2012年5月第一版，第96页。

最远的开始，这些距上帝最远的属性都不是属于上帝而是属于上帝之所造物的，将这些属性一一排除，再慢慢走向上帝。[①]爱留根纳正是以这种方法去理解上帝的。他在应用这个办法时也强调了这个方法的来源：

"的确，如果我没有弄错的话，我们已经谈到过神学中存在两个最崇高的部分。这不是我们提出的，而是圣狄奥尼修斯大法官的权威看法。如前面已指出的那样，他非常坦率地肯定神学有两个部分，即肯定的和否定的。"[②]

在这段引文里，爱留根纳不但说明了两种神学的来源，还说明了他对之的推崇以及对伪名丹尼斯本人的崇敬，甚至尊他为"圣"，这在基督教里可以至尊的称呼，只有最具权威者才可以加，例如"圣奥古斯丁"和"圣托马斯·阿奎那"，并且说伪名丹尼斯的理论是"权威看法"。伪名丹尼斯在爱留根纳心目中的地位可见一斑。当然，在爱留根纳的心目中可不是什么"伪名丹尼斯"——那只是后人的称法，而是实实在在的基督教圣人、雅典的大法官。

我们先来看肯定神学，肯定神学就是从肯定的角度去理解神，所谓肯定就是说上帝有什么什么特点，例如上帝是善、光、生命、存在、智慧、真理、信等等，就是伪名丹尼斯在《论圣名》中的所用的词，丹尼斯先从这些词出发去诠释或理解上帝，先肯定了上帝具有这个那个的特点，这就是肯定神学名字的由来。

---

① 参见（托名）狄奥尼修斯：《神秘神学》，包利民译，商务印书馆，2012年6月第一版，第98—100页。

② 赵敦华、傅乐安主编：《中世纪哲学》（上卷），商务印书馆，2013年3月第一版，第694页。

爱留根纳的肯定神学也是如此。在他看来，我们理解上帝，首先只能根据那些存在着的东西——可以理解为我们可以感知的自然万物——去理解，他在《大自然的分类》第一卷中说：

"不存在的东西只有通过上帝，通过质料，还通过一切以上帝为根据的东西的理由和本质，才能正确地理解。而且这样说是不无原因的；因为只有唯一真实的上帝才是万物的本质。正如狄奥尼修斯所说：'存在的全体是超存在的神性。'"①

这里的质料又可译为事物，指的主要就是可感知的事物。在这里，爱留根纳通过引用伪名丹尼斯表明了不存在的东西——其实也是超存在的东西即上帝——只有通过存在着的东西即可感知的万物等本身又以上帝为依据的事物才能够得到正确的理解，而原因就在于上帝的神性乃是万物之本质。

这个道理是很明显的，请问我们是如何去理解上帝的或者一切的呢？或者说，我们是如何产生上帝这样的观念的呢？当然是通过我们的感觉与理智而产生的，例如我们看到天高云淡，看到日月星辰，看到电闪雷鸣，看到纷繁复杂的一切事物。这时候我们会自然而然地想到这一切应该有一个创造者，这个创造者为何呢？经过我们的理智进行推理，就慢慢地走向上帝了。就像笛卡尔和托马斯·阿奎那一样，他们是如何证明上帝的存在呢？都是从对万物的感知与理智入手，慢慢地进行思辨与推理，而走向上帝存在的证明的，也就是说走向上帝的。这一切都表明一个简单的事实：对上帝

---

① 赵敦华、傅乐安主编：《中世纪哲学》（上卷），商务印书馆，2013年3月第一版，第679页。

的感知是通过这些可感知的事物，或者说，通过具有质料的事物等这些以上帝为根据——即其存在依赖于上帝——的事物去理解的，而且由之也可以获得正确的理解。

进一步地，他又说，对上帝的肯定其实并非能够用善、光、生命、存在、智慧、真理等等这些词来理解的，对上帝更加恰当的肯定应该是超善、超光、超生命、超存在、超智慧、超真理才好。因为上帝严格来说是不能够用善、光、生命、存在、智慧、真理这类的词来描述的，这一类词所能够描述的只是存在着一普通的非神性的事物，而神性则是超越于这些东西的，且这种超越乃是一种本质性的超越。因此之故，当我们用诸如善、光、生命、存在、智慧、真理这些词去表达神时，只是一种比喻性的说法而已，所表达的并非上帝及其神性本身。对此爱留根纳说：

"用本质、真理、智慧和其它什么来称呼上帝是不适当的，这只是一种隐喻；可他应该说是超本质的、超真理的、超智慧的等等东西。"①

这样的思想是不难理解的，也是我们在理解上帝时所特别要注意的。我们要知道，真正的上帝是超越一切的，包括超越一切语言所能够描述的，因为我们的语言本质上乃是起源于一切存在着的、与感知、与理智直接相关的事物，也是为了描述这些事物的，而上帝却是在本质上与这些事物不同的，是超越于这一切的，因此这些语言怎么可能精确地描述上帝呢？显然是不可能的。因此，当我们

---

① 赵敦华、傅乐安主编：《中世纪哲学》（上卷），商务印书馆，2013年3月第一版，第693页。

用任何词汇如善、光、生命、存在、智慧、真理去描述上帝时，只可能是一些比喻性的描述而已。

但同时我们又要清楚的是，这些比喻性的描述并非空穴来风，而是其来有自的，由于这些词本身是描述与感觉和理智相关之事物的，而这些事物是怎么来的呢？是上帝创造的，是以上帝为根据的，它也必然地反映了上帝的某一些特性或者说神性，因此之故，当我们说上帝是超善、超真理等等之时，并不是完全的空话，而是有所指也有所用的，即善与真理这些词虽然不能精确，但也与上帝的神性有所类似，超善、超真理也是如此。打个比方说吧，例如我们不说"石头是真理"或者"石头是超真理的"，为什么呢？因为石头和真理一点关系也没有，但上帝和真理是有关系的，因此才用真理与超真理去形容上帝。

我们再来看否定神学。

前面我们讲伪名丹尼斯时已经讲过了如何用否定的方式去描述上帝，简而言之就是上帝不是什么，例如我们可以说上帝不是石头、不会酗酒，如此等等，用这样的方式去描述上帝——"不"乃是否定，这当然也是正确的，因为上帝肯定不是石头，也不会喝酒，通过这样的方式，我们可以一步步走向上帝，这种否定有一个特点就是从最简单与初级的事物入手，例如石头与怒，因为这样的否定也是最简可靠的，就像伪名丹尼斯所言："难道否定祂会'醉'或'怒'，不比否定祂有语言或思想更正确吗？"①

----

① （托名）狄奥尼修斯：《神秘神学》，包利民译，商务印书馆，2012年6月第一版，第100页。

由于我们前面已经讲过了肯定神学与否定神学，现在说起来比较容易懂，但在爱留根纳这里，我们要将两种神学统一起来，也就是说，肯定神学就是否定神学，两者是可以统一的。

这个统一首先体现在上帝是超智慧、超真理的这一类说法里。

前面我们说过，实际上，我们不应该用智慧与真理这些词来描述上帝，因为上帝是超越它们的，即上帝是超智慧、超真理的，当我们用超智慧、超真理来描述上帝时，我们用的乃是肯定神学的法子。在这里我们还可以更进一步，看看这个超智慧、超真理究竟是怎么回事？

我们可以自己试着想象一下，看这个超智慧、超真理里面究竟包含着些什么内容，注意，不能够简单地说"就是超越智慧和真理呗！"而要试着去想象一下其中究竟有什么样的含义，很难吧！因为我们人类的理解也就止于智慧与真理了，对于那些超越了智慧与真理的东西我们是无法明白的，因为它超越了我们的理解能力。这就像康德所说的"纯粹理性的一切辩证尝试"一样，他说：

"纯粹理性的一切辩证尝试的结局不但验证了我们在先验分析论中已经证明了的东西，即我们的一切想要带我们超出可能经验的领域之外的推论都是骗人的和没有根据的；而且，这个结局同时也告诉我们一种不寻常的东西：尽管如此，人类理性仍有一种自然的倾向要跨越这一边界。"①

我们知道，康德的一个基本观念是我们人类所能够理解的只能止于属于经验领域之内的现象，而物自体则是超越于经验领域之

---

① 康德：《纯粹理性批判》，邓晓芒译，人民出版社，2004年2月第一版，第505页。

外的东西，所以是不可能为我们所理解的，上帝也当是这样的物自体。虽然爱留根纳的思想与康德之间差别很大，但有一点是共通的，就是说明了人类智慧或者说理性的局限，它是不可能理解上帝的。当然这种不可能理解是相对而言的，对于爱留根纳而言，人类对上帝的了解还是有一些的，例如他认为智能与真理虽然不能够本质性地描述上帝，但却是与上帝有所关涉的。到了超智慧、超真理时也是一样，我们其实也可以约略地知道它们是与智慧与真理相关的，只是超越之。但现在的问题是，当我们超越之后，它究竟的含义是什么呢？这却是不可知的，就像我们不知道上帝究竟的本质一样。对于这样的超智慧、超真理、超本质，爱留根纳在《大自然的分类》中说：

"而那超越本质的东西是什么，人们没有说，只是肯定上帝不是任何所是的事物，而比所是的事物更多的存在：至于那存在到底是什么，他没有任何规定。"[①]

这也就是说，当我们说上帝超智慧、超真理时，这个"超智慧、超真理"实际上也可以说是没有含义的，因为我们不知道其含义，既然没有含义，那么也就是否定了，因为"没有"和"不"同样是否定的语言形式，这样一来，这个"超智慧、超真理"在意义上就具有了一种否定的形式。就像爱留根纳所言：

"凡可以用'超越'或'更加'这类词来描述上帝的，例如说他是超本质、超真理、超智慧的，都几乎完全可以理解为属于上述

---

① 赵敦华、傅乐安主编：《中世纪哲学》（上卷），商务印书馆，2013年3月第一版，第697页。

两部分的神学，它们在阐明时可以获得肯定的形式，而在意义上却有否定的含义。"[①]

这样一来，肯定神学就变成了否定神学，也就是说，两种表面上对立的神学方法得到了统一。

我们可以以一种更加清楚的方式表述这一点，当我们说上帝是超智慧、超真理时，实际上也可以说成是：上帝不是智慧、不是真理，因为既然上帝是超智慧、超真理的，那么祂当然不再是智慧与真理了，至少是不再能等同于智慧与真理了。而且，这里的"超"不是简单的超过或者超级，例如说乔丹是NBA的"超级明星"这里的超，说乔丹是超级明星，是说他不是一般的明星，而是大大地超越了一般的明星。但在这里，当说上帝是超智慧、超真理时，而是说上帝已经超越了真理与智慧这样的范畴，不再能够以真理与智慧言之了，其具体的内涵已经超越了我们人类所能知晓的，对于我们而言，这个超实际上有类于"无"。如此一来，原先说上帝是超智慧、超真理就由肯定神学变成了否定神学，或者说两种神学就此统一起来了。

其实，我们还可以用一个更简明的法子将肯定神学与否定神学统一起来，那就是我们既可以说上帝是智慧与真理——这时候所采用的当然是肯定神学的法子，同时我们又可以说上帝不是智慧与真理——这时候我们所用的就是否定神学的法子了。

这两种说法都是成立的，首先很简单，当我们说上帝是智慧

---

① 赵敦华、傅乐安主编：《中世纪哲学》（上卷），商务印书馆，2013年3月第一版，第696页。

与真理时，我们是用比喻的方式去说的，即用智慧与真理去比喻上帝，这种说法是成立的。但我们同时又要清楚地知道，真正的上帝或者说上帝的本质可不是智慧与真理这么简单，它是超越之的，也就是说，真正的上帝不是智慧与真理。当我们说上帝不是智慧与真理时，我们是就上帝真正的本质这个意义上去说的。

总而言之，说上帝是智慧与真理与说上帝不是智慧与真理这两种说法都是成立的，角度不同而已，也就是说，肯定神学与否定神学两者实际上是可以统一的。

爱留根纳在《大自然的分类》里有一个这种肯否统一的很相似的例子，就是存在与不存在的统一：

"理性以它为根据，要求一切易于引起感官感觉或理智知觉的事物，都有理由认为是存在的；而与此相反，那由于本性卓绝，不仅超于物质，即感性之外，而且超于理智以及理性之外的存在，却又表现为不存在。"[①]

在这里，可感知的事物是存在的，而超越于可感知的物质的存在——也就是上帝——却是不存在的。为什么呢？这就是对存在这个词的不同理解，我们无疑可以用存在来表述一般的可感知的事物，说其是存在的，而且我们也可以说上帝是存在的，这也显而易见，无论伪名丹尼斯还是爱留根纳，一定会认为上帝是存在的。但与此同时，上帝又是不存在的，这又是为什么呢？因为上帝超于物质、理智以及理性，我们是无法用存在这一类本质上只可用于表述

---

① 赵敦华、傅乐安主编：《中世纪哲学》（上卷），商务印书馆，2013年3月第一版，第678—679页。

一般可感知事物的词去表述上帝真正的本质的，就这个意义上而言，上帝是不存在的。就像上帝不是真理与智慧一样。

不但智慧与真理是如此，善、光、生命、存在等等也是如此，甚至亚里士多德所说的实体也是如此，总之我们要清楚的是，当我们用任何词汇去描述、形容上帝时，通通都只是比喻的说法，真正的上帝或者说上帝的本质是无法言说的，就像伪名丹尼斯所言：

"……攀登得越高，语言便越力不从心；当它登顶之后，将会完全沉默。"[1]

这既是伪名丹尼斯的观点，也是爱留根纳的观点，当然，爱留根纳这个观点是从伪名丹尼斯那里继承而来的，就像他的两种神学也是从伪名丹尼斯那里继承来的一样。

通过以上的方式，我们应该理解了爱留根纳心目中的神，这个对神的理解是源自伪名丹尼斯的，但爱留根纳作了更加深入细致的分析。同时，这一部分也可以看作是爱留根纳最主要的思想，因为这一部分论述是有关上帝的，而作为基督教的哲学家，上帝永远是其思想的重心与主体所在。

第四节 "受造而且创造的自然"与"受造而非创造的自然"

现在我们再来看爱留根纳自然的第二个分类，即受造而且创造

---

[1]（托名）狄奥尼修斯：《神秘神学》，包利民译，商务印书馆，2012年6月第一版，第99页。

的自然。

顾名思义，这个受造而且创造的自然有两个特点：一是受造，即被创造，二是创造，即能够创造。理解了这两个特点，就理解了这第二个分类。

这个分类相对而言比较简单，它简而言之有类于我们前面已经说过很多次的理念。我们知道，柏拉图认为个体之物是不真实的，是依据理念而来的，理念乃是个体之物的共相，也是个体之物的来源。这个理念又是怎样来的呢？答案其实也很简单——来自于神的创造，例如个体之狗来自于理念之狗，这个理念的狗，像其它一切的理念一样，乃是神创的，所以也是完美、真实的。或者也可以这样说：正因为理念是完美的、真实的，所以它只能来自于神。新柏拉图主义的先驱斐洛正是接受了柏拉图的这个思想并将之与《圣经》中的神创世界结合起来，即他认为，上帝在创造世界之前先创造了世界万物的理念，斐洛说：

"造物主在创造灵明世界之前，首先创造了无形体的天堂和不可感觉的世界，以及气和虚空的理念，接着又创造了水的无形体的本质和一种无形体的光，以及太阳和一切星辰的不可感觉的原型。"[1]

后来这一思想又被奥古斯丁接受了，认为整个世界乃是上帝根据自己的意志创造出来的，他在创造事物之前，先有了关于事物的"理念"，上帝是根据这些理念去创造万物的。现在，到了爱留根纳

---

① 黑格尔：《哲学史讲演录》（第三卷），贺麟、王太庆译，商务印书馆，1959年12月第一版，第168页。

这里，他同样接受了这样的思想，认为上帝是先创造了理念，然后才创造万物的。所以，在为上帝所创造这个意义上说，理论当然是受造的。这就是自然的第二个分类"受造而且创造"的第一个特点。

现在我们来看它的第二个特点"创造"。

这也是很明显的，作为理念，它当然也是创造者，这是从柏拉图以来一以贯之的。为什么呢？因为理念之主要特点是两个：一是它是上帝所创造的，二是它是万物的原型，上帝乃是根据它而创造万物的。从这个角度上而言，当然可以说理念是"创造"的了，虽然它并非上帝一样的创造者，然而毕竟是万物的原型，万物乃是根据它的样子而创造的，因此也可以简而言之地说：是这些理论"创造"了万物。

在爱留根纳这里，我们还要注意两点：一是上帝是用"言"去创造的，从这个意义上说，是先有"言"然后有理念的。我们在《圣经·创造记》中也看到了，上帝说："要有光，便有了光"，这里的上帝"说"是极其重要的，这"说"就是言，这言就是上帝创造万物的方式，上帝不是用手用脚，而是用"言"去创造万物的，这"言"就是"说"、就是"说道"，也就是"道"。上帝全部的创造都是通过这"言"去创造的，这是神学中另一个核心的问题，我们以后还会论及。

当然，这里言的先在性并不是一个确定的时间的先在性，即先有言然后有理念，这是不对的，因为在爱留根纳看来，就本质而言，上帝的创造是一个永恒的过程，其言与道也是如此，这是超越于我们心目中的时间概念的。实际上，上帝是超越于时间的，正如其超越于真理与善一样。所以，说言之先于理念乃是一种逻辑上的而不是真正的时间上的。[①]

二是说理念"创造"万物指的是万物分有了理念。这个观点也是从柏拉图那里来的，后来奥古斯丁和伪名丹尼斯等都接受了这样的观点。这也是很好理解的，既然万物是从理念而来，它当然是和理念有关的，也必然接受了理念的某些特点。例如说，我们人拥有智慧，但这智慧是哪里来的呢？我们真的拥有智慧本身吗？不能够这样说，更为清楚的表达是：我们只是分享了理念的智慧而已，我们是分有或分享，而不是完全的拥有。

这自然的第二个分类容易理解，我们就不多说了，现在我们来说第三个，即"受造而非创造的自然"。

这个受造而非创造的自然表面上是最好理解的，基本上就是我们所称的自然万物，这些自然万物是受造的而非创造的，这很清楚：首先，它们是受造的，即是由上帝创造的，这显而易见，不必多说；其次，它们是非创造的，这同样明显，因为它们是上帝创造出来的自然之物而已，或者说是创造的最后形态，是完全被动的，当然不能够再创造什么。总之，受造而非创造的自然从表面上理解是非常简单的，几句话就说完了。

但我们别高兴得太早，后面的问题难着呢！也许是自然的四个分类中最难的一个，因为在它的背后蕴藏着两个相当难的问题：

一、上帝如何创造万物？

二、上帝与万物之间的关系为何？

---

① 参见柯普斯登：《西洋哲学史》（第二卷），庄雅棠译，台湾黎明文化事业有限公司，1988年3月第一版，第174页。

而由这两个问题将衍生出第三个问题：我们人当如果理解终极的上帝？

我们下面就来论述这三个问题。

首先第一个问题，上帝是如何创造万物的?

对于上帝如何创造万物，在《圣经》中说得很明白，我们前面也多次说过了，从斐洛开始就认为上帝在创造万物之前先创造了万物的理念，然后根据这些理念创造具体的万物。如此等等，对于这些思想，爱留根纳基本上都照单全收，并且还强调了两点：

一是上帝的创造万物是通过一种"流衍"或"流溢"的方式去创造万物的，二是上帝是从"绝对的无"中创造万物的。我们现在就来分析这两点。

首先，上帝通过流溢创造万物，也就是说，当上帝创造万物的时候，是让万物分有了自己的某些神性，这神性通过这种流衍首先创造了万物的理念，然后再次流衍，并借由理念而创造了具体的自然万物。

这个思想和新柏拉图主义的创始者柏罗丁是很一致的，可以说就是来自于柏罗丁。因为柏罗丁就认为太一是通过流溢来创造万物的。所谓流溢，就是流出与溢出之意，怎样流出与溢出呢？柏罗丁用了几种比喻，例如太阳放出光芒、火释放出热量、雪放射出寒冷，或者像芳香的物体发出香气，甚至镜子和镜中之像，等等。那太一或上帝是不动而永恒的，从祂所发出来的一种光，向四周放射。[①]并且，虽然太一产生了理智或者其余的一切，但并不会因此

---

① 参见黑格尔：《哲学史讲演录》（第三卷），贺麟、王太庆译，商务印书馆，1959年12月第一版，第191页。

受到任何损失，而且，太一与它所发出的东西是一个东西，这点也是很重要的，因为太一所产生出来的东西分有了太一，因此二者实质上是同样的。

爱留根纳也继承了柏罗丁的这些思想。他认为上帝创造万物之时，亦将其神性让万物分享，这里的分享与流溢意思是差不多的。对此柯普斯登是这样说的：

"'分享'说穿了就是从较高的本质流而成为次等的本质的衍生罢了，好比水从泉源中溢出来，又流到河床，同样地，神性至善首先流出始因，并使它们存在，而后又藉由始因产生它们的结果，显然，这是一个流衍的隐喻。"[①]

上面的始因可以看成是理念，在爱留根纳看来，上帝创造万物也是像柏罗丁所说的流溢过程，先流溢出理念，然后再生成万物。

不过，爱留根纳的观点在有一点上和柏罗丁的差异是很大的，这就是上面的第二点了。

在柏罗丁看来，太一之流溢而创造万物，这是一个自然而然的过程，柏罗丁说："由于理性由绝对实体而生，并没有变化，所以它是绝对实体的直接反映；它并不为一个意志或决心所决定。"[②]从这句话中我们可以得出两个结论，一是从太一到理智的距离是很近的，理智是太一自身的一种直接的反映；二是这个过程"并不为一个意志或决心所决定"，意思就是说，它不是太一下定决心要这么

---

① 柯普斯登：《西洋哲学史》（第二卷），庄雅棠译，台湾黎明文化事业有限公司，1988年3月第一版，第176页。

② 黑格尔：《哲学史讲演录》（第三卷），贺麟、王太庆译，商务印书馆，1959年12月第一版，第191页。

做的，或者说先有了一个要这样做——即产生理智——的意志，然后就去有产生理智的行动了，也可以说，不是刻意的。不是刻意的，就是说它是无意的，或者说，是自然而然的，是自然而然地产生了理智的。

在爱留根纳看来，上帝之创造万物可不是这样的，上帝是从"绝对的无"中创造万物的。[①]在绝对的无之中创造万物，当然需要上帝的大能与绝对的主动。在这里他强调了上帝创造万物时的绝对主动的地位，上帝从绝对之无中、以其不可知的大能创造了万物，万物绝对地因上帝的创造而存在，没有上帝的这种绝对意义上的创造就没有万物。这种"自然而然"与"绝对的主动"是爱留根纳与柏罗丁的一个主要区别之所在。由此我们可以明显地看到，爱留根纳试图在新柏拉图主义与基督教哲学之间作出一种妥协与调和，一方面他接受了新柏拉图主义特别是柏罗丁的万物创生思想，另一方面又看到了这种思想和基督教传统思想包括奥古斯丁思想中之间的差异，因此试图将两者调和起来。不过，这种调和所产生的作用似乎不大，这也是他的思想后来被定为异端，他的这部《大自然的分类》也成为禁书的主要原因之一。

我们再来看第二个问题：上帝与万物之间的关系为何？

关于上帝与万物之间的关系，爱留根纳的观点也是很有意思的，就是他认为万物与上帝是一体的。

这个思想是十分深刻的，很难清晰地了解，不过我们还是要尽

---

① 参见《大自然的分类》3，5，柯普斯登：《西洋哲学史》（第二卷），庄雅棠译，台湾黎明文化事业有限公司，1988年3月第一版，第176页。

量弄明白。爱留根纳所说上帝和万物是一体的，大致包括四个方面的意思：

一是上帝在创造万物的同时也"创造"自身。

二是万物分享了上帝的本质。

三是上帝与万物不可分离。

四是万物将复归于上帝。

我们先来看第一个方面的意思。这一点也是四点之中最独特的一点，也是最难的一点。

对此我们可以这样去理解：我们知道，上帝是永恒的，但万物是永恒的吗？当然，从一个方面来说，万物也是永恒的，因为我们后面会说到，上帝之外无物，上帝与万物是一体的，既然上帝永恒，万物自然永恒。但这是后话，我们还是先从一个更容易明白的角度入手，就是上帝是永恒的，先有这个永恒的上帝，然后祂从绝对的虚无中创造了万物。

我请问这样一个问题：现在是谁在论证上帝的永恒呢？当然是我、我们，一如过去是奥古斯丁、伪名丹尼斯、爱留根纳，等等，以及无数的基督徒。我又请问：倘若没有这些人呢？有没有谁去信仰上帝、论证上帝的永恒？没有吧！也就是说，我们要看到一个事实：上帝之所以被崇拜、被信仰，是因为有了人，也就是说，正是因为有了人，才有了对上帝的崇拜与信仰，倘若没人，即便依旧有上帝，并且祂依旧是永恒与万能的，请问，又有谁去崇拜与信仰这个上帝的永恒与万能呢？当然是没有的。我可以打个比喻：倘若世界上只有一个人，在这种情况下，他当然拥有全世界的财富，无疑是古往今来最大的富翁，然而，有谁知道他富有？无人！因为无其他之人！进一步地，他的富有有何意义？没有！甚至于，在这样的情况之下，还能够说他是富翁吗？当然也不能，因为全世界就他一个人，什么富不富的，没有任何意义！因为富是相对于穷而言，没有穷人，何来富人呢？上帝亦有类如此，倘若没有人，从某个角度上说，祂的永恒与万能都是"没有意义"的，甚至于是不存在的，因为上帝之所以称之为万能与永恒，正是因为有了我们这些凡人，较之于上帝的万能，我们是小能的甚至无能的，较之于上帝的永恒，我们是短暂的，我们的生命转瞬即逝，"纵有千年铁门槛，终须一个土馒头"。简而言之就是，正是通过我们人的无能与短暂从而彰显了上帝的大能与永恒。也就是说，倘若没有无能与短暂的我们，上帝的万能与永恒也无从彰显。就像倘若没有穷人的贫穷，富人的富有也无从彰显一样。

上帝在创造万物的同时也"受造"自身就是这么来的。就如柯普斯登所言：

"受造物，不但是神性至善的分享而已，而且是神性的自我彰显。"[①]

我们甚至于可以说，上帝为什么要创造万物呢？那也是有目的的，正是为了这个、为了彰显祂的万能。这就像一个人拼命奋斗，终于创造了亿万财富、成为亿万富翁，他为什么要创造亿万财富？当然就是为了彰显他有这样的本事、他有创造亿万财富的能力。同时，在这种彰显过程中，他就成为了一个亿万富翁。上帝也是一

---

① 柯普斯登：《西洋哲学史》（第二卷），庄雅棠译，台湾黎明文化事业有限公司，1988年3月第一版，第176页。

样，在这种创造万物过程中，祂彰显了自己万是万能与永恒的上帝。换一个角度就是说：上帝是在创造万物的过程中同时也创造了自己，把自己创造成了万能的、永恒的，受到被祂创造的万物之一即人类的顶礼膜拜，尊为万能的、永恒的神。

这是我们对上面第一个方面的了解。第二个方面，即万物分享了上帝的本质，这就好理解了，前面我们讲奥古斯丁时就讲过，奥古斯丁认为上帝创造了万物，万物既然是上帝创造的，那就自然而然地分享了上帝的善，这个善当然可以说是上帝的本质。不过，这个观点和柏罗丁是不同的，例如柏罗丁《九章集》第一卷第八篇的名字叫"论恶的本性和恶的起源"，里面有这样的话：

"当然还会有人说，我们一定要战胜恶。但是，那能战胜它的人，除非从质料中逃脱出来，否则还是不纯洁的。"[①]

这里的质料是与万物直接关联的，万物之所以成为"物"，当然是因为有了质料，而在柏罗丁看来，只要有了这样的质料，就不可能是纯洁的，即就有了恶。这是柏罗丁一个很独特的观点，即认为物质是恶，但基督教的哲学家们大都没有接受这样的观点，基于他们的信仰，他们都认为万物不是恶的而是善的，因为它们分享了上帝的善。爱留根纳更是明确地说，世界"分享了摄含了上帝的本质"。[②]

现在我们来看第三个方面，上帝与万物的不可分离。

---

① 普罗提诺：《九章集》（上册），石敏敏译，中国社会科学出版社，2009年10月第一版，第84页。

② 柯普斯登：《西洋哲学史》（第二卷），庄雅棠译，台湾黎明文化事业有限公司，1988年3月第一版，第178页。

这一点其实已经大致包含在上面两点之中了，通过上面两点，我们可以总结如下：上帝不能够离开万物，因为离开了万物就无以彰显自己，无以显示自己是万能与永恒的上帝，也就是说，上帝是通过创造万物而"创造"了自己，这样一来，上帝是不能离开万物的。上帝不能离开万物，那么万物自然更不可能离开上帝了，万物是上帝创造的，上帝从绝对的虚无之中创造了万物，没有上帝的创造、没有上帝将自己的本质赋予万物，让万物分享，万物就什么也不是，根本就不可能存在。

总而言之，上帝与万物是一体的，不可分离。

爱留根纳甚至更进一步地表明，上帝与万物乃是真正地一体的，他的意思就是说，其实只有上帝，并无万物，万物只是上帝的一种展现而已，上帝与万物是二而一，一而二的，上帝将万物囊括于其内，就像柯普斯登所言：

"上帝与受造物是不可分离的，是'一且相同'的，受造物在上帝之内生存。"[1]

当然，这并不是说上帝像一个大口袋，而万物就位于这个大口袋之内，而是说，上帝与万物本来就是一体的：上帝在创造了万物的同时，也创造了自己，并将自己与万物融为一体，一切都是上帝，上帝也是一切。

爱留根纳的这个观点在基督教看来是很异端的，因为它显然对上帝的神圣性提出了质疑，是一种相当明显的泛神论的观点，这样

---

① 柯普斯登：《西洋哲学史》（第二卷），庄雅棠译，台湾黎明文化事业有限公司，1988年3月第一版，第178页。

的观点也是爱留根纳后来被定为异端的主因。

还有，爱留根纳的这个观点后来被斯宾诺莎加以继承了，我们知道，斯宾诺莎是以他的泛神论思想而著称的，之所以如此，是因为他认为实体、神与自然乃是三位一体，他说过这样一段话：

"我对上帝和自然的看法与后来的基督徒们通常的观点完全不同，因为我认为上帝是一切事物内在、而不是外部的原因。虽然方式不同，我也像保罗或者甚至像一切古代哲学家一样，主张一切事物都存在于神内，并且在神内运动。"①

斯宾诺莎的这种观点显然是和爱留根纳一致的，斯宾诺莎正因为这样的观点而遭受到了犹太教会的绝罚，受到的诅咒之可怕听来令人毛骨悚然，这里且不细说。

最后一点是万物复归于上帝。所谓万物复归于上帝，意思是很明白的，就是万物被造出来后，终究会重新回归上帝，那时候将不再会有万物了，而只有上帝。关于这一点我们在后面讲第四种自然时再细说。

至此我们就分析完了上帝如何创造万物、上帝与万物之间的关系为何两个问题。

而由这两个问题将衍生出第三个问题：如果理解终极的上帝？

这个问题从某个方面来说是无法回答的，正如我们前面讲伪名丹尼斯时所说的一样，到了真正的上帝那里，一切言语将无力，只有沉默，因为上帝是无法言说的，正如无法理解。

---

① 斯宾诺莎：《斯宾诺莎书信集》，洪汉鼎译，商务印书馆，1993年9月第一版，第七十三封，致奥尔登堡的信。

　　对于这个观点爱留根纳当然也是接受的，但同样地，这种不可言说并不妨碍于我们去试图了解上帝，正是这些了解才构成了从斐洛到奥古斯丁到爱留根纳等等的神学，现在爱留根纳也要对这终极的上帝进行一番言说。

　　在他看来，这个终极的上帝可以用一个字来表达，就是无。

　　这个上帝之为无可以从两方面理解，一方面是上帝是从绝对的无中创造了万物，那么，这绝对的无和上帝又是什么关系呢？倘若有这样一个时期，只有上帝而无万物，而上帝我们知道是无形无质的，根本不可能感知，也不可能为我们所知晓，因为在那个时候只有上帝，没有包括人在内的万物，那么，对于万物或者说人而言，既无感知者，上帝本身又无法感知，这不就是一种无吗？

　　当然，这无从另一个角度上而言又是一种有，而且是一种比有更强大的有，是一种"道"，正是在这种无里蕴藏着万物的创造与生成。这是一种很玄妙的关系，对于这种玄妙，《老子》里有一段很好的描述：

　　"视之不见，名曰夷；听之不闻，名曰希；搏之不得，名曰微。此三者不可致诘，故混而为一。其上不曒，其下不昧。绳绳兮不可名，复归于物。是谓无状之状，无物之象，是谓惚恍。迎之不见其首，随之不见其后。执古之道，以御今之有。能知古始，是谓道纪。"①

　　对这一段话，我不想解释太多，大家可以自己去领悟，总之在这里表达了一种神秘的、玄妙的似无还有、似有还无的情形，可以看成是道的本象，亦可以看作是万物创造之前的"无"之景象。

────────────

　　① 《老子》第十四章。

　　这一章也许是整部《老子》中最难理解、又最奥妙的部分。

　　上帝之为无从另一个方面去理解就是我们前面讲伪名丹尼斯时所说过的，上帝是不可言说、不可名状的，既然如此，那么上帝也可以看成是无。

　　在这里不妨打个这样的比喻：在漆黑的夜里，我们站在旷野之上，伸手不见五指，但这时候可以说我们眼前一无所有吗？当然不能！事实上我们眼前有着广阔的天地，有着日月星辰、山川河流、千草万木，只是我们无法看到而已。——但倘若只就我们眼前的景象而论，是不是可以说我们眼前一无所有呢？当然也是可以的。上帝之无在这里也是类似的含义：上帝具有很多、无限之多的本质，但这一切在究极的含义上却是我们根本无法知晓、也绝对无法表达的，从这个意义上来说，上帝乃是无、绝对的无。

　　对上帝这种意义上的无，柯普斯登是这样说的：

　　"根据斯考特后来的解释，'无'是指神性至善之不可名状、不可理解、不可接近的光芒。因为那不可理解之物，在究极的层次上，可以称为'无'，因此，当上帝开始彰显于神灵显现时，可以说是从几希的无而来。虽然因为'祂是整个宇宙的本质'，在创造中变为有，神至善就其自身而言，仍可以说是'绝对虚无'。"①

　　把上帝视为绝对之无，这种思想是关于上帝的诸多思想之中最具玄妙与深奥特征的之一，深入思索之可以得到许多美妙的"思想之果"。

---

　　① 柯普斯登:《西洋哲学史》(第二卷)，庄雅棠译，台湾黎明文化事业有限公司，1988年3月第一版，第177页。

第五节　关于人类

以上我们就解释了爱留根纳在《大自然的分类》中的第三类，受造而非创造的自然，也就是说我们所称的自然万物。

但是，这解释还不能算完，我们在此还要解释一种特别的自然之物，就是人类。

我们知道，人类一方面是自然万物之一种，与其余的自然万物无异，就像从生物学的角度而言，人只是地球上亿万种生物之一而已！但另一方面，人类又在万物之中拥有独特的地位，以一句老话来说，人是万物之灵。从科学上来说，人与动物之间是有异亦有同的，同者是人与动物都拥有大致相同的感觉，但有时候动物的感觉还要优于人，例如人的视力不如鹰、人的嗅觉不如狗、听觉不如蝙蝠，如此等等，体格之强壮更是远不如狮虎大象，但人较之动物有一个压倒性的优势，就是人有智力，这是其它任何动物无法与人类相匹的，也是人之为人而不是普通动物的基础。对于人类而言，智力大致有以下的功能：

1. 智力帮助人类更快地获取食物。

2. 智力使人更安全而舒适地生存。

3. 智力让人与人之间能够更加复杂地交流。

4. 智力能够让人获得知识。

5. 智力让人类组织起来，形成部落、城邦与国家。

如此等等，而人类能够产生信仰，能够信仰上帝，也是由于人类有了智力；对上帝的认识是人类的知识之一，并且是最高等级的知识。

对于爱留根纳而言，这种智力就是理性。当然，智力与理性之间的关系是一个很复杂的问题，有时候只是词义的关系，有时候又可涉及到更为根本的区别，那时候理性是高于智力的，但在爱留根纳这里，智力与理性的含义至少是相近的。

爱留根纳在《大自然的分类》的第四卷中专门探讨了有关人的理论，这些探讨是颇有意思的。

首先，在爱留根纳看来，人是一个"小宇宙"，也就是说，在人身上拥有宇宙万物的特质，例如人和植物一样能够生长，和动物一样能够感觉，和天使一样有理解的能力，我们可以将这种理解的能力理解为智力。更进一步地，由于人是上帝所造，人有的灵魂自上帝而来，并且分享了上帝的某些特性，例如善，因此，人也和上帝具有共通的一面。总而言之，人之作为万物之灵，这里的万物其实可以名为"万有"，即人拥有一切存在包括上帝在内的许多共同特质，是一个"小宇宙"。

当然，在这个小宇宙之中，有两点是特别需要注意的：一是人与普通动物的关系，二是人与上帝的关系。

关于人与动物的关系。在爱留根纳看来，人与动物之间有共同之点，就是人与动物一样要从大自然中吸取养料而生存，并且人和动物拥有共同的感觉能力。但人与动物也有一个根本的区别，就是人是"理性动物"。将人定义为理性动物是自亚里士多德而来的，亚里士多德认为，人之为人的一个基本标志就是语言，他所称的理性动物的意谓主要就是有语言、言说或词语的动物。[①]爱留根纳很

---

① 参见《不列颠百科全书》，中国大百科全书出版社，1999年第一版第一卷，第470页。

可能并不清楚亚里士多德的这个定义,但这个定义在柏拉图那里亦有影子,我们可以将这里的理性理解为智力,因为,人与动物最显著的区别就是智力上的区别,那些表面的区别如语言等其实都是智力区别的后果,智力才是原因。与人之有理性一致,人拥有灵魂,这灵魂是与理性相关的,可以说是理性之灵魂,而动物是没有这样的灵魂的。这乃至人与动物的另一个根本的差别。

而人类之拥有灵魂又将人与上帝直接挂起钩来。因为人的灵魂当然是来自上帝的,是上帝所造的,并且,上帝在创造人类的灵魂时是依据自己的某些神性而造出来的,因此人的灵魂必然地具有某些与神相通的方面,甚至是某种"神性"。从这个方面来说,人的灵魂是存在于上帝之中的,是与上帝一体的,因为它来自神性、是神之一部分。根据这一点,爱留根纳又把人定义为"永恒地在上帝观念之内所造成的理智"①,这个定义主要包括三个含义:

一是人的灵魂是永恒的或者说不灭的。这是基督教关于灵魂的一个基本观念;二是灵魂是在上帝之内的,这里我们不应该按字面意思理解成灵魂真的与上帝待在一块,而应该理解为人的灵魂本质上而言是与上帝一体的,因为它是上帝根据自己的肖像所造,并且具有某些神性;三是灵魂是理智,这里的理智也就是理性,灵魂就是理性的灵魂,这已经说过了。

进一步地,爱留根纳说,正由于人的灵魂来自上帝,灵魂又是与理性联系在一起的,于是就造成了我们对于人的认识的两个方面:

---

① 柯普斯登:《西洋哲学史》(第二卷),庄雅棠译,台湾黎明文化事业有限公司,1988年3月第一版,第180页。

一个方面是我们可以理解人、定义人，包括理解人的灵魂，因为上帝给了我们以理智，而理智是具有理解能力的；但另一方面是我们无法理解人，也无法定义人，因为人的根本方面是理智，而理智是与上帝一体的、是来自神性的。而神，我们早就说过，在究极的意义上是根本无法理解的，所以说，这与上帝的神性相联的灵魂与理智的究极也是我们无法理解的。如此一来人也是无法定义的了。这个道理是很明白的，依据上面对人的两个定义，无论人是"理性动物"还是"永恒地在上帝观念之内所造成的理智"，由于这个定义之中的"理性"与"理智"在究极的意义上是无法理解的，因此这个定义本身也是无法理解的，也就是说无法定义。

这最后的分析可以说就是爱留根纳对人最后的理解，理解了这些，也就理解了爱留根纳对于人的理解。

第六节　万物最后的结局

现在我们要来分析《大自然的分类》中的第四个、也是最后一个类：非创造亦非受造的自然。

这第四个自然看上去有些费解，但实际上并不难理解，就是我们前面提到过的万物与上帝之关系的最后一点，即万物将复归于上帝。

显然，这种观点也是从柏罗丁那里继承而来的，因为柏罗丁也强调一点，就是太一在产生理智之后，理智又将复归于太一。太一产生理智，理智又将复归于太一，乃是一种"循环运动"。① 在柏罗

---

① 参见黑格尔：《哲学史讲录》（第三卷），贺麟、王太庆译，商务印书馆，1959年12月第一版，第191页。

丁看来，这种循环乃是一个永恒的、必然的过程，因为这样才能达到一种"原始的统一"。

这种观点在《老子》那里也是有的：

"致虚极，守静笃。万物并作，吾以观复。夫物芸芸，各复归其根。"[①]

万物有生必有死，这是一般人都很明白的天道，但哲学家们却更进一步，认为这种死亡并非简单的毁灭与消逝，而是一种复归，即回复到其初始的状态。老子这样想、柏罗丁这样想，现在爱留根纳也是这样想的。

其实，爱留根纳这样想是必然的。我们前面说过，爱留根纳认为上帝与万物可以说是一体的，但毕竟上帝和万物是一体而不相同的，从更严格的意义上说，万物毕竟是上帝所创造的，只有上帝是永恒的，万物不可能是永恒的，那么不永恒的万物将归于何处呢？不永恒也就意味着它有消失与毁灭的一天，这时候一种最自然的方式似乎是世界将归于上帝创造万物之前的虚无，万物消失，就像万物从来没有存在过一样。但这种方式有一个很大的问题，就是对上帝乃是一种不尊重。大家想想吧，那么万能而至尊的上帝创造了万物之后，就这么让它毁灭了，就像从来没有创造过一样，那上帝以前的创造岂不是如同没有创造一样？以一句通俗点的话来说，上帝以前干的活儿岂不是白干了？我们可以进一步问：上帝会白干吗？应该不会！于是，为了不白干，自然而然地，上帝就会使万物不是毁灭、归于虚无，而是将之收归自己，与自己融为一体，即万物重

---

① 《老子》第十六章。

新归于上帝，这是一种更加尊重上帝之大能与至尊的方式，就像柯普斯登所言：

"最后，在自然秩序终了时，上帝使万物回归于自己，回到它们所由出的神性自然。"①

或者说就像唐毅先生所言，当世界到终了时：

"肉体复活，性别取消，生命化为理性，理性化为思想，身体已被灵魂吸收，最终复原为理念或原型，终于，人携带万物的原型复归于上帝，除上帝而外一切不复存在。"②

唐毅先生在这里更具体地指出了爱留根纳所认为的人的死亡与复归的情形，说得很综合，但我们有必要进行更为具体的描述。

在爱留根纳看来，万物的轮回乃是一种自然之道，即其是自然而然的，他说：

"因为整个的运行不是因其它任何目的而终止，而是由于它自己的原理而终止，所以整个的运动，其终点亦即是其始点，由此原理而开始，也总是意欲着要回归于此，在此可以得到安息。"③

从这段话中可以看到，爱留根纳认为，万物的运动自有它的运行之道，这个道是其它任何力量左右不了的，决定一切的乃是它自己的道，这个道简而言之就是运行开始之后，必须回归于其起点，我们可以将这个运行的轨道比喻为一个圆圈，运行的结果自然是回

① 柯普斯登：《西洋哲学史》（第二卷），庄雅棠译，台湾黎明文化事业有限公司，1988年3月第一版，第178页。

② 唐逸：《理性与信仰——西方中世纪哲学思想》，广西师范大学出版社，2005年11月第一版，第64页。

③ 柯普斯登：《西洋哲学史》（第二卷），庄雅棠译，台湾黎明文化事业有限公司，1988年3月第一版，第181页。

到其出发之点。

这一理解可以看作是爱留根纳对于万物之回归的一个整体看法，在这里要注意的一点是，万物之回归并不是一种简单的原状的回归，这样就无所谓毁灭了，而是毁灭与回归合为一体。毁灭指的是其可感知的物质状态的毁灭，这是不可以回归的，它将毁灭，消失无踪，回归的乃是那万物所由之而出的理念。我们在前面说过，爱留根纳继承了斐洛与奥古斯丁等人的观点，认为上帝创造万物之物，是先创造了万物的理念的，然后才根据这理念创造了具体之万物，现在万物之回归指的即是回归到这个万物由之而来的理念。①

与上面谈到受造而非创造的自然时，我们专门谈到了人一样，现在当我们谈到万物的回归时，也要专门谈一下人。

人的回归，在这里就是人之回归于上帝。这是一个有些难处理的问题，因为人与普通的万物不一样，普通的万物可以简而言之地说将回归于理念，但人不能这样，因为人不但有理智，还有另一样东西——罪恶，倘若在这里简单地说人将回归于上帝，那岂不是说所有人无论善恶都将回归于上帝吗？这可万万不行，与基督教一贯极其强调的人的罪与恶是大相径庭的。

怎么解决这个问题呢？严格来说，这个问题到现在也没有解决，甚至是不可能解决的，至少依赖人类的智力或理性是不能够解决的。但还是有很多神哲学家提出了自己的解决方案，爱留根纳的解决办法大体是这样的。

---

① 参见柯普斯登：《西洋哲学史》（第二卷），庄雅棠译，台湾黎明文化事业有限公司，1988年3月第一版，第181页。

首先，他指出，人虽然有罪，但我们不要忘记了，除了上帝外，还有一个上帝在人间的代表，那就是耶稣基督，他乃是上帝派到人间、替人领受惩罚的，并且他也受到了惩罚——被钉死在十字架上。他之死其实不是因为他自己的罪而死，他是无罪的、是至圣至洁的，他之死是为了赎人的罪，他死了，于是也替人赎了罪。既然耶稣已经替人赎了罪，一个自然而然的推论是人类就无罪了，因而可以回归于上帝了。当然，人只是回归于上帝而已，就像一滴水之回归于大海一样，而耶稣基督则是与上帝合为一体，因为作为圣子的他本来就是与上帝一体的，圣父、圣子、与圣灵都是一体的，这就是三位一体。

这是一种简化的解释，不难理解，但爱留根纳认为还不够，他进一步阐释了一种有些另类的观点，就是人之回归上帝不但有灵魂上的，还有肉体上的，这大致包括以下五步：

一是肉体消融成感官世界的四个要素，二是肉体复活，三是肉体变成灵，四是人性整体同归到永恒不变的始因，五是本性与始因回归于上帝。[①]

这里的感官世界的四个要素指的大概是水火土气这四根，例如人本来就是土，自然要归于土。但人类可不仅仅是由土构成的，人身上应该这四根均有，于是人死后重归于四根。始因指的就是理念，当人的肉体回归于这四要素时，也就可以说它是复活了，复活之后，肉体就变成了灵——我们可以理解为与灵魂重新合为一体，

---

① 参见柯普斯登：《西洋哲学史》（第二卷），庄雅棠译，台湾黎明文化事业有限公司，1988年3月第一版，第182页。

然后人就又整体地回归到那人来自于之的理念，最后整体地回归于上帝。依据这样的说法，人包括肉体与灵魂在内的一切都将回归于上帝。至于为什么要这么说，爱留根纳也说明了原因："因为上帝是在一切之中的一切，除却上帝之外，没有任何一物可以存在。"①

这种观点显然是有些异端的，因为它似乎神圣化了人的肉体，这是与基督教的正统思想怎么也不协调的。爱留根纳也注意到了这一点，便说明了他为什么要这么认为，或者说他这么认为的真实含义何在，那就是他这里所说的人的肉体变成灵，并不是真的说肉体这个物质化的东西变成了灵魂，而只是指它被荣耀化、灵性化了，而肉体本身依然是可感知的物质性的东西，他还举铁为例，说铁被加到极热之后，似乎成为了一团火焰般的赤红，甚至可以说它就像一团火——因为它也是灼热的，可以燃烧东西，但事实上原来作为物质形态的铁还留在那里，并没有真的变成灵一般的火。所以，他说人的肉体变成了灵，就是指他像铁被加热一样被灵性化了，正因为如此，所以才可能回归于理念，并最终归于上帝。

但无论怎样，这样的观点都是具有泛神论色彩的，因为人的肉体无论有没有什么灵性化，总之还是肉体，就像烧红了的铁还是铁一样，这改变不了其可感知的物质形态的本质，倘若这些东西都可以归于上帝、与上帝一体，那么也就是一切都在上帝之内了，这与斯宾诺莎的泛神论是十分一致的，也几乎必然地会受到教会的攻击、判为异端。

---

① 参见柯普斯登：《西洋哲学史》（第二卷），庄雅棠译，台湾黎明文化事业有限公司，1988年3月第一版，第182页。

　　我们前面说过，在人之回归于上帝这个问题里，难就难在如何处理恶的问题，对于这个问题，仅仅说耶稣的救赎是不够的，因为倘若这样的话，那么所有的人都可以简简单单地得救了，这是传统的基督教所绝对不能接受的，因为在基督教的理论里，人类之罪是一个核心的理念，这罪主要表现在两个方面：

　　一是人有原罪，这是人类的始祖亚当遗传给人类的，人一生下来就有、不可避免。不过这个罪是不难免掉的，就是接受洗礼成为基督徒。只要这样一洗，那原罪就没有了，相当易办。但倘若不这样，那就惨了，人就要永远担当这个罪，除非受到上帝的蒙恩而个别特殊地拯救，否则就要在地狱里受到永远的惩罚，直到最后审判的来临。但丁在《神曲》里描写了许多这样不幸要永远待在地狱的灵魂，其中就包括至尊的两大哲学家——柏拉图与亚里士多德。

　　二是人有真的罪，就是那些犯了各种罪的人，例如奸淫掳掠之类，这些罪人的灵魂能够简单地得救、与上帝合体吗？倘若依上面爱留根纳的说法，似乎是可以的，但这又是绝对不行的。因为在正统派的基督徒看来，恶人是要在地狱里永恒受罚的，即他们永远没有得救的希望，"永远没有希望"乃是地狱最大也最致命的特点，就像镌刻在地狱大门上的那首诗一样：

　　　　从我，是进入悲惨之城的道路，
　　　　从我，是进入永恒之痛苦的道路；
　　　　从我，是走进永劫的人群的道路。
　　　　……

　　你们走进这里的，把一切希望捐弃吧！[①]

　　爱留根纳不会看不到这一点，他要如何处理之呢？

　　他的回答也是承受前人而来的，普洛克罗认为，恶只是一种"缺乏"，有名的异端教父奥利金也是这样理解恶的，也认为恶是一种缺乏，而不是某种正面的东西，因此我们不可说上帝是恶的创造者。[②]奥古斯丁同样这样认为，认为恶是一种缺乏，即善的缺乏，正是这种缺乏导致了恶，例如动物生病了，就是意味着健康的缺乏，生病是恶，健康是善，缺乏健康就是恶，即恶是善的缺乏。[③]到了我们刚刚讲过的波埃修，他则将柏罗丁、普洛克罗和奥古斯丁等关于恶的思想都加以继承，认为恶不但是一种缺乏，还是一种虚无。

　　爱留根纳正是在总结前人的思想之上，说上帝并没有创造恶，恶不是上帝所创造的，凡上帝所创造一的切都是善的，包括魔鬼与恶人，他们身上凡上帝所创造的一切都是善的，至于他们的恶，那来自于他们非上帝创造的恶的意志，要受到惩罚的就是这些恶的意志。

　　这样一来，就自然而然地有一个结论了：恶人与魔鬼也是上帝所创造的，并且他们身上也有着善，因此是可以回归于上帝的。这些解释是基本上行得通的，因为一切都是上帝所创造的，除上帝之

---

　　①　但丁：《神曲·地狱篇》，朱维基译，上海译文出版社，1984年2月第一版，第三歌。

　　②　参见柯普斯登：《西洋哲学史》（第二卷），庄雅棠译，台湾黎明文化事业有限公司，1988年3月第一版，第39页。

　　③　参见周伟驰：《奥古斯丁的基督教思想》，中国社会科学出版社，2009年5月第二版，第197页。

外无有存在，这是正统的基督教也是可以接受的。

但还有一个问题就是，在《圣经》里不明明说那些恶人将受到永恒的惩罚吗？倘若恶人和魔鬼也回归了上帝，那么也就是说一切都归了上帝，那岂不意味着没有惩罚了？总不能够说在上帝之内还有着惩罚吧！至尊至洁的上帝之内是绝不可能有这样的东西的！

对于这个疑难，爱留根纳的解释是有些模糊的，他的大意是说，我们不要纠结于这所谓的惩罚，它只是某种形象，并且是我们对于世界上那些具体的各种惩罚的形象的记忆而已，我们不必执着于之，倘若如此，有违上帝之道，而真正的上帝之道，乃是一切皆在上帝之中，一切恶都将消失。

一切都将归于上帝，这就是万事万物最后的结局。

以上就是《大自然的分类》、也是爱留根纳思想的主要内容。

第十二章　走向经院哲学

爱留根纳之后，中世纪哲学走向了一个新的阶段——经院哲学。

经院哲学这个名字大家都听说过，从某个角度上说，它乃是整个中世纪哲学的主体，不是因为它持续的时间长，而是因为它才是最具中世纪哲学特点的中世纪哲学。因此经院哲学不但是中世纪哲学的主体，有时候整个中世纪哲学都被简称为经院哲学。

当然，说它最具代表性并不表明它是最重要的，中世纪其它哲学形态，如我们前面讲过的教父哲学、奥古斯丁、伪名丹尼斯、波埃修、爱留根纳等人的哲学就其哲学的重要性、深度与对后世哲学的影响而言并不比经院哲学差，许多方面甚至犹有过之。但即便这样，我们还是要清楚地看到，最能代表中世纪哲学特点的哲学乃是经院哲学，这却是一个事实。

我们从这一章起就要谈经院哲学了。

如何谈起呢？当然先要谈经院哲学的诞生，看西方哲学是如何走向经院哲学这一个历史阶段的。

第一节　黑暗时期

在谈这个哲学的历史之前，我们还是要先来讲另一段历史，一个被称为"黑暗"历史。

我们知道，中世纪一向被称为是西方历史中的黑暗时期，连中世纪这个名称都含有贬义。但这个说法现在已经遭到了诸多质疑，西方史家们也在慢慢地改变过去的老观点，尤其是从哲学角度看，中世纪哲学在西方哲学史上是有着重要而独特的地位的，这从我们前面所讲的中世纪哲学中就不难看出来。特别是查理曼大帝的时代，甚至可以说是一个启明的时代，就像吉尔松所言：

"查理曼大帝的时代在时人心中就如一个启明时代的来临。圣伯纳文都在13世纪时写道：'这个时代是光明的理论之时代。'此时完成了翻译的研究，罗马和雅典之学术自此传到法国，而赫黑姆、霞特、和巴黎三地从此负起把这些遗产转化消融于天主教智慧之任务。"[①]

我们在后面看到，吉尔松所言是非虚的。

不过，这也并不意味着中世纪和黑暗一点关系也没有，例如倘若将中世纪的各项成就综合地与古希腊罗马以及其后的文艺复兴比较起来，那中世纪自然是有些黑暗的。但主要不是因为它黑暗，而是因为它的前后两端都太亮了。这就像灯火通明的两个大厅之间有一个长长的走廊，它里面也是亮着灯的，并不阴暗，但当人从灯火辉煌的两端大厅走进这个过道时，一定会觉得里面阴暗非常。但这能全怪中世纪黑吗？当然不行！实际上，古希腊罗马与文艺复兴乃是整个西方历史上最辉煌灿烂的两个时期，倘若讲文学、艺术、哲

① 吉尔松：《中世纪哲学精神》，沈清松译，上海人民出版社，2008年11月第一版，第316页。

学上面的成就，它们超越了所有的时代，即使拿西方近代、现代与当代和它们去比，也一样显得阴暗。

所以这也是事实，即整体地比较起来，中世纪在许多方面的确是有些黑暗的，例如文学与艺术，整个中世纪都乏善可陈、称得上是"黑暗时期"。然而在哲学上相对而言要好得多，远没有那么黑暗，只是略微暗些而已。

还有，中世纪哲学的黑暗是有些分期的，即有几段时间的确相当黑暗，有些时期则并不如此。大体说来，中世纪哲学有两段这样比较黑暗的时期，一段是前面波埃修之后的时期，另一段是加洛林王朝的文艺复兴之后的时期。

我们前面一章说过，476年西罗马帝国崩溃后，486年克洛维率军在苏瓦松之战中击败了罗马人在高卢最后的残余势力，建立起一个强大而统一的法兰克国家，他的王朝称为墨洛温王朝。后来，墨洛温王朝的王一个比一个懒，王权慢慢被宫廷的总管宫相夺走，终于，矮子丕平在751年建立了加洛林王朝，后来到了查理曼大帝后，开始了其文艺复兴，最大的代表就是爱留根纳，他诞生于公元810年，大概死于880年。

我们前面又讲过了"最后一个罗马人"波埃修，从这个时期段不难发现，从波埃修于公元525年去世之后直到加洛林王朝开始其文艺复兴，这段时间在哲学上几乎是一片的黑暗，是一个黑暗时期。

我们前面还说过，加洛林王朝的文艺复兴发生于公元八世纪晚期至九世纪。这样一来，也就是说，大致上从公元六世纪早期直到公元八世纪晚期乃是一个黑暗的时期，持续了近三个世纪。

这也是中世纪哲学的第一个黑暗时期。

第二个黑暗时期则是从加洛林王朝的文艺复兴结束后开始的。

我们前面讲过，爱留根纳大概是和查理曼大帝的孙子秃头查理同一时期死去的，此后，加洛林王朝的文艺复兴大致也就结束了。

它的结束基于以下几个因素：

一是帝国的分裂。我们说过，查理曼大帝死后，帝国被他的儿子路易分给了三个儿子，公元843年签署了《凡尔登条约》，帝国一分为三，这三部分后来就形成了三个独立的国家，分别是法国、德国、意大利。其中秃头查理分到的是西部，就是今天法国的雏形，他继续推动加洛林王朝的文艺复兴。但秃头查理去世后，帝国就没有哪个统治者将心思放在这个上面了，而原来的三部分相互之间也越来越独立，原来中央集权的帝国彻底分裂了，不仅如此，在每一个国家的内部，封建领主们的势力也越来越大，这我们前面讲中世纪的总特征时就讲过了，封建就是"封邦建国"，中世纪时，西欧各地有无数封建主，各自为政，没有统一而强有力的中央政府，这种大分裂的结果使得再也没有查理曼大帝或者秃头查理那样有力量的人物去推动文艺的进一步复兴，而这种复兴乃是原来加洛林王朝文艺复兴的原动力，这种力量没有了，文艺复兴自然也就没有了。

二是教士们现在也成了封建主。事实上，在中世纪，最大的封建主并非国王公爵伯爵之类，而是教会，它们拥有的财富要超过任何一个国王。大大小小的修道院成了大大小小的封建主，那些主教修士之类在拥有了大量的财富之后，再也不专心修道了，而是沉迷在堕落的世俗生活之中，甚至教皇都是如此。例如亚历山大六世教皇把他那公开的私生子封为罗马诺公爵。教会的上上下下，从红衣主教到普通修士几乎无不如此！关于当时教会之堕落，大家可以读读薄伽丘的《十日谈》，那不仅仅是小说，而且是对当时世间百态特别是教会百态的生动记述。

大家想想吧，如此普遍堕落的基督教会与教士还会去认真地研究哲学吗？当然不会——而他们原来乃是研究哲学的主力军。这样一来，哲学研究就必然地堕入了退步与黑暗。

除了这些内部因素之外，这时候还有外部的因素也不利于文艺的复兴，就是来自北欧日德兰半岛和斯堪的纳维亚半岛等地原始落后但野蛮强大的诺曼人向欧洲大陆各国发动了大规模的进攻与掠夺，他们对文明的态度与哥特人与汪达尔人是一样的，产生的结果也差不多。结果就像哥特人与汪达尔人等摧毁了罗马文明一样，他们也对刚刚兴起的新文明产生了毁灭性的破坏。

这样内外因素综合的结果，使西方哲学在加洛林王朝的文艺复兴之后又重新走入了黑暗时期。

这一时期将一直持续到十一世纪时，另一个伟大的中世纪哲学家与神学家安瑟尔谟的诞生。

也就是说，从爱留根纳于九世纪末去世后，直到十一世纪初安瑟尔谟诞生，期间的第十世纪乃是一个真正的黑暗世纪。

这也是中世纪哲学的第二个黑暗时期，持续了约一个世纪。

两个黑暗时期共持续了近四个世纪，即从六世纪到十世纪中除九世纪外的年代。当然，也有些人把九世纪也一起算了进去，全称为黑暗时期，这也无可厚非，甚至过去很多人将整个中世纪都称为黑暗世纪呢！对这些我们不作评述。但也应该这样说：诞生了中世纪甚至整个西方哲学史上最伟大的哲学家之一的爱留根纳的时代、历史上被称为加洛林王朝的文艺复兴的时代，被称为"黑暗时代"似乎是不大合适的。

不过，在爱留根纳去世之后的第二个黑暗时期，中世纪的哲学也不全然是黑暗的，即并不是完全没有哲学，还是有一点点哲学之光亮的，这个光亮的核心就是关于共相问题的争论。不过，对这个问题的讨论并不止于十世纪，而是一直延续到了十一和十二世纪。由于这个问题在中世纪哲学特别是经院哲学中居于核心地位，因此我们在这里要先说一说，作为讲述后面的中世纪哲学的先声与预备。

第二节　共相问题

所谓共相问题从古希腊时期就存在了，古希腊属于小苏格拉底派三派之一的麦加拉学派的斯底尔波就谈过这个问题，爱留根纳也讨论过，而到了此后中世纪哲学的主体经院哲学更是将这个问题带到了无以复加的重要地位，产生了中世纪哲学的最重要主题之一唯名论与唯实论之争。而这个问题并不是那么好了解的，从内容上讲，它与我们现在的哲学观念有些冲突，所以不好掌握；从时间上讲，它贯穿了此前的大部分西方哲学史，可以说是整个西方哲学史最显赫的主题之一，所以也不那么好进行一种通盘的理解。正因为这样，为了更好地理解后面的经院哲学与整个中世纪哲学，我这里先把此前关于共相问题的所有论述总结一下。

关于什么是共相问题，如赵老师所言："共相的性质问题就是一个关于逻辑的哲学问题，或者说，是形式逻辑范围内无法解决的高级逻辑问题。"①至于为什么如此，我们后面看就明白了。

最早专门涉及共相问题的是麦加拉学派，其代表人物斯底尔波有次指着一个白菜摊子说："这里卖的白菜是不存在的。因为白菜在好几千年以前就已经存在了。"他的意思是说，只有普遍意义上的白菜或者抽象的白菜概念——几千年前就有了——才存在，因此现在这些个体的、具体的白菜是不存在的。对此黑格尔评论说：

"由于斯底尔波把共相说成了独立的东西，所以他使一切解体。"②

后来到了柏拉图那里，开始了对共相问题的极为深入的分析。

在柏拉图看来，共相首先是与理念联系在一起的，就像黑格尔所言：

"理念不是别的，只是共相，而这种共相又不能被了解为形式的共相，比如说，事物只分有共相的部分，或者像我们所说，共相只是事物的特质，而应该认明白，这种共相是自在自为的真实存在，是本质，是唯一具有真理性的东西。"③

这段话是对柏拉图的共相极为妥当的说明。

那么这个共相又是什么呢？简而言之就是我们平常所说的类，是每一类事物的共性，同样如黑格尔所言：

"这种共相现在柏拉图就叫做理念，我们有时把它翻译成类、种，无疑地理念也是类、种，……因此我们必不可以把理念想成某

① 赵敦华：《基督教哲学1500年》，人民出版社，2005年5月第一版，第183页。

② 黑格尔：《哲学史讲演录》（第二卷），贺麟、王太庆译，商务印书馆，1960年6月第一版，第129页。

③ 同上，第179页。

种超越的、远在他方的东西；理念并不是在表象中实物化、孤立化了的东西，而乃是类。"①

要理解柏拉图的这个理念或者说共相，要注意避免两个误会：一是认为共相只是个体之物的共同特点，并由此认为只有个体之物才是真实存在的，而共相只是个体之物一种描述性的共同特点，这也是最容易产生的一个误会。另一个误会是认为共相乃是一种理想，即它是某种理想境界中的完美的东西，而个体之物乃是对它们的模仿。就像一个画家，他心中有一个关于最完美的美女的理想，于是他努力把这种最完美的美女描述出来，这个最完美的理想就是一种共相。

在柏拉图看来，上面两种观念尽管看起来似乎有道理，但都是错的，"前一种误解把理念当作一种在世界以外的彼岸，而这一种误解则把我们的理念当作那样一种在实在性之外的彼岸。"②所谓世界以外的彼岸，指的是说它不存在于这个世界之中，是与存在于世界之中的万物有并非一体的；实在以外的彼岸则是说它超越于、优于实在存在的万物。这些观点都是不对的，要知道柏拉图的理念既是实在的，又是存在于眼前的、存在于此时此地的。

柏拉图之后就是亚里士多德了，他对于共相的分析也许更加深刻。

与在柏拉图那里共相是理念相类，在亚里士多德那里共相又有了另一个名称，即实体。

---

① 黑格尔：《哲学史讲演录》（第二卷），贺麟、王太庆译，商务印书馆，1960年6月第一版，第201页。

② 同上，第180页。

实体堪称亚里士多德哲学最核心的概念，在《亚里士多德全集》第一卷讲逻辑学的《范畴篇》中，亚里士多德指出实体也是范畴，并且是第一的范畴，或者说最基本的范畴，他还将实体区分为第一实体和第二实体：

"实体，在最严格、最原始、最根本的意义上说，是既不述说一个主体，也不存在一个主体之中，如'个别的人'、'个别的马'。而人们所说的第二实体，是指作为属而包含第一实体的东西，就像种包含属一样，如某个具体的人被包含在'人'这个属之中，而'人'这个属自身又被包含在'动物'这个种之中。所以，这些是第二实体，如'人'、'动物'。"[①]

这段话说明在亚里士多德那里，第一实体就是那些个体之物，例如某个特别的人，苏格拉底或者亚里士多德自己；第二实体则是用来描述第一实体的词，例如人就是第二实体，因为它不是个体之物，而是用来描述个体之物的，例如苏格拉底是人，简而言之就是类或者共相。

那么第一实体和第二实体究竟哪个是第一性的呢？在《范畴篇》里，亚里士多德认为第一实体才是真实的个体，第二实体则是由第一实体派生出来的。因此一般都认为，亚里士多德认为第一实体才是最重要、最真实的，并且把这当成是一种唯物主义思想，还是亚里士多德区别于柏拉图的标志之一，就如罗斯在他的名著《亚里士多德》中所言：

---

① 亚里士多德:《亚里士多德全集》(第一卷)，苗力田主编，中国人民大学出版社，1990年9月第一版，第6页。

"个体实体的首要性是亚里士多德思想中最确定的观点之一。正是在这一点上，亚里士多德与柏拉图的学说分道扬镳。"①

进一步地，亚里士多德又指出，只有第一实体即可感事物是独立自存的，而第二实体不是单独存在的，他说：

"没有比这样的说法更荒唐的了：在天外存在某种东西，这些东西和感性的东西一样，只不过一种是永恒的，另一种是消灭的罢了。"②

由此我们可以知道亚里士多德不认为第二实体——它类似于柏拉图的理念即共相——是独立自存的，更不是永恒的，这和柏拉图的观点当然是不一致的。

然而，亚里士多德的观点是很复杂的，有时候甚至显得矛盾，他前面区分两种实体，将第一实体即可感知的个体之物列为基础，认为只有它能够独立自存的，到了《形而上学》的第七卷里他对于第一实体的观点似乎有所变化，他这样说：

"质料有的可感觉，有的可思想，灵魂显然是第一实体，而身体是质料。"③

灵魂显然是不可感知的，可以感知的只是身体——质料，亚里士多德在这里将灵魂看成是第一实体，就与上面的第一实体是个体之物明显不一致。

上述引文后不久他又说：

---

① 罗斯：《亚里士多德》，王路译，商务印书馆，1997年第一版，第27页。

② 亚里士多德：《亚里士多德全集》（第七卷），苗力田主编，中国人民大学出版社，1993年1月第一版，第70页。

③ 同上，第175页。

"我所说的第一实体，是指这个不在那个之中，不在作为质料的载体之中。"①

在这里亚里士多德将第一实体与质料区分开来，而质料相对于形式而言，是可感知的，因此亚里士多德显然也将第一实体与可感知区别开来，认为第一实体是不可感知的。总之亚里士多德到了《形而上学》里，他对于何为第一实体与第二实体思想起了变化。

事实上，在《形而上学》里，亚里士多德已经让实体慢慢地走向了神。

在《形而上学》里，亚里士多德在分析可感知的个体之物相关的本原问题时，说了一句极简洁而深刻的话：

"倘若没有某一个东西存在于全体之上，认识如何可能呢？"②

这里的"某一个东西"依然是实体，但已经不是可感知的那种原来的第一实体了。亚里士多德认为，在事物之中，只有这个实体才是独立存在的：

"尽管最初有许多意义，但实体在一切意义上都是最初的，不论在定义上、在认识上，还是在时间上。其他范畴都不能离开它独立存在。唯有实体才独立存在。"③

到了《形而上学》的第十二卷里，亚里士多德走向了他的"神学"。正如我前面所说，给"神学"打上引号，是因为亚里士多德的神学和我们正在讲的中世纪神学是有区别的，但是中世纪的许多

---

① 亚里士多德：《亚里士多德全集》（第七卷），苗力田主编，中国人民大学出版社，1993年1月第一版，第176页。

② 同上，第75页。

③ 同上，第153页。

神学家包括最伟大的神学家托马斯·阿奎那论证神学时，大量地采用了亚里士多德的论证方式，这我们后面将会看到。

这第十二卷里，亚里士多德也是从实体开始入手的，他在开篇就说：

"实体的思辨，也就是对各种实体的本原和原因的探索。如果宇宙是个整体，实体就是最初的部分，如若它被看作是连续的，实体仍然是最初的，然后是性质，然后是数量。"①

从这里我们就看到了，这时候亚里士多德是从"最初"的角度去看待实体的，这个最初就标明了他在这里所要探讨的实体的意义就是那个最初的、作为世界与万物之本原的实体。

他接着说有三类实体，有的是可感觉的，有的是永恒的、有的是可消灭的，不难看出来，那些可感觉的、可消灭的实体也就是个体之物了，亚里士多德在《范畴篇》中称之为第一实体，此外还存在着永恒的实体，也就是亚里士多德所说的神。

亚里士多德在下面集中论述了他认为的神所具有的特点，归结起来有五点：

首先，它是实体，并且是永恒的实体；其次，这个实体是不动的，但它又是最初的推动者，即第一推动；再次，神是现实的；神的第四个特点是，它没有体积和质料，并且不可感知。这个神的第五个特点是，它是至善至美至乐的。

亚里士多德的神的最后一个特点是，它是唯一的。《形而上学》

①　亚里士多德：《亚里士多德全集》（第七卷），苗力田主编，中国人民大学出版社，1993年1月第一版，第268页。

第十二卷的最后一句话就是引自《伊利亚特》的一句名言：

"主事人多了糟糕，还是一人当家为好。"①

不用说，这个神的唯一性又和基督教对于神的最基本认识是很一致的，就如《圣经》中言：

"耶和华以色列的君，以色列的救赎主万军之耶和华如此说：'我是首先的，我是末后的，除我以外，再没有真神。'"②

亚里士多德这些对共相、实体与神的分析对于中世纪哲学尤其是经院哲学有着极其重要的影响。实际上，我们将会看到，在往后，柏拉图对于中世纪哲学的影响将式微，代之而起的乃是亚里士多德，神学之王托马斯·阿奎那就是以亚里士多德而不是柏拉图作为论证神学的主要的甚至唯一的工具的。

我在这里借讲共相的机会系统地回顾了一下前面有关共相的种种说法，尤其是亚里士多德的说法，这是非常必要的，我们将会看到，理解亚里士多德，尤其是理解亚里士多德对共相与神等等的理论对于我们了解此后的中世纪哲学将极为重要：不理解亚里士多德上述理论就会难于理解起经院哲学那些晦涩的论证；理解了的话，再晦涩的经院哲学也不会太难了，甚至会有如鱼得水的感觉。

现在我们回到中世纪哲学中的这第二个黑暗时期。

我们说过，这个黑暗时期也有一点点光亮，就是对共相问题的讨论。

共相问题就是种与类的问题，对于种和类大家都是很熟悉

---

① 亚里士多德：《亚里士多德全集》（第七卷），苗力田主编，中国人民大学出版社，1993年1月第一版，第288页。

② 《圣经·旧约·以赛亚书》第44章6节。

的，种就是个体之物所属之种，例如我们所有的人就构成了一个种"人"，这个种是根据个体之人所具有的一些共同特点综合起来而形成的，例如人有理性、会语言、能够制造工具等等，把这些正常的个体之人的共同特点综合起来就构成了人这个种。而类则是进一步将不同的种进行再综合与比较而得到的一个共同概念，例如人这个种有一个特点，就是会哺乳，猪也可以，还有羊狗马牛等同样可以，于是将具有这个特点的动物们综合起来，便构成了一个类"哺乳动物"。

从上面的分析我们可以看出"共相"这个词的来源，"共"就是共同之意，"相"就是特点或者属性，二者相加，就是共同的特点或者属性，简称共相，它指的就是不同对象之间的共同特点。这个可以是任何对象：个体之物、种、类，等等。

关于共相有三个最基本的问题：一是这些共相和其所反映的对象之间的关系如何？特别是个体之物与其共相之间的关系如何？二是共相是否能够离开个体之物而独立自存？三是倘若能够独立自存的话，其与个体之物究竟哪个更为根本？对这三个问题的不同回答就构成了有关共相的哲学内容，而其也是中世纪经院哲学的主要内容之一。对于这三个问题的讨论将贯穿后面的整个经院哲学。

但在这里我们要首先指出来的是，到了经院哲学之后，影响最大的已经不再是柏拉图了，而是亚里士多德了，如同此前我们不停地引用柏拉图的观点一样，后面我们将不停地回到亚里士多德。

之所以如此，与波埃修是有很大关系的，我们前面说过，波埃修是将亚里士多德思想带入中世纪的第一人。对此璐尔斯在他的名著《中世纪思想的演化》中说：

"波埃修斯是把亚里士多德的方法运用于神学问题和教义阐述的第一人。他关于哲学在分析、定义和解释教义方面的功能的概念，非常接近于经院学者们的观点。事实上，经院学者们正是建筑在波埃修斯的基础之上的。"①

柯普斯登在谈到波埃修的这一影响时说：

"即使波埃秋士称不上是一位独立的、原创的哲学家，就作为传递者，以及就他是尝试以新柏拉图主义和亚里士多德哲学来表达基督教教义的一位哲学家。——而亚里士多德的思想，在中世纪成为最伟大哲学系统中的主要影响——，这双重的身份，也足以看出波埃秋士的重要地位了。"②

其中，除了亚里士多德的著作外，波埃修还翻译了一本著作也有重要影响，就是柏罗丁的弟子波菲利的《亚里士多德范畴论导引》，这本书的主要内容就是讨论属和种的问题，也就是关于共相的问题，例如它的节名分别就是属、种、种差、固有属性、属和种差的共同特征，等等，③正是这些内容对于中世纪的经院哲学产生了极为重要的影响，对此柯普斯登说：

"早期中世纪思想最主要关切的是共相问题的讨论，他们以波

————————

　　① 大卫·瑞尔斯：《中世纪思想的演化》，杨选译，商务印书馆，2012年5月第一版，第91页。

　　② 柯普斯登：《西洋哲学史》（第二卷），庄雅棠译，台湾黎明文化事业有限公司，1988年3月第一版，第147—148页。

　　③ 参见赵敦华、傅乐安主编：《中世纪哲学》（上卷），商务印书馆，2013年3月第一版，第595—616页。

斐利和波埃秋士的一些著作做为讨论的起点。"①

第三节 实在论与唯名论

那么中世纪早期究竟是如何讨论共相问题的呢？具体提出了一些什么样的问题呢？我们这里只简单说说。

早期中世纪哲学家关于共相最早的观念是所谓的极端实在论。

所谓极端实在论，就是认为在共相与个体之物间存在着一种完全对应的关系，这个共相我们也可以称之为概念或者理念。以我们人为例，有一个人的理念，然后也有无数个体的人，无数个体的人都分有着人的理念或共相，于是就有了这样的情形：所有个体之人都有一个理念与之对应，而所有理念都对应着个体的人，这就是极端实在论，就是说一切理念或共相都有非理念的实在物与之对应，相应地，一切实在物也有理念与之对应。

从这里我们也可以看出极端实在论这个名字的来由，就是说它认为共相或概念都一定反映了实在物；反言之，实在物也必有共相或概念与之对应，概无例外，所以就被称为极端实在论，我们可以更简单地理解这个名词为：共相极端地反映实在物。

还有，要注意的是，这里的共相与实在的对应并非是数学集合论中的一一对应，即一个不同的理念对应于一个不同的实在物，不是这样的，它主要是强调整体而言，所有共相都有实在物与之对

① 柯普斯登：《西洋哲学史》（第二卷），庄雅棠译，台湾黎明文化事业有限公司，1988年3月第一版，第144页。

应，反过来，所有实在物都有共相与之对应，至于对应的具体数目，那是不一定的，例如所有人只有一个理念，所有人都在分有这个理念、共相或者说概念。

这时候我们很容易想到另一个问题，就是既然所有人都分有同一个理念，为什么人与人之间各各不同呢？极端实在论对此的解释很简单：那是因为人与人之间虽然理念一样，然而附质不同，也就是说不同的人除了相同的理念之外，还有各种个人附加的性质，正是这种附加的性质造成了各人之间的不同。

这个解释虽然相当粗糙简单，但却是相当有道理的。大家想过这个问题没有？人——当然是正常人——的生理结构都是一样的，甚至是一模一样的，例如人体大者来说由头、躯干、四肢，小者而言由细胞、分子、原子等组成。

每个人都是一样的，我们每个人都在分有着同样的生理结构。然而为什么我们每个人又是那么不同呢？这就是一些"附质"的不同了，例如躯体的大小不同、皮肤毛发眼睛的颜色不同、性格与心理上有所差异，如此等等。但我们要清楚一点：人与人之间的差异之数目比起共同点来是要少得多的！所以，不同人之间的结构就总的而言是一样的，只有少数的"附质"不同而已。也唯其如此，我们才都被称为人。

从这个角度去看，极端实在论的观点也是有道理的，并且是值得深思的。

至于为什么要有极端实在论，也是有原因的，这样的原因一共有两个：

一是知识方面的。大家都知道，我们的知识并不是实在物，而是一些观念的组合，例如我们知道太阳东升西落，这会形成我们的一个知识，但这个知识是那个东升西落的太阳吗？当然不是的，而是存在于我们心灵中的一个观念。现在的问题是，心灵中的这个知识如何具有有效性与客观性呢？也就是说如何成为真理呢？一个最简单的答案是它必须反映客观实在，即我们的主观知识有一个外在的客观对象与之对应，只有有了这样的对应，我们的知识才是有效的、真理性的，反之就不是了，而是一种纯粹主观的东西了，所以，极端实在论的提出乃是在捍卫知识的有效性与客观性。

二是和基督教中的原罪有关的。我们知道，基督教最基本的观念是认为人皆有原罪，这原罪乃是亚当和夏娃吃了分辨善恶之果的后果。那么，为什么我们的老祖宗亚当和夏娃的罪会传递到我们身上来呢？那是因为亚当与夏娃和我们所有的人都来自同一个理念之人，或者说亚当和夏娃就可以被看作是这样的理念之人。于是，由于我们所有的人都是来自这同一个理念，通过亚当和夏娃之后一代又一代地遗传下来，于是也就遗传了这个理念中已有之原罪——就像遗传了共同的生理结构一样。不难看出来，这是对原罪一个相当容易理解且具合理性的解释。

这个时期持极端实在论的人很多，如叫佛烈特吉修的修道院院长，还有康帕莱的欧多，以及有一定知名度的尚波的威廉等，[1]不过这些人都称不上是重要的中世纪哲学家，我们在这里且不说他们。

---

[1]　参见柯普斯登:《西洋哲学史》(第二卷)，庄雅棠译，台湾黎明文化事业有限公司，1988年3月第一版，第210页。

与极端实在论相对应或对立的观点是唯名论。

唯名论顾名思义，"唯名"就是认为只是一个名字或名词而已，即认为共相、概念只是一个名词或者名称而已，并不反映实在物，也没有实在物与之对应。这种观点显然是与极端实在论极端对立的。

唯名论的观点主要是两个：一是认为共相或者概念只是一个名词而已，并没有实在物与之对应，二是只有实在物即个体之物是存在着的。

这种观点首先来自对极端实在论认为凡概念都有实在物与之对应这个观念的反对，因为早期的唯名论者们，例如一个叫奥斯瑞的艾里克发现，我们心灵之中有黑与白这样的关于颜色的概念，然而却根本找不到与之相应的实在物。[①]看到这里，也许您会说，哪里！不是有黑色与白色的花儿或者马儿吗？但这里请注意：黑色与白色的花儿或者马儿难道就等于是黑或者白吗？当然不是的！黑与白乃是颜色，是事物的一种性质，例如是黑色与白色的花儿或者马儿的性质，可不是这些事物本身！现在的问题是，根据极端实在论，凡概念都有实在物与之对应，那么既然有黑与白的概念，那么有没有仅仅是黑与白这样的实在物与之对应呢？

当然是没有的！不信大家可以试着设想一下，可不可以有或者可不可能有纯粹的黑或者白？没有！有的只是白或者黑的东西！例如我们脑海里想象出一块纯粹黑的或者白的东西，那也是某种东西，例如一块黑布白布，而不是黑与白！

---

① 参见柯普斯登：《西洋哲学史》（第二卷），庄雅棠译，台湾黎明文化事业有限公司，1988年3月第一版，第205页。

进一步地，我们可以想象到其它一切的性质，例如大或者小、甜或者苦、方或者圆、软或者硬，总之一切的性质，这些性质也与黑白一样，都只是一些抽象的性质，是没有实在物与之对应的。

但这可不是说它们与实在物无关，那是一定有关的，其关系就在于，所有的性质都需要有一个"承载者"——载体——来承载这些性质。例如红色的苹果，它有红色的性质，但红色这种性质需要一个载体啊，除了在人的头脑里红色也许可以是一个独立的意念外，一个没有载体的独立的红色是不存在的，"红色的"不等于"红色的苹果"。同样，硬度、大小、形状等等这些性质都要有一个载体，由它来承担这些性质。这个载体和这些性质综合在一起，就形成了我们所说的苹果、红苹果。

进一步地，对于我们的感官而言，所有的实在物，例如红苹果，乃是一些性质的集合。而这个载体则是不可知的。

这是一个比较深的观点，在这里我们不能细说，但也可以简单述说一下。

那么，这个事物性质的载体是什么？是它的组成部分、分子原子结构或者营养成分吗？不是，例如对于一个苹果，它的果皮就像苹果本身一样，对于我们而言也是一些性质的集合，如颜色、硬度、味道等等的集合，果肉与果核也如此，它们本身也不过是一些性质的集合而已，当然不能成为那个承担苹果这些性质的载体。分子与原子结构就更不能了，组成苹果的分子有很多种，可没有什么苹果分子，只有水分子、蛋白质分子等等。还有钾原子、钠原子等等，苹果里也是有的。但它们都不能成为苹果之为苹果的这些性质的载体。苹果的营养成分如蛋白质、氨基酸、淀粉、糖等同样不能。

　　之所以不能的原因，就像苹果皮之不能成为苹果的这些性质的载体一样，是因为它们自身也是一些性质的集合、这些性质同样需要载体。例如水分子、钾原子、氨基酸是什么？它们同样是一些性质的集合，只是它们的性质往往不能用颜色、大小、形状等等用来描述可见的东西的词汇描述罢了，而是要用一些更加专业性的词汇。

　　例如对钾原子，化学是这样描述它的：

　　请问我们在这里看到了什么呢？看到了一个球形、一些尖形，上面标着一些数字。这些数字表示质子和电子的数目，球形则是想象中的原子核的形状，但无论尖形、球形还是数目，通通都是性质。

　　作为对事物进行更加深入系统化地了解的各个学科，例如哲学、物理学、数学、化学，甚至艺术、文学、历史学，等等，当它们描述与说明其研究对象之时，无不如此，即无不是用一些相关于其所研究之事物的性质来分析与研究该事物。即这些学科所要涉及到的当然是事物，而一切事物都是性质的这种集合。例如文学和艺术作品里所涉及的对象无非也是这样一些事物，它们或者是在现实世界里存在的，或者是作家与艺术家用头脑构思出来的，他们如何构思、如何描绘那些事物呢？当然是描绘其性质，如此而已，别无其它，也无能其它。

　　总之，一切事物都是性质的集合，我们了解事物就是了解事物的性质，至于这些性质的载体，我们虽然知其有，但仅此而已。

所以，对于我们而言，这个载体是一种"神秘之物"，我们不可能用言语描绘它——否则又要用到性质了。实际上，这种神秘事物的"有"就是"存在"——同样也是一种性质。

中世纪黑暗时代的人们就已经隐隐约约地涉及到了这些深刻的思想，他们的智慧其实也是令人赞叹的。

当然，我们前面讨论伊壁鸠鲁和亚里士多德时也讨论过这个问题，但我们要知道，当时这些思想和著作早就在欧洲失传了，奥斯瑞的艾里克乃是通过自己对事物本身的沉思而得到这个结论的。

由此我们也可以达到另一个重要结论：富有创见的哲学思想总是通过面对世界本身、事物本身、通过对它们的沉思而来的。

奥斯瑞的艾里克不但看到了红与白的没有实在物与之对应，还看到了的确有黑色与白色的花儿或者马儿，这又怎么解释呢？他的解释是这样的：由于事物不但多种多样，而且每个事物都是极其复杂的，具有几乎无限之多的性质，我们人的心智是不可能掌握这些的，怎么办呢？于是我们就对每个事物进行压缩，去掉其只属于个体的性质而保留与其它事物有相似之处的性质，于是这就形成了许多的概念，如人、马、狮子，等等，也就是一个个的事物之"种"，但这还不够，种还是太多了，于是进一步地在不同的种之间寻找它们的相似之处，再进一步去掉个性而保留其共性，于是就进一步形成了不同的类，例如马和狮子等合起来就形成了动物这个类，各种花草树木合在一起就形成了植物这个类，但还可以进一步压缩，办法就是仍去寻找事物更多的共相。

这样的观点无疑也是成立的，我们的确可以说是这样得到有关种和类的观念的，办法就是寻找共相，而这也反映了共相的本质——它们只是我们人通过自己的心灵对于事物性质的浓缩与压缩而已。所以共相乃是一种心灵的观念，是由心灵所构成的一个个的概念与名称而已，并非有什么另外独立存在的概念或者说理念与之对应，独立存在的只有个体之物。——这也就是唯名论。

这个时期持此观点最有名的人物之一是罗塞林，据说他的主要观点就是"共相是空言"。[1]梯利也说："洛色林宣扬明显的唯名论，把它作为解释三位一体说的基础。"[2]但关于他的思想我们就不再多说了，而来说他一位著名的学生的思想。

第四节　被阉割的哲学家

比起极端实在论和唯名论者们，这个时期更有代表性或者说重要性的人物乃是阿贝拉尔。

阿贝拉尔又译为阿伯拉尔，1079年生于现在法国西部的南特，1142年去世。他曾经是尚波的威廉和罗塞林的学生，但个性张扬、十分要强而且好辩，又极有辩才，可谓名噪一时，就像璐尔斯所描述的：

"阿伯拉尔生来一表人才，风度翩翩（他自己和爱洛伊丝都这样说），讲话雄辩而富魅力，在论战中既才华横溢，又大胆果敢，……因有这些天分，他自负、敏感、无节制、不安分、自我中心，从不怀疑自己的精神力量，他写道：'我认为我自己是世界上

---

① 参见柯普斯登：《西洋哲学史》（第二卷），庄雅棠译，台湾黎明文化事业有限公司，1988年3月第一版，第206页。

② 梯利：《西方哲学史》，葛力译，商务印书馆，1995年7月第一版，第184页。

所剩下来唯一真正的哲学家。'"①

怎么样？很少看到这么傲慢的人吧！但他的确有着惊人的辩才与魅力，当时的许多哲学家都倒在他的滔滔雄辩之下，其中包括他的老师尚波的威廉，据说尚波的威廉被学生辩倒之后就退隐江湖了。而阿贝拉尔自己也没有捞到多少好处，由于他太爱辩又太能辩，更兼在辩论中对对手穷追猛打、不留余地，因此时人对他敬而远之，他待过好几个修道院，都因为和其他修士过不去而被迫离开，只能浪迹江湖，成为所谓的漫步学者。后来他的结局也不好，他被人控告是异端，也许他的思想其实没那么异端，但可以想象没多少人帮他说话，因此被判定为异端，命是没有丢，但再也不能讲课了，从此消失在哲学之江湖。

对了，这位阿贝拉尔最有名的一件事是他的恋爱故事。他在巴黎圣母院的一个主教学校当老师时，遇到了美丽的姑娘爱洛依丝，郎才女貌，他们相爱了，后来秘密结婚。但他们的结合显然是违背了天主教教义的，因为阿贝拉尔这时候已经是一位教士了。②更由于爱洛依丝乃是学校里另一个教师的侄女，他因为阿贝拉尔勾引侄女而气愤至极，于是率人对他实行了残酷的私刑——阉了他！③这是西方哲学史上最有名的风流韵事、同时也是最有名的悲剧之一！

不过这并没有打倒阿贝拉尔，就像打不倒同样受到极具侮辱性

①　大卫·瑠尔斯：《中世纪思想的演化》，杨选译，商务印书馆，2012年5月第一版，第173页。

②　同上，第170页。

③　参见黄裕生主编：《西方哲学史·学术版》（第三卷），人民出版社，2011年5月第一版，第312页。

的酷刑的司马迁，他们都忍辱负重、重新站了起来，司马迁写出了伟大的《史记》，阿贝拉尔则是写出了《逻辑进展》、《哲学家、犹太人和基督徒三人的对话》等著作，都在历史上留下了自己的身影。当然，司马迁的身影要比阿贝拉尔高大得多。

阿贝拉尔的思想与极端实在论和前面的唯名论都有所区别，是一种"温和唯名论"。关于这种温和唯名论的特点，赵老师是这样总结的：

"总的来说，阿伯拉尔既坚持了共相是一般名词的性质这一唯名论基本立场，又未彻底否认共相与外部某种一般性相对应的实在论观点，他的概念论是一种温和的唯名论。"①

更具体而言，就是阿贝拉尔首先是接受了我们在本章前面回忆过的亚里士多德在《范畴篇》中关于共相的观点，即认为共相——在亚里士多德那里称之为第二实体——只是一类事物的名称而已，并不是独立存在的事物，只有第一实体即个体之物才是独立存在的。例如在《对波菲利的注释》里，在对共相与个别事物等做了许多的分析之后，阿贝拉尔得出结论说：

"……因此，只能把共相归之于语词。有些名词，语法学家称之为通名，有些则被称为专名。同样，有些简单的词，辩证学家称之为共相，而另一些词则被称为殊相即个体。"②

这显然是一种唯名论的观点。

但阿贝拉尔同时却并不认为所有名称都仅仅是名称而已，而是

① 赵敦华：《基督教哲学1500年》，人民出版社，2005年5月第一版，第271页。

② 赵敦华、傅乐安主编：《中世纪哲学》（上卷），商务印书馆，2013年3月第一版，第801—802页。

承认有些名称或者说概念是有实在物与之对应的，并且承认在上帝那里存在着一些柏拉图式的理念，这些理念也就是关于事物的类与种的观念，[①]上帝正是通过这些类与种的观念去创造万物的。不难看出来，这些观念就是我们前面讲奥古斯丁、波埃修与爱留根纳时都讲过的观点，阿贝拉尔显然继承了这样的观点。

还有，阿贝拉尔认为有的概念或共相也是有个体之物与之对应的，即共相乃是通过命名而表示不同的事物，并且这些命名乃是与许多个体之物相关的，例如我们人这个词，它就是一个共相，并且是与所有的个体的人都相关的，他在《对波菲利的注释》又说：

"共相通过命名表示不同事物，但它所构成的理解不是从不同事物中产生的，而是归属于个别事物的。'人'这个词以共同的理由而成为所有个人的名称，那就是，他们都是人（'人'也因此称之为一个共相）。'人'是一个共同的，而不是专有的理解，即，归属于它所考虑其相似性的所有个人的共同理解。"[②]

特别是，我们前面说过，柏拉图与亚里士多德在理念或者说共相、实体的理解上是有差异的，甚至看上去有极大的差异。因为柏拉图认为理念是独立自存的，并且是高于个体之物的，但亚里士多德则不认为理念——在他那里是第二实体——是独立自存的，认为它只是一个名称而已。对于两个最伟大的哲学家之间的差异，此前的新柏拉图主义者们已经作过协调，现在阿贝拉尔也同样认为他们

---

① 参见柯普斯登：《西洋哲学史》（第二卷），庄雅棠译，台湾黎明文化事业有限公司，1988年3月第一版，第216页。

② 赵敦华、傅乐安主编：《中世纪哲学》（上卷），商务印书馆，2013年3月第一版，第806页。

并不是矛盾的，他说：

"波埃修说柏拉图以为共相不需要可感东西而能自存，这种说法可以以另一种方式解决，使哲学家的意见不再有分歧。亚里士多德说，共相实际上永远存在于可感物中，这样说仅与现实性有关，因为动物的本性被共相名称所指称，并由此而过渡到共相，这一过程除了在可感事物中，是不可能在现实中发现的。柏拉图则认为，共相自然地存在于自身，它会保留自己存在，不隶属于感觉，据此自然的存在被称为共相。因此，亚里士多德对柏拉图的否认与现实性有关，而柏拉图这位物理学的研究者倾向于自然，所以在他们之间并没有异议。"①

这样，柏拉图与亚里士多德的差异就成了看问题的角度不同，这种协调也是有一定道理的。

就总的来说，阿贝拉尔摆脱了唯名论与极端实在论在概念与实在物之间关系的片面性，汲取了二者的合理之处，从而达到了一种整体来说更加合理的思想，这也影响了后来伟大的托马斯·阿奎那的思想，在托马斯·阿奎那那里形成了一种"温和实在论"，这就像柯普斯登所言：

"由此可见，多玛斯温和实在论的基础在十三世纪之前就已经建立了。"②

上面我们整体地介绍了经院哲学的一个基本主题——共

---

① 赵敦华、傅乐安主编：《中世纪哲学》（上卷），商务印书馆，2013年3月第一版，第814页。
② 柯普斯登：《西洋哲学史》（第二卷），庄雅棠译，台湾黎明文化事业有限公司，1988年3月第一版，第219页。

相问题，关于这个问题的初步讨论贯穿于包括黑暗时代在内的十、十一、和十二世纪，在后面的中世纪哲学中我们还将进一步讨论。

在这三个世纪中，最重要的哲学家有两个，就是阿贝拉尔和安瑟尔谟，我们上面已经讲过了阿贝拉尔，下章还要专门讲述一下在哲学上地位更为重要的安瑟尔谟，然后将走进中世纪哲学的下一个世纪——十三世纪以及其诸多伟大哲学家中的第一个重要人物——奥康的威廉。

还有，对于这位在中世纪享有盛名的阿贝拉尔，我们或许应该花更多的篇幅去讲他，瑙尔斯甚至在他篇幅并不长的《中世纪思想的演化》里花了整整一章去讲他，连爱留根纳都没有这样的待遇。但瑙尔斯这样做是有他的特殊理由的，他看重的是阿贝拉尔在中世纪哲学的历史上的地位，而不是其在思想上或者说哲学本身上的成就，阿贝拉尔在历史上的确是有着重要地位的，因为就作为一个教师而言，他的确是整个中世纪最具吸引力的人物之一，就像他是最具吸引力的教师一样，但作为一个哲学家或者神学家，他的成就是有限的，不但不能和爱留根纳相比，也不能和安瑟尔谟相比，就像瑙尔斯在"彼得·阿伯拉尔"这一章的结尾所言：

"在逻辑学和辩证法方面，他来得太早，以致不能享有亚里士多德的全部遗产，而且他所研究的逻辑学很快就不再受欢迎了。在神学上，他既缺乏建设性的力量，又缺乏奥古斯丁、安瑟尔姆、波那文图拉和阿奎那所特有的那种精神洞察力的深度。他们丰富和深化了基督教奥秘的解说，而阿伯拉尔则仅仅能够在人类智慧和经验的较低层次上做出解释和批判。"①

正是基于这样的理由，在我们这部以思想而不是以历史为核心的作品里才没有列专章去讲述阿贝拉尔，却会如此讲述奥古斯丁、安瑟尔谟、波那文图拉和阿奎那。

我们现在就来讲其中的安瑟尔谟。

---

① 大卫·瑞尔斯：《中世纪思想的演化》，杨选译，商务印书馆，2012年5月第一版，第184页。

第十三章　安瑟尔谟与经院哲学的兴起

我们这一章主要讲安瑟尔谟的思想。

但在讲安瑟尔谟之前，必须完成上一章就提及的任务，讲讲经院哲学的起源与总的特征。

第一节　理性、信仰与经院哲学

经院哲学可以简单地理解为"经院的哲学"，这里的经院指的就是学院与修道院，这两种"院"正是经院哲学中的"院"，它们可被看作是经院哲学之父，经院哲学乃是它们的孩子。所以，经院哲学指的就是在这两种院中所产生的哲学，它在台湾被译为士林哲学。

讲到经院哲学的诞生时间，最早也许应该从公元529年算起，这一年，信奉基督教的东罗马帝国查士西尼大帝下令关闭了柏拉图的学园并且将所有不信奉基督教的哲学家从帝国境内驱逐出去，这一年就成为了从古希腊罗马哲学向中世纪哲学过渡的元年，而中世纪哲学的主体就是经院哲学，因此，讲到经院哲学的产生最早应该从这年算起。

此外，在这一年还发生了另一件大事，更促成了经院哲学的诞生，那就是建立了一座叫蒙太卡西诺的隐修院，这也是第一座本笃会的隐修院，[①]此后这类的隐修院或修道院越来越多，经院哲学就在这样的地方默默地孕育起来了。

至于经院哲学诞生的另一个"院"——学院，就要归功于查理曼大帝了。我们前面讲爱留根纳时说过，为了实现振兴文化的目的，从查理曼大帝开始，法兰克的君主们从欧洲各地聘请有学问的人前来帝国。皇帝请来的这些人都是基督教的教士，爱留根纳也是这样来到加洛林王朝的宫廷中的，正是大帝和这些人的努力促成了公元九世纪的加洛林文艺复兴。

大帝不但请来了许多人，还在宫廷内建立了一所学校，爱留根纳就当过这所学校的掌门。此外，他还在帝国各地建立了许多的教区学校和隐修院，这些地方的教师大都是热衷于神学的人，所教的也是和上帝有关的内容，于是一代一代地培养出了许多哲学家，这些哲学家思考的主要对象自然是神，他们所从事的哲学也就是经院哲学。经过一代又一代哲学家们的努力，终于诞生了中世纪哲学的主体——经院哲学。

至于经院哲学的分期，不同的学者有不同的分法。我这里介绍两种，一种是《美国百科全书》之"经院哲学"条目中的分法。根据这种分法，经院哲学的发展可以分为三个主要时期，即从公元850至1200年的早期，主要代表是爱留根纳，包括上章讲过的阿贝拉尔和本章马上要讲的安瑟尔谟在内的哲学家们，一直延续到阿拉

---

① 参见《不列颠百科全书》，中国大百科全书出版社，1999年第一版，第15卷，第123页。

伯的经院哲学。第二个时期则是经院哲学的鼎盛时期，从公元1200年直至1500年。那些最有名的经院哲学家包括伟大的托马斯·阿奎那即属于这个时期。这个时期一直延续到文艺复兴时期人文主义的兴起。最后是近代时期，从1500年直至二十世纪中叶，这个时期先是经院哲学衰落成一种极为形式主义且空洞无物的繁琐体系，后来由吉尔松与马里坦两位近代最重要的经院哲学家达成了经院哲学某种程度的复兴。①

上述分期法显然是将经院哲学放到整个哲学史的宏观中去看，凡涉及经院哲学的哲学家，无论其处于中世纪还是近代，通通算作经院哲学家，从而大大超出了中世纪哲学的范畴。这种分期法和我们在这里讲的中世纪哲学是不一样的，我们在这里所讲的只是中世纪哲学，而经院哲学是被包括在这个时期之内的，因此我们还要对这种意义上的经院哲学的分期作一下说明。

对于这个意义上的经院哲学的分期是有比较一致的观念的，例如梯利就将经院哲学分成三个重要阶段。第一个阶段以爱留根纳为核心，梯利认为："虽然他的思想不是典型的经院哲学的体系，他却是经院哲学运动的先锋。"②这个阶段从九世纪开始直到十二世纪，阿贝拉尔和安瑟伦都是重要代表。第二个时期则是十三世纪的鼎盛时期，代表就是伟大的托马斯·阿奎那。十四世纪则是衰落期，但也有一些重要人物，如约翰·邓·司各脱和奥康。

梯利的这个分期法和柯普斯登是大致一样的，对于中世纪哲学

① 参见《美国百科全书》，台湾光复书局/外文出版社，1994年第一版，第24卷，第246页。

② 梯利：《西方哲学史》，葛力译，商务印书馆，1995年7月第一版，第177页。

的分期，柯普斯登是这样说的：

"既然我公然地认为中世纪哲学分成三个主要的时期，因此，我所谓的'没落'就是式微的意思。这三个时期，首先是预备时期，从中世纪一开始一直到十二世纪，且包括十二世纪在内。其次是十三世纪的建设性综合时期。最后是十四世纪破坏性批判的时期，亦即凋零且没落的时期。"①

柯普斯登在这里所称的中世纪哲学实际上就是梯利所称的经院哲学，我们早就说过，中世纪哲学的主体乃是经院哲学，因此有时候甚至可以将整个中世纪哲学都称为经院哲学。

至于经院哲学的主要特点，简单扼要地说就是一句话：努力结合信仰与理性，但以信仰为尊。在这里，"努力结合信仰与理性"乃是核心。信仰与理性之间的关系乃是中世纪哲学或者一切与宗教有关的哲学的核心问题，我们知道，一切宗教信仰包括基督教的信仰有一个基本特点，就是经不住理性与科学的深究，倘若完全以理性或者科学作为标准，那么宗教信仰将失去其成立的基础，那怎么办呢？面对这个问题，有三种可能的办法：一是抛弃信仰，走向科学与理性；二是抛弃科学与理性，走向完全的信仰；三是对二者都不抛弃，而是试图结合之，即调和理性与信仰。

在西方哲学史上，这三种办法都有很多人采取，尤其选择第一种办法者众多，这也是西方近代社会由信仰走向理性与科学的根本原因之一：那些有智之士，因为在信仰中找不到理性与科学的根

① 柯普斯登：《西洋哲学史》（第二卷），庄雅棠译，台湾黎明文化事业有限公司，1988年3月第一版，第11页。

据，或者说发现理性、科学与信仰之间严重冲突，于是断然离开了信仰而走向了理性与科学。就像伽利略一样，他发现亚里士多德的比例定律虽然被教会奉为神圣之铁律，但却和他找到的科学事实冲突，于是断然否定之、抛弃之，而走向了科学，也成为了近代自然科学最重要的创立者。

但这不要给我们一种错觉，认为有智之士都会选择第一条道路，这是大错特错的，事实上，即使是有智之士，选择第二条道路的也大有人在，当然他们并不是完全抛弃了科学与理性，而是一方面尽可能尊重科学与理性，但另一方面更加信仰上帝，并且将上帝置于科学之上，例如我们前面讲亚里士多德的神学时提到过的伟大的牛顿就是这样，这里不妨更多说几句。

我们都知道牛顿是伟大的科学家，但恐怕鲜有人知道牛顿同时也是一个极其虔诚的基督徒，还是一个非常相信炼金术的人，这两样东西也许在我们看来前者不理性、后者不科学，但伟大的牛顿却虔诚地相信之。

先说炼金术，牛顿一生都对炼金术深感兴趣，可以说不亚于对科学研究的兴趣，同时这种兴趣也深深地影响了他的科学研究。为了研究炼金术，他常常将科学抛到了一边。他到处搜罗有关炼金术的小册子，有的买，有的借，如果是借的话，他总是将之立即手抄一本保存。对于借来的科学著作牛顿似乎从来没有这样做过呢！所以，有一本著名的牛顿传记，书名就叫《最后的炼金术士——牛顿传》。[①]

---

① 参见怀特：《最后的炼金术士——牛顿传》，陈可岗译，中信出版社，2004年5月第一版。

　　像对炼金术一样，牛顿对神学也早就有兴趣并且有深刻的领悟。牛顿从小生活在一个宗教氛围十分浓厚的家庭，他的舅舅和继父都是牧师，母亲也是一个虔诚的基督徒。宗教影响从小在牛顿心里就打下了深深的烙印。长大从事科学研究后，他对宗教的热情一直不衰。这时候，他注意的不再是单纯的信仰，而是更深刻的神学问题。大约在1690年的时候，他把一份手稿送给了他一个伟大的同胞、哲学家洛克，手稿想证明《圣经》中关于三位一体的那段是后人篡改的，不是《圣经》中的原文。两年后，一位叫理查德·本特雷的牧师以《对无神论的反驳》为题作了8次重要的布道。他给牛顿写了一封信，请教关于万有引力和宇宙性质的一些问题。牛顿给他写了四封回信，表达了作为科学巨人的他对于上帝的虔诚信仰。指出他的著作的主要目的就是要使人们更加相信上帝。

　　还有，当谈到地球绕太阳运转的轨道问题时，牛顿坦言，地球的确绕太阳在运行，但为什么会有这种运动呢？它并不一定要有啊！这就像两块石头本来好好地待在那，为什么它们要相撞呢？肯定有原因，例如被人扔到了一起。地球与太阳也是这样，虽然它们现在按自己的轨道运行，然而，最初是一种什么力量使它们运动起来的呢？对于这个问题，牛顿找到了答案，那就是他著名的"第一推动"。

　　我们前面已经提到过了，到晚年牛顿对神学研究得更多、也更为重视上帝的力量，例如1712年，当《原理》出第二版时，快70岁了的牛顿在书中加了一节"总释"，它只有短短的几页，其中"上帝"或者及代词"祂"就有近40处之多。

　　不但牛顿，爱因斯坦也是相信有上帝的，也是一个犹太教徒而不是无神论者。

所以，只要我们静下心来，想想一些简单的现象，我们就不得不正视上帝存在的可能性问题，我们至少应当尊重古今中外的信教者们，而不要单单从自己的信仰出发，认为相信上帝存在的人不是傻瓜就是无知。大家需知如牛顿这种伟人都是上帝虔诚的信仰者，爱因斯坦也相信相信上帝的存在，请问他们是傻瓜还是无知者呢？

以上是第二种态度，第三种态度就是经院哲学的态度了，即调和理性与信仰，这乃是经院哲学最大的特点。

读到这里也许有人会大致奇怪：怎么？经院哲学不是有名的否定理性吗？怎么反而要来调和理性与信仰呢？

倘若人这样说，那么我不得不回答：您错了！经院哲学并不否定理性，相反，它是尊重理性的，并且它的核心正是试图在理性与信仰之间达成一种协调，以哲学的、理性思考的方式去阐释上帝与神学，这乃是经院哲学、也是整个中世纪哲学最主要的表征。

当然，我们也不要忘记，虽然中世纪的哲学家们尤其是经院哲学家们尊重理性，试图调和理性与信仰，但他们依然是将信仰放在第一位的，这仍然是要强调的。与此同时，我们也不要忘记了另一个更为深刻的事实：中世纪之所以会有哲学、之所以会有经院哲学，原因就在于基督教不但需要信仰，还需要理性，需要以理性的方式去证明基督教的一个基本问题——上帝的存在。因此，理性在信仰之中实际上是不可或缺的！可以相信，倘若没有中世纪哲学、没有经院哲学、没有这些以理性的方式去系统地证明的神学，那么基督教就不会是今日之基督教，而只是世界上几乎所有民族——包括那些最原始落后的民族——都有的宗教或者信仰而已！

所以，从另一个角度来说，对于基督教、对于中世纪哲学而言，其最大的优势与特点不是因为它有信仰，而恰恰是因为它有理性。我们一定要深刻地认识到这一点。

正因为如此，所有的中世纪哲学家们都试图在理性与信仰之间进行协调，换言之就是说，试图以哲学的方式去解释基督教的信仰，或者以基督教信仰为基础去构建哲学，就像梯利在《西方哲学史》第二篇"经院哲学的开端"之"经院哲学所研究的问题"一节中所言：

"这时期的哲学思想反映时代精神。传统和权威占有首要地位，学者极其信赖教会、奥古斯丁、柏拉图或亚里士多德以及修道院的命令或他们的学派。他们一方面肯定教会教义的真理性，同时又有极强烈的思辨欲望，于是尽可能以基督教信仰来解释哲学，或以哲学来解释基督教信仰，力图予以调和。"[1]

经院哲学正是基于上述的基调，具有如下三个特点：

"一是重视严格的论证，相信逻辑和辩证法能通过讨论和分析揭示哲学真理，这也是理性论证的原则。二是接受古人的洞见作为发展他们自己思想的基本指南，充分关注早期哲学家们保留下来的思想和作品，以说明一个人参考前人或与前人对话时自身反思的逻辑合理性，这是一条权威的原则。三是一般都提出并讨论理论和启示真理的关系问题，而且使哲学的洞见符合神学的教导，这是信仰和理性和谐一致的原则。"[2]

---

[1]   梯利：《西方哲学史》，葛力译，商务印书馆，1995年7月第一版，第175页。

[2]   转引自黄裕生主编：《西方哲学史·学术版》（第三卷），人民出版社，2011年5月第一版，第265页。

这三个特点都不难理解，第一点强调了哲学需要理性的论证而不是简单地断言——这种"简单地断言"而缺乏理性论证正是中国传统哲学包括体现在老子中的传统哲学的基本特点甚至是缺点；第二点是尊重前人的成果，在前人的成果基础上进行哲学思考，而不是一味冲撞，冒冒失失地总想自己另起炉灶，试图建立一个全新的哲学系统——这种没有多少知识、没读过几本哲学著作却想建立一个全新哲学体系的人士现在也不少；第三点是强调理性与信仰的结合，一方面要重视理性，以理性的方式去思考神学，另一方面又要哲学符合于神学的基本原则，即在理性与信仰、哲学与神学之间以信仰为尊，哲学次于神学，这乃是经院哲学或者说整个中世纪哲学的另一个最根本的特点。

此外，《不列颠百科全书》在"经院哲学"条目中还特意提到了一条，就是经院哲学不但对于中世纪、对于所有时代包括我们所在的这个时代都是有它的意义的，这种观点和我们传统上对经院哲学的几乎全盘否定大为不同，而且说得很实在，这里也特意引用一下：

"经院哲学中也有对一切时代都有意义的因素。第一，经院哲学不仅信奉正常历史规则，即观念一旦表述出来就在未来时间中继续存在，而且中世纪的智力成就已超过了这一规则，并对反对经院哲学的哲学家们施加特殊影响。如笛卡儿、洛克、斯宾诺莎、莱布尼茨都从中世纪观念得到益处。第二，文艺复兴的经院哲学和19、20世纪的新经院哲学都是回到经院哲学的尝试。这两次运动主要对T.阿奎那的著作感兴趣。第三，经院哲学运动具有持久意义的最重要方面是它接受这样的基本信条：人所知道的真理和上天启示的真理并存。理性是人们把握世界的自然能力。理性和信仰不能相互冲突。"①

这段话说得非常之好，可以说是切中肯綮，因此我们一定要记住这一点：传统上包括黑格尔在内对经院哲学的不屑是完全错误的，经院哲学的确有它的缺陷——任何哲学体系包括黑格尔的哲学体系都有它的缺陷，但总的来说，作为西方哲学史上乃至人类思想史上的重要一环，经院哲学不但具有重要的历史意义，而且具有重要的现实意义。

第二节　不情愿的坎特伯雷大主教

讲完了经院哲学的上述特点之后，我们现在来讲安瑟尔谟。

安瑟尔谟是传统的译法，另外还有许多别的译法，例如《西洋哲学史》译为安瑟姆、《西方哲学史·学术版》译为安瑟伦，还有安瑟尔姆等，其中安瑟伦的译法区别较大，要稍加注意，我们还是采用传统译法安瑟尔谟。

安瑟尔谟本是意大利人，1033年生于意大利北部、阿尔卑斯山下的奥斯塔的一个贵族之家，据说20岁时他热爱的母亲就去世了，这对他一生影响很大。同时他父亲脾气不好，父子之间经常对立。在这样的家庭待着自然不快乐。于是，23岁时他就离开了家乡，像当时许多虔诚的年轻人一样，立志献身上帝。后来他找到了贝克修道院，在那里成为了一名修道士。之所以选择贝克，是因为它有

① 《不列颠百科全书》，中国大百科全书出版社，1999年第一版，第15卷，第124页。

一位当时最知名、最杰出的神学家之一兰弗朗克，安瑟尔谟想跟从他。他如愿了，不但成为了兰弗朗克的学生，还以自己的虔诚与才华赢得了老师的青目。到1063年时，由于兰弗朗克被我们熟悉的一个历史名人——英国第一位来自法国的国王、诺曼底公爵、征服者威廉——的邀请去了遥远的英格兰，安瑟尔谟便成为了贝克修道院的副院长，十五年之后又当上了院长。

到了1093年，安瑟尔谟的命运发生了一个巨大的转折，因为他被罗马教廷任命为坎特伯雷大主教。

安瑟尔谟之所以能够得到这个遥远而重要的任命，原因主要有两个：一是他这时候已经是非常有名的神学家了，可以说是当时整个基督教世界最知名的人物之一，连当时的罗马教皇乌尔班二世都十分欣赏他。二是他的老师兰弗朗克乃是前任的坎特伯雷大主教。早在1070年他就被征服者威廉任命为坎特伯雷大主教，并成为了征服者威廉最重要的心腹谋士之一。1087年征服者威廉去世后，他的儿子威廉二世继位，兰弗朗克和新国王的关系依然很好，依然是国王最重要的谋士和心腹之一。但仅仅两年之后，1089年，他就去世了。我们可以想象，兰弗朗克去世之时，一定向国王推荐过他的继任者，就是他心爱的弟子、这时候也已经是著名神学家的安瑟尔谟，他一定认为这位弟子堪当大任。要知道坎特伯雷大主教可不是一般的职位，即便在整个基督教世界里恐怕也是仅次于教皇的大位。

当然这也可能仅仅是猜想，因为兰弗朗克去世后，威廉二世并没有立即任命新的大主教，并且乘机大占教会的便宜，这引起了王权与教权之间的对抗。一直拖到1093年，他身患重病，大概是怕和教会对抗死后上不了天堂，才邀请安瑟尔谟来当坎特伯雷大主教。他大概以为弟子应该会像老师一样和他合作愉快，这样的任命倒也无妨。

但据记载，安瑟尔谟本人并不乐意这事，他是一个神学家，不是一个政治家，待在著名的贝克修道院最有利于他的神学研究，但坎特伯雷大主教却是一个带有强烈政治性的职位，对他的神学探讨自然会有极大的妨碍。然而，一方面是威廉二世的殷勤相邀，另一方面是教皇的亲自敦促，他不得不接受新职，勉勉强强到达了英格兰。

对了，这时候的英国还不合适简单地称为英国，因为它还不是一个统一的国家，还是像三国时代的中国一样，分为三个相互独立的国家：英格兰、苏格兰、威尔士。

到了英格兰之后，安瑟尔谟就职为坎特伯雷大主教，但仍一百个不情愿，唐逸先生是这样描述就职典型的情形的：

"在就职典礼上，安瑟伦紧握双拳不接权杖，诸主教乃从国王手中接过权杖强置安瑟伦手中。"[1]

但威廉二世不久就应该后悔请安瑟尔谟来了，因为当教权与王权之间发生争执的时候，安瑟尔谟和乃师大不一样，旗帜鲜明地站在了教权一边，结果导致了英国君权与教权之间的长期斗争。这种斗争一直延续着，成为了英国古代史上的重要一幕，直到著名的百年战争和红白玫瑰战争时期，这种斗争都在延续。

---

[1] 唐逸：《理性与信仰——西方中世纪哲学思想》，广西师范大学出版社，2005年11月第一版，第81页。

看到本来应该是自己亲信的坎特伯雷大主教竟然站在了对手罗马教皇一边，威廉二世十分不甘心，他于是想办法笼络了许多英国本土教士，1095年在北安普敦召集了一次会议，想要罢黜安瑟尔谟。但教士们认为应该将他送回罗马、去听教皇发落，当然也可能是安瑟尔谟自己跑罗马去了。总之，1097年安瑟尔谟离开英国，跑到了教皇那里控诉国王去了，乌尔班二世教皇虽然同情安瑟尔谟，但并没有完全站在他一边，因为他的教权这时候也需要英国王权的支持。后来，乌尔班二世与威廉二世达成协议，威廉二世承认乌尔班的教皇权威，教皇则批准英国教会享有特殊地位，即拥有一定的独立性。但这并没有给安瑟尔谟带来好处，他一直没有能够回到英格兰，处于事实上的流放状态，英国教会的许多财产也被国王弄走了。

这样的情形一直持续到1100年威廉二世去世。

对了，不知道是不是因为欺侮了伟大神学家的缘故，这位威廉二世未得善终，他是在狩猎时被一支箭射中胸膛而死的，死后周围人怕被怀疑，作鸟兽散，无人收尸，后来当地一个农民将之放在一辆装牛羊饲料之类的大车拉到了城里，匆匆埋葬。由于没有进行临终忏悔，根据基督教义他死后是要下地狱的。

由于威廉二世没有留下后嗣，他的弟弟亨利一世继位。安瑟尔谟与新王之间又发生了不少龃龉，经过双方的再三努力，终于各退一步，在教权与王权之间暂时达成了协议，安瑟尔谟也终于得以安安稳稳地当他的坎特伯雷大主教了。

但这种安稳的日子并不有过几年，1109年，安瑟尔谟就去世了，享年76岁。

第三节　经院哲学之父

把安瑟尔谟放在众多经院哲学家中的第一个来讲是有理由的，主要有两个：

一是安瑟尔谟乃是第一个真正的经院哲学家，甚至被尊为"经院哲学之父"：

安瑟尔谟是一位在西方思想想史上处于中间位置的人物，这不仅是在时间的意义上讲的，因为他在中世纪哲学里是一个具有转折性的核心人物，被视为"奥古斯丁第二"和"经院哲学之父"，并被称为"最后一位教父和第一个经院哲学家"。①

这些带引号的称呼并非是引文作者擅自加的，而是其出有典，例如称安瑟尔谟为"经院哲学之父"的乃是马丁·格拉布曼，他在其经典之作《经院主义方法史》中有关安瑟尔谟一章的标题就是："坎特伯雷的安瑟尔谟，经院哲学之父"。因此，我们在这里讲经院哲学时将安瑟尔谟列为第一是有道理的。

当然，关于安瑟尔谟是否可以被称为经院哲学之父也是有所疑问的，例如赵老师就指出：

"安瑟尔谟被一些人说成'经院哲学之父'。其实在他之前，贝伦加尔已经将辩证法运用于神学。安瑟尔谟的贡献在于，他推广了这一方法，并以为教会所认可的研究成果表明辩证法可用作解决神

---

① 黄裕生主编：《西方哲学史·学术版》（第三卷），人民出版社，2011年5月第一版，第268页。

学问题的理性工具。他与兰弗朗克、贝伦加尔和阿伯拉尔一起，共同创建了辩证神学的新形式。"①

这就是说，安瑟尔谟并不是经院哲学或者说作为一种辩证神学的经院哲学的唯一创立者。当然，我们至少可以肯定，在这三个人当中安瑟尔谟是最有名的，其思想也是最重要的，也许最因为这样才获得了这个尊号。

第二个理由则是安瑟尔谟无论就思想还是写作特征而言都堪称典型的经院哲学家，这我们后面马上就会看到。其典型主要表现在两个方面：一是他的整个写作都是力图以理性的方式证明上帝，包括上帝的存在及其至善、完美，等等，就像梯利所言："（安瑟尔谟）他是典型的经院哲学家，既坚定地信仰教义的真理性，又有强烈的哲学兴趣。"②我们上面说过，这乃是经院哲学之为经院哲学最根本的特征。二是他的思想晦涩，难以理解，这也是经院哲学的又一个主要特征。当然这只是一个表面特征，但也是一个重要而显明的特征。

在安瑟尔谟那里，理性拥有极其重要的地位，我们后面在看到，安瑟尔谟在论述他的思想之时，几乎处处都提到了理性。正因为如此，安瑟尔谟对待理性的态度还专门有一个称号"天主教的理性主义"。关于这一点，吉尔松评论说：

"圣安瑟莫的态度被称为是天主教的理性主义。这个名词虽然暧昧，但至少指出圣安瑟莫的态度，当他诉诸理性之时，除了理性

① 赵敦华：《基督教哲学1500年》，人民出版社，2005年5月第一版，第234页。
② 梯利：《西方哲学史》，葛力译，商务印书馆，1995年7月第一版，第186页。

之外，绝不涉及其他。不但圣安瑟莫如此，连他的听众们，也都要求，在他所提出的合理前提以及他提议要演绎出来的合理结论之间，不可以有任何其他因素介入。例如，我们只要回想一下，《独语》的序言，他顺从学生们的坚决要求，不用《圣经》的权威来证明《圣经》的内容，而用合理的证据，以及真理惟一的本性之光，一切无须启示就能证明为真的方式，来予以证实。不过，用确定的公式，提出信仰优先于理性的，也是圣安瑟莫，因为理性若是完全合理，则理性将以合理的方式来满足自己，因而人只有一条坦途，即检查信仰之合理性。信仰就其为信仰而言，是自足的，但信仰也愿意明白自己的内容。信仰并不依赖理性的证据，但在另一方面，信仰却产生理性证据。安瑟莫自己告诉我们，《独语》的原来书名是《信仰之合理性的沉思》（Meditations on the Reasonableness of Faith），而他的《祷词》的原来书名，正是那出名的公式：'信伸寻求理解'（A Faith seeking to Understand）。再没有比这话更能正确地表达他的思想，因为他并不是为了寻求理解以便相信，而是为了寻求信仰，以便理解。他甚至说，这种信仰对于理性的优位本身，是他在理解以前便相信的，而他之所以相信，正是为了理解。《圣经》的权威不正也说：没有信仰，便没有理解吗？"①

此外，关于安瑟尔谟还有一个很特别的特点，我们也要在这里拿出来说一下，就是介绍他的篇幅在各种哲学史著作中差异极大，令人不解且震惊。

① 吉尔松：《中世纪哲学精神》，沈清松译，上海人民出版社，2008年11月第一版，第43页。

首先是黑格尔，黑格尔对整个中世纪哲学都是看不起的，然而他对于安瑟尔谟却似乎情有独钟，在他的《哲学史讲演录》里不但单独将安瑟尔谟列为一节，所占的篇幅竟然有整整七页，这是整个中世纪哲学中无与伦比的！我们要知道，黑格尔对伟大的圣奥古斯丁几乎提都不提，对公认最伟大的中世纪哲学家托马斯·阿奎那介绍的篇幅也只有区区一页！也就是说，圣奥古斯丁和圣托马斯·阿奎那加起来的篇幅都不到安瑟尔谟的七分之一！简直令人惊掉了下巴！

不过我们读了具体内容之后，就可以明白为什么了。首先，黑格尔说："在那些想要通过思想来证明教会教义的人们当中，最有名望的人是安瑟尔谟。"[①]这个"最"字就指出了安瑟尔谟的地位。在讲完安瑟尔谟的思想后，黑格尔还总结道：

"他的著作表现了深刻的见解和精神性。安瑟尔谟是这样一个人，他鼓舞了经院哲学家的哲学，并且把哲学和神学结合起来了；中世纪的神学比近代的神学高得多。天主教徒决没有野蛮到竟会说永恒的真理是不能认知的，是不应该加以哲学的理解的。这一点在安瑟尔谟这里是很突出的。另外一点是，他认识到了思维与存在这一最高的对立的统一。"[②]

这里的最后一句话道出了黑格尔为什么对安瑟尔谟情有独钟的原因：因为安瑟尔谟认识到了思想与存在的对立统一！要知道思维与存在的统一乃是黑格尔哲学的核心，因此黑格尔之重视安瑟尔谟

---

① 黑格尔：《哲学史讲演录》（第三卷），贺麟、王太庆译，商务印书馆，1959年12月第一版，第289页。

② 同上，第296页。

实际上主要不是因为安瑟尔谟在中世纪哲学中的地位，而是他个人欣赏安瑟尔谟的思想，因此给他特别多的篇幅，以表赞扬。

但黑格尔对于经院哲学的所知仍是有限的，他说"天主教徒决没有野蛮到竟会说永恒的真理是不能认知的"。这是一句典型的外行话，在许多经院哲学家或者中世纪哲学家例如伪名丹尼斯和爱留根纳等看来，我们恰恰不能认识永恒的真理，也就是说关于上帝的永恒的真理，例如上帝的本质之类，这些最高的、永恒的真理是超越了人类的认知能力的，其只属于上帝。例如在伪名丹尼斯的否定神学那里，那否定的过程并不是单纯地否定万物之中的某些东西，而是当它的否定走向终极时，也就是走向真正的上帝时，万物将被全部否定，个中的道理就是因为上帝的本来面貌或者说上帝的本质其实是不可知的，不断否定的结果最后必将否定一切而走向一种"终极的黑暗"。这黑暗不是说上帝是黑暗的，而是说，到这里后，一切都沉入一片黑暗之中，我们将无法知晓其中的一切，就像我们无法看到黑暗中的事物一样。而上帝对于我们就有类于此，它是不可感觉的，不但不可感觉，也不可用任何理性的概念言之，总而言之，上帝是不可知的，这就是否定的最终结果。这时候，当我们用任何词汇去描述、形容上帝时，统统都只是比喻的说法，真正的上帝或者说上帝的本质是无法言说的，因此伪名丹尼斯说：

"……攀登得越高，语言便越力不从心；当它登顶之后，将会完全沉默。"①

这既是伪名丹尼斯的观点，也是爱留根纳的观点。

---

① （托名）狄奥尼修斯：《神秘神学》，包利民译，商务印书馆，2012年6月第一版，第99页。

从这个例子就可以看出来黑格尔对中世纪哲学的确缺乏深刻的理解，因此我们在谈中世纪哲学时也基本上不会引用黑格尔的观点。

在对待安瑟尔谟上和黑格尔态度一致的人是唐逸先生，他在其《理性与信仰——西方中世纪哲学思想》中，专门介绍安瑟尔谟的有整整两章，即第五章"11世纪：经院哲学之父安瑟伦"和第六章"安瑟伦的语义分析"，共长达64页！而全书的篇幅不过478页，也就是说安瑟尔谟一人占有全书篇幅的八分之一以上，在全书中可以说是无与伦比。相对而言，奥古斯丁不过28页，托马斯·阿奎那不过45页，都远远不及安瑟尔谟。①

与此形成鲜明对比的是另外一些哲学史著作，例如《西欧中世纪哲学概论》中，安瑟尔谟并没有专章介绍，只是在讲述唯名论与唯实论的斗争一节中，提到了安瑟尔谟"明确地论述了唯实论的基本观点，为中世纪的唯实论奠定了理论基础"。②具体介绍其思想的篇幅也只有三页左右。此外还有《西方哲学通史》之《中世纪文艺复兴时期哲学》一卷中，讲安瑟尔谟的也不过七页，③远不及奥古斯丁与托马斯·阿奎那。

当然，也有一些著作是中规中矩的，不多不少，例如《西方哲学史·学术版》和柯普斯登的大作，都是大致正常的篇幅。

---

① 参见唐逸：《理性与信仰——西方中世纪哲学思想》，广西师范大学出版社，2005年11月第一版，第13—40、80—144、233—277页。

② 参见车铭洲：《西欧中世纪哲学概论》，天津人民出版社，1982年4月第一版，第106页。

③ 参见佘碧平：《中世纪文艺复兴时期哲学》，人民出版社，2011年7月第一版，第92—99页。

我想产生这种现象的主要原因应该在于人们对安瑟尔谟的思想理解不同，有的人认为安瑟尔谟的思想极为重要而深刻，因此必须花费很多的篇幅来讲述之；也有的人认为安瑟尔谟的思想不过如此，不必花费如此之多的时间去讲。至于究竟哪个正确，恐怕是见仁见智的事。但总的来说，安瑟尔谟的思想是很重要的，就像瑙尔斯在其大作中所言：

"由于兰弗朗克的伟大弟子安瑟尔姆，我们见到了可以称为中世纪辩证法的奥古斯丁式用法的最高成就，见到了早期经院哲学思潮的顶峰和修道院学校最为成熟的果实。我们事实上见到的还不止这些，因为不论作为思想家还是作为一个人，安瑟尔姆都是个罕见的、属于一切时代的重要人物。"①

瑙尔斯还特别强调了安瑟尔谟思想的独创性，就这点儿言他和爱留根纳是相类的，即两人的思想都远远超过了同时代人，因此在他的时代非常突兀，犹如思想的"天外来客"，对此他说：

"在安瑟尔姆最伟大的著作中，没有来自他自己时代或他老师的东西，在这方面，他比阿伯拉尔和阿奎那都更有独创性。如果我们只把眼光停留在他自己的那个世纪，他就是一个突如其来的出现，是一个无父无母或者没有谱系的麦基洗德。安瑟尔姆的成就，是在其他人还仅仅是感到了他们通向思想和表达的道路的时代，作为一个绝对伟大的人物而站出来。"②

在这里，瑙尔斯认为安瑟尔谟的独创甚至要超过伟大的托马

---

① 大卫·瑙尔斯：《中世纪思想的演化》，杨选译，商务印书馆，2012年5月第一版，第146页。

② 同上，第147页。

斯·阿奎那，由此可见他对于安瑟尔谟的重视。不过他也没有专章
介绍安瑟尔谟，篇幅也远不及后面的阿贝拉尔，由此可见重要性与
篇幅不一定是对称的，这也是我们要明白的一点。

引文中的麦基洗德乃是《圣经》中的一个人物，这个人物似
乎是很重要的，因为"他是至高神的祭司，"还为亚伯兰祝福，说：
"愿天地的主，至高的神赐福与亚伯兰，至高的神把敌人交在你手
里，是应当称颂的。"为了表示感谢，"亚伯兰就把所得的拿出十分
之一来，给麦基洗德。"① 对于这样一个重要人物，《圣经》里并没有
说明他的身世，就是这么突然地出来了，璐尔斯以他来比喻安瑟尔
谟是很贴切的。

第四节　信以致知

以上我们讲了不少安瑟尔谟，但都只是铺垫而已，现在我们要
来讲安瑟尔谟本人的思想了。

安瑟尔谟的思想核心乃是基督教哲学中一个最古老而最重要的
主题——以哲学或理性的方式证明上帝之存在。

我们前面说过，经院哲学的主要特点就是试图将理性与信仰结
合起来，即在信仰的基础之上，以理性去证明信仰的合乎理性。要
证明信仰的合乎理性，其核心当然是证明信仰的最核心——上帝，
具体地说，就是上帝的存在。

也许有人会天真地问：为什么要证明上帝的存在呢？

---

① 见《圣经·旧约·创世记》第14章。

那道理说起来可复杂了，但也可以简而言之地回答：那是因为上帝的存在不像日月星辰、花草树木的存在，是不可感知的，因此许多人不相信上帝的存在，也因此才需要去证明上帝的存在。打个比方说，现在某个人说他拥有特异功能——这样宣称的人在中国是所在多有的，于是人就自然而然地要他证明这一点，因为特异功能可不是像这个人头上戴的帽子一样看得见的，而是一种特异的功能，因此需要证明人才会相信他。同样，上帝可不是一般的人物，而是最特异的、万能的，基督教既然宣称有这样的一个上帝，这个上帝既然是我们看不到的，当然人就要求其证明，而基督教会内部那些理性之士自己也提出了这样的要求，于是就产生了以理性去证明上帝存在的必要性、必然性与合理性。

事实上，古往今来，基督教哲学一个最主要的核心就证明上帝之存在，因为只要证明了这一点，基督教信仰就立于磐石之上了。安瑟尔谟是如此，后来的托马斯·阿奎那也是如此，一直到再后来的笛卡尔，虽然他不是经院哲学家，也不是神学家，然而其哲学的主题之一仍然是证明上帝的存在。

那么安瑟尔谟是如何证明上帝的存在呢？

在具体分析安瑟尔谟是如何证明上帝存在之前，我们要先来讲述他的另一个基本观点：信以致知。

信以致知在神学中是一个很重要的词汇，它的意思就是说，我们是先信了，然后在信了的这个基础之上去追求与这个信相关的知识。是先信而后去求知，并且得到知识。这是神学研究中一个很基本很重要的态度，也是我们在探讨经院哲学时要特别注意的一个问题。它的重要性不但体现在安瑟尔谟这里，还体现在每一个经院哲学家或者神学家那里。

为什么呢？原因就在于这一点：当一个神学家或者基督教哲学家去探讨有关神的学问——神学——之时，他并不是为了证明这神有这样那样的特点，而是探讨为什么会如此、何以证明如此？这是特别重要的。举个具体的例子来说，基督教哲学家在探讨上帝为何存在以及为什么会三位一体时，他们已经先设定了一个基本的前提：神是存在的、圣父圣子圣灵是三位一体的，这是不能怀疑的，是一种信仰。哲学家们所要做的是去探讨为什么会如此？毋庸置疑，这个探讨的过程同时也是一个求知的过程，也就是说，在探讨这个"为什么"的过程之中就可以求得相应的知识，这就是信以致知。

也许您会问：倘若我不相信上帝存在呢？倘若我不相信三位一体呢？那又怎样？

对此的回答是：当然不会怎样，这样做也是可以的，并且有许多人也在做，但这绝对不是一个基督徒会做的、更不是一个神学家或者经院哲学家会做的，这违背了他们的基本信仰。对于一个基督徒或者说经院哲学家、神学家与基督教哲学家而言，上帝的存在、万能、创造万物以及三位一体都是信条，是无需证明、更不能怀疑的绝对真理，他们所要做的乃是去证明何以如此。

也许有人会带着不屑说：既然信都信了，怎么可以再求得什么真理呢？现在我恰恰就要怀疑你那个信仰！所以这个信以致知是不行的！求不得真理的。

信仰当然是可以怀疑的，这是显然的，无可厚非，但我这里也要说明的是，由此说明信以致知不成立、不能求得真理也是同样不成立的。实际上，在我们的生活之中信以致知的事情所在多有，浅的深的都有，各门学科也都有。讲浅的来说，我们看到太阳每天东升西落，我们会怀疑这一点吗？当然不会，而是把这当成一个基本的事实，然后去探讨太阳为什么会东升西落，从中找出原因，而这个探讨的过程也就是求知的过程。于是在东方和西方就都诞生了各种各样的相关的理论，有神话的，例如中国的金乌之说，也有与科学有关的，例如托勒密的地心说、哥白尼的日心说，等等，这些都是信以致知。请问从这个信以致知是不是得到了很多的知识呢？讲深的，我还在中学时起就经常对自己发问："我知道我存在，但我怎样证明这一点呢？"这个问题一直困扰着我，一直困扰到今天，但我也一直在思考这个问题，并且自认真求得了许多的知识，例如认为要解决这个问题，必须首先澄清"存在"这个词的含义，等等，这些收获后来都载入了拙著《哲学——对世界的解释》第一卷《对世界的基础性分析》的"论存在"一章里，这就是信以致知的例子。我从来不怀疑我自己的存在，而是在相信我存在的这个基础上去探讨我为什么存在？何以证明？就像经院哲学家从来不怀疑上帝的存在，这是他们的基本信仰，他们是在有这个信仰的基础之上再去探讨上帝为何存在、为什么会有三位一体等等这些问题的，这些探讨当然可以求得知识，这也是显而易见的。

总而言之，信以致知并非如看上去的那么深奥，它乃是在人类求知的过程之中广泛存在的事实。

闲话少说，言归正传，我们现在回到经院哲学的信以致知。

前面在讲教父克莱门时，我们就说过信以致知，克莱门教父正是希望通过信以致知去求得基督的真理的，具体办法是结合基督的信仰与古希腊哲学中的理性，并且视希腊哲学是基督教理论的预备，这与我们现在要探讨的安瑟尔谟的信以致知的核心是很一致的。①

可以说，虽然前人包括克莱门教父特别是伟大的奥古斯丁等都对信以致知有着清醒的认识，但安瑟尔谟却是在这方面最明确、探讨也最深入的，他曾经说过这样的话：

"哦我主！我不尝试去探测你的深渊，因为我知道自己的理智绝不足以到达，可是我渴望了解一些你的真理，那是我所信仰所爱的，因为我不是为了相信才寻求了解，而是我相信了，我才能了解。"②

此外，他在其名作《上帝何以成为人》中又说："如果我们不尝试去了解我们所相信的，那是一种疏忽。"③

在这里，安瑟尔谟清楚明白地表达了其信以致知的思想，也表明了其信以致知的四点主要内涵：

一是上帝的"深渊"是不可到达的、不可了解的，这里的"深渊"指的就是关于上帝的本质之类，我们前面在谈伪名丹尼斯和爱留根纳时就说过，对于上帝我们应当有另一个基本的观念：就是就本质而言，上帝是不可知的，即我们不可能深刻地、本质性地认识上帝，这是超越了人类所能达到的极限的，这是从新柏拉图主义那里就遗留下来的传统，柏罗丁就是这样思考太一的。

这里隐含着的另一个前提是：虽然我们不可能深刻地、本质性

① 参见柯普斯登：《西洋哲学史》（第二卷），庄雅棠译，台湾黎明文化事业有限公司，1988年3月第一版，第36页。
② 同上，第225页。
③ 同上。

地认识上帝，但这并不意味着我们要从这里退却，相反我们可以用"信仰"去代替"认识"，并且将之作为我们对上帝最核心的、最基本的认识，将之作为其它一切认识的前提与基础。这就是信以致知中的"信"。

二是虽然我们的理智不可能认识上帝的本质之类，但我们对于上帝还是可以有认识的，并且这种认识乃是一种真理性的认识，这就是信以致知中的"知"。

三是信以致知成立的前提是信仰，即我是先信了，这是我的信仰，因此，我的致知不是为了去信仰，即引文中的"我不是为了相信才去寻求了解"，而是我在我信了这个前提之下再去求得知识，并且也唯有如此，才能求得知识，即"我信了，我才能了解"。

四是我信了之后，我仍有必要与义务去了解我所信仰的，例如我可以去探讨我为什么会信、我所信仰的成立的理由又是什么，如此等等，倘若我不这样，我就犯了错，那就是我的一种"疏忽"。

了解了以上四点，我们就了解了经院哲学以及整个中世纪哲学中很重要的一个基本论点——信以致知。

安瑟尔谟为什么要求么做呢？即为什么要去信以致知呢？他在自己的著作里也表明了原因。在他的名著《独白》里有这样一段话：

"有些兄弟总是满怀热情地请我用沉思的方式写些东西，就是写些关于神的本质和与这类内容相关的别的沉思，这些，我和他们在一起时，都用大白话谈论过。显然，我应该为他们写下这些沉思，更多是因为他们的意愿，而不是因为事情很容易，或我的能力很大。他们为我定下了这个体例：不可借助《圣经》的权威来说明问题，无论一个考察最终确定了什么（结论），都要靠平实的笔触、通俗的论述、简单的辩驳来表明它确实如此，既通过推理的必然性简洁地证明，也通过真理之光使其彰显。"[1]

这段话是《独白》的开场白，在这里，安瑟尔谟说了，他之所以会写《独白》，原因不但在于他自己有信以致知的要求，而且也在于别人——别的基督徒——有这样的要求，这些人都相信上帝，相信上帝是万能的、是世界的创造者，但他们经常向安瑟尔谟提出一些问题，如有关上帝的本质之类，安瑟尔谟也尽其所能地回答了他们，并且在他的回答之中有一个基本之点：就是不能够简单地引用《圣经》中的话语，这些话语诚然是权威的，但却不是信以致知的态度。在信以致知里面有很重要的一点，就是理智，即要通过理智的思想与推理去求得答案，而不是简单地用权威的话去直接地把答案说出来，这样就与信以致知的初衷大相径庭了，也与经院哲学之成为经院哲学，甚至神学之为神"学"的原则大相径庭。

当然安瑟尔谟之所以要如此与他的身份也是有很大关系的，要知道他乃是坎特伯雷大主教，而且是当时最有名的神学家，因此可以说当时整个基督教世界没有比他更有权威去解释这些问题了，他的地位和奥古斯丁在世时非常相似。

对了，安瑟尔谟和奥古斯丁之间也有很深刻的关系，从某种程度上甚至可以说，安瑟尔谟乃是奥古斯丁的重生，他们两人无论在思想上还是在基督教世界中的地位都非常相似，而且安瑟尔谟对奥古斯丁也是极其崇敬的，他自己在说和写时都很注意要与奥古斯丁

---

[1] 《独白》之"前言"，赵敦华、傅乐安主编：《中世纪哲学》（上卷），商务印书馆，2013年3月第一版，第701页。

保持一致，例如在《独白》里他就说：

"我多次审阅后，发现我在这篇文章里找不到我说了什么和大公教会的教父们的著作不吻合的，特别是和最蒙恩宠的奥古斯丁的著作不吻合的。"[1]

在这里，安瑟尔谟称奥古斯丁为"最蒙恩宠的"，意即说奥古斯丁是最蒙上帝恩宠的，对一个基督徒而言这称得上是最高的称赞了。

第五节　上帝何以存在

除了信以致知这个出发点之外，安瑟尔谟最有名的具体哲学思想就是他对于上帝存在的证明。

我们知道，基督教中至高的概念就是上帝，而有关上帝最为核心的问题就是上帝的存在，这乃是一切问题的基础与核心，可以说有了这个，即上帝存在了，其它一切问题如上帝何以万能至善如何创造世界等等就都不是问题了——因为只要证明这些问题何以成立就是了；而没有了这个，其它一切问题如上帝何以万能至善如何创造世界等等同样不是问题了——因为这些问题就没有存在的必要了，因为这些问题都是附在上帝存在这个基础之上的，上帝不成立了，这些问题自然不存在了，这就是所谓的"皮之不存，毛将焉附？"

不仅如此，对于基督教而言，其所面对的最大问题、最大的质

---

① 《独白》之"前言"，赵敦华、傅乐安主编：《中世纪哲学》（上卷），商务印书馆，2013年3月第一版，第702页。

疑也是对于上帝存在的质疑。在基督徒们那里，上帝存在是一种信仰，根本不要去证明。但对于非基督徒特别是无神论者们而言这却是一个问题，并且是一个最大的问题，也是他们不信神的最根本的原因，可以说，倘若能够证明上帝存在，那么他们中的全部或者至少绝大部分都将成为基督徒。因此，既是为了捍卫基督的信仰，也是为了更好地传播基督的信仰，经院哲学和历代的神学家们一直以证明上帝的存在为其最核心、最主要的任务与使命。

　　基督教史上有许多经院哲学与神学家都证明过上帝的存在，我们后面要讲的托马斯·阿奎那就是最有名的一个，但在他之先，安瑟尔谟则是最有名的一个，这也是安瑟尔谟最重要的哲学或者说神学思想。

　　安瑟尔谟是如何证明上帝存在的呢？

　　他首先是通过事物存在的等级来证明上帝存在的。在他的《独白》里有这样一段话：

　　"如果谁想留意事物的自然，不管他是否愿意，他都会感觉到，所有的自然并不包含一个相等的价值，而是因为不相等而区分出层级。谁若怀疑，马比树木的自然更好，而人的比马的更高，这个人简直不能称为人。那么，人们不能否认，有些事物的自然比另外一些更好，理性还是告诉我们，有某一事物的自然很高，没有比它再高的了。因为，如果层级无限划分下去，没有一个高的层级找不到另一个比它更高的，那么，众多的自然就找不到一个终结。除非绝顶荒谬的人，没人认为这不荒谬。于是，必然会有某种自然，和别的任何自然比起来，它都更高，它和任何事物比起来，都不处在较低的等级。"①

安瑟尔谟这段话的意思是说，在世界万物中，有些东西是好的、善的，这是显然的，我们对于世界上的事物的确会有这样的观念，例如我们看到一个红苹果，可以说它是好的，因为它能够吃，让我们填饱肚子。有一个人，他救了一个落水的孩童，我们说他是善良的，还有某些人，我们说他是伟大的，例如亚历山大大帝、圣奥古斯丁，等等，这些都说明世界上的人或者万物中有善的、好的、伟大的，诸如此类。

还有，一个苹果虽然好，但那个救了人的人会比一只苹果更好，这是显然的，不止于此，虽然都是好人，但圣奥古斯丁显然比那个救了人的普通人更好，这也是明显的。如此等等，这些都说明什么呢？

说明世界万物存在着一种好的、善的、伟大的这样一类的等级。这显然是一个事实，于是，安瑟尔谟进一步提出了两个问题：

一是这个等级是不是可以无限地划分下去？二是倘若不能的话，是不是存在着一种最高的等级呢？即最好的、最善的与最伟大的？

对于第一个问题，那回答显然是否定的。即事物虽然是分等级的，但这等级不能无限地划分下去。这也是显然的，世界万物虽然似乎无限，但其数量必定是有限的，就像恒河之沙，虽然可以用无量数去形容之，但实际上一定是有一定限量的，不可能是真的无限之多。从科学上而言，甚至整个宇宙万物即使就构成它的基本粒

---

① 《独白》第4节，赵敦华、傅乐安主编：《中世纪哲学》（上卷），商务印书馆，2013年3月第一版，第707页。

子而言，那数量也不是无限，而是有限的，据科学家们估计，大致不会超过"古戈"这个数目，古戈有多大呢？就是100的100次方，即100^{100}。

事物本身的数量都是有限的，其构成的等级自然不可能是无限的，而必然是有限的了。这样一来，我们就会得到一个自然而然的甚至是必然的结论：那就是有一个最高等级的存在。

那么，这个最高等级的存在是什么呢？有些人也许会认为是人，称人是万物之灵，从某种程度而言，这是正确的，但对于一个基督徒而言这却是错误的，因为还有一个比人更高等级的存在，那就是上帝。

于是，通过这种万物以等级存在的方式，安瑟尔谟就证明了上帝的存在。

在安瑟尔谟的这个证明中不难看出来，就逻辑而言，他的证明是清楚而有理的，例如万物的存在的确是有一定等级的，即使以科学的眼光来看也是如此，例如有生命的生物肯定比无生命的要高级、在有生命的生物中，病毒细菌之类肯定没有蜻蜓蝴蝶等高级，蜻蜓蝴蝶等又没有老虎狮子等高级，老虎狮子等又没有人高级，这些都是很清楚的。

于是，自然而然地，我们就可以得出一个必然的逻辑结论：有一个最高等级的存在。这个逻辑结论是毋庸置疑的，问题是这个最高等级的存在是什么。对于基督徒而言当然就是上帝了，这同样是毋庸置疑的。所以，这是对上帝存在一个很好的、很有力的证明。

安瑟尔谟的这个证明对后世的影响也是很大的，先是托马斯·阿奎那，他的上帝存在的五个证明里，第四个就是"最高级的存在"，其证明就是"事物存在等级的证明"，可以说是直接源自安瑟尔谟的。

安瑟尔谟第二个证明上帝存在的方式是一种"存在"的证明。

这里的存在指的是说，万物都是存在的，这显然是正确的，这时候，安瑟尔谟就问：那么万物是如何存在的呢？即它们是通过什么而存在的呢？

这时候，安瑟尔谟就提出了依次递进的几种可能。

首先是万物是通过有还是无而存在，他首先指出，万物不能通过无而存在，只能通过有而存在。他说："我们不能想象出有什么事物，不通过某物存在。那么，凡是存在，无不通过某物存在。"①

在得出了上面的结论之后，安瑟尔谟进一步推论说，这样一来，就有两种可能，一种是所有事物都是通过一种事物而存在的，二是所有事物都是通过多种事物而存在的。对于第一种可能先且不说，至于第二种可能，安瑟尔谟说，这多种事物又有三种可能：一是它们又是通过一种事物而存在，二是它们通过自身而存在，三是它们通过彼此而存在。这里的第一种可能也不用说，第二种可能里，即事物是通过自身而存在的，这是一种什么样的情形呢？安瑟尔谟说，在这种情形里，一定还有某种别的力量，正是通过这种力量，这些事物才能通过自身存在。他说："如果多种事物中每个通过自身存在，那就有某种力量或某种自然，通过自

---

① 《独白》第3节，赵敦华、傅乐安主编：《中世纪哲学》（上卷），商务印书馆，2013年3月第一版，第706页。

身存在，使拥有这力量或自然的事物，通过自身存在。"①安瑟尔谟
这样说的理由就是：不能够说这些事物都是真的自己通过自己而
存在，即使它们似乎是这样的，一定有某种不属于它们的力量使
它们能够如此。这个中的道理要解释起来有些困难，但却是可以
理解的。我们可以想象这样的情形吗？这世界上有些事物，它们
本来就是这样，它们纯粹是自己让自己存在的，这的确不大可能。
至于第三种可能，即这些事物通过彼此而存在，安瑟尔谟说，这
也是不成立的："要说多种事物通过彼此存在，这是理性不能允许
的，因为，要说某物使某物存在，又通过此物存在，这是非理性的
想法。"②

　　安瑟尔谟的意思是说，根据前面的分析，别的事物是通过这
些事物而存在的，也就是说，这些事物自己不能通过别的事物而存
在，这是一处自然而然的逻辑结论，但倘若现在又说，这些事物是
通过彼此而存在的，这不就是说，这些事物又是通过别的事物而存
在的吗？这显然与前面的说法是相矛盾的，也就是说，既说这些事
物不是通过别的事物而存在的，又说这些事物是通过别的事物而存
在的，这显然是不理性的。

　　于是，通过上面的论证，安瑟尔谟就得出来了这样一个结论：
所有事物都是通过一个事物而存在的，他说：

　　"这样，真理以各种方式排除了通过多种事物存在的可能，那

---

①　《独白》第3节，赵敦华、傅乐安主编：《中世纪哲学》（上卷），商务印书馆，
2013年3月第一版，第706页。
②　同上。

么使存在的万物存在的，一定是一种事物。"①

又更进一步地，安瑟尔谟继续推论道，倘若万物都是通过一种事物而存在，那么这种事物又是通过什么而存在的呢？

那答案是显然的：这一事物显然只能通过自身而存在。因为我们前面说了，事物不能从无中存在，现在其又不能通过别的事物而存在，那么剩下的唯一逻辑的可能性就是：这个事物是通过自身而存在的。

这样一来，通过上面所有的论证，就可以得到这样的结论：这个事物是通过自身而存在的，其它一切事物都是通过这一事物而存在的。

那么，这个事物是什么样的事物呢？

当然是最伟大、最好、最善的事物，也就是说是一切事物之中最伟大、最好与最善者，他说：

"凡是通过自身之外的事物存在的，比起通过自身存在、使别的事物存在的，都要小。通过自身存在的，就是万物中最大的。那么，就有某一种事物，是唯一的至大至善的事物。万物中最大的事物，使万物成为好或大的事物，使万物存在的事物，一定是存在的万物中至善、至大、至高的。那么，就存在一个事物，无论把它说成本质、实体，还是自然，它都是存在的物中最好、最大、最高的事物。"②

显而易见，这个"最好、最大、最高的事物"就是上帝。

安瑟尔谟就这样通过对万物存在的分析而证明了上帝的存在。

---

① 《独白》第3节，赵敦华、傅乐安主编：《中世纪哲学》（上卷），商务印书馆，2013年3月第一版，第706页。

② 同上，第707页。

还有，倘若我们仔细看上面的话，就会发现上面有一个问题，就是安瑟尔谟说无不能生有，即万物不能通过无而存在，只能通过有而存在。

无不能生有，这个观点看上去是有问题的，哲学史上与之相对立的观点似乎所在多有，例如奥古斯丁、他以前的老子以及之后的黑格尔都认为无中是可以生有的，如奥古斯丁就认为上帝是从虚无中创造世界的。这个观点看似和安瑟尔谟是相矛盾的，实际上并不，因为安瑟尔谟这里的万物指的是世界上实存着的万物，他说的是这些万物都必然是通过别的事物而不是无而存在的，这诚然是的。我们可以想象一下：这世界上的任何事物是通过"无"而来的吗？即是凭空出现的吗？恐怕不是的吧！因此安瑟尔谟所说的显然是对的，至于奥古斯丁的话也没有错，那是因为他是就万物或者世界作为一个整体的诞生而言，这个诞生是通过上帝而来的，是上帝从无中创造的，两人讲的不是一回事，因此并不矛盾。安瑟尔谟自己也在《宣讲》中说：

"上帝就是其存在比不存在好的一切；只有他通过自身存在，从无中造了别的万物。"[1]

进一步，针对他这个说法可能和奥古斯丁的说法产生矛盾，安瑟尔谟在《独白》的后面进一步作出了分析，其第八、九、十节的分别讨论了这样三个主题：应该怎样理解从无中创造万物；从无而被造的万物，在它们被造之前，就造物者的理性而言，并不是无；

────────────

① 《宣讲》第5节，赵敦华、傅乐安主编：《中世纪哲学》（上卷），商务印书馆，2013年3月第一版，第767页。

理性是事物的一种表述，就像工匠先要对自己说出他将要造什么。①

　　对这个问题我们在这里不作进一步分析，简而言之就是，这里的关键是怎样理解这个无，当上帝创造万物的时候，祂当然是从无中创造万物的，因为这时候万物并不存在，但这无又是相对而言的，因为在创造万物之前，对于上帝来说又不是无，因为祂已经有了关于万物的形式，也就是理念，祂是根据这个理念而去创造万物的，因此对于上帝来说，并不是无。还有，上帝又是通过言去创造万物的，就像《圣经》里上帝造物时说"要有光"，这就是言，上帝先有了这个言然后有万物，这个言也是有，从这个角度说，也不是从无中创造了万物。安瑟尔谟这些思想都是极其深刻的，值得深入研究。

　　不但是这个，在《独白》里，安瑟尔谟还有对上帝的许多其它分析，这些分析同样是十分深刻的，例如他在第18节中说，最高本质无始无终；在第19节中分析了为什么在上帝之前和之后什么都不存在；在第20节分析了为什么上帝存在于所有地点与时间，同时在后面一节马上又分析说上帝为什么不存在于任何地点、任何时间；第22节又分析了为什么上帝是既无处不在、无时不在，又无处存在、无时存在；到了第28节，安瑟尔谟又说，上帝简单地存在着，和祂相比，被造物根本不存在：

　　"从前面的论述可以推出，这个如此奇妙地单独存在的，或是如此单独地奇妙存在的灵，从某种意义上说，是唯一存在的；别的

_____

　　① 参见《独白》第8、9、10节，赵敦华、傅乐安主编：《中世纪哲学》（上卷），商务印书馆，2013年3月第一版，第714—718页。

看上去存在的事物，和它比较，都是不存在的。如果仔细审视，只有它是简单、完美、绝对的存在，别的事物则根本不存在，或几乎不存在。"①

这段话使我们想起了新柏拉图主义者们如柏罗丁和普洛克罗的思想吧！进行他们之间的对比分析也是很有意思的。

从第30节一直到第39节，安瑟尔谟用整整10节的篇幅分析了"言"，说神的言是怎么回事，神又是如何通过永恒共在的言来言说自身的，如此等等，都是精彩又深刻的，但由于篇幅的关系，我们在这里也不深入解析了，大家有兴趣的话可以自己去参考。

我们下面将继续前进，走向经院哲学的另一个阶段，即它最繁荣昌盛的阶段。

① 《独白》第28节，赵敦华、傅乐安主编：《中世纪哲学》（上卷），商务印书馆，2013年3月第一版，第739页。

第十四章　走向鼎盛前的经院哲学

这一章我们要讲的实际上是十二世纪的经院哲学。

十二世纪是经院哲学发展中一个比较特别的世纪，其特别性主要表现在三个方面：

一是经院哲学在这段时间得到了很大的发展，涌现了一大批前所未有的新事物，包括新学院、新学派与新哲学家。

二是指这种发展主要是指"经院"的发展而非"哲学"的发展，即这段时间虽然经院哲学在规模上有很大发展，出现了许多讲授经院哲学的"经院"如大学、修道院、学派，等等，但却并没有诞生伟大的、创造性的、足以在这里为之单独列章的哲学家。最有名的一个是我们前面已经说过的阿贝拉尔，他横跨十一与十二世纪，但主要生活在十二世纪，虽然可称十二世纪最著名的哲学家，但其成就也不足以单独成章，原因我们前面已经说过了，这可以说是十二世纪经院哲学发展的一个缺失。

由上述两个特点，即十二世纪的经院哲学的发展与缺失并存而导致了它的第三个特点：它孕育了另一个伟大世纪的到来，这就是十三世纪，正是在十二世纪这个发展与缺失并存的底子上，才会有十三世纪经院哲学的走向巅峰。

对于这个世纪，《西方哲学史·学术版》引用了埃米尔·布鲁耶在《哲学史》中的相关观点，指出：

"12世纪是一个思想激烈而多变的世纪，同时也是动荡和混乱的世纪。在知识领域中我们可以看出4种倾向：（1）体系化和统一化的要求促进了一种叫做《语录》的神学百科全书的产生，这给经院哲学提供最早的知识形式。（2）精神上巨大的求知欲在某些方面回归到古代的人文主义传统，沙特尔学院体现了这一倾向，他们探索自然，提出了宇宙论问题。（3）他们不但学习'三科'：语法、修辞和辩证法，而且对'四艺'给予了新的关注，'四艺'中不但有数学和天文，关键还有物理学和神学。（4）古代知识通过不知名学者的翻译一点点展现出来，图书馆的藏书也不断丰富起来。"[①]

这段评论是对十二世纪经院哲学发展的一种简明而恰如其分的描述。要如何述说这个复杂多样的世纪中经院哲学的发展呢？综合各家著作，我大致归纳了三大方面的内容：

首先是两个学派，即夏尔特学派和圣维克多学派，它们的思想乃是十二世纪经院哲学的主体；其次是两大文明——犹太文明和伊斯兰文明——的哲学，它们对十二世纪乃至十三世纪的经院哲学的发展也起到了极为重要的，甚至不可或缺的作用；三是一个人——伟大的亚里士多德——的作品，他的作品乃是整个经院哲学思想的基础与支柱，没有它也就不可能有经院哲学，更没有十三世纪经院哲学的大发展。

我们后面就从这三个方面来讲述十二世纪的经院哲学，由于

① 黄裕生主编：《西方哲学史·学术版》（第三卷），人民出版社，2011年5月第一版，第294页。

内容比较多，将分两章讲述，第一章讲经院哲学本身，第二章讲对十二世纪的经院哲学影响巨大的伊斯兰与犹太哲学。此外，关于亚里士多德作品的影响，我们也放在这一章里进行简要的说明。

第一节　夏尔特学派

我们首先来讲夏尔特学派。

这里首先要说明的是，夏尔特学派和圣维克多学派都是一个国家——法国——的学派，并且都位于法国的首都巴黎附近。从这个简单的事实大家就可以知道了，十二世纪法国乃是经院哲学发展的首善之地，不但是经院哲学的首善之地，而且是整个欧洲文明的中心地带，特别她的首都巴黎，乃是整个欧洲文化的中心——直到今天巴黎可以说都享有这样的地位，巴黎也是继雅典与罗马之后欧洲文明的第三个中心。对于经院哲学而言，这个中心更为具体，乃是巴黎的一所大学——巴黎大学，它不但是十二世纪，也是包括十三世纪在内的整个中世纪经院哲学的核心地带，就像巴黎大学乃是最好的大学一样，对此柯普斯登是这样说的：

"中世纪对欧洲文明的发展有许多伟大的贡献，其中的一项是大学制度，而所有中世纪的大学之中，巴黎大学无疑地是最好的。"①

柯普斯登在这里指出了大学的诞生，不错，大学这种直到如今

① 柯普斯登：《西洋哲学史》（第二卷），庄雅棠译，台湾黎明文化事业有限公司，1988年3月第一版，第237页。

都是全世界最主要学术与知识中心的特殊机构就诞生于中世纪，它是此前已有的许多学校——西方世界从古希腊起就一直有各种各样的学校——的终极形式。在中世纪诞生了许多著名的大学，不但有法国的巴黎大学，还有英国的牛津大学、意大利的博洛尼亚大学等，其中博洛尼亚大学一般被认为是西方世界最古老的大学，成立于十一世纪。它之后法国的巴黎大学、英国的牛津大学与剑桥大学等才相继建立，伟大的哥白尼就是博洛尼亚大学的毕业生。

回过头来说夏尔特学派。夏尔特是位于巴黎西南不远处的一座小城，学派的历史相当悠久，最初诞生于十世纪末，创建者是弗尔伯特。它既可以说是一个学派，也可以说是一所学校——夏尔特学院，成立之初便是研习哲学特别是柏拉图哲学之地，据说尤其重视柏拉图的《蒂迈欧篇》。我们前面讲柏拉图时比较详细地讲过柏拉图这篇著名的对话，它所论述的就是宇宙的创造，这与基督教有一种天然的相关性，也大大影响了许多基督教哲学家。不过，夏尔特学派同样重视亚里士多德，并且试图调和亚里士多德与柏拉图。

成立之后，夏尔特学派就一直相当有名，现出了好几个当时哲学界的重要人物，例如两位贝尔纳——他们都当过院长、拉波里的吉尔伯特、孔什的威廉、索尔兹伯里的约翰等。关于拉波里的吉尔伯特，瑙尔斯说："拉波里的吉尔伯特作为早期经院方法的阐述者和实践者，以及作为有独创性的形而上学家，都是非凡的。"[①]孔什的威廉则享有相当高的社会地位，因为他乃是英格兰的王子——未

---

① 大卫·瑙尔斯:《中世纪思想的演化》，杨选译，商务印书馆，2012年5月第一版，第189页。

来的亨利二世——的私人教师，他的另一个学生则是索尔兹伯里的约翰。

索尔兹伯里的约翰无疑是夏尔特学派中最具代表性的人物，他在三个方面——人生、作品与思想——都不但是夏尔特学派，也是那个时代内涵最丰富、最值得纪念的人物之一。

我们先来说说他的人生。索尔兹伯里的约翰生于1115年，英国人，后来到了学术更发达的法国接受教育。他有许多老师，有些是夏尔特学派的，如拉波里的吉尔伯特、孔什的威廉等，但也有很多不是。事实上，当时法兰西的大多数杰出人物都和他有关，年长者是他的老师，年岁相当者则是他的朋友。他有很多朋友，都是当时社会尤其是学术界与基督教界的精英之士，如红衣主教、大主教、修道院院长等，甚至包括教皇和坎特伯雷大主教；他与这些人保持着频繁的通信。之所以能够如此，得益于他极其渊博的学识、睿智而幽默的性格，还有优雅的风度与华丽而典雅的文风。

在这些人当中，对他产生重要影响的有四位，即两位坎特伯雷大主教和一位国王——亨利二世，还有一位教皇——哈德良四世，特别是前后两任坎特伯雷大主教，第一位是西奥博尔德，约翰是大主教的私人助理和秘书，大主教的许多书信实际上都是他代写的，也是他根据自己的思路写的。西奥博尔德去世后，接替的坎特伯雷大主教的是托马斯。

这位托马斯就是英国教会史上著名的圣托马斯·贝克特，他本来是英王亨利二世的大法官兼上议院议长，也是他一直以来的私人密友。1161年西奥博尔德去世后，亨利二世为了使自己以后少受罗马教皇的掣肘，挑选了他来当坎特伯雷大主教。但结果恰恰相反，当上坎特伯雷大主教的托马斯立即投向了教廷一边，和国王作起对来，认为教会应当脱离国王的掌控而完全独立——这正是英国国王最害怕也最讨厌的。[①] 而且他比以前的任何坎特伯雷大主教都不肯妥协，两人之间也变得水火不容、势不两立。到了1170年12月29日，他被忠于国王的四位骑士几乎是公然地在坎特伯雷大教堂里谋杀了。教廷乘机立即向英王展开了猛攻，亨利二世被迫作出了许多让步，教廷则于1173年宣布托马斯为殉教圣徒。

约翰和托马斯大主教的关系一直非常好，他对大主教也表现了极度的忠诚，托马斯被谋杀后，约翰认为托马斯大主教应当被封圣，为此付出了他全部的精力，也取得了成功。

到了1176年，约翰被选为夏尔特教区的主教，他从此就生活在这里，直到1180年去世。

约翰与一般哲学家不同的主要有两点，一是他从小受到了极为良好的古典教育，尤其对于以拉丁语写就的作品十分熟悉，最熟悉的则是最伟大的拉丁语文体大师之一、也是古罗马最有名的雄辩家与斯多葛派哲学家西塞罗；二是由于受到那些拉丁大师们的影响，他也极讲究文体。一般而论，哲学家是不大重视文体的，重视的是思想，这也是哲学与文学之间一个本质性的区别，但约翰却不如此，他写作时十分重视文体与修辞，力求不但说得清楚，还要说得美，并给那些不重视文体和修辞的人取了一个绰号"粗俗之辈"，[②]

---

① 参见梯利：《西方哲学史》，葛力译，商务印书馆，1995年7月第一版，第193页。

② 参见柯普斯登：《西洋哲学史》（第二卷），庄雅棠译，台湾黎明文化事业有限公司，1988年3月第一版，第241页。

至于约翰的著作，比较著名的有三部，即《教廷史》、《关于哲学家教义的外来诗集》、《论政府原理》。

《教廷史》大致描述了1148年至1152年间教会一些重大的事件，许多都是他亲历的事件，更兼他作为文体和修辞大师的手笔，此书不但堪称当时教会历史的珍贵记录，也算得上是文学之佳作，例如其中有一段记录了两位当时相互对立的大师级人物——拉波里的吉尔伯特和明谷的贝尔纳，书中是这样描述两位大师的：

"双方尽管旨趣不同，却都是罕见地博学，极为雄辩。那位修道院长如其著作所表明的，是一位卓越的传道士，我想，自从大格里哥利以来，还没有人能与之相比。他有一种独具吸引力的风格，他深谙《圣经》，利用先知或使徒的话恰如其分地解说他必须说出的一切。他运用《圣经》确实极其自如，在讲话、布道或写信时几乎没有不运用《圣经》语言的。我不记得有任何人更贴切地符合于贺拉斯的描述：

'如果你安排得巧妙，家喻户晓的字便会取得新义，表达就能尽善尽美。'"[①]

《关于哲学家教义的外来诗集》是约翰最早的著作，是一本哲理诗集。可分为三部分，第一部分强调了教育的重要性；第二部分是有关哲学的，讨论了许多古希腊罗马哲学家，如苏格拉底、毕达哥拉斯、柏拉图、亚里士多德、西塞罗，还有斯多葛派、伊壁鸠

---

① 转引自大卫·瑙尔斯：《中世纪思想的演化》，杨选译，商务印书馆，2012年5月第一版，第195页。

鲁派等学派；第三部分讨论了什么是真正的仁爱、信仰和美好的道德。并且强调了它们的重要性。

《论政府原理》有一个比较啰嗦的全名《论政府原理或论朝廷的浮躁和哲学家的足迹》。全书分为八卷，是献给他至为尊敬的圣托马斯·贝克特的。书中有两个主题值得注意，一是他认为教会的权力具有优越性，这显然是来自圣托马斯·贝克特的观点，甚至认为世俗君主的权力也是由教会授予的，"君王由教会手中接受这把剑"。[①]二是认为君主的权力是位于法律之下的，即君主必须服从法律、必须根据法律进行统治，倘若君主想逾越法律、成为独裁者，那么人民就有权推翻他，甚至杀掉他。[②]但在这里他又具体地指出了人民虽然可以杀掉暴君，但却不能够用毒药去毒死，很奇怪吧！貌似约翰也有中国武林正派人士的观念，认为用毒药杀人不够正大光明，非正义之士所当为。

约翰的许多观点无疑是正确的，也算是先进的。但其实在同一个时代已经有更加先进的观念了，就是由一位劳腾巴哈的曼尼哥尔提出来的也许是最早的社会契约论。他认为国家的统治者与人民之间乃是一种权力的协定，[③]人民根据法律将权力授予统治者，因此统治者必须根据法律进行统治，倘若统治者成为漠视法律的独裁者，那么他就是违背了与人民之间的协定，人民就可以合理合法地推翻其统治，罢黜其君位。

---

①　柯普斯登：《西洋哲学史》（第二卷），庄雅棠译，台湾黎明文化事业有限公司，1988年3月第一版，第247页。

②　同上。

③　同上，第245页。

这种思想不用说是极具远见的，也是非常正确的。

至于他的哲学思想，和他的政治观点相反，有点儿世俗化，也有点儿怀疑主义。例如他也喜欢存疑，如认为灵魂的实体性和起源、命运、机遇和自由意志、数字的无限性、量的无限可分性，善恶的起源和归宿等等都是可怀疑的，他甚至还说天使有无肉身、什么是上帝等这些神学问题也没有确切答案。这和新学园派有些相似，可以说是一种"神学怀疑主义"。当然，他也和奥古斯丁一样，并没有沉溺于这种怀疑思想里，而是适当地走了出来，认为存疑并不是怀疑一切，例如他肯定知识有三个来源：感觉、理性和信仰。认为不相信自己感觉的人连动物也不如，怀疑自己理性的人甚至不能肯定自己是否在怀疑，认为拒绝信仰的人将会失去知识和智慧的基础。如此等等。总之，以赵老师的话来说，这位约翰"既反对专横的信仰，也反对独断的理性。"[①]

以上我们简单地谈了夏尔特学派的代表性人物索尔兹伯里的约翰，事实上，他不但是夏尔特学派中最具代表性的人物，也是整个十二世纪最具代表性的人物之一，因此伟大的中世纪哲学研究家吉尔松如是评价道：

"（约翰）他有一颗敏锐、高雅而并非强有力的心，它经过精心锤炼，如此丰富，如此成熟，经过如此细致的培育，当我们思考它时，其风采更使那整个时代的形象高大生辉。"[②]

---

①　赵敦华：《基督教哲学1500年》，人民出版社，2005年5月第一版，第277页。

②　大卫·瑙尔斯：《中世纪思想的演化》，杨选译，商务印书馆，2012年5月第一版，第197页。

第二节　圣维克多学派之一：修夫

谈完索尔兹伯里的约翰后，我们就谈完了夏尔特学派，现在来谈圣维克多学派。

圣维克多学派的历史远没有夏尔特学派悠久，它于十二世纪初才诞生于巴黎附近塞纳河左岸的圣维克多总修道院，属于奥古斯丁教团，因此其在思想上也是秉承圣奥古斯丁的。我们在前面提到过尚波的威廉，他被阿贝拉尔驳倒之后就在这里隐居，这个修道院就是以尚波为首的一群修道士建立的。后来发展迅速，至少在神学与哲学上大有超出夏尔特学派之势。主要是因为在这里连续涌现了多位有重要影响的哲学家，其中最主要的有三位，即隆巴特、修夫和理查德。

隆巴特是一位比较特别的人物，他早年在圣维克多学院接受教育，后来当上了巴黎的主教。哲学上的地位相对而言没有其他两位重要，但在另一个地方却比他那个时代的任何人都重要、对后世的影响也更大，因为他写了一部极有名的作品——《言语录四篇》。

我们在本章一开头就指出，十二世纪的知识领域中有四种倾向，其中第一种就是由于知识体系化和统一化的要求，出现了一种叫作《语录》的神学百科全书，为经院哲学提供最早的知识形式。这方面的代表之作就是隆巴特的《言语录四篇》。它的主要特点是内容并非原创，而是广泛而仔细地搜集整理了历代基督教哲学家大量的神学教义，不但有系统的理念分析，还有经典格言等，将它们分门别类地加以整理，然后汇聚成书。全书共分成四部，第一部探讨神，第二部探讨神所创造的万物，第三部探讨耶稣基督的道成肉身与人类的救赎等，第四部探讨七种圣事以及最后的审判。这部著作对后来经院哲学的传播与发展产生了巨大的影响，其影响力一直延续到了十六世纪的末期，也就是文艺复兴时期。[①]

隆巴特的影响主要是通俗意义上的，就哲学或者说神学而言，另外两位圣维克多学派的代表修夫和理查德则居于更加重要的地位。

修夫生于1096年，逝世于1141年或者1142年，对于他的出身与经历有些矛盾的说法，柯普斯登说他出身于萨克森的贵族家庭。[②]萨克森人是日耳曼人的一支，生活在今天的德国，后来进入了英国，现在的英国人就是盎格鲁－萨克森人。但瑙尔斯认为这种说法不大可靠，认为修夫可能出自法国北部或者今天属于比利时的弗兰德斯地区一个低等家庭。[③]还有另一点瑙尔斯和柯普斯登的说法也不一样，瑙尔斯认为修夫从来没有当过圣维克多学院的院长，柯普斯登则说修夫从1133年直至去世一直是学派的掌门。不管怎样，有一点是肯定的，修夫长期生活在圣维克多学院，并且至少在思想上是这个学派的代表性人物。

修夫是个知识非常渊博的人，也鼓励学生们努力学习各种知识，他曾经说过这样的话："尽可能地学习一切，你而后会发现，

---

① 参见柯普斯登：《西洋哲学史》（第二卷），庄雅棠译，台湾黎明文化事业有限公司，1988年3月第一版，第239页。

② 同上，第250页。

③ 参见大卫·瑙尔斯：《中世纪思想的演化》，杨选译，商务印书馆，2012年5月第一版，第201页。

没有一种知识是多余的。"之所以如此，是因为在他看来，一切知识至少是人文知识都是于神学有益的，所以他又说过这样的话："所有的人文学科都能为神学学生服务。"①

正是基于渊博的知识，他自己也建立了一个宏伟的知识体系，表现在他最有名的著作之中，这就是结构庞大的《教授法》。共分三部分，分别处理人文学科、神学与关于上帝的冥想。在书中他对当时几乎整个的知识系统进行了详细的分类，例如分成逻辑与科学，其中逻辑又分成文法与辩理法，后者还可以细分；科学则分为理论科学、实践科学与机械学，理论科学又可再分为神学、数学与物理学，实践科学又可再分为伦理学、经济学、政治学，机械学则由七种他称之为"鄙俗的技艺"组成，实际上就是所有和直接应用有关的学科，从木械到军工到航海到各种手工艺等都包括在内。这种分类法在当时和后世都产生了很大的影响。

在哲学上，修夫最重要的贡献和前面的安瑟尔谟是一样的，就是提供了上帝存在的几种证明。

第一个证明是关于自我意识的。

我们知道，每个人都有自我意识，即我意识到我的存在、我是一个人、我叫什么名字、我相信什么，诸如此类，这些都是自我意识。这种自我意识对于每个人都是极为重要的，可以说是人之为人的一个根本性特点。现在的问题是：可以进一步地追问，我们是怎么意识到我有这个自我意识的呢？更进一步地还可以问：这个自我意识是怎么来的呢？

---

① 参见赵敦华：《基督教哲学1500年》，人民出版社，2005年5月第一版，第285页。

对于前一个问题，回答可以是这样的：当然是我们自己的理性意识到了这个自我意识的存在，这是可以肯定的。那么第二个问题呢？我们如何回答？可这样给一个简单的回答：是灵魂产生这个自我意识的。但灵魂能够产生人的自我意识吗？恐怕很难说吧！即使可以，那么灵魂又是怎么来的呢？倘若有人能再给出某个答案，那么我们可以进一步地追问：这个答案的所指又是来自何方呢？可以如此至于无穷——但无穷的追问显然是不必要也不可能的。这样一来就不可避免地要得到一个结论：必然有一个最终的本原，其乃是一切的创造者与产生者。我们可以联想到亚里士多德曾在逻辑学中多次申明的，确乎存在着某种本原，它不是没有限制的，既不能在直接后果方面无限制、也不能在种类方面无限制。①

关于这种本原不能无限，他说：

在这里，亚里士多德表达了这样的思想：对于万物之因的追求不能是无限的，也就是说必须有一个终点、一个界限，就像逻辑推理中必须有一个作为起点的公理，这就是推理的前提。

那么这个界限是什么呢？亚里士多德说是目的，但在基督教里，这个界限就是上帝了。

除了以前的种种关于上帝存在的证明，现在我们又从自我意识的推论里证明了上帝的存在。

修夫关于上帝存在的第二个证明是从事物的产生和生长变化中来的。

---

① 参见亚里士多德：《亚里士多德全集》（第七卷），苗力田主编，中国人民大学出版社，1993年1月第一版，第60页。

我们知道，任何事物都有其生成与死亡，但这是从来如此的么？显然不会是，必须有一个最初的来源，任何事物都是如此。于是，就像任何个体之物都有产生一样，整个世界也必须有一个最初的产生。那么，是什么力量使得这个世界产生呢？或者创造这个世界的呢？显然是上帝。

不难看出来，修夫的这种证明方式是从经验出发的，即看到任何个体之物都有其产生、成长与消失，其中关键的是产生，任何事物都有一个产生，于是可以自然而然地联想到整个的世界，也必然有一个产生的过程，或者说一个创造的过程，于是上帝就自然而然地出现了——祂就是世界最初产生的原因，是世界的创造者。

修夫的第三个证明是从整个世界的秩序或者说世界的规律中看到的。

倘若我们仔细观察这个世界，就会看到一个惊人的现象：就是它的井然有序，日月星辰东升西落，大地上一年四季、春夏秋冬、花开花落，人往高处走、水往低处流，百川相交、汇成大海，总之整个世界的一切都呈现出一种惊人和谐的秩序，而且这秩序似乎有一个安排者！似乎是一种什么样伟大的力量作出了这样完美的安排。我们可以把这个世界看作是一架体量最庞大、结构最复杂、运行最精确的机器，那么这个秩序是怎么来的呢？这个巨大而复杂的机器又是谁制造的呢？当然是上帝！唯上帝有这样的大能！

这个论证无疑也是有其道理的，我们知道，从天文学上来看，宇宙总的成分是物质与能量。组成宇宙物质的部分就是各种天体，大者如星系、恒星、行星，小者如星际尘埃。组成宇宙能量的部分就是各种能量，如热能、核能、引力、各种辐射等等，它们无形无影，却弥漫整个宇宙。

这样说也许有些模糊，好像宇宙是由这些各式各样的能量呀、物质呀乱七八糟地混在一起构成的，像团乱麻。事实上，宇宙不是一团无序的乱麻，而是一幅井然有序的图画。我们可以把能量看作是这幅《宇宙图》的背景，里面是一个个美丽的旋涡，像在大地上盛开的一朵朵鲜花，它们就是星系。再仔细看这些花儿，它们也有自己独特而美丽的构造，例如花瓣呀、花蕊呀、花粉呀、绿叶呀，等等，这些就是构成星系的恒星、行星、星际尘埃等。

简而言之，整个世界的确像一架巨大且复杂无比、且运行井然有序的有规律的机器！

这样的复杂与完美不应该是从来如此的，甚至是不可能的，除非有一个大能的安排者，是祂将一切安排得如此井井有条！

这个安排者在基督徒那儿就很清楚了：这就是上帝。

在论证上帝的存在之外，修夫也探讨了理性与信仰之间的关系，在他看来，理性与信仰对于我们的认识都是必不可少的，理性可以使我们得到关于自然的知识，但有的知识例如关于上帝的知识却是理性得不到的，也是超越于理性的，只能依赖于信仰。在信仰与理性，或者信仰知识与理性知识之间何者为高呢？修夫认为，倘若我们就事论事，即就知识本身的特点来说，应该是理性知识为高，因为在理性知识中，人依靠自己的理性而理解事物、获得知识，信仰知识却不是独立的，它依赖权威——无论上帝的权威还是《圣经》的权威或者奥古斯丁等神学家们的权威，总之都不是独立成就的知识，而是依赖于权威而得来的知识。因此就知识本身而言，理性知识为高。打个比方说，这就像一个人通过自己对太阳的观察而得到了其运行规律的知识，知道了是地球在围绕太阳转，这个人所得到的知识无疑比简单地听老师说太阳绕地球转来得要深刻而高明得多！

然而，倘若我们要达到最高等级的知识，则不能依赖理性而必须依赖信仰，因为这最高等级的知识乃是关于上帝的知识，要获得这个最高的知识只有在上帝的导引之下，通过冥想而静思上帝，并且在上帝的启示之下而终于得到关于上帝的直接的知识，这样的知识无疑是神秘的，甚至不可言说的，乃是最高等级的知识。

显然，修夫的这种思想颇似伪名丹尼斯的思想，是一种"神秘神学"。

第三节　圣维克多学派之二：理查德

修夫之后，我们要讲的第二个圣维克多学派的代表人物是理查德。

理查德是苏格兰人，大概生于1128年，逝世于1173年。关于他的生平事迹知道得很少，据说他很早就进了圣维克多修道院，此后就一直生活在那里，后来当过修道院副院长的助手，1162年时当了副院长。据说这时的院长也是一个英国人，他极为自负、做事专断，还乱花修道院的钱财，这些都对修道院产生了负面影响。不过理查德一直默默忍耐，继续过着坚忍而圣洁的生活，是修道院这段黑暗时期内的明亮之光。

柯普斯登说："在中世纪神学，理查德是一位重要的人物。"[1]

---

[1]　柯普斯登：《西洋哲学史》（第二卷），庄雅棠译，台湾黎明文化事业有限公司，1988年3月第一版，第256页。

他的代表作是六大册的《三位一体》，主题自然是神学中最玄奥的内容——三位一体，另外他还写了两部有名的著作《小贝尼亚明》和《大贝尼亚明》，主题都是冥想。这两部书就像瑙尔斯所言："它们在很长时间内一直是所有论述玄思的作家们的典范。"①这也清楚地表明了理查德和伪名丹尼斯以及修夫的关系：他们都是神秘神学家。

理查德也像修夫一样重视理性，认为有必要通过理性去认识上帝，去证明与上帝有关的问题，他曾说过这样的话：

"在所有这些事情上，弥漫的是权威，而不是研讨。尤其在所有这些事情上缺乏实验，证明也极为缺乏。如果我能帮助这些渴望学习的心灵一点点，纵然我不能满足他们，我也应该做些事。"②

理查德所说的"所有这些事情"指的就是在关于上帝的认识上，他认为不能仅仅靠权威去了解上帝，而必须借助理性的证明。

理查德首先尝试证明的是三位一体。我们知道，三位一体乃是关于上帝的最玄妙的内容，比证明上帝的存在要难得多，历来都少有人敢去证明，但理查德却想试着证明。不过他的证明很简单。我们知道，凡存在的事物，一定有其存在的理由，这是显然的。而理查德更进一步地指出，凡必然存在的事物，一定也有其必然存在的理由。而三位一体是必然存在的，因此，三位一体也有其必然存在的理由。

---

① 大卫·瑙尔斯：《中世纪思想的演化》，杨选译，商务印书馆，2012年5月第一版，第204页。

② 柯普斯登：《西洋哲学史》（第二卷），庄雅棠译，台湾黎明文化事业有限公司，1988年3月第一版，第255页。

这个证明确实简单，但却是行得通的。就像一个简单的三段论，里面的大前提应该是正确的：凡必然存在之事物一定有其必然存在之理由；小前提则是：三位一体是必然存在的。这个小前提乃是基督教的基本信仰，是无须证明的，因此也成立。这样一来，结论自然也成立了：三位一体一定有其必然存在的理由。

当然，这个证明相当简陋，而且没有告诉我们三位一体必然存在的具体理由，对此理查德当然也是必须得承认的，就像他同样也承认三位一体的确是神秘的，我们凡人无法仅凭理性就能理解之。

理查德的第二类证明也是关于上帝存在的，他同样举出了三个证明。

第一个是从偶存——偶然的存在——出发去证明。

他指出，一切在我们的经验之中存在的事物——在这里理查德特别强调了经验，都有一个共同的特点，就是其存在是偶然的，而非必然的。还有，作为拥有生命的生物，其生命也不是永恒的，而是必然要死亡的。那么，这些偶然而速朽的事物又是怎么来的呢？它们可能来自于自己吗？显然是不可能的，因为这样将导致一种无穷的推导，就像永远的蛋生鸡鸡生蛋一样，这种无穷的推演显然是不可能的。

还有，我们所有的经验之中的事物都是偶然的，甚至于整个的感觉世界也应该是偶然的。这样一来，我们如何解释世界的产生呢？总不能说整个世界都是偶然存在的、偶然产生的吧？

于是，自然而然地，我们便应该想到，或者可以合理地推测，存在着某种永恒且必然的存在，祂的存在不是像经验世界中的事物一样依赖别的事物，而是自己产生自己，祂是永恒而且必然的，正是祂创造了这个偶然而可朽的经验世界。

这个创造者是谁呢？当然就是上帝。

理查德的第二个证明则是从事物的等级出发的，他看到在世界万物之中存在着明显的等级，例如有的有理性有的没有理性，而有理性的事物显然等级要高过没有理性的事物；有的有生命而有的没有，有生命的当然要高过没有生命的。从这种自然的等级往上论证，必然地最后要达到一个最高的等级，这个最高等级的事物必然是有理性的，因为有理性的高过没有理性的；必然是有生命的，因为有生命的高过没有生命的；而且必然是永恒的，因为永恒的事物必然高过可朽的事物；还必须是完美的，因为完美的事物必然高过美但不那么完美的事物，如此等等。还有，这个事物的理性、永恒、完美等都必须是其自身具有的，而不是通过那些次于祂的经验事物而来的，因为较低等级的事物是不可能给较高等级的事物以这些东西的。

那么这个有理性的、永恒的、完美的事物是什么呢？当然是上帝！

这个证明显然来自安瑟尔谟，前面我们已经说过了，安瑟尔谟正是通过万物的等级而证明上帝的存在。

理查德的第三个证明是从事物存在的可能性去证明上帝的存在。

我们知道，任何事物的存在都是有其存在的理由的，反过来也可以说，倘若没有这个存在的理由，那么这个事物就不能存在。这个存在的理由也可以说是存在的可能性，任何存在必然具有存在的可能性，倘若没有这种存在的可能性它就不可能存在了。

那么，这种存在的可能性是怎么来的呢？它有两个可能的来源：一者是物自身，另一者是他物。我们前面已经说过了，这些经验之中的事物的存在不可能是由于它自己，即它自己不可能成为自己存在的理由，否则的话这个过程就无穷无尽、没有产生的一日了，这是不可能的。这也就意味着，一定存在着某个事物，其乃是所有这些事物的存在的理由，正是祂创造了一切事物存在的可能性。而祂自己则是自存的、自己是自己存在的理由，也因此，祂必然是永恒的。

无疑，这个永恒的存在、这个祂之外的一切事物存在的可能性的创造者就是上帝。

进一步地，我们还可以论证，不但存在这种最基本的性质，事物其它方面的性质，例如美、善、智慧等也是这么来的。如有些事物是美的，这个美的存在也是一种可能性，这种可能性当然不是来自于事物自身，就像事物存在的可能性不是来自于事物自身一样，于是必然有一个终极的来源，是其产生了美的可能性，这个终极的来源当然是上帝。并且上帝是至美的，正因为其是至美的，才可能将美的属性赋予其它事物，其它如善、智能等也是如此。

如此，我们便可知道这个万物可能性的创造者乃是至善、至善与至慧的。

通过这样的方式，理查德不但证明了上帝的存在，还证明了上帝乃是万物的创造者，并且是至美、至善与至慧的。这可以说是对安瑟尔谟证明的进一步深化。

除了证明上帝的存在外，作为一个神秘神学家，理查德也探讨了比经验与理性更加神秘的东西，那就是悟性。

我们知道，经验是一种感性，它了解的是当下存在的个体之物，而理性则超越于感性与个体之物去思考事物更进一步的内涵，例如其存在的原因与可能性等等；而悟性——理查德称之为"悟性之眼"——则更高一步，它可以直接地观照永恒存在——也就是说当下存在，却既不可能被我们的感性、也不可能被理性所理解的对象——上帝。

显然，这种悟性就是修夫的冥想。更远地，早在斐洛那里就有这种认识方式了。因为斐洛认为上帝只有通过灵魂的眼睛才能直观到，他把这个称为禅悦、出神、与上帝契合为一，要达到这种境界，灵魂必须摆脱肉体的羁绊，抛弃感性的存在，上升到纯粹的思想对象，在那里接近上帝，直观上帝。我们可以把这种情形称为心灵的直观。[①]显然，理查德的悟性也是这种"心灵的直观"。

以上我们就谈完了十二世纪时的两个主要的经院哲学流派：夏尔特学派和圣维克多学派。下面我们要谈的不再是中世纪西方的哲学学派了，甚至谈的不是西方了，而是另外两种非西方的哲学思想——伊斯兰哲学与犹太哲学。

---

① 参见黑格尔：《哲学史讲演录》（第三卷），贺麟、王太庆译，商务印书馆，1959年12月第一版，第164页。

第十五章　伊斯兰哲学与犹太哲学

我们先来谈伊斯兰哲学。

在一本西方哲学史中为何要谈伊斯兰哲学？对于这个问题柯普斯登解释得很清楚：

"在一本致力于中世纪思想的著作中，特别是在关于中世纪的基督宗教国度的思想中，发现到一章专论阿拉伯哲学，也许会让一个初次接触中世纪哲学的读者感到寻异。但是伊斯兰哲学对于基督信仰的思想的正面和负面的影响力，对历史学家已是一件普通知识，想避而不谈它几乎是不可能的。"①

柯普斯登在这里直截了当地指出了：在谈论中世纪哲学时，不讨论伊斯兰是不可能的！也就是说是行不通的。

柯普斯登这样说当然是有理由的，因此在任何一本内容比较充实的西方哲学史特别是中世纪哲学史里，都会记载伊斯兰哲学，就像会记载犹太哲学一样。柯普斯登是如此，罗素、梯利、《劳特利奇哲学史》等等都是如此。吉尔松在《中世纪哲学精神》中也明确地指出：

---

① 柯普斯登：《西洋哲学史》（第二卷），庄雅棠译，台湾黎明文化事业有限公司，1988年3月第一版，第269页。

　　"在中世纪里面天主教哲学不单只与希腊哲学相关而已，犹太和回教的哲学家也像上古思想家一样，对于天主教哲学有相当的贡献。"①

　　对于伊斯兰哲学，赵老师则更加详细地指出：

　　"阿拉伯哲学虽然不属于西方哲学的范围，但中世纪西方哲学与阿拉伯哲学的双向交流是古希腊哲学遗产保存、流传和发展的途径。阿拉伯哲学家的译作和注释是经院哲学家了解亚里士多德著作的重要媒介，前者不仅向后者提供了思想素材，而且提供了处理这些材料的角度、方法，还提出了由于不同的解释而产生的问题。13世纪在西方传播的'亚里士多德主义'并不是古代思想的直接沿袭，而是经过阿拉伯哲学家解释的成果。为了理解中世纪亚里士多德主义的特征，首先应从阿拉伯哲学入手。"②

　　这里的阿拉伯哲学就是伊斯兰哲学了，因为伊斯兰教就是阿拉伯人创立的，阿拉伯也一直是伊斯兰教的核心地带。还有，我们知道，以托马斯·阿奎那为代表的中世纪哲学的主体思想乃是以亚里士多德思想为基础与工具的，而这也就意味着，只有先有了亚里士多德思想的在欧洲的传播才会有后来的以亚里士多德思想为基础的哲学思想。从这个角度上说，将亚里士多德著作保存并且将其思想发扬光大的伊斯兰哲学家们的贡献也是很大的甚至必不可少的。

　　总而言之，在这部中世纪哲学里，我们也必须讲一讲伊斯兰哲学与犹太哲学。

　　① 吉尔松：《中世纪哲学精神》，沈清松译，上海人民出版社，2008年11月第一版，第317页。

　　② 赵敦华：《基督教哲学1500年》，人民出版社，2005年5月第一版，第289—290页。

不过，不少西方哲学史家们谈伊斯兰哲学有一个特点，就是一方面承认伊斯兰哲学对西方中世纪哲学有重大影响，但另一方面却总是喜欢附带一句：伊斯兰哲学本身并不怎样，对此黑格尔是这样说的：

"阿拉伯的哲学不是因其内容而有兴趣的，在这方面我们是不能停留的；它没有什么哲学，只有一种独特形式。"①

罗素在他的大作里也直截了当地指出：

"阿拉伯哲学作为独创性思想是不重要的。像阿维森那和阿维洛伊等人主要都是注释家。"②

我看在他们的眼中，把阿拉伯换成中国也是一样成立的，当然，这种看法在以西方为中心的哲学体系里也是可以理解的。

伊斯兰哲学或阿拉伯哲学是博大精深的，在这里我不能多说，只选取两个最伟大的伊斯兰哲学家的部分思想——主要是与中世纪哲学有关的那部分——来简单地述说一下。

这两个最伟大的伊斯兰哲学家就是罗素认为主要只是注释家的阿维森那和阿维洛伊。

第一节　伊斯兰哲学家阿维森那

我们先来说阿维森那。

---

① 黑格尔：《哲学史讲演录》（第三卷），贺麟、王太庆译，商务印书馆，1959年12月第一版，第255页。

② 罗素：《西方哲学史》（上卷），何兆武、李约瑟译，商务印书馆，1963年9月第一版，第521页。

　　总的来说，伊斯兰哲学分成东派和西派，东派的代表就是阿维森那。

　　阿维森那不但是东派，也是整个阿拉伯哲学最伟大、最有名的代表，对于阿维森那在哲学中的地位，或者他的伟大，西方哲学界历来是承认的，像瑙尔斯更是说过如下的话：

　　"在思想史上，他属于登峰造极之列；至少在其影响上，他是一位划时代的思想家，在很大程度上确定了西方思想的方向，因为阿拉伯人和犹太人尽管有东方的特性，与东方有密切关系，却属于西方传统。"①

　　从这段话中不但可以看出来阿维森那的地位，还可以看出来瑙尔斯认为阿维森那哲学甚至整个的伊斯兰哲学与犹太哲学虽然各树一支，但就其思维传统而言都是属于西方的，这是对其特色的另一种定位。

　　阿维森那的生平我们就不多说了，他980年出生于波斯，1037年去世。他是一个天才，很早就树立了远大的志向，并且将全部身心投入进去，获得了极为丰富的知识，十六岁时已经学业大成，可以独立于世了。

　　他这个独立包括两方面：一方面他是一个医生或者说医学家——他乃是有史以来最伟大、最著名的医生与医学家之一。十六岁的时候他已经可以独立行医了，并且医术高明之极，他的主要著作之一就是《医典》，这也是古代世界最重要的医学典籍之一；另

　　① 大卫·瑙尔斯：《中世纪思想的演化》，杨选译，商务印书馆，2012年5月第一版，第263页。

一方面是他可以独立进行哲学思考了，开始创立自己伟大的哲学体系，这也是西方世界外第一个有类于西方哲学体系的独立而完整的伟大的哲学体系。

关于阿维森那哲学体系的内容及对西方哲学具体的贡献，瑙尔斯在上面的引文之后接着说：

"阿维森那不仅是把亚里士多德的思想传到中世纪世界去的传播媒介，而且在逻辑学和形而上学的许多重要问题上，在后来包括圣托马斯在内的所有亚里士多德主义者中成为经典的那种意义上，他都使人联想到了亚里士多德。他无所不包的头脑包容了全部思想领域，甚至超过了亚里士多德，包括了从逻辑学和物理学到形而上学和神秘主义。"①

这里瑙尔斯也道出了阿维森那的两个贡献：一是他将亚里士多德思想传播到了西方世界；二是他自己也是一个伟大的思想家。特别是，他的思想和亚里士多德一样内容丰富无比，可以用"无所不包"来形容。在瑙尔斯看来，就这一点而言，阿维森那甚至超过了亚里士多德。我想，能够用"超过了亚里士多德"来形容的，对于西方世界可以说是没有人，整个世界上估计也只有阿维森那了——虽然仍显勉强。

我们现在就来具体地谈一下阿维森那的思想。

阿维森那的主要著作是《复原之书》。其内容十分丰富，包括了哲学（包括逻辑学）、主要是物理学在内的自然科学、数学、心

---

① 大卫·瑙尔斯：《中世纪思想的演化》，杨选译，商务印书馆，2012年5月第一版，第263页。

理学与形而上学等，他将所有这些知识分成三类：首先是逻辑学，阿维森那认为这是整个哲学探讨的基础性工作，也是研究的工具；然后是思辨哲学，包括物理学、数学与神学；最后是实践哲学，分为伦理学、经济学与政治学。不难看出来，前面我们刚刚讲过的十二世纪的圣维克多学派的修夫对知识的分类法应该是受到了阿维森那影响的。

我们在这里所要讨论的只是阿维森那知识体系中的一小部分，即思辨哲学中的神学。

阿维森那又把神学分为第一神学与第二神学，其中第二神学则包括了伊斯兰哲学的独有内容，"这第二神学使得回教神学和希腊神学有别，除此之外就没有其他显然的差别。"[①]

当然，这种没有显然的差别并不说明阿维森那的神学缺乏独特性，柯普斯登所说："不管亚维塞纳-马恩省向其他哲学家借取了多少思想，他仍然是谨慎地、独力地想出他自己的系统，而且是结合成一个具有特殊记号的系统。"[②]

在阿维森那的哲学体系中，最为独特的应该是他关于必然性的观念，这也是他和西方神学中差异最大的地方。在阿维森那那里主要有三个必然：

一是认为人的心智必然地了解存在。

我们知道，亚里士多德的观点之一是认为知识起源于感觉。在《后分析篇》中，亚里士多德指出感觉是很重要的，没有感觉就没

---

① 参见柯普斯登：《西洋哲学史》（第二卷），庄雅棠译，台湾黎明文化事业有限公司，1988年3月第一版，第275页。

② 同上，第276页。

有知识，他说：

"如果感觉功能丧失了，那么某些知识必定随同它而丧失，因为我们的学习要么通过归纳，要么通过证明来进行。证明从普遍出发，归纳从特殊开始，但除非通过归纳，否则要认识普遍是不可能的（甚至我们称作'抽象'的东西，也只有通过归纳才能把握，因为尽管它们能分离存在，它们有一些也居于某类对象之中，仅就每类对象都有一种特殊性质而言）。如果我们缺少感觉，我们就不能适用归纳。因为感觉才认识特殊，由于它们既不能通过缺乏归纳的普遍，也不可能通过没有感觉的归纳得到认识，所以对它们不可能获得知识。"①

这段话简而言之就是说一切知识都必须经由感觉而来，感觉乃是知识的基础，就像地基是一座大厦的基础一样，尽管亚里士多德同样认为科学知识并不能直接通过感觉去获得，②但感觉乃是基础之基础这是确定的，也就是说没有感觉就没有知识。

对于亚里士多德的这个观点，阿维森那是反对的，在他看来，至少在关于存在的知识上，人是不需要依赖于感觉的。也就是说，一个人一旦存在，即使他没有任何感觉，不能看、不能听，也不能闻，如此等等，也一定可以肯定他自己的存在，他可以通过一种"自觉"去获得这一点。③为此他提出了一个有趣的"空中人论证"，

---

① 亚里士多德：《亚里士多德全集》（第一卷），苗力田主编，中国人民大学出版社，1990年9月第一版，第283页。

② 同上，第305页。

③ 参见自柯普斯登：《西洋哲学史》（第二卷），庄雅棠译，台湾黎明文化事业有限公司，1988年3月第一版，第276页。

即设想一个成年人突然被创造出来，他生活在空中，眼睛被蒙住，肢体被分离，也无法感觉任何他物。这时候阿维森那问：在这样的条件下这个人可能有什么样的知识呢？他当然不会有关于外部世界的知识，也不会有关于自己身体的知识，但尽管如此，他却一定有一种知识，就是他会知道他的存在。即"一个思想着的心灵无论在什么条件下也不会缺少关于存在的知识。"①

阿维森那的这个观点是很有创造性的，也很深刻。我们可以设想这样的情形：一个没有任何感觉的人会有什么？会有具体的知识吗？应该不会有！但这就意味着他不知道自己是"存在"的吗？这恐怕是另一回事了，这个问题极为深刻，值得深入探讨，但在这里我们没时间进行。

二是阿维森那认为，所有的存在者都必然要存在。这句话的意思好理解，但我们要注意两点：一是他并不认为所有的存在者都是平等的，二是这些存在者的必然性是根本不一样的。

对于这个思想，我们在这里不能作更进一步的论述，简而言之就是，阿维森那认为事物有两种必然：一种是其自身本身就是必然的，必然的原因在于自身，是自因的必然；另一种是因外因而导致的必然，即是外因的必然，前一种必然也就是上帝，后一种必然则是万物。

在阿维森那看来，万物的存在虽然就其自身而言是可能的，但它们也是必然的，这必然的存在指的是事物整体存在的必然性，即其一定会产生。然而这种必然性不是来自于这个物自身的，而是来

---

① 参见赵敦华：《基督教哲学1500年》，人民出版社，2005年5月第一版，第295页。

自于一种外在的力量，这个外在的力量必然要令其产生，这就是事物存在的必然性。这就像他在《论治疗，形而上学》中所指出来的一样：

"我们说：那种其存在是可能的事物必然是依靠某种原因的，并且是在和这一原因相联系中成为必然的。……因此，很显然：每个其存在是可能的事物，除非在与它的原因的联系中是必然的，否则它将是不存在的。"①

在阿维森那看来，一切存在者其存在都是必然的，因为一种最强大的力量决定了万物之存在的必然性。这种外在的力量就是上帝，是上帝决定了一切存在着的事物一定要存在、也一定会存在——也就是说它们不可能不存在。

从这我们可以引入阿维森那的第三个必然性，即上帝必然地要创造万物。

上帝创造万物对于伊斯兰或者基督教都是一种基本的信仰，不需要多说。但为什么上帝要创造万物呢？这就是另一个问题了，而且是一个很深刻的问题，我们后面再统一分析。在阿维森那看来，上帝的创造万物是必然的，就像柯普斯登所言："因为上帝是绝对的善，祂必定要弥漫、发散祂的善，这个意思是说，祂必然地要创造。"②

不用说，阿维森那的这个思想和传统的基督教思想是大相径庭

---

① 赵敦华、傅乐安主编：《中世纪哲学》（下卷），商务印书馆，2013年3月第一版，第892页。

② 柯普斯登：《西洋哲学史》（第二卷），庄雅棠译，台湾黎明文化事业有限公司，1988年3月第一版，第277页。

的。事实上，这也是阿维森那思想和基督教思想最大的差异之处，同时也表现了他和亚里士多德之间的差异。上述第一个必然性就是他和亚里士多德之间的差异，后面两个则是他同基督教哲学之间的差异。例如第二个，阿维森那认为存在着的事物必然地要存在，这个必然性就是说，其存在是无可阻挡的，这也意味着没有任何力量能够"阻挡"其存在。这意味着什么呢？显然，意味着即使上帝也不能阻挡其存在，这是和基督教哲学中上帝的万能直接矛盾的。

至于阿维森那的第三个必然，上帝必然地要创造万物，这也是明显地和基督教哲学相背的。我们前面讲奥古斯丁时就说过，在奥古斯丁看来，上帝在创造世界这个问题上是有着绝对权威的，可以这样说：上帝创造或者不创造这个世界，如何创造这个世界，以及将世界万物创造成什么样子的，都完全地、绝对地取决于上帝，上帝没有任何限制，也没有任何的规定。这是奥古斯丁对上帝与创世的一种基本理解，这个理解的核心就是强调上帝的绝对地位，但阿维森那的观点显然和奥古斯丁的观点是背道而驰的。

更往前一步，我们讲新柏拉图主义时说过，在柏罗丁看来，太一之生成乃是一种"自然而然"的过程，即其并非有力或者强力要为之，而是自然而然地就生存了，作为神圣的太一的头生子，理智的第一个特点就是它和太一是很相像的。对此柏罗丁说："由于理性由绝对实体而生，并没有变化，所以它是绝对实体的直接反映；它并不为一个意志或决心所决定。"①这里的理性就是理智，绝对实体就是太一了，这个太一也有可以说是基督教中上帝的原型。

---

① 黑格尔：《哲学史讲演录》（第三卷），贺麟、王太庆译，商务印书馆，1959年12月第一版，第191页。

还有，柏罗丁这个"自然而然"的过程实质上也可以看作是一种必然的过程，就像人之有死是自然的、也是必然的一样。后来的中世纪哲学家们基本上否定了这样的说法，而强调了上帝创造的绝对自由，就像柯普斯登所言：

"……柏罗丁的上帝不能自由地活动，因而是必然如此的。上帝必然地流衍自己。……（奥古斯丁）在根本上，他坚持主张上帝绝对的主权，世界完全倚靠着祂，万有的存在都出自于祂。"①

从这里我们可以看出来，阿维森那的思想是受了新柏拉图主义影响的，甚至在创造的必然性这个问题上比基督教哲学更要接近新柏拉图主义。

除了在必然这个问题上和基督教不同外，阿维森那在另一点上也是如此，那就是他认为上帝不能直接创造物质性的东西，祂先创造了"睿智"，然后这个睿智再去创造具体的万物。但这个睿智像万物一样，其自身只是可能的，不能决定自己的存在，而是神必然地决定了它的存在。

阿维森那一共提出了十种睿智，其中第十个很有名，叫"形式的给出者"，正是由它最终导引出了复杂多样的万物。显然，阿维森那的这个睿智和柏罗丁的理智是相似的，但分析更加具体深入。他的上帝通过睿智而创造万物虽然和基督教的理论有别，但也有相通之处，例如奥古斯丁等都承认上帝是先创造了万物的理念然后再创造具体的万物，也就是说上帝并不直接创造具体的万物，从这个

---

① 柯普斯登：《西洋哲学史》（第二卷），庄雅棠译，台湾黎明文化事业有限公司，1988年3月第一版，第104—105页。

角度而言，他们和阿维森那的观点是一致的。

不过，总的来说，在万物的创造与存在的方式这些基本问题上，阿维森那虽然影响了基督教哲学，但就观念本身而言他们却是迥然不同的，因此他遭到了基督教哲学家们的批判。

甚至于，由于他主要是借着亚里士多德的思想去创造自己的思想的，因此一开始，中世纪哲学家们认为亚里士多德和阿维森那是一样的，也是错误的，于是就像禁止伊斯兰哲学一样禁止亚里士多德的传播，后来发现事实并非如此，才重新找到了亚里士多德。

除了上述的之外，阿维森那还有许多其他的思想，十分丰富，但我们在这里不能一一说下去了，下面我们要来谈谈阿维洛伊。

第二节　伊斯兰哲学家阿维洛伊

阿维洛伊是伊斯兰哲学中西派的代表，1126年出生于西班牙的科尔多瓦，1198年逝世于摩洛哥。

对了，西班牙现在虽然是地道的西方基督教文明国家，但并非一向如此，在中世纪的相当长一段时间里它乃是伊斯兰国家，伊斯兰哲学也在这里得到了很大的发展，形成了伊斯兰哲学中的两大派之一西派，阿维洛伊就是此派的代表人物。

对于阿维洛伊的思想，璐尔斯是这样评价的：

"与阿尔法拉比和阿维森那相比，阿维罗依不是一位有独创性的思想家，他的杰出之处在于他的批判能力，他对亚里士多德所做的伟大评注显示了他的这种能力，并赢得了但丁的诗句；他的杰出之处也在于他献身一项具有重要意义的事业——完整而正确地把亚里士多德呈现给世界。"①

阿尔法拉比是另一位东派的大哲，仅次于阿维森那，在这里瑙尔斯道出了阿维洛伊的主要贡献是注释和传播了亚里士多德哲学，而且他的注释是正确的，这是很重要的，也是他和阿维森那的不同之外。

确实，阿维洛伊的一个主要特点就是他对亚里士多德无限地崇拜，其程度简直前不见古人、后不见来者，对此瑙尔斯是这样说的：

"他对亚里士多德无限赞美，甚至在充分考虑到闪米特人的修辞技巧的情况下，阿维罗依对亚里士多德的颂扬，也是一位大哲学家所曾给予另一位大哲学家的称颂中给人印象最为深刻的：'我认为，那个人是一个标尺，是一个典范，其本性生而就是用来表现人的终极完善的……亚里士多德的教导是至高无上的真理，因为他的头脑是人类头脑的最高表现。为此，有人曾恰当地说过，他是上苍创造出来并赐予我们的，我们就可以知道应该知道的一切。让我们赞美上帝吧，他使这个人卓尔不群，使其近乎达至人性尊严的最高境界。'"②

后面一段话是瑙尔斯引用了阿维洛伊的原话，从这段话中可以看出来阿维洛伊是多么地崇拜亚里士多德，崇拜亚里士多德在西方是广泛存在的，但崇拜到这种程度那却是相当罕见的。

当然，对于阿维洛伊而言，更为重要的是他并不是盲目地崇拜亚里士多德，而是基于他对亚里士多德深刻的了解，正是在这样的

---

① 大卫·瑙尔斯：《中世纪思想的演化》，杨选译，商务印书馆，2012年5月第一版，第266页。

② 同上，第266—267页。

基础之上，他才将注释亚里士多德看成是自己毕生最重要的使命。

阿维洛伊对亚里士多德的注释可以分成三种，第一种是较小的注释。在这些注释里，阿维洛伊先列出亚里士多德的理论，然后加上自己的一些理解；第二种是较大的注释，在这里，阿维洛伊会先列出亚里士多德的原文，然后在对原文理解的基础之上加以注释；第三种不是更大的，而是最小的"小注释"，这实际上是一些亚里士多德著作的节录本或者内容提要，在这些本子里他只是列出亚里士多德著作中最后的结论，而省略掉中间的论述过程。这些著作主要包括"工具篇"的全文，还有《物理学》、《论灵魂》和《形而上学》等。

应该说，"小注释"中的内容都选得非常之好，可以说是亚里士多德全集中与哲学关系最为密切的部分、也是最精华的部分。特别是"工具篇"，我们在前面讲亚里士多德时说过，亚里士多德的第一部分著作就是关于逻辑学的，如《范畴篇》、《解释篇》、《前分析篇》、《后分析篇》、《论题篇》、《辩谬篇》，等等。这些都是告诉我们如何思想的著作，亚里士多德的弟子们将它们以"工具"为题结集出版，这就是"工具篇"了。这里介绍的乃是亚里士多德的逻辑学方法，也是一切哲学思想的思想方法，从某种角度上说，它乃是亚里士多德最基本、最重要的著作，对中世纪哲学产生过巨大影响。我们前面讲波埃修时就说过，他在30岁之前就曾经下决心要把全部的亚里士多德著作从希腊文译成拉丁文，但由于四十来岁时就匆匆离世，因此未能克功，实际上只翻译了《范畴篇》和《解释篇》以及相关的一些注释，但即便只是如此，这些著作对中世纪哲学也产生了相当大的影响。在1115年以前，讲拉丁语的西方世界知

道亚里士多德的《范畴篇》与《解释篇》，就是波埃修的功劳。这
区区两篇之所以能够产生如此巨大的影响，就是因为它们乃是一种
思维的工具，是任何哲学思维甚至任何思维都用得上的。

　　还有，由于亚里士多德原著结构的庞大，阿维洛伊用节录本的
方式来传播亚里士多德思想也是可行的。我们从亚里士多德的原著
中可以看到，其中的某些论证有时候的确可以去掉，并不会对结论
的理解产生大的影响。例如在《物理学》中，亚里士多德在反驳芝
诺悖论时，用了大量的图表与例证，这些图表例证中的一部分是可
以去掉的，并不会对理解亚里士多德的芝诺批判产生很大影响。①

　　至于阿维洛伊的思想，我们在这里只简单说两点，一是他关于
世界的创造，另一个是他的双重真理。

　　关于世界的创造，阿维洛伊与以前的中世纪哲学家都是不一样
的，而具有伊斯兰哲学的色彩。他认为上帝在创造万物之前并不是
空无所有，而是存在着一种"原始物质"，但这种原始物质并非存
在，而是不存在，它们和上帝的存在一样永恒，但这些物质又不是
单纯的不存在，而是有着存在的可能，即它们具有"潜能"。但也
只是一种潜能而已，是一种"纯潜能"。因此它又可以说是一种虚
无，但上帝正是从这种虚无之中开始了其创造，上帝创造的就是十
个睿智，它们并非物质，而是一种物质的"形式"，由之才有了世
界万物。

　　不难看出来，阿维洛伊的这个理论和阿维森那是相同之余又有

_____

　　①　参见《亚里士多德全集》（第二卷）之《物理学》第六卷，苗力田主编，中国人
民大学出版社，1991年11月第一版。

差异的。例如他也认为上帝不是直接创造万物的，而是先创造了睿智，但他又和否定上帝能够直接创造万物的阿维森那不同，而强调了睿智是由上帝而来，它们乃万物的形式，万物由它们创造的，也即是由上帝创造的。这个思想比较类似于我们前面讲过的斐洛与奥古斯丁的思想，只是将他们的理念换成了睿智，但和他们一样强调了创造中上帝的作用。但阿维洛伊的思想和奥古斯丁等又是不一样的，因为奥古斯丁强调了上帝在创造中的绝对力量以及从绝对的虚无中创造万物，在阿维洛伊这里，上帝的力量没有奥古斯丁那里的绝对，也不是从绝对的虚无中创造万物，阿维洛伊的原始物质虽然是一种不存在甚至虚无，但它们又非绝对的虚无，而是有，因为它们有纯潜能！这也是必须强调的，并且是阿维洛伊的特色，不能因其虚无就简单地去掉，倘若如此的话，阿维洛伊又何必弄出它来呢？所以它的必要性——包括在上帝创造活动中的必要性——是显而易见的。

　　阿维洛伊第二个颇有特色的思想是他的双重真理。

　　之所以提出双重真理，阿维洛伊的目的是为了协调哲学的真理与神学的真理。

　　我们知道，阿维洛伊对亚里士多德是推崇至极的，但我们也应该看到，亚里士多德乃是一种思辨哲学，虽然有神学的种子，但毕竟不是神学，因此二者之间的差异是明显的。这样一来，阿维洛伊把亚里士多德奉为神明、将他的哲学奉为几乎绝对的真理就势必会和神学或者说宗教教义产生一定的冲突，他又万万不能因亚里士多德而否定教义的真理性。怎么办呢？于是阿维洛伊就提出了双重真理，所谓双重真理简而言之就是说，哲学与宗教都是真理。这两种真理的区别并非实质性的——倘若是实质性的区别就不会都是真理了，而是形式性的，即表现形式不一样。更为具体地就是说，在哲学表现为抽象思辨的理论性的真理，在神学就表现为一种寓言式的更为简单明白的形式。

阿维洛伊的做法很容易使我们联想到斐洛。我们前面说过，斐洛理论的重心就是要把用寓言形式表达的犹太人的《圣经》与古希腊罗马的哲学理论结合起来，他采用的办法就叫"喻意解经法"。喻就是比喻或者说隐喻，即将犹太人的宗教经典里面的那些神话故事之类看成是一种比喻或者说隐喻，意就是意义或者说含义，解就是解释了，"经"就是犹太人的宗教经典，主要是《旧约》，法就是方法。将这五个字结合起来，就是说，要将犹太人的宗教经典里面的那些神话故事之类看成是一种比喻或者说隐喻，其所比喻或者隐藏的乃是一种深刻的哲学思想，解经就是要将那些隐匿、隐藏在形式相对简单的神话故事里面的深刻的哲学思想找出来，解释给大家听。这种方法就是喻意解经法。在斐洛的解经法里，显而易见也隐藏着阿维洛伊的双重真理，即他显然认为《圣经》和古希腊哲学二者所表达的都是真理，只是表达形式不一样，他所要做的就是将二者结合起来、通达起来。阿维洛伊提出双重真理的目的和斐洛是一样的，只是他没有像斐洛那样明白且紧密地将二者结合起来而已。

不过，阿维洛伊和斐洛也有一点差异，就是在斐洛看来，哲学与神学这两种真理都是一样的，只是表达形式不一样。但阿维洛伊却指出，在伊斯兰人的"圣经"即《古兰经》中，之所以要采取这种寓言式的表达，是为了让没有受过教育的普通人也明白这些真理，但哲学家却可以不用这种寓言式的表达而直达寓言之下的真理本身。因此，在这里，阿维洛伊是将这种寓言看成是一种经过了各种"装饰"的真理，这种装饰在某种程度上也可以被看成是一种"掩饰"，就像一个女人一样，她脸上涂着厚厚的脂粉，看上去很漂亮，但正因为涂了脂粉，我们并不能确定她是不是真的那么漂亮。

从阿维洛伊将宗教真理视为"装饰"了的而哲学真理是"没有装饰"的去看，的确有贬抑宗教真理之嫌疑，由于哲学真理是"没有装饰"的真理，既然没有经过装饰，显然比经过了装饰的真理"更加真理"。自然而然地，阿维洛伊这种思想一定会遭到正统的伊斯兰哲学家的反对，甚至因此而敌视整个的哲学真理，尤其是哲学真理的代表——古希腊哲学。据说在他的家乡西班牙就一度禁止研究希腊哲学，甚至把希腊哲学著作都烧掉。[①]

在这里我们还要特别提出来赞扬阿维洛伊的一点就是他对于真理的执着，也就是说，虽然他尊重自己的信仰，但为了追求真理而将宗教信仰放到了一边，即只要有人掌握了真理，就可以不考虑其宗教信仰，从某种程度上说，这乃是将真理置于信仰之上，是一种勇敢而可敬的行为，为此阿维洛伊还专门写了一篇《确定宗教与哲学之性质的决定性论文》，其中有这样的话：

"如果我们之外的某人已经考察过这门学科，那么为了达到我们的目的，我们显然应该从这个先驱者所说的有关本学科的东西中

---

① 参见柯普斯登：《西洋哲学史》（第二卷），庄雅棠译，台湾黎明文化事业有限公司，1988年3月第一版，第286页。

寻求帮助，而不管这个人是否和我们有着共同的宗教信仰。因为当一种有效的奉献已经用某种手段完成，那么在判断奉献的有效性时，就不要考虑这种手段是否属于一个和我们有着共同宗教信仰的人，只要它满足了有效性这个条件就行。"①

然而，无论阿维洛伊和阿维森那们的伊斯兰哲学对于中世纪的基督教哲学有多么大的影响，我们还是要从根本上清楚地认识到：在伊斯兰哲学与基督教哲学之间有着不可逾越的鸿沟，它们之间的差异不是量上的，而是质上的，因此它们是两种截然不同、甚至彼此对立的哲学，这就如吉尔松所言：

"13世纪时，圣伯纳文都与圣大雅尔伯和圣多玛斯等人全部对亚味罗的论难，就足以显示出两种学说完全水火不容。"②

这里的亚味罗就是阿维洛伊，这段话不但可以用来表述阿维洛伊，而且可以用来表述整个伊斯兰哲学。

由于篇幅所限，关于阿维洛伊的思想我们就说到这，现在让我们走向另一种伟大的思想——犹太哲学。

第三节　犹太哲学家迈蒙尼德

之所以要在这里讲犹太哲学，和前面的要讲伊斯兰哲学是一样的，就是因为无论伊斯兰哲学还是犹太哲学都和基督教哲学特别是

---

① 《确定宗教与哲学之性质的决定性论文》，见赵敦华、傅乐安主编：《中世纪哲学》(下卷)，商务印书馆，2013年3月第一版，第961页。

② 吉尔松：《中世纪哲学精神》，沈清松译，上海人民出版社，2008年11月第一版，第152页。

中世纪的基督教哲学有着密切的关系，这种关系亦如吉尔松所言，乃是一种"亲缘关系"：

"犹太哲学家如买摩尼德、回教思想家如亚昧森纳，都曾在他们的立场上进行与天主教哲学相平行的工作。那么，在种种处理相同哲学材料，并且诉诸相同宗教泉源的理论之间，岂不是存在着相当的类似性，甚至一种实在的亲缘关系。"①

在这里，吉尔松用迈蒙尼德来代表犹太哲学家，这是很自然的，因为迈蒙尼德乃是中世纪最伟大的犹太哲学家，可以说，在中世纪的犹太哲学里，他也是鹤立鸡群一般的人物，这不是要贬低其他的犹太哲学家，而是说迈蒙尼德在他们中间太突出了，就像一棵大树长在一片灌木丛里一样。

而且，犹太哲学或者迈蒙尼德的哲学与伊斯兰哲学或者阿维森那哲学比起来，是更加接近于基督教的，原因很简单——他们信仰的是同一个神，所以，迈蒙尼德的思想也和基督教神学更为接近，他对后来那些伟大的中世纪哲学家，特别是至尊的托马斯·阿奎那，影响也比阿维森那或者阿维洛伊要大得多。

迈蒙尼德和阿维洛伊一样，在今天来看也是西班牙人，1135年生于西班牙的科尔多瓦，1204年逝世于埃及开罗。迈蒙尼德年青时离开了西班牙，因为那时的科尔多瓦已被北非来的野蛮的摩尔人占领，他们对哲学可以说毫无兴趣甚至怀有敌意，因此迈蒙尼德便离开了西班牙，一直往西，最后定居埃及。据说在那里他成了领导

① 吉尔松：《中世纪哲学精神》，沈清松译，上海人民出版社，2008年11月第一版，第317页。

穆斯林抵抗十字军的伟大的萨拉丁的御医，还有传说因为他医术高明，名满天下，当时另一个著名的统治者、也是萨拉丁的对手——英国的狮心王查理——曾经邀请迈蒙尼德前往英国，但他习惯了埃及的生活，拒绝了邀请。

即使在整个历史上，迈蒙尼德也是最伟大的犹太哲学家之一，能够和他齐名的只有斐洛，往后就不是哲学家而只能说是思想家的弗洛伊德与爱因斯坦再加马克思了。迈蒙尼德的思想是极为丰富而深刻的，只是由于篇幅的关系，我们在这里只能极为简略地说一下。

迈蒙尼德的代表著作是《迷途指津》，这也是最有名的犹太哲学著作甚至神学著作之一，为什么要用这个名字呢？迈蒙尼德以一封写给他的学生约瑟夫的信开篇其著说明原因：这是因为当约瑟夫在学习时遇到了一些迷惑甚至走近了迷途，因此他要指点他，使之走出迷途。①

迈蒙尼德在《迷途指津》中所表达的思想极为丰富，译成中文厚达六百页左右，在哲学著作中是相当厚的了。我们只能选择其中的两个思想浮光掠影般地讲一下。

第一个思想是他的基本思想主题，这个主题也和斐洛是一致的，即将犹太人的《圣经》与希腊人的思辨哲学结合起来，但在斐洛那里是用柏拉图去结合，而到了迈蒙尼德这里就是用亚里士多德去结合了。迈蒙尼德对于亚里士多德的尊敬和阿维洛伊有得一比，就像柯普斯登所言：

---

　　①　参见迈蒙尼德：《迷途指津》，傅有德等译，山东大学出版社，1998年1月第一版，第一篇《给约瑟夫的信》。

"哲学对他而言就是亚里士多德，他认为亚里士多德是除了先知之外，人类理智能力最伟大的典范。"[1]

因此，在迈蒙尼德这里，他总是尽力借助亚里士多德的思想去论证他的哲学、论证上帝的存在、论证感觉的重要意义，这些和阿维洛伊、阿维森那是差不多的。但当亚里士多德与《圣经》中的教导产生歧异时，迈蒙尼德选择的不是亚里士多德而是《圣经》，他会先试着用寓意的方式去解释，但要是仍然有冲突，他就会选择《圣经》。

例如在《圣经》中，上帝是从虚无中创造世界的，这也意味着上帝必然是一切的创造者，形式与质料都包括在内。而且，既然世界是由上帝创造的，那么可以逻辑地推论这个世界不可能是永恒的。这些思想是和亚里士多德甚至柏拉图相冲突的，因为在他们看来，那个质料是一直存在的，不是受造的，例如柏拉图在谈到神创世界时，认为在我们这个世界被创造出来之前存在着某些东西，这些东西混乱不堪、没有任何秩序，胡乱地运动着，而神认为这样是不好的，认为有序比无序要好，于是就从那团原始的混沌之中创造了秩序，也就是创造了世界：

"由于神想要万物皆善，尽量没有恶，因此，当他发现整个可见的世界不是静止的，而是处于紊乱无序的运动中时，他就想到有序无论如何要比无序好，就把它从无序变为有序。"[2]

---

① 柯普斯登：《西洋哲学史》（第二卷），庄雅棠译，台湾黎明文化事业有限公司，1988年3月第一版，第292页。

② 柏拉图：《柏拉图全集》（第三卷），王晓朝译，人民出版社，2017年12月第一版，第281页。

　　亚里士多德与柏拉图这些思想显然和《圣经》是不大一样的，于是迈蒙尼德就接受了《圣经》，认为上帝乃是从无中创造一切的，即在上帝创造之前什么也没有，是绝对的虚无，于是上帝也成了绝对的创造者。

　　显而易见，迈蒙尼德的这个思想和柏拉图、亚里士多德、阿维洛伊与阿维森那都是不一样的，比他们更加接近正统的基督教思想。

　　当然，这并不说明迈蒙尼德对《圣经》是亦步亦趋的，相反，他强调在理解《圣经》时，一定要超脱其字面的含义，要从更深的层次去认识之。例如在谈到他人对《圣经》的错误理解时，他说过这样的话："所有这些错误都是因为他们只逡于《圣经》经文的字面涵义。"①

　　我们要谈的迈蒙尼德的第二个思想是他对上帝的认识。

　　作为一个极其虔诚的犹太教徒，对上帝的认识当然也可以看作是迈蒙尼德基本的认识与基本的哲学。

　　迈蒙尼德对上帝的认识是十分丰富的，在这里也只能蜻蜓点水般地说一下。

　　首先是迈蒙尼德关于认识上帝的方法。这个方法就是我们前面在《神秘神学》中讲过的伪名丹尼斯的方法，这种方法也是爱留根纳认识上帝的方法。我们说过，伪名丹尼斯和爱留根纳的方法是肯定与否定的方法，即肯定神学与否定神学，他们是两种方法都用的。但到了迈蒙尼德这里，他却基本弃用了肯定神学的方法，而基

---

　　① 迈蒙尼德：《迷途指津》，傅有德等译，山东大学出版社，1998年1月第一版，第一篇，第51章，第109页。

本上只用否定的方法，对此他说：

"要知道，对于上帝的否定性描述才是正确的描述。这种描述不会受冗长的、华而不实的言词所左右，并且也不会暗示上帝在一般或任何特殊方面有什么不足。"[①]

迈蒙尼德在这里不但指明了只有否定神学的方法才是正确的，而且指出了为什么应当如此。

而对于肯定的方法，他是这样说的：

"把肯定属性用在上帝身上却是极其危险的。因为业已表明，我们所能想象的每一种完善——即便按照那些主张属性存在的人的意见——存在于上帝之中，它实际上也与我们所想象的相去甚远，正如我们所示，二者只是名称相同而已。"[②]

正是从这种方法出发，迈蒙尼德论述了他对上帝的理解，我们在这里简单地指出几点：

一是他认为上帝是单纯的，不是复多的，而是"一"，他说：

"不管你从哪个角度去看，不管你用什么标准去衡量，你都会发现，他是一；任何理由任何方式都不能使其一分为二；无论在客观上还是主观上，你都找不到任何复多。"[③]

二是我们人就本质而言是无法理解上帝的，对此他说：

"荣耀归于上帝！要思考上帝的本质，人类理解力和知识显然都无能为力；要检查上帝的行为何以必然产生于他的意志，人类的

---

① 迈蒙尼德：《迷途指津》，傅有德等译，山东大学出版社，1998年1月第一版，第一篇，第58章，第126页。

② 同上，第60章，第134—135页。

③ 同上，第51章，第108页。

所知显然无异于无知；当我们企图用言词来赞美他时，我们所说的一切，又都显得那么苍白而徒劳。"[1]

要说为什么，简而言之就是因为上帝和我们所感知的一切都是不一样的，他说：

"我们所知道的一切仅仅是祂存在着这个事实，祂是一种其任何创造物都无法与之比拟的存在，他与它们没有任何共同之处，他不包含复多，他从不会无力去创造别的事物。"[2]

在这里迈蒙尼德还指出了上帝不但是一，而且是万能的，而我们所能够知道的唯有祂的存在。这可以说是在迈蒙尼德那里上帝的另一个性质了。至于上帝其它的性质我们是不知道的。实际上，从根本的意义上说，上帝是超越于我们的理解的，我们人永远无法真正地了解上帝。这就是迈蒙尼德对上帝终极的认识，这种认识也是中世纪一直以来的一个传统，特别是从伪名丹尼斯之后，这个传统一直流传下来，就是"神秘神学"。

此外，《迷途指津》的最后一段是一首诗，也写得很好：

谁若心向上帝，真诚呼唤，
上帝就会来到谁的身边；
谁若寻觅上帝，矢志不移，
上帝就会出现在谁的眼前。

---

①　迈蒙尼德：《迷途指津》，傅有德等译，山东大学出版社，1998年1月第一版，第一篇，第58章，第129页。

②　同上，第128页。

阿门！ ①

　　也许这是一个神哲学家给一个基督徒甚至一个有信仰需要的人
最好的指引迷途之辞。

　　如此等等，总之在《迷途指津》里，迈蒙尼德对上帝的论述是
十分深刻而丰富的，大家可以自己去参考之。

　　至此我们就讲完了对中世纪经院哲学产生重大影响的伊斯兰哲
学与犹太哲学了，也许大家会想到这样一个问题：为什么如此呢？
即为什么伊斯兰与犹太这两个在宗教意义上是和基督教对立的宗教
却能够在哲学上许多地方彼此相通呢？更为具体地说，为什么古希
腊罗马哲学能够为伊斯兰哲学和犹太哲学所用？而伊斯兰哲学与犹
太哲学又为何能够影响基督教哲学呢？

　　这个问题可深可浅，就浅的方面来讲，其理由其实并不复杂。
首先是，古希腊罗马哲学也是一种思辨的学问，其所思辨的对象也
是这个世界、所用的也是人的头脑，而这些构造，就像亚里士多德
早就说过的，是一样的，只是语言不同而已，但这种不同只是一个
形式的不同，而不是本质的差异——这就是为什么不同语言之间的
人能够相互交流、不同语言的作品能够互相翻译的根本原因。在哲
学研究里也表明我们要尊重翻译，研究哲学完全可以依据译作来进
行，就如同可以用原作来进行一样。倘若如有些人所想象的一定要
看原文，那么几人能研究哲学？同时，在欧美研究中国哲学的人当

---

　　① 迈蒙尼德：《迷途指津》，傅有德等译，山东大学出版社，1998年1月第一版，
第三篇，第54章，第588页。

中，又有几人懂中文？尤其是古文？就如我们中国学者研究古希腊哲学的人中几个能懂古希腊文？

然而，对于神学而言，一个更重要的原因也许是，神学所探讨的只是神，而无神名。我们看到了，当基督教哲学家们在论证神的存在时是没有神名的，也就是说，这个神可以取任何的名，这个论证也是有效的，至少对基督教与伊斯兰教都是有效的，因为这两教的神有着根本的相似之处。

最后，我们要更简单地谈一谈伊斯兰哲学与犹太哲学对经院哲学一个更为具体、也是最为重要而直接的影响。

不用说，这个影响就是伊斯兰世界对亚里士多德著作的翻译与传播。

对于这一点，柯普斯登简明地说了一句：

"阿拉伯人和犹太人建立了一条重要的管道，使得亚里斯多德的哲学系统全盘地被西方基督宗教知道。"①

亚里士多德的著作，最初是安德罗尼卡——他是吕克昂的最后一代传人，将流传到他手里的稿子重新加以编排整理，并且公开发表，这时已经是公元前60年了，亚里士多德去世快300年了！②

这些公开出版社的著作很可能一度流行于古代西方世界，但后来，罗马帝国崩溃之后进入了中世纪，西方文明一度式微，亚氏的著作像其它古希腊罗马伟大的哲学与艺术作品一样，绝大部分在西

---

① 柯普斯登：《西洋哲学史》（第二卷），庄雅棠译，台湾黎明文化事业有限公司，1988年3月第一版，第12页。

② 参见《不列颠百科全书》，中国大百科全书出版社，1999年第一版，第1卷，第469页。

方失传了。例如在1115年以前，讲拉丁语的西方世界只知道由波埃修翻译的亚里士多德的《范畴篇》与《解释篇》。

但这只是在西方，在东方他的著作仍受到广泛的尊敬与阅读。很早以前东方的景教徒便将亚里士多德的许多著作译成了古叙利亚语，后来又译成了希伯来语和阿拉伯语，特别是阿拉伯人，对亚里士多德著作的再度流传与风行奠定了基础。

但我们在这里要注意两点：

一是并非中世纪最早流行的亚里士多德著作都是由阿拉伯文翻译过来的。早在十二世纪初，一个叫詹姆斯的人就将亚里士多德的《分析篇》从希腊原文译成了拉丁文，此外，十二世纪中期又出现了同样直接从希腊文翻译过来的《气象学》。这些翻译都较阿拉伯文的翻译为早。

当然，我们同样要尊重一个事实，中世纪至少一开始，大部分的亚里士多德著作都是经由阿拉伯文翻译过来的，十二世纪时在伊斯兰教统治的西班牙出现了一个"达乐多"派，学派成员们的工作不是著述，而是翻译，它将亚里士多德的许多著作由阿拉伯文翻译成了拉丁文。

二是即使一开始阿拉伯文的译本在中世纪的西方大为流行，但中世纪哲学家们后来也注意到了阿拉伯文译本的局限性，就是他们对亚里士多德的了解并不深刻，有时候甚至将别的哲学家的作品如柏罗丁的作品当成亚里士多德的作品，并且从新柏拉图主义出发去解释亚里士多德。因此大家纷纷重新从希腊原文翻译亚里士多德的著作，而抛弃原有的阿拉伯文译本。

以上两点是我们在了解阿拉伯文译本对中世纪哲学的影响时要

注意的，柯普斯登对这两点作过简要的说明：

"现代的研究已经证明从希腊文翻成的译本，通常都在从阿拉伯文翻译而成的译本之前，而且即使希腊文翻成的译本不完整，由阿拉伯文译成的也必须随时准备让位给新的、较好的希腊拉丁译本。"①

至于亚里士多德全集的拉丁文译本，大约是在1278年完成的。

关于中世纪的亚里士多德著作，我们最后要讲的一点是，它的命运并非如我们可能想象的那么顺利，事实上，它曾经一度是禁书。

这当然不是指全部的亚里士多德著作，他的逻辑学著作一则早就流行，二则不涉及具体的神学问题，因此一直是中世纪教会的指定读物，拥有崇高的地位。但亚里士多德其余的著作就有些命运多舛了。例如1210年左右时，一位巴黎的大主教就曾公开宣布禁止在巴黎大学内教授亚里士多德的"自然神学"，违者要被开除，"自然神学"具体指的应该主要是《形而上学》，到了1231年，当时的教皇格里哥利九世又重申了这一禁令。

为什么会有这样的事呢？其实和亚里士多德无关，主要就是因为当时流行的一些所谓的亚里士多德著作，例如有本叫《原因之书》，乃是由阿拉伯文翻译过来的，它们实际上根本不是亚里士多德的作品，其中表达的思想是非基督教的，并且与基督教的教义相冲突。还有，像那些亚里士多德著作的注释，典型者如阿维洛伊

---

① 柯普斯登：《西洋哲学史》（第二卷），庄雅棠译，台湾黎明文化事业有限公司，1988年3月第一版，第299页。

的，虽然了不起，但却并非正统的亚里士多德，而是阿维洛伊在新柏拉图主义思想的引导下进行的注释，其中还夹杂着伊斯兰哲学的成分，自然也是和基督教义相冲突的，因此遭到禁止也是自然而然的事。当然也有亚里士多德自身的原因，例如虽然亚里士多德的思想总的来说和基督教是相容的，但也有某些思想却并非如此，就像他的神虽然和基督教的神有些相似，但毕竟不是耶和华，在他那个时代基督教还远没有诞生呢！他应该也不知道有耶和华这个神，所以他的思想和基督教有一些冲突也是自然而然甚至必然之事。只是后来那些神学家们根据神学的需要对亚里士多德的著作进行了有目的的注释与引申，才使得亚里士多德能够"全心全意"地为上帝与神学服务了。

虽然一度对亚里士多德的著作有些禁令，但这些禁令到十三世纪中期的英诺森四世时代就再也不能执行了，因为这时候亚里士多德的几乎全部著作都已经翻译成了拉丁文并且在西方世界得到了广泛的传播，成为了经院哲学最重要的理论基础。

这时候中世纪的经院哲学家们对待亚里士多德应该像乔叟在《坎特伯雷故事集》里描述的情形一样，有位学者很是得意洋洋，因为：

> 在他床头摆着二十本
> 亚里士多德的哲学书，
> 精装封面有红又有青。

第十六章　走进十三世纪：
大学、修会与思潮

从这章起我们就要走进第十三世纪了。

十三世纪乃是经院哲学发展的高峰，倘若将中世纪哲学或者经院哲学比作一系列的群山，例如就像喜马拉雅山脉，各个不同的世纪犹如一座或高或低的山峰，有乔戈里峰，也有希夏邦马峰等，那么十三世纪就是珠穆朗玛峰。

第一节　大学与修会

在正式开讲十三世纪哲学之前，我们要先来讲一下有关它的其它几个基本问题。

第一个就是十三世纪的大学。

我们知道，欧洲大学是中世纪产生的，它对于中世纪哲学以及整个中世纪文化都起了核心的作用，甚至后来对整个人类文明也贡献巨大，如赵老师所言："欧洲的大学建制是中世纪教育制度绽放的最绚丽的花朵，大学的诞生是中世纪对人类文化的一大贡献。"①

---

① 赵敦华：《基督教哲学1500年》，人民出版社，2005年5月第一版，第310页。

十三世纪的哲学研究主要是在大学进行的，而以前主要是在修道院中进行的。与之相应，以前的哲学家们，如爱留根纳、安瑟尔谟、圣维克多学派和夏尔特学派的成员们，他们的主要身份是神职人员，而到了十三世纪，许多哲学家虽然也有神职人员的身份，但他们的主要身份却是大学教授，这也是他们的职业。

十三世纪的大学中最主要的依然是巴黎大学，它在当时大学中的地位要远远超过今天任何一所大学在当世的地位。可以说，当时几乎所有的重要哲学家都要么是从巴黎大学出来的，要么和巴黎大学有这样那样的关联，我们后面要讲的那些十三世纪的大哲学家，如波纳文德、大阿尔伯特、罗吉尔·培根、约翰·司各脱，等等，当然还包括最伟大的托马斯·阿奎那，都和巴黎大学有着密切的关系。

当然，十三世纪并不只有巴黎大学出色，它还有其它许多杰出的大学，例如现在依然享有盛誉的牛津与剑桥，在中世纪时就很了不起了，直到现在还是一样。

十三世纪的大学之所以会取得如此巨大的成就，主要原因在于当时的制度给了大学以许多特权，例如大学享有极大的自主权，它们从君王或者教皇那里获得执照，但颁发执照并不意味着大学就是国王或者教皇的，相反，大学不但是独立自主的，而且享有许多特权，例如一入大学一般而论就意味着不要当兵了，大学也拥有相当多的财产，还不要承担当时从贵族到平民都要负担的各种各样的税费，同时还可以从国家得到相当多的津贴。更重要的是并不要承担相应的什么义务，例如政府不会弄一些项目逼大学去研究，出一些题目要教师们去写文章，更不用说要他们歌功颂德了。可以说，这种独立自主的传统乃是中世纪大学得以繁荣昌盛的根本原因。

　　直到今天，牛津与剑桥依然享有许多从中世纪以来就有的特权与传统，在这一点上它们远胜今日之巴黎大学，恐怕也是今日之牛津与剑桥远胜于今日之巴黎大学的主要原因。

　　例如牛津大学，它的起源要追溯到12世纪中叶。此前英国想上大学的学生都要去巴黎大学，但1167年前后，巴黎大学拒收英国学生，使原来大批去巴黎大学求学的英国学生断了门路。于是，这群学生和一些学者开始聚集在牛津，牛津大学就这样诞生了。

　　牛津大学将许多中世纪的传统保留了很久很久，例如14世纪时，某一天牛津大学的学生同牛津城里的居民因在酒馆里打口水仗引发了大冲突，全城全校成千上万的市民与学生都参加了，一直打了三天三夜，好几个学生被打死了。后来经国王裁决，市民们应负主要责任。于是下令每年这一天，2月10日，要在圣玛丽教堂为被打死的学生举行追悼仪式，牛津市长和士绅们都要参加，而且每次要捐款40便士。此后，牛津人每年都要举行这个仪式。

　　16世纪的某一年，这时牛津大学基督教堂学院的学生总人数是101，是时这里的许多贵族纨绔子弟学生经常外出喝酒玩乐，甚至彻夜不归。为了解决这个问题，学院便在每天晚上9点过5分时把钟连敲101下，提醒他们回校。自此以后，钟便这样一直敲到现在。而且可以相信，只要牛津大学还会办下去——我相信它会一直办到世界末日的——这钟就会一直这么地敲下去呢！

　　当600多年前王后学院创办并设立管理委员会时，创办人思量应该有多少个委员呢？他突然想起耶稣有12个门徒，便规定了12个委员。他又深知学院的钱来之不易，就每逢新年让管钱的司库送给他们每人一根针和一些线，给时说一声："拿着这些勤俭度日。"

现在，几百年过去了，院长和管理委员不知换了多少届，但每逢新年，院长仍要司库向依然是12名的管理委员给同样的东西，并说一声"拿着这些勤俭度日"。

为了管理学生，牛津大学有古老的"学监"。他们负责监督学生们日常的一切行为是否有违校纪。他们经常在校园巡游，这时身旁总跟着两条"牛头犬"，往往是两个膀大腰圆的校园警察式的人物，如果看到谁有违纪行为，这时年老腿软的学监当然逮不住他们，因为他们往往撒腿就跑，这时就靠"牛头犬"了，他们会像猎狗撵兔子一样穷追不舍，直到逮住逃跑者为止。

至于剑桥大学，它始创于1209年左右，是年牛津大学一批学生因为受不了同牛津市民之间的打斗，离开了牛津而来到剑桥，创办了一所新大学。1318年，由教皇亲自下谕，正式承认剑桥大学是一个"综合学科研习（之学府）"，这样剑桥大学就正式成立了。到了今天，剑桥的成就似乎犹胜牛津。

正是因为有了巴黎、牛津与剑桥这样的大学，才使经院哲学、也使整个中世纪哲学走向了高潮。

除大学外，这时候还出现了一种新型的宗教研究形式，或者一种特别的教会，那就是各种宗教修会，这样的修会直到今天仍有很多，但最重要的乃是多明我会与方济各会。

多明我会又称"布道兄弟会"，因会士均披黑色斗篷，故又称为"黑衣修士会"。十三世纪初由西班牙人道明·德·古斯曼创建于法国南部的普卢叶。方济各会则大约在同一时期由意大利人方济各得教皇英诺森三世的批准而成立。方济各会特别提倡过一种清贫的生活，会员颇像中国的丐帮兄弟，赤足穿破衣、托钵讨饭，因为他们的衣服是灰色的，因此又称"灰衣修士会"，会士间互称"小兄弟"。他们的另一个特点是强调效忠教皇，反对各种异端。

多明我会和方济各会成立后，都十分重视神学研究，由于当时神学研究的中心是各大学，于是他们也要求在大学中获得教席。经过努力，得到了成功，例如在巴黎大学，多明我会先后获得了两个教席，方济各会也获得了一个。

这些修会的教席后来成为了大学中最重要的神学研究力量，十三世纪那些最有名的哲学家大都来自这些教席，例如我们后面要讲到的大阿尔伯特和圣托马斯·阿奎那是多明我会的，海尔斯的亚历山大和波纳文德则是方济各会的。

最后，我们还要注意的是，虽然整体上而言都属于经院哲学，但十三世纪的经院哲学并不是铁板一块，而是有各种的流派或者说思潮，主要有三种思潮：

第一种是属于传统的圣奥古斯丁特色的思潮，他们遵循的依然是古老的奥古斯丁的思想，这个思想的哲学基础是柏拉图的，对于亚里士多德，则一开始是拒斥的，但后来部分地接受之，这也是方济各会的特色，这种思潮的主要代表人物先期是牛津大学的格洛塞德斯特、海尔斯的亚历山大，还有中世纪最重要的哲学家之一波纳文德，后来则是同样重要的邓·司各脱，不过他对方济各会的传统思想进行了一番调整。

第二种则完全是以亚里士多德思想为基础的思潮，这是多明我会的特色，其代表人物就是大阿尔伯特和托马斯·阿奎那师徒俩了，这一派可以说是整个经院哲学最重要的思潮、也是最杰出的代表。

　　第三种则是阿维洛伊思潮，这一派也是遵循亚里士多德的，但他们所遵循的亚里士多德乃是阿维洛伊所表述的亚里士多德，因此和多明我会的亚里士多德是大不一样的，并且与之成为了强劲的对手，代表人物则是著名的布拉班的西格。

　　除了这三个，还有一些不属于这些流派的另有特色的哲学家，但其名气就远弗如上面这些了。

　　做完这些准备工作，我们就可以正式进入十三世纪的哲学了。

第二节　十三世纪早期的哲学家之一：
奥威涅的威廉

　　十三世纪是经院哲学的鼎盛期，按照《劳特利奇哲学史》的说法，乃是经院哲学的黄金时代。当然，在《劳特利奇哲学史》看来，这个时间不是严格的十三世纪，这也是自然而然的，甚至是必然的，因为哲学家们的诞生年份不可能那么精确地出现在某个世纪，当我们说某个世纪是什么样的时代或世纪时，总是一种概括性的说法。在《劳特利奇哲学史》看来，经院哲学的黄金时代是从1250年到1350年左右的100年时间。此后，经院哲学还有一个"白银时代"，即从1525年到1625年间。同样是一个重要的时代，只是没有黄金时代重要，所以就称之为白银时代了。[1]

　　在这个最重要的经院哲学的黄金时代诞生了一大批著名的哲学家，

---

　　① 参见约翰·马仁邦主编：《劳特利奇哲学史》（第三卷），孙毅等译，中国人民大学出版社，2009年1月第一版，第517页。

但在讲那些哲学家之前，我们要先来讲三个不那么著名的哲学家。

这三个哲学家分别是：奥威涅的威廉、格洛塞德斯特与海尔斯的亚历山大。

我们第一个要讲的就是奥威涅的威廉。

奥威涅的威廉是法国奥威涅人，大约生于1180年，逝世于1249年，早年就献身基督，据说当1227年巴黎的老主教去世时，他对新任主教不满，便跑到罗马去找教皇申诉，他显然取得了成功，第二年自己就当上了巴黎主教，这可是基督教世界中最重要的主教职位之一。

奥威涅的威廉不但是一位高级教士，还称得上是一位哲学家，而且就生活年代而言他是十二世纪和十三世纪之交的人，他的哲学也恰好具有这样的特色——即过渡型的特色，正如柯普斯登所言：

"奥威涅的威廉是一位过渡的思想家，透过他对亚里士多德、阿拉伯和犹太哲学著作的熟悉，也透过他对他们理论有限度的接纳，他一方面为大亚尔伯特和多玛斯，乃至于完整的亚里士多德主义铺路，而另一方面，则为像波纳文德这类的奥古斯丁主义者明显反亚里士多德的态度铺路。"[①]

正因为奥威涅的威廉的这种过渡特性，我们才在他的哲学就历史地位而言并不是十分高的情形下专门介绍他的思想。

奥威涅的威廉的主要著作是《以智慧的形式关于上帝的教义》，它包括七部分，如《论三位一体》、《被造物的世界》，等等，经常

---

① 柯普斯登：《西洋哲学史》（第二卷），庄雅棠译，台湾黎明文化事业有限公司，1988年3月第一版，第325页。

分别出版成七本书，此外还有《论灵魂》也是比较重要的作品。

　　奥威涅的威廉的主要思想之一是对于本质与存在关系的论述。我们知道，关于本质与存在的关系乃是基督教中核心的问题之一，就像吉尔松所言："本质与存在的真实区别，不但是对于多玛斯派重要，对全部基督徒形而上学都很重要。"①

　　奥威涅的威廉在这个问题上有着相当深刻的认识。其主要特点是区分了存在与本质，在他看来，只有对于上帝，存在与本质才是同一的，即上帝的存在就是其本质，或者也可以说本质就是其存在，上帝乃是一种"纯粹的存在"。从这里就可以导引出上帝的永恒性：上帝的本质与存在为一，即上帝是永恒的，因为其本质就是存在，而上帝是一定具有本质的，而这个本质就是存在，因此上帝必然是永恒的，即一直存在。但上帝之外的其它一切事物，其存在与本质是相分离的，这也就是说，它们不具有存在这个本质，进一步地这也就意味着它们的存在是暂时的、不是永恒的。

　　我们要看到，那些存在着的事物也具有存在这个性质——虽然不是本质，那么这个性质又是从何而来的呢？——是从上帝而来的，即上帝让万物"分享"了这个性质，换言之就是说，上帝乃是万物的创造者，祂创造万物，也就是赋予万物以存在这个性质。

　　还有，在这里，奥威涅的威廉强调了一点，就是当我们将存在与本质这样的词分别应用于上帝与万物时，其含义是不一样的，我们不要以为万物的存在和上帝的存在是一码事，实际上不是的，本

---

　　① 吉尔松：《中世纪哲学精神》，沈清松译，上海人民出版社，2008年11月第一版，第360页。

质也是一样。他还举了"健康"这个词为例，人可以说是健康的，猪羊牛马或者食物、药物甚至尿液也可以说是健康的，但它们的含义显然是不一样的。[①]

奥威涅的威廉这个观点是有道理的，我们也一定要注意：当一个词既可用之于神也可以用之于人时，我们一定不要以为这里面的含义是一样的，实际上是不一样的，甚至有着根本的区分，但这是一个很深刻也极不好表述的问题。

奥威涅的威廉对于本质与存在的区分是受到了伊斯兰哲学家如阿维森那的影响的。他部分地接受了他们的思想，例如关于神的存在与本质的一体性，但在另外的许多方面，他断然拒绝了伊斯兰哲学。例如我们前面讲过，阿维森那和阿维洛伊都认为神在创世时先创造了十个"睿智"，它们是上帝创造世界的一种中介，这种思想源自于新柏拉图主义如柏罗丁的理智，但奥威涅的威廉抛弃了这样的思想，因为这个思想和基督教关于上帝创世时的绝对权力是相违背的，这种上帝创世的绝对性是从奥古斯丁起基督教就一直强调且毫不动摇的。

对于亚里士多德，奥威涅的威廉也是一方面接受了亚里士多德的许多思想，例如亚里士多德对于神的一些理解，但在不少方面也抛弃了亚里士多德，例如在亚里士多德看来，虽然神是第一推动者，但同时这个世界具有永恒性，对于这一点奥威涅的威廉是坚决反对的，因为这和上帝的创世是相违背的。

---

① 参见柯普斯登：《西洋哲学史》（第二卷），庄雅棠译，台湾黎明文化事业有限公司，1988年3月第一版，第318页。

　　为什么如此呢？这道理其实是很明显的，例如既然世界是永恒的，那么何来创造呢？一个永恒存在的东西需要创造吗？显然不需要，因为说一个东西是被创造的，那么显然就说明它并不是永恒存在的，这样才需要创造，这是一个明显的道理。奥威涅的威廉还进行了这样的论证：倘若这个世界是永恒的，那么就是说，当这个世界被创造之时，已经有一段永恒的、无限长的时间过去了，但请问，"永恒"能够过去吗？这显然是有着逻辑错误的。因此这个世界不可能是永恒的，而是由上帝创造的。

　　这时候也许有人问：那么在上帝创造世界之前，是否存在时间呢？倘若存在的话，这个时间是有限还是无限呢？对于这样的质疑，奥威涅的威廉回答说，在上帝创造世界之前，时间是空的，或者说是不存在的，时间只有当上帝创造世界之后才具有意义，或者说才有了时间。我们也可以说：上帝像创造万物一样创造了时间，因此必然有一个最初的时间。

　　关于时间的存在、时间是不是有起源，这是一个极其重要也极其复杂的问题，几乎不可能得到完满的回答。例如柏拉图认为时间也是神创造的："时间和天在同一瞬间生成，一起被创造，神这样做为的是，如果它们也有解体的时候，那么它们也会一起分解。"①后来的教父大巴希尔也认为时间是由上帝创造的，而且，上帝是在创造世界的同时也创造了时间，也就是说，时间也是有起点的，并不是永恒的，这也说明，在时间的起点之前并不是时间，或者说并

---

　　①　柏拉图：《柏拉图全集》（第三卷），王晓朝译，人民出版社，2017年12月第一版，第289页。

没有时间。

从上面的分析中可以看出来，在关于世界的创造、时间与永恒性这些方面，奥威涅的威廉是继承了柏拉图的旧传统而反对新兴的亚里士多德主义的。

关于人的理性或者说理智，奥威涅的威廉强调理智的主动性与创造性，认为人的理智不仅能主动地认识知识与真理的规则，而且能根据这些规则构造出新的思想，对此他打了一个有趣的比喻，将理智比喻为蜘蛛，他说：

"当科学的原则按三段式秩序安排得符合它们的结论，即，适合于必然地、直接地推演出来的东西，它们把这些结论引入心灵，成为结论的原因。这样，关于原则的知识便是关于结论的知识的原因。"①

奥威涅的威廉在这里认为可以根据三段论得到新的知识与真理，这样的观念显然是来自于亚里士多德的。有意思的是，在他之后三百来年的培根也有一个相类的比喻。培根依据自己对感觉、经验与实验的理解，相对来说是轻视感觉、关注经验、重视实验，但实际上，若从更为根本与广泛的角度分析，培根对这三者都是重视的，认为它们缺一不可，只有将这三者结合起来才能获得真正科学的知识，对此他有一段很著名的话：

"历来处理科学的人，不是实验家，就是教条者。实验家像蚂蚁，只会采集和使用；推论家像蜘蛛，只凭自己的材料来织成丝

---

① 转引自赵敦华：《基督教哲学1500年》，人民出版社，2005年5月第一版，第325页。

网。而蜜蜂却是采取中道的，它在庭园里和田野里从花朵中采集材料，而用自己的能力加以变化和消化。哲学的真正任务就正是这样，它既非完全或主要依靠心的能力，也非只把从自然历史和机械实验收来的材料原封不动、囫囵吞枣地累置在记忆当中，而是把它们变化过和消化过而放置在理解力之中。这样看来，要把这两种机能即实验的和理性的这两种机能，更紧密地和更精纯地结合起来（这是迄今还未做到的），我们就可以有很多的希望。"[1]

在这里培根用三种动物蚂蚁、蜘蛛与蜜蜂来比喻三种研究哲学或者说科学的方式，蚂蚁只知道收集材料，并且对之进行一种简单而直接的使用，例如收集死虫直接当成食物吃掉，这些人就是只重视感觉与经验的人。蜘蛛则吃的是虫子，吐出来的却是和虫子没有什么相似之处的丝网，这些人就是教条者了，因为他们不重视经验，甚至不看这个世界本身，而只是根据一些古老的教条去推出各种的结论，将之当成哲学的理论，这样的理论当然不会是正确的。而蜜蜂显然是最好的，因为它一方面吸收了花蜜，同时又会自己利用花蜜来加工，酿造成美味芳香的蜂蜜——这就是培根理想中的哲学家了。

不难看出，奥威涅的威廉正是培根在这里当成蜘蛛似的人，因为他恰恰是从一些古老的教条之中，尤其是亚里士多德的教条之中，去得到各种结论的，并且将之当成自己的哲学理论。

以上我们讲了奥威涅的威廉的两个思想，此外他还有其它许多思想，有的还颇有特色，例如他也从独特的角度论证了上帝的存

---

[1]　培根：《新工具》，许宝骙译，1984年10月第一版，第81—82页。

在，认为万物的存在这个特性不是必然的，而是偶然的、是被赋予的，那么显然，它们的存在这个特性就必须有一个必然的存在来赋予，这个必然的存在就是上帝了。这种论证有类于以偶然和必然去论证上帝的存在，但却有其一定的独特性。

在有一些理论中，奥威涅的威廉还同时兼纳了柏拉图、奥古斯丁与亚里士多德的特色，例如他有关灵魂的理论，不过由于篇幅的关系我们在这里就不一一述说了。

下面我们来讲格洛塞德斯特。

第三节　十三世纪早期的哲学家之二：格洛塞德斯特

格洛塞德斯特是英国人，1170年左右出生于英国的萨福克郡，据说他的父母只是普通农民，但教会也给这样的农民子弟提供了上学的机会，由于他成绩优异，得以到巴黎大学留学。毕业回到牛津大学后，他在这里取得了很大的成功，1220年左右成了牛津的名誉校长。还据说是牛津大学的第一任校长。[①]他是方济各会的修士，1235年时当上了林肯郡的主教，一直当到1253年去世。

格洛塞德斯特的成就是多方面的。首先，他是一个出色的翻译家兼注释家，翻译了亚里士多德的《尼各马可伦理学》，而且是直接从希腊文译过来的；又为亚里士多德的《后分析篇》、《物理学》等作了注释，由此说明他对亚里士多德的思想是很熟悉的。他甚至

---

① 参见赵敦华：《基督教哲学1500年》，人民出版社，2005年5月第一版，第331页。

还注释了伪名丹尼斯的著作。当然，格洛塞德斯特也是一个有成就的哲学家，但他的哲学成就有自己的特点，即一方面他是一个哲学家，但同时他的哲学却与此前的中世纪哲学家相当不一样，就是带有浓厚的经验主义色彩，他是从经验的或者可以说科学的角度去论述神学的，将科学与神学结合在一起，因此另一方面他也可以说是一个科学家。这不能不说是一个伟大的创举，是他异于此前其他所有神学家的最大特征。

我们知道，英国哲学向来以经验主义为主要特色，谈到这个特色时我们往往首先想到的是培根，但实际上这个传统并不是从培根开始的，而是英国早已有之的光荣传统，若说最早的一位，也许在爱留根纳那里就有了最初的胚芽，例如他的代表作《大自然的分类》，从名字上就可以看出带有一定的科学味道。但真正开启经验之门的乃是格洛塞德斯特，再往后，罗吉尔·培根又更加深植了这一传统，然后到奥康，最后才轮到了培根。因此，培根只是将英国这一悠久传统发扬光大而已，根本不是原创。

与他的成就相适应，格洛塞德斯特的著作也分三大类：一类是注释和翻译，二类是哲学，三类是科学。

第一类不用说，第二类有《论万物之独一形式》、《论各种睿智》、《论真理》等，第三类有《论光》、《论技艺的用处》、《算术》、《星辰之起源》，等等，很多。不过这些著作和迈蒙尼德的大部头可不一样，大都是些小册子，内容也简洁明了。

格洛塞德斯特的著作与思想中，最有名的是他有关光的思想。

在他的《论光》里，开篇就指出：

"第一物质形式（或一些人所谓的形体性），我认为是光。因为光自身把自身向各个方向发散，于是，从一个光点开始，可以形成随便多么大的光球——只要没有不透明的某物挡在路上。"①

看得出来，格洛塞德斯特认为光是第一个具体的物质形式，至于基本的原因在于光的"扩散性"，即光能够从一个点开始向各个方向扩散，形成巨大的，甚至任意大的光球。格洛塞德斯特关于光的这个说法显然是符合于常识的，只要我们自己在黑暗中拿随便什么光做一个实验就看得到了。

不过，格洛塞德斯特之所以认为光是第一具体的物质形式，并不仅仅因为它能够扩散，而是光还有别的优点：

"光的本质比所有物质事物都更有价值、更高贵、更优秀；它比所有物质都更像独立的形式，即理智。因此，光是第一物质形式。"②

这个光先是从太空最外层开始扩散的，这个最外层充满了光，于是成了第一光球。

有了第一光球之后，光的扩散并没有停止，而是继续扩散，有了第二光球、第三光球，直到第九光球：

"正如第一物质所产生的光芒充满了第二光球，在第二光球中，大块变得密度更高，于是，第二光球中产生的光芒就完善了第三光球，因为聚合，第三光球中的大块密度又更高。于是，这种聚合又播散的过程如此变换，直到'九层天界'都充满了，而密度最高的

---

①　《论光》，见赵敦华、傅乐安主编：《中世纪哲学》（下卷），商务印书馆，2013年3月第一版，第1172页。

②　同上，第1173页。

大块（这就是四元素的质料，在第九，即最低光球中聚合）。"①

从引文中可以看出来，格洛塞德斯特认为光除了能够扩散外，还能够进行自我的增殖，也就是说自己变强，这个观点必然是很重要的，因为倘若光没有这个性质，而是像我们所看到的一样，随着扩散而渐渐暗淡，那是很难形成那九个大光球的。

这九大光球的最下面一个就是月亮了，格洛塞德斯特说，这个月亮之光球自己也可以散发光芒，通过这种散发而在它的下面形成了四大元素，就是水火土气，这"四根"我们在恩培多克勒那里已经看到过了。

四大元素形成之后，格洛塞德斯特说，整个可以感知的世界就形成了，它们是这样子的：

"这样，这个可感世界的十三光球都形成了，即：九重天界，是不可被改变、增长、产生、腐化的，因为都被充满了；还有四界以相反的方式存在，可以改变、增长、产生、腐化，因为没有被充满。这是很清楚的，每一层较高的物质，都因为它所产生的光芒，而成为后面的物质的形式和完善。"②

从这里可以看出来，在格洛塞德斯特那里，九重天界的光从第一层起在等级上有区别，越往后等级越低，但它们都是不变的即永恒的，而到了第九重天界下的光就大不一样了，它们是可变的与可灭的。

简而言之就是，格洛塞德斯特认为所有物质都是由光组成的，

---

① 《论光》，见赵敦华、傅乐安主编：《中世纪哲学》（下卷），商务印书馆，2013年3月第一版，第1177页。

② 同上。

但光似乎并不是直接地变成物质，而是成为物质的一种形式，而且是物质的完美的形式，这就有类于柏拉图的理念了，他说：

"所有物质的形式和完满就是光；但是，更高的物质的光更具灵性、更简单，而更低的物质的光更具物质性、更复杂。"①

我们完全可以把这段引文中的"光"替换成理念，其意思也是一样清楚的。因此我们可以大致地将格洛塞德斯特的光看成是柏拉图的理念，不过乃是一种更为具体的、物质性的理念罢了。

格洛塞德斯特在这里所谈的只是物质性的光，他当然不会停留于此，否则他就不是神学家或者经院哲学家而是科学家或者自然哲学家了，既然是神学家，他自然要将光进一步扩展到神。

这种扩展并不难，格洛塞德斯特认为，上帝就是光，而且是纯粹的光、永恒的光。当然，他特别指出这里的光可不是物质意义上的可见光，根本不是这么回事，而是一种比喻性的说法，其具体的含义只可意会而不可言传。或者我们可以简单地理解成"万物之形式"，即这个光只是一种形式，但在这种形式里将形成万物，万物以之为范式。还有众天使，他们也是光，当然同样不是看得见的光，也是一种比喻，他们又比上帝次一级，不过可以从上帝那里分享那永恒的光。

前面我们看到了，格洛塞德斯特提到了月亮及以上有九大光球，然后加上月亮之下的地球，刚好构成十，这个数字并不是一种巧合，而是其来有自的，就是格洛塞德斯特显然是受到了毕达哥拉

---

① 《论光》，见赵敦华、傅乐安主编：《中世纪哲学》（下卷），商务印书馆，2013年3月第一版，第1178页。

斯的影响，在他那里，数字也有着特殊的意义，他为什么说要有九大光球呢？就是为了要它们和水火土气构成的地球一起组成10，这样实际上就有了十大球，在格洛塞德斯特看来，10乃是一个完美的数字，他说：

"由此就清楚了10是普遍完美的数字，因为所有的完美整体自身中都有作为1的形式、作为2的质料、作为3的组合、作为4的组合物。在这四之外加上第五个数字这是不会发生的。因此，万物的整体和完美就是10。"①

这段话的含义是相当深刻的，并且充满了古希腊的气味，1是形式、2是质料、3是形式与质料的组合、4是组合物，这样，经过了四步，万物就形成了。我们可以进一步联想到柏罗丁的思想，在柏罗丁那里，太一是一，它产生理智、理智产生灵魂、而后产生了万物，也是四步。更进一步地，我们可以联想到《老子》："道生一，一生二，二生三，三生万物。万物负阴而抱阳，充气以为和。"②这里的"道生一"就是说道是一，道产生了二，二就是阴阳，二产生了三，三就是气，再由气产生了万物，可以说万物就是四。这样也是四步，一至四相加同样是十——完美的数字！

上述的比较有力地说明了东西方之间思想的可通达性，这是我们一定要注意并且深思的。

相传格洛塞德斯特还有一种著作，这是于十三世纪一度流行的一部以《哲学大全》命名的著作，但经后人鉴定，这是一部伪

---

① 《论光》，见赵敦华、傅乐安主编：《中世纪哲学》（下卷），商务印书馆，2013年3月第一版，第1180页。

② 《老子》第四十二章。

作，就像伪名丹尼斯的著作一样，当然远没有伪名丹尼斯的著作重要。但也有一定重要性，因为它堪称当时一切科学知识之总汇，包括19篇论文、284章，以哲学史开始，其后的主题依次为知识论、形而上学、神学、宇宙论、心理学、光学、透视理论、天文学、物理学、气象及矿物学等等，确实具有相当明显的格洛塞德斯特的色彩。"虽然其中有一些幻想和迷信成分，但是一部真实地反映13世纪哲学、神学和科学发展水平的重要资料。"①

第四节　十三世纪早期的哲学家之三：海尔斯的亚历山大

谈完了格洛塞德斯特，我们再来看海尔斯的亚历山大。

海尔斯的亚历山大同样是英国人，1170至1180年之间诞生于英国的葛洛斯特郡，②但也有说法认为他生于1185年。③1231年左右加入了方济各会，并且迅速以其哲学与神学水平而在会内崭露头角，方济各会获得了其在巴黎大学的第一个教授席位后，就授予了他，他在这里当教授一直到1245年去世为止。

海尔斯的亚历山大在哲学上的重要性又要次于格洛塞德斯特一些，因为他并不具有格洛塞德斯特的独创性，即将经验与科学的认识与对上帝的认识结合起来，当然他也是有其重要性的，那就是从

① 参见赵敦华：《基督教哲学1500年》，人民出版社，2005年5月第一版，第336页。
② 参见柯普斯登：《西洋哲学史》（第二卷），庄雅棠译，台湾黎明文化事业有限公司，1988年3月第一版，第334页。
③ 参见赵敦华：《基督教哲学1500年》，人民出版社，2005年5月第一版，第325页。

他开始，亚里士多德开始清楚地走进中世纪哲学并被广泛采用——虽然经常是带有批评态度的采用。从奥威涅的威廉到格洛塞德斯特再到现在的海尔斯的亚历山大，我们可以看到这样一个顺序：就是亚里士多德的思想由了解、到部分采用再到比较广泛的采用，再往后就是大规模的采用了，而这乃是经院哲学发展一个基本的特征。

还有，海尔斯的亚历山大的著作也有其特点，就是它是一种"大全"——名为《神学大全》。顾名思义，这种大全的内容是十分丰富的，从他开始，经院哲学家们开始搞起了各种各样的大全，成为了著作的一种主要形式，例如托马斯·阿奎那的主要著作就是《反异教大全》、《神学大全》等这样的"大全"。不过，现在一般认为这部著作并非他一人所写，而是方济各会的学者们集体智慧的结晶。

当然，海尔斯的亚历山大的大全是没法和托马斯·阿奎那的相比的，而且，就个人的成就而言，他基本上没有什么独创性的贡献，也因此，除了柯普斯登外，即使是大部头的哲学史著作，例如《劳特利奇哲学史》和《西方哲学史·学术版》或者人民大学出版的《西方哲学通史》都没有对他的专门介绍。当然赵老师的《基督教哲学1500年》是有的。

海尔斯的亚历山大的思想之主体是对上帝的认知。他认为人对于神的认识是很有限的，例如我们无能理解神圣的三位一体究竟是怎么回事，但我们对于神依然是可以有所认识的，例如我们了解神是存在的，甚至于异教徒和坏蛋们也可以了解这一点。为什么如此呢？那是因为我们人天生有一种知性的能力，据此可以对上帝有所认识，但要注意的是，这种认识是十分有限的，而且我们不要以为可以知道上帝的本性，即使我们用善与美这样的词来描述上帝，也是一种比喻性的说法，即这意义用之于凡人与用之于上帝的意义是不一样的，他的这个思想显然是来自于奥威涅的威廉的。

还有，为什么人和上帝都可以用善这样的词去形容呢？那是因为人分享了上帝的善，当然，这种分享是有限的，并且与上帝的本性依然是有着质的区别的，或者可以这样说：在上帝那里，乃是善的本体或者本身，是名词，而在人这里，则是善的，是形容词。

除了善外，海尔斯的亚历山大还用不可变、唯一、无限、不可理解、不可量度、永恒、统一、真理、能力与智慧等去描述上帝，在论述时大量引用了前人尤其是奥古斯丁与安瑟尔谟等的著作，因此他的"大全"也可以说是一种前贤的"语录大全"。

除了这些对上帝的直接论述外，海尔斯的亚历山大还谈到了有关上帝的一些不那么好理解的问题，例如恶的问题，还有《圣经》里上帝的一些似乎的"恶事"。

关于恶的产生我们在前面已经谈过了很多，例如普洛克罗认为恶只是一种善的"缺陷"，也是一种"缺乏"，因为"缺乏"了善，所以产生了恶。教父奥利金也认为恶是一种缺乏，而不是某种正面的东西，因此我们不可说上帝是恶的创造者。[1]到了奥古斯丁同样认为恶是一种缺乏，即善的缺乏，正是这种缺乏导致了恶，例如在动物生病了，就是意味着健康的缺乏，生病是恶，健康是善，缺乏

---

① 参见柯普斯登：《西洋哲学史》（第二卷），庄雅棠译，台湾黎明文化事业有限公司，1988年3月第一版，第39页。

健康就是恶，即恶是善的缺乏。[①]海尔斯的亚历山大对恶的态度和奥古斯丁等是一致的，即认为恶不能说是上帝创造的，恶乃是一种消极的东西，是缺乏、善的缺乏。就像光一样，有光，也有黑暗，但我们能够说黑暗是光造出来的吗？当然不能！黑暗就是因为缺乏了光才产生的，类似地，上帝是光——纯粹的神圣之光，而恶是黑暗，我们之不能够说上帝是恶的创造者犹如不能够说光是黑暗的制造者。

还有，在《圣经》里，我们经常会读到一些似乎对上帝不利的事情，例如上帝叫人杀了这个杀了那个，甚至灭了这国灭了那国，特别是上帝把流着奶与蜜的迦南地赐予以色列人时，迦南地本来是有了别人的，上帝把那地上的人赶走，而把地赐予了以色列人，上帝还使生活在埃及的以色列人夺去了埃及人的财产，这些事情在《圣经》里记载了很多很多，这一切都使上帝看上去像一个不义之人。对于这一点古往今来都有许多人对上帝即耶和华产生了大量的非议，乃至动摇了信仰，例如伟大的达尔文，他在《自传》中说，当他登上"贝格尔号"时，还持十分正统的宗教观念，然而，在远航途中，他深刻地发现，基督教并不比印度教或者野蛮人的原始宗教更值得相信。至于原因，他说："这是由于《圣经》明显地伪造了世界历史、通天塔以及把虹作为一种征兆，等等，还由于它使人感到上帝是一个善于报复的暴君。"他接着在里面用了好几个"不可信"甚至"完全不可信"，将从《旧约》到《新约》的整个基督

---

① 参见周伟驰:《奥古斯丁的基督教思想》，中国社会科学出版社，2009年5月第二版，第197页。

教信仰彻底地否定了，甚至说基督教的信仰是一种"该死的教义"。

对于这个问题，海尔斯的亚历山大也作了解释，他说，我们不能说是上帝下令以色列人去窃夺埃及人的财产的，这样的话上帝就不义了！这是不可能的，因为上帝不会做不义之事，这与上帝的至善是自相矛盾的，也是违反自然律的。但上帝却是有自由意志的，祂是绝对自由的，因此祂可以夺走埃及人的财产，再让以色列人拿走，或者祂也可以命令以色列人拿走埃及人的财产，记住，这里是拿走，而不是窃取！同样地，上帝也可以命令以色列人杀掉这个那个人，甚至千千万万人，灭掉这个那个国，这些都是上帝的自由意志的体现，与义或者不义无关！对于上帝而言，这只是改变了财产或者国土的秩序而已，其间并没有任何贪心邪念之类。而贪心与邪念才是恶，上帝没有这些，所以没有恶。

这个解释貌似牵强，但不是全无道理的。首先，我们可以看到，上帝自己在这里面并没有得到什么，祂只是将财产与土地交给祂选定的子民以色列人而已，这里面确实不能够说上帝有什么贪心邪念。其次，上帝既然是上帝，祂是万能的、绝对自由的，当然有权力这样做，天下万国万民一切财产都是祂的，祂当然有权把这些赐予任何人，这是祂的权柄，也是祂绝对的自由。我们可以参考一下后来的斯宾诺莎的思想，斯宾诺莎认为，神是绝对自由的，祂只按照"那种出于他的本性的规律"行事——这种规律也类似于海尔斯的亚历山大的"自然律"，这也意味着上帝可以做任何的事，无所谓善恶。

斯宾诺莎还比海尔斯的亚历山大更进一步地论证了善与恶。在他看来，我们所谓的善恶只是人的主观感觉而已，是互相矛盾的，对根本不可能有矛盾的、完满不过的上帝来说，怎么可能将之如我们人一般视为善恶呢？如果要祂判断，祂就要抉择，那么祂该如何抉择呢？听哪些人的意见呢？总之，说善道恶只是人类才有的事，至于上帝，祂是不可能这样做的，在祂那里无善亦无恶。

这种方式的确可以从哲学的角度解释《圣经》中那些在我们看来是恶的事，但是不是一个合理的、大家都可以接受的解释就是另一回事了。

关于上帝的另一个重大问题，对上帝的创世，海尔斯的亚历山大和奥古斯丁等基督教哲学家强调的都一样，上帝在创造世界中有绝对的权力，并且是从虚无中创造世界的，人的灵魂也是神从虚无中创造的，并且这是一种直接的创造，不需要借助中介，这也是他对伊斯兰哲学创世观的反对。此外，他同样反对亚里士多德关于世界是永恒的思想，认为世界的非永恒性是可以证明的，至于证明的方式，我们在前面讲奥威涅的威廉时已经说过了，这里就不多说了。当然，海尔斯的亚历山大并不是一味地反亚里士多德，他也接受了许多亚里士多德的思想，例如亚里士多德关于形式与质料组成万物的思想。

关于海尔斯的亚历山大的思想我们就谈这些，下面我们要进入十三世纪哲学的高潮，也是整个中世纪哲学的高潮了。

对了，海尔斯的亚历山大最大的贡献其实不是上面这些，而是他培养了一个了不起的人物，他就是中世纪哲学中最伟大的哲学家之一、与托马斯·阿奎那齐名的波纳文德。

波纳文德也是中世纪哲学高潮中的第一个伟人。

第十七章　"六翼天使博士"波纳文德

波纳文德似乎并不怎么有名，但实际上他在中世纪哲学中的地位是举足轻重的，一向被看作是和托马斯·阿奎那同样伟大的人物。

还有，与托马斯·阿奎那不一样的是，他不但是一个重要的哲学家，还是一个非常重要的基督教宗教领袖、其影响持续了很久，这点我们后面就会看到。

第一节　简述

波纳文德出生于现在属于意大利、当时属于教皇国的巴格诺尼亚，位于今天意大利中部的托斯卡尼地区。关于出生的时间，《不列颠百科全书》和《美国百科全书》说是约1217年，柯普斯登和赵老师则说是1221年，不过都差不多。据说他原名约翰，还是一个小儿的时候得了重病，他母亲便向亚西西的方济——就是前面讲过的方济各会的创始人——祈祷，请求他治好儿子的病，结果圣方济不但让他的病好了，还称他为未来之宝，拉丁文的发音就是"Bona ventura"，这就是"波纳文德"这个名字的来历了。由于这层关系，年纪稍大后，1240年左右，他自然而然就加入了方济各会，并在著名的巴黎大学就读。

这时候方济各会已经在巴黎大学拥有了一个教授席位，教授就是我们上面刚刚讲过的方济各会的第一个教授海尔斯的亚历山大。1243年，波纳文德在巴黎大学获得了文学硕士学位，1248年获得了博士学位，此后就在巴黎大学任教了，开始讲授《路加福音》，当乃师海尔斯的亚历山大逝世后，他接过了方济各会在巴黎大学的教授席位。

但他在巴黎大学的职位并不十分稳定，曾经在1255年被巴黎大学赶走，也就是说巴黎大学不承认他是一个堪为高贵的巴黎大学教授的了不起的学者。但这显然不符实际，可能只是巴黎大学一小部分人活动的结果，因此第二年他很快又回到了巴黎大学，并且在1257年10月的一天和托马斯·阿奎那同时被正式接纳为巴黎大学教授。

波纳文德在方济各会内的待遇和巴黎大学可不一样，他的表现可以说极为杰出，因此得以青云直上，到1257年2月2日，他登上了方济各会会长的宝座，成为方济各会的第七任会长，成为基督教世界一个重要的人物。[①]

当上了方济各会的会长后，由于会务繁忙，他的大学教授生涯自然就结束了，他将主要精力用来处理会务。这时候，方济各会内部正酝酿着相当大的冲突与危机。就像《射雕英雄传》中的丐帮有净衣与污衣派之争一样，在当时的方济各会内部也有类似的纷

---

① 参见《心灵走向上帝之途径》序言，赵敦华、傅乐安主编：《中世纪哲学》（下卷），商务印书馆，2013年3月第一版，第1196页。

争。我们前面讲过，方济各会的创始人圣方济强调成员要过艰苦朴素的生活，麻衣赤足，乞讨过活。因此方济各会内部也有一个这样的派别，要求大家都过这样的生活，但另一派则主张不必如此，于是两派就像丐帮内部的污衣净衣两派一样产生了冲突。波纳文德上任后，也像丐帮帮主洪七公一样，努力在两派之间进行了调和，使之不要分裂，由于波纳文德是一个调和高手，使方济各会安定下来了，他还重新制订了方济各会的章程，其中强调了修会的使命是不但要为基督徒，而且要为全人类服务。

此后这一宗旨一直被方济各会强调下来。正是由于有了这个宗旨，才使得方济各会一直以来都广受尊敬，也得到了极为广泛的传播，直至今天。例如2013年3月14日被选出来的罗马现任教皇就给自己取名为方济各，正是基于他尊崇方济各会的这一宗旨。

正是为了表达这一宗旨，教皇方济各在就任不久的2013年3月28日到了罗马一所监狱，为12名少年犯洗脚。这并不是普通的慈善活动，而是一场特别的宗教活动，是教皇每年都要在复活节前举行的"濯足礼"。但过去教皇一般都是在罗马的圣约翰教皇大教堂举行，而且是为12位天主教教士洗脚——雅称濯足。但现在新教皇方济各大大地突破了传统，跑到监狱里为少年犯们洗脚。这些少年犯的大部分都不是普通的欧洲白种人，他们中既有黑人、又有北非的移民，还有吉普赛人，甚至包括两个女人和两个信仰伊斯兰教的穆斯林。大家可以想象当时已经76岁的教皇竟然为这些少年犯人亲自洗脚的场景！想想我们是不是应当对方济各会和波纳文德刮目相看。

经过波纳文德这样一番整顿，方济各会不但得到了稳定，还壮大起来了，这也使他得到了教宗的青目。于是他被教皇委任为地位很高的约克大主教，但由于自感分身乏术，他不久就请求辞职，教皇也批准了，这是1265年的事。但过了8年，教皇又找上他了，这次他的地位更高了，成为了枢机主教，也就是俗称的红衣主教，是基督教世界仅次于教皇的高位，教皇便是从红衣主教中选举出来的，也就是说波纳文德现在有资格被选为教皇了。这大约是1273年的事。

成为枢机主教后，他不久就参加了在里昂举行的一次重要的宗教大会——里昂大公会议，并且成为了大会的主角，他提出了要使东西方基督教会重新统一的宏伟蓝图，可惜的是天不假年，正当波纳文德准备大展宏图时，他突然地、匆匆地去世了，时为1774年7月15日。

波纳文德的突然辞世令教皇也大为悲伤，格里哥利十世教皇亲临里昂，为他主持了隆重的葬礼。

由于波纳文德无论在哲学上还是在教务上都显而易见地为基督教做出了重大贡献，距他逝世后不过几十年的1482年，波纳文德就被教廷宣布为圣人，1587年时获得了一个极为响亮的尊号"六翼天使博士"，1588年更被尊为圣师。

虽然贵为方济各会的会长和红衣主教，教务十分繁忙，但波纳文德并没有放弃神学研究，先后写出了《心灵走向上帝之途径》、《圣方济各的双重生命》、《圣灵的十种恩赐》、《对六日创造的讨论》等著作。

我们现在就主要以《心灵走向上帝之途径》来分析波纳文德的思想。

不过在此之前，我们或许可以说，波纳文德对神学研究最大的贡献不是他自己有什么思想、写了什么著作，而是他在方济各会大力推广神学研究，因此才使得方济各会不但是一个基督教的传教团体，还是一个研究学问的团体，为方济各会之后在神学研究上的发展奠定了基础，使方济各会后来涌现了邓·司各脱等伟大的经院哲学家。

至于波纳文德本人的哲学思想，总的来说是奥古斯丁主义的，这也是波纳文德思想甚至方济各会思想家一个主要的特点。还有，他对于自己的老师，海尔斯的亚历山大的思想也是很尊崇的，他曾在其著作中郑重地表明不会背离老师的思想。①

因此，当我们述说波纳文德的思想时会看到一个明显的特点，就是他绝不逾越奥古斯丁，也就是说，凡奥古斯丁承认的，他就会承认，凡奥古斯丁反对的，他也会反对。这其实不但是他，也是整个经院哲学尤其是十三世纪经院哲学的一个显著特点，这个特点表现在所有哲学家都从来不说自己创见了什么，什么思想乃是自己的独门之见，而是永远说自己的观点来自于权威，权威就是雷池，每个人都不敢越雷池一步，因此，在谈到经院哲学家们时，吉尔松鲜明地指出：

"这些人的全部理想就在于不要有任何的原创性，假如你向他们证明他们自己也有所增补，这些人一定大感狼狈。"②

---

① 参见柯普斯登：《西洋哲学史》（第二卷），庄雅棠译，台湾黎明文化事业有限公司，1988年3月第一版，第345页。

② 吉尔松：《中世纪哲学精神》，沈清松译，上海人民出版社，2008年11月第一版，第325页。

　　他甚至说："从13世纪到16世纪，据我们所知道，没有产生任何原创性的观念。"①

　　我们要知道，从十三世纪到十六世纪乃是经院哲学的主体时期，特别是十三世纪，乃是经院哲学发展的巅峰，波纳文德和托马斯·阿奎那都是这个世纪的人物，这些人在吉尔松看来都是没有原创性的。当然，吉尔松说得这么绝对也是有点儿问题的，我们后面会看到，波纳文德也许少有，但至少托马斯·阿奎那和邓·司各脱还是有一点儿的。

　　至于波纳文德接受奥古斯丁具体思想的地方，那就太多了。例如奥古斯丁关于恩典的思想。奥古斯丁认为，由于第一个被创造的人亚当和夏娃犯了罪，并且把这罪传给了他们所有的后人，人就有了原罪。人受了洗礼后，虽然自己脱了原罪，但其后代并不因此就没有这原罪了，他还举了一个类比，说人的胡子刮了后，还是会长出来，因为胡子根仍在，洗礼也是一样，洗去的只是受洗者自己的罪，但那罪的根源仍在，就像刮了胡子后那胡子的根仍在体内一样，因此之故，人自己受洗脱离原罪后，其后代仍一样有原罪。②这也就是说，我们人的得救仍需要上帝的恩典，这是奥古斯丁很强调的一个思想。对于这个思想，波纳文德在其著作里也一贯地强调，他在《旷野中一个卑微者的沉思》的第一章中就说：

---

　　① 吉尔松：《中世纪哲学精神》，沈清松译，上海人民出版社，2008年11月第一版，第325页。
　　② 参见奥古斯丁《论原罪》第44章，周伟驰：《奥古斯丁的基督教思想》，中国社会科学出版社，2009年5月第二版，导言第xxix页。

"人在被创造时,其本性的原初构造是适宜止息于静观中的,因此上帝把人安置在乐园中。但是,后来他背离真的光明而转向可变的利益,他由于自身的罪而被扭曲,并通过原罪而扭曲了他的整个类,这原罪从两个方面,即心灵的无知和肉体的贪欲玷污了人的本性。因此,失明和被扭曲了的人坐在黑暗中。如果没有以正义抵制贪欲的恩典的救助,没有以智慧克服无知的知识的救助,人是不可能看见天上的光明的。"①

波纳文德对于奥古斯丁的思想亦步亦趋,对于其他人就不是如此了,例如对柏拉图与亚里士多德,他都采取了部分接受、部分否定的方式,例如他认为柏拉图关于世界创造的理论是优于亚里士多德的,但却反对柏拉图对感觉世界的忽视;他认为亚里士多德是一个伟大的自然哲学家,也尊重亚里士多德的自然哲学思想,我们后面会看到,波纳文德自己也是很尊重自然的,但却认为亚里士多德的形而上学不行,甚至认为亚里士多德只是自然哲学家,不是真正的形而上学家,因为亚里士多德只关注这个物质的世界,在这个世界的形成上没有寻求上帝的创造之光,也就是说亚里士多德缺乏对上帝的信仰,因此他当然会拒绝之。——当然对此托马斯·阿奎那是反对的,这两个最伟大的经院哲学家之间也将为此爆发激烈的争论。

如此等等,这些就是波纳文德思想与人生的简述,下面有更详细的内容。

---

① 《旷野中一个卑微者的沉思》第一章,第7节,见赵敦华、傅乐安主编:《中世纪哲学》(上卷),商务印书馆,2013年3月第一版,第1201页。

第二节　上帝何以存在

我们下面要来讲一些波纳文德的具体的思想，首先是他关于上帝存在之证明的思想。

我们知道，基督徒最关心的是上帝，而关于上帝的诸问题中，处于第一重要位置的就是上帝的存在。因为只有上帝存在了，其余的一切包括信仰上帝才有可能，否则一切都无从谈起。前面我们就已经讲过了不少关于上帝的证明，例如安瑟尔谟关于上帝的两个证明，即从万物的等级以及存在两个角度证明上帝的存在，还有圣维克多学派的修夫等的，现在波纳文德也提出了他对于上帝存在的证明。

波纳文德关于上帝存在的证明方式是相当丰富的，比前面安瑟尔谟和修夫的都要丰富，我们在这里主要选取他的两个证明进行比较详细的论述。

第一个从感知出发进行的证明。

所谓从感觉出发进行的证明，就是指可以从可感知的自然万物出发去证明上帝的存在。

在《心灵走向上帝之途径》之《旷野中一个卑微者的沉思》中有这样一段话：

"由于雅各的梯子是先上后下，因此我们将上升的第一级阶梯安排在最下面，亦即将整个可感的世界如镜子般置于我们面前。通过这可感的世界我们抵达那至高的创造者上帝，以便我们成为真正的希伯来人，希伯来人穿过埃及到达上帝给其祖先的应许之地；也以便我们成为基督徒，同基督一起穿越这世界而抵达圣父；也以便我们成为智慧的爱好者，这智慧呼喊说：'凡渴望我的，到我这儿来，被我的果实填饱。'①因为通过受造物的繁多与美丽可清楚地看见他们的创造者。"②

引文中雅各的梯子指的是波纳文德认为，人是一个"小世界"，可以通过六个阶段而走向上帝，这就像六级阶梯一样，通过这六级阶梯，人就可以走近上帝，了解上帝的必然存在。

这第一级阶梯就是感知的阶梯。在这个阶段内，人看到了万物——这万物都由上帝创造——的"繁多与美丽"，于是通过这繁多与美丽就可以清楚地看到"他们的创造者"，也就是上帝。

为什么如此呢？原因简而言之就是引文中接下去的一句话："创造者的万能、智慧和仁慈体现在受造物中。"这个思想是简单的，也是深刻的。不知道大家思考过这个问题没有，这个世界如此地奇妙，所谓天下之大，无奇不有！大至于天地宇宙，小至于我们每个人自己，甚至一片小小的树叶，里面都蕴含着造化的神奇。就如任何一片小小的树叶吧，它们就有着多么神奇的结构啊！例如有叶绿素可以吸收阳光，还可以将阳光转化成自己生命所需的营养与能量，又能够吸收二氧化碳，释放出氧气，这是何等奇妙的构造啊！还有，它又是由细胞构成的，细胞也有着奇妙而完美的构造，使它具备各种功能；再往下，细胞又是由无数的分子、原子、质子、电子等构成，大家想想吧，一些小得无法感知的分子原子电子

① 见《德训篇》第24章，第19节。
② 《旷野中一个卑微者的沉思》第一章，第9节，赵敦华、傅乐安主编：《中世纪哲学》(下卷)，商务印书馆，2013年3月第一版，第1202页。

等如何构成了一片树叶呢？这些问题恐怕是我们永远也不会知道的！而这片树叶还是大自然中很不起眼的小小的造物，比它构造神奇的多的是。例如我们人，无论我们的肉体还是思想，其构造之奇妙更是匪夷所思了！大家想过没有，这一切如此奇妙的造物是怎样来的呢？难道是从来如此的吗？当然也有进化论之类的科学解释，但是，那进化的根本动力又在哪里呢？进化真的能够自然而然地创造如此神奇的万物吗？或者更进一步地，从一次莫明其妙的"大爆炸"中宇宙就诞生了？倘若我们问：为什么会有这次大爆炸呢？大爆炸之前的宇宙又是什么样的呢？有没有时间与空间？如此等等，这些问题可以说是科学几乎无法回答的。但倘若我们将目光转向信仰，转向一个万能的上帝，这一切问题就可得到一种解释！

波纳文德正是这样做的，他认为大自然的神奇美丽就足以令我们相信上帝的存在、相信这一切都是上帝的创造，言下之意当然是，只有万能的上帝有如此的大能，能够创造如此美丽神奇的世界与万物。

进一步地，波纳文德还具体地提出了三种方式去沉思万物的奇妙，即静观、信仰与推理研究，认为由之都可以得出万物乃上帝之创造的结论。

例如在静观中，我们要静下心来，冷静地观察这万事万物，看它们的"形态、种类和秩序"，就会发现万物之奇妙，从中体味到上帝的"无限能力、智慧和良善"。[①]

---

① 参见《旷野中一个卑微者的沉思》第一章，第11节，赵敦华、傅乐安主编：《中世纪哲学》（下卷），商务印书馆，2013年3月第一版，第1203页。

在信仰中，我们则要沉思这个世界的起源，这个构造如此神奇的世界是怎么来的呢？从起源到现在又经历了些什么样的时代？这时候就不能仅仅是观察万物的神奇了，因为万物之神奇只能够告诉我们它们一定有一个起源，究竟是怎样起源的、中间又经过了一种什么样的历史是不可能告诉我们的。这时候，波纳文德说，我们就必须依赖信仰了！这个信仰就是信仰在《圣经》中已经讲述的历史，即"律法的三个时代"，分别是自然时代、《圣经》时代和恩典时代，波纳文德说：

"它们极其井然有序而彼此相继；我们凭信仰而坚信世界终结于末日审判。在自然时代我们注意到上帝的万能，在《圣经》时代我们注意到上帝的眷顾，在恩典时代我们注意到至高本原的正义。"[1]

在推理研究中，我们注意到了万物的等级，即万物按从低级到高级有秩序地排列着，"看见有些事物仅仅存在；有些事物不仅存在还有生命；有些事物既存在，又有生命，还有辨别力"[2]；有些会腐朽，有些则不会，于是，我们可以由此得知有一个最高等级的、万能而至善的存在，那就是上帝。

显然，波纳文德这个以推理研究的方式去论证上帝存在乃是从安瑟尔谟那里借用过来的，也就是安瑟尔谟的万物存在等级的证明。

总而言之，波纳文德认为，从万物——也就是上帝之受造

---

①　《旷野中一个卑微者的沉思》第一章，第12节，赵敦华、傅乐安主编：《中世纪哲学》（下卷），商务印书馆，2013年3月第一版，第1203页。

②　同上。

物——之中可以清楚地看见上帝的存在与万能，我们也要因此而赞美上帝。他在第一章的末尾如是说：

"因此，不为受造物如此灿烂的光明所照亮的定是瞎子；不被它们如此洪亮的声音所警醒的定是聋子；不因这一切结果而颂扬上帝的定是哑子；不从这些迹象中注意到第一始元的定是傻子。所以，请睁开你的双目，开启你精神的耳朵，松开你的双唇，集中你的心灵，以便在受造的万有中看见、听到、称赞、热爱、尊敬、颂扬、崇拜你的上帝，以免整个世界起来反对你。为了这缘故，世界会攻击那些无知者，但对于明智者，世界乃恩典的材料，他们将能如同先知那样说：'主啊！你的作为叫我高兴，我要因你的工作而欢呼。主啊！你的作品是如此多，都是你用智慧造成的，遍地充满了你的丰富。'"①

不难看出，波纳文德从可感知的世界出发对上帝存在的论证是比较系统的，比安瑟尔谟的要系统而丰富一些，这是自然的，因为波纳文德处于安瑟尔谟之后吗！当然可以比他更深入一步。

波纳文德证明上帝存在的第二种方式就比较简单了，那就是从存在的角度进行证明。

我们知道，世界万物都是存在者，即都具有存在这个性质，那么这些存在者是从哪里具有存在这个性质的呢？对这个问题，波纳文德是这样分析的，他说，世界上的存在者可以从很多角度去分类，有的是"从他者而来的"存在者、有的是有结构与组合的存

---

① 《旷野中一个卑微者的沉思》第一章，第15节，赵敦华、傅乐安主编：《中世纪哲学》（下卷），商务印书馆，2013年3月第一版，第1205页。

在者、有的是有变化的存在者、有的是可能的存在者、有的是潜能的存在者，更为基本地，有的是被产生出来的存在者。这些分类都不复杂，也是可以理解的，例如从他者而来的存在者，就是说它的存在不依赖于自己，而是依赖于自身之外的他者。这样的存在者当然所在多有，可感知的一切存在者无不如此，一片树叶来自于一棵树，一棵树来自于种子，一个人来自于他的父母双亲，一块岩石来自于大地。总而言之，一切感觉之物无不来自于其自身之外的他者。当然，这里也许有人会问：那么太阳月亮星星是来自于怎样的他者呢？这个问题似乎不好回答是哪个他者，但实际上很好回答，太阳月亮之类从科学观点说，是来自于一些远古的宇宙星云；从信仰上说，当然是来自于上帝。但无论怎样我们都不会认为太阳月亮星星是永远这样子、没有产生与起源吧？也就是说，我们可以感知的一切存在者都是从他者而来。

这时候，波纳文德就提出了一个观点：既然所有的存在者都是从他者而来，那么必然地有一个存在者，他不是从他者而来，而是从自身而来。而这个从自身而来的存在者，就是上帝了。

为什么如此呢？其实这是一种自然而然的想法，我们也可以从自然而然的角度理解之。也就是说，既然万物都是从他者而来，那么自然而然地，就应该有一个存在者，他不再是从他者而来，他是万物的总根源，万物都是从他而来。这是一种自然的思维，即使在科学中也是如此，例如我们每个人无疑都是从他者而来——从父母而来。科学家们现在大都认为所有人就最古老的出身而言都来自非洲的一种古猿，甚至于可能来自某一对古猿，这就是"走出非洲"的人类起源说。这非洲的古猿就不再是他者了，而是所有人的母体。我们可以将万物比作人类，万物是不是也有一个这样的总根源呢？既然科学家说有，神学家当然也可以说有，这都是自然而然的推理，这个总根源，神学家说，就是上帝。

从他者而来如此，其它也可以作类似的分析，也就是说，既然存在者有的是有结构与组合的存在者，那么自然而然地，就应该有没有结构与组合的存在者，即一个单纯的、没有组成与结构的存在者；既然有有变化的存在者，那么自然而然地，就应该有没有变化的、永恒如一的存在者；既然有可能的存在者，那么自然而然地，就应该有必然的存在者；既然有潜能的存在者，那么自然而然地，就应该有不是潜能的，而是永恒现实的存在者，即"纯粹实现"的存在者；更为基本地，既然有被产生出来的存在者，那么就应该有不是被产生出来的，而是自有的存在者。

这里我们只对最后一个作进一步的分析。

基督教的一个基本观点是万物都是被创造出来的，无论其多么神奇奥妙，都不是永恒自在的，一定是其来有自的。这不仅仅是基督教的观点，也是古希腊罗马哲学就有的基本哲学观点。例如泰勒士认为水是万物的本原，其实也就是说，万物不是一向如此的，而是其来有自的，即有一个"本原"，这个本原就是水，万物都是来自于水、从水中而来的。之后的古希腊罗马哲学家们，虽然对万物的本原究竟为何观点多种多样，但都有一个共同之点，就是认为万物都有一个异于自身的本原，只是自然哲学家们将本原视为某一种自然之物，而基督教哲学家们认为是上帝而已！这是他们表面上相异，但本质上相同的地方。所以，当基督教认为上帝创造万物时，我们千万不要有任何的奇怪，这只是古希腊哲学一以贯之的观念而已，基督教哲学不过换一种说法而已，将自然的本原变成了上帝。

所以，基督徒或者波纳文德认为既然万物都是被产生出来的，即不是本来就有的，那么自然而然就应该有一个本来就有的，即自有的存在者，这其实十分自然而然的结论。

进一步地，我们还可以看到，前面所说的那些情形，如有的是从他者而来、有的是有结构与组合的存在者、有的是有变化的存在者、有的是可能的存在者、有的是潜能的存在者，其实归根结底都可以归结为这一点，即它们都不是自有者，而是被创造出来的。于是相应地就应该有一个自有者、一个创造者。于是自然而然地，我们就会追寻这个自有者为谁，认识这一点乃是认识基督教创世说的总的也是基本的途径，也体现着基督教哲学的一个基本原则，波纳文德对于这一点也是极其重视的，对此吉尔松说：

"梅瑟为了认识天主，便转向他。他问天主的名字，而答案竟是这般直爽：'我是自有者，你要对以色列子民说，那"自有者"打发我到你们这里来。'这里丝毫没有形而上学的暗示，唯有天主的话，而《圣经》的《出谷记》就从此奠下全部天主教哲学的原则。从此便一劳永逸地明白，天主的适当名字就是'存有本身'（Being），而且，按照圣厄弗连（St.Ephrem）的话——其后圣伯纳文都又重新采用——这个名字指称天主的本质，说'存有'一词指称天主的本质而不指称其他，也就是说天主的本质与存在同一，而且本质与存在只有在天主内始为同一。"[1]

这里的梅瑟我们一般译为摩西，《出谷记》一般译为《出埃及

---

[1] 吉尔松：《中世纪哲学精神》，沈清松译，上海人民出版社，2008年11月第一版，第57页。

记》，圣伯纳文都当然就是波纳文德了，上面《圣经》中的引文现在一般是这样翻译的：

"神对摩西说，我是自有永有的。又说，你要对以色列人这样说，那自有的打发我到你们这里来。"①

上帝的本质——我们可知的本质——首先就是"自有者"，即自己存在者，这一点我们一定要记牢。

这就是波纳文德关于上帝存在的第二个证明，这个证明表述起来并不复杂，但若深入地分析的话，就是整整一章都可以的。

除了这两个关于上帝的主要证明外，波纳文德还有其它关于上帝的证明方式，我们这里再简单列举三个。

第一个证明是从幸福与善的角度进行证明。

这个证明是比较有特色的，在这里，波纳文德首先注意到了一个事实：就是每个人都在追求善与幸福。这个事实显然是成立的，大家确实在追求善与幸福，这是人一种自然的倾向。

于是波纳文德接着问：为什么人会有这种寻求幸福与善之类的自然倾向呢？对于这个问题，波纳文德回答道：那是因为人心中都有关于上帝的观念，正是这种观念导致了人类追求善与幸福的自然倾向。当然，波纳文德也说明了，这种倾向并不是非常鲜明的，而是隐含的，②因此只有一部分人知觉得到，否则，若是所有人都能够知觉之，那么世界上就没有无神论者了。

进一步地，波纳文德认为，这种每个人心中都有关于上帝的观

---

① 《圣经·旧约·出埃及记》第3章，第14节。
② 参见柯普斯登：《西洋哲学史》（第二卷），庄雅棠译，台湾黎明文化事业有限公司，1988年3月第一版，第363页。

念并非后天培养的，而是先天就有的。那么，这种先天就有的观念就证明了上帝是存在的。

不难看出来，这个证明显然有些牵强，它有两个问题：一是为什么由幸福与善可以推导出心中有上帝之观念？二是如何由心中有上帝的观念就能够推导出上帝的存在？

对于第一个问题，那是因为在基督徒心目中，上帝乃是最高的幸福与善，是至福与至善，因此，一旦提到幸福与善，自然而然他们当然就会联想到上帝。这对于无神论者来说是很难有的推论，但对于虔诚的基督徒而言是自然而然的事。至于道理，那就不好说了，因为这实际上不是道理，而是信仰。作为一个基督徒，他认为人心目中天生就有关于上帝存在、上帝是完美的这些观念，在基督徒看来，它们就像1+1=2一样，是一些最基本的常识，是不用讲什么道理、也无需证明当然也不能证明的，就像笛卡尔在谈到这些时所言：

"虽然这是完全不能证明的，但是人人都自然而然地肯定。"①

也就是说，这乃是一种信仰，就像一个数学家无须证明何以1+1=2或者为何"2"字写成一个弯钩一样，无论波纳文德还是笛卡尔派都无须证明之。

对于第二个问题，也许有人会说，即使能证明心中有上帝的观念，并不能证明上帝就存在，有上帝这个实体，心中有和实体有是两码事。

---

① 笛卡尔：《哲学原理》第一部第三十四节，关文运译，商务印书馆，1958年9月第一版。

　　这样的反驳听上去也有道理，但倘若我们深思之，就不会觉得这样的推理很突兀了。这里涉及到了哲学中一个非常重要的理论——思维与存在的关系，笛卡尔的"我思，故我在"某种程度上可以说就是对波纳文德此项上帝存在证明的进一步的或者说补充性的证明。更遥远的，直到后来的胡塞尔现象学，都会对这个问题作更深一步的证明。

　　第二个证明是"完美"或者说"至善"的证明。

　　人们心中都有关于善与美之类的观念，因此之故，人们对于某个事物的美与不美、善与不善都有不同的评价，会说某些事物是美的、善的，而另外有些事物则是不美的不善的甚至丑的恶的、是有缺陷的；人们也会知道事物A比事物B更美，事物C又比事物D更善，如此等等。这样的比较显然是存在的，于是，波纳文德说，我们何以会有这样的认识与比较呢？

　　当然，这首先是因为人有理性的能力，因此能够对于事物进行各种的选择与评价，但同时这也意味着我们心中存有至善与完美的观念，正是因为有了这样的观念、有至善与完美的观念，我们才能进行这样的对比与评价。对此波纳文德说：

　　"理性的选择作用表现在咨询、判断和愿望中。咨询即寻求这个和那个相比谁是更好的，但除非一物更接近于至善，不可能说它是较善，而接近至善无非是说它更类似于至善。因此，要知道谁比谁更善，除非知道谁更类似于至善；而要知道谁更类似于至善，除非知道至善本身。"①

　　---

　　①　参见赵敦华、傅乐安主编：《中世纪哲学》（下卷），商务印书馆，2013年3月第一版，第1216页。

不用说，这个至善本身就是上帝了。于是，由此波纳文德就推导出了上帝的存在。

显然，这个推导和上面的推导有些相似之处，都和笛卡尔的"我思，故我在"有关。

第三个是从真理出发进行的论证。

我们知道，人都有关于真理的观念，这里包含了两层意思：一是我们可以判断某句话是否是真理，二是无论如何一定有真的判断存在，或者说一定有真理存在。

第一层好理解，我们人有理性，可以判断某句话是否是真理——至少原则上是这样。

当然，在哲学史上也有例外，那就是包括新学园派在内的怀疑主义，例如大富翁哲学家阿尔刻西劳，他就不认为有什么真理存在，同样也不认为有什么谬误存在，因此对一切命题都"悬搁"，也就是说不相信任何事物、印象或者理论，也不对任何事物、印象或者理论作出确定性的回答，即不要作出任何判断：既不肯定也不否定。让一切悬在那里，这就是他的悬搁的含义。

第二层就稍微有点困难了，但也不难理解，这就是说，无论如何，我们总可以找出一条真理或者一个真的判断来。反言之，倘若某个人说这个世界上没有真理，那么他一定会惹上麻烦。因为这时候人就问他：请问你这句话是不是真理呢？他若回答是，则说明世界上有真理，因为他的这句话就是真理，他的话不成立；他若回答不是，则说明他原来的观点错了，也就是说世界上有真理。这就是所谓的悖论，欧布里得和芝诺都分析过。这就像波纳文德所指出的一样：那些说没有真理的人是自相矛盾的。①

由此，波纳文德就论证说，既然世界上一定有真理存在，即真理是永恒存在的，那就一定也有永恒真理的存在，不用说，这个永恒真理就是上帝了。

第三节　理念论

我们下面来讲波纳文德另一个重要的思想，就是他对理念论的理解。

理念论是柏拉图的核心思想之一，后来斐洛将这一思想与上帝的创造万物联系起来，认为上帝在创造万物之前先创造了理念，再根据理念去创造实在的万物，奥古斯丁将这一思想继承下来，从此这成为了基督教的核心思想之一。波纳文德作为极其忠实的奥古斯丁主义者将这个理论继承了下来，并且将之当作自己的核心思想之一。正因为如此，波纳文德在这里是接受了柏拉图的思想。

当然，无论奥古斯丁还是波纳文德的理念，虽然源自柏拉图，但还是有所区分的，他们都对之有了自己独特分析，主要是在柏拉图的理念里加上了神性的启示、加上了由上帝而来的信仰之光，以及与此相关的"言"，将言与理念联结起来。但我们同样要知道，亚里士多德是反对柏拉图的理念说的，因此之故，在波纳文德看来，亚里士多德因此连带着将上帝的创造也否定了，所以犯了一个

---

① 参见柯普斯登：《西洋哲学史》（第二卷），庄雅棠译，台湾黎明文化事业有限公司，1988年3月第一版，第366页。

大错误。柏拉图虽然也有错误，但却没有如亚里士多德犯这样根本性的大错误。从这里我们也可以看出来，波纳文德是属于奥古斯丁即柏拉图传统的，而不是属于亚里士多德传统的，这也是他和托马斯·阿奎那之间最本源的差异。这一点就如吉尔松所言：

"12、13世纪所表达的一般看法，可以圣安瑟莫和圣伯纳文都为代表，他们只愿意称自己为出自圣奥古斯丁门下。"[①]

所谓理念论，实际上是一种模型论，即说上帝在创造实在的万物之前，先创造了万物的模型，当然这个模型只是一种理念，位于上帝的心灵之中，可以将之比作一个建筑师，他在头脑中先构思了房子的模型，再根据这个模型去造屋。上帝也是一个这样的建筑师，不过祂是一个无比智慧而强大的建筑师，建筑的不是几所房子而已，而是世界万物。

在波纳文德这里，最大的特色是将上帝的创造，或者说这个模型论与言联系起来。

我们在前面讲爱留根纳时，在讲到他的"大自然的分类"中的第二类"受造而且创造的自然"时已经谈过了言与理念之间的关系。在爱留根纳那里，上帝是用"言"去创造的，从这个意义上说，是先有"言"然后有理念的。在《圣经·创世记》中，上帝的创造之始就是说："要有光，便有了光"，这里的上帝"说"是极其重要的，这"说"就是言，这言就是上帝创造万物的方式，上帝不是用手用脚，而是用"言"去创造万物的，这"言"就是"说"、

---

① 吉尔松：《中世纪哲学精神》，沈清松译，上海人民出版社，2008年11月第一版，第22页。

就是"说道",也就是"道"。上帝全部的创造都是通过这"言"去创造的。从这个角度上说,言也是创造的原型,我们可以这样说:那理念与模型存在于上帝的心灵之内,它们是以何种形式而存在呢?当然不可能是以一些图纸那样的形式存在,即以点线面等图像的形式存在,而是以"言"的形式存在,言就是模型的表达,因此言也是上帝创造的模型。

波纳文德还将这言与我们对真理的认识联系起来,他认为,我们如何才能认识真理呢?那是要依赖上帝的"光",上帝将那神圣的光照耀到万物,通过这照耀人就认识了真理。可以打个比喻:我们处在伸手不见五指的黑暗中,是不可能看到周围有什么的,这时候,倘若有一个手电筒照射过来,在那电筒照射之处,我们便看到了那里有什么,上帝的光的照耀就是这样!当然,这不是一种普通的光,而是一种心灵之光、理智之光,是上帝的"真光"。用另一个名字来说,这光同时也是"言",即与上帝同在的"圣言"。对此波纳文德说:

"人是在那到这世上照耀一切世人的光中认识真理的,这光是真光,是在太初便与上帝同在的圣言(Verbum)。"[1]

这样一来,就自然而然地可以导出这样的结论:倘若我们能够知道上帝的言——圣言,那么就会知道一切的真理,因为上帝要创造的一切都已经包含在祂的言之内,了解上帝之言也就会了解一切。[2]

---

[1] 见赵敦华、傅乐安主编:《中世纪哲学》(下卷),商务印书馆,2013年3月第一版,第1215页。

[2] 参见柯普斯登:《西洋哲学史》(第二卷),庄雅棠译,台湾黎明文化事业有限公司,1988年3月第一版,第371页。

　　从这个分析中我们不难看出来，在上帝创造的过程之中，似乎理念是夹在上帝与创造物中间的"夹心"，从某个角度上看这是对的，但我们要注意的是，从更深的层次上说，这个理念或者说模型并不是与上帝分离的，而是与上帝一体的，因为它们就在上帝之内，是上帝的"言"，就像我们自己的语言一样，我们的语言岂不在我们自身之内吗？

　　除了这一点，我们还要注意另外两点：一是上帝的言乃是祂自己的"肖像"，二是模型的无限性与有限性。

　　对于第一点，上帝的言乃是祂自己的肖像，这也是一个相当重要的理论，是波纳文德很强调的。我们知道，在《圣经》里，说到上帝创造人时，上帝是根据自己的肖像造人的：

　　"神说，我们要照着我们的形像，按着我们的样式造人，使他们管理海里的鱼，空中的鸟，地上的牲畜，和全地，并地上所爬的一切昆虫。

　　神就照着自己的形像造人，乃是照着他的形像造男造女。"①

　　这就是上帝创世六日中的第六日所创造的。其实不仅如此，从更广泛的意义上说，上帝所创造的一切都是上帝根据自己的"肖像"来创造的，因为当上帝创造一切之时，一切的理念都已经包含在上帝之内，上帝包裹着一切，因此也可以说上帝乃是一切的肖像，而这一切的肖像都是以"言"的形式存在于上帝之内的，因此言也可以说就是上帝的肖像。就像波纳文德所说的：

　　"圣父完全知道自己，而知道自己的活动正是祂自己肖像的表

---

① 《圣经·创世记》第1章，第26、27节。

露：就是祂的'言'（或祂的道），祂的表露的肖像。"[1]

当然，上帝与万物之间的这种相似并不是日常意义上的相似性，或者说"相像"，说上帝与万物长得像，当然绝不是这样的！上帝与万物之间的相似乃是完全不同意义上的相似，在这里用了相似只是一种比喻而已，或者是说，我们可以粗略地理解为是在上帝与万物之间有某些共性，万物既然是为上帝所创造，当然与上帝有着某些共性，例如奥古斯丁所言的善性。但是，这并不意味着万物和上帝真的"长得像"，完全不是的。因为上帝究竟长得什么样，从根本上来说我们人是无法知道的，这也是基督教哲学家们包括波纳文德另一个重要的思想。

不过，我们同样要清楚的是，虽然我们不可能知道上帝的本质，但万物特别是人乃是神的肖像，是上帝根据自己的肖像所造的。这是在《圣经》中一开始就标明了的，因此也是基督教立为磐石的基本理论之一。同时也是人的本质，整个基督教哲学包括波纳文德都极其重视而且强调这一点，因此吉尔松说：

"'神的肖像'的第一个特征就是普遍性，普遍性的意义在于它并非附加在人性上的偶然特征，而是构成人性本身的本质。因此，尼撒的圣葛雷哥利（St.Gregory of Nyssa）才说：全部人类，毫无例外地都是按神的肖像而造成的。同样的学说亦可以在圣多玛斯的《大全》，圣伯纳文都和董司各都中找到。简言之，《创世记》的文

---

① 柯普斯登：《西洋哲学史》（第二卷），庄雅棠译，台湾黎明文化事业有限公司，1988年3月第一版，第371页。

字既然这样提示，这学说就形成了天主教哲学的共同传统。"①

吉尔松还进一步指出，波纳文德是尤其重视人作为上帝的肖像这一点，他说：

"圣伯纳文都的例子更是如此，他认为人为天主的肖像，是天主与受造物之间的媒介。"②

正是从这万物尤其是人乃上帝之肖像这里出发，波纳文德引申出了他另一个富有特色的思想，就是对自然万物与上帝进行类比，主要是对神圣的三位一体与万物进行类比，这种类比在波纳文德那里有很多，因此我们可以在波纳文德那里看到很多的"三"，例如在他的《旷野中一个卑微者的沉思》中，在旷野中的旅程是三天，一天有三次光照，有三种实体。③还有沉思上帝的三种进程、这时候心灵中有三种主要的景象，还有经过三个阶段，又有三种神学④，人还有三种认识方式，即静观、信仰与推理研究，⑤人的灵魂也有三种能力，即记忆、领悟与理性等，⑥神学也有三种德性，即信、望、爱，⑦如此等等，还有其它。

看得出来，波纳文德对于在万物之中寻找上帝的踪迹、进行万物与上帝之间的类比是极为重视的，甚至可以说乐此不疲，就像吉

---

① 吉尔松：《中世纪哲学精神》，沈清松译，上海人民出版社，2008年11月第一版，第175页。

② 同上，第186页。

③ 参见《旷野中一个卑微者的沉思》第一章第3节。

④ 同上第一章第6节。

⑤ 同上第一章第10—13节。

⑥ 同上第三章。

⑦ 同上第四章第3节。

尔松所言：

"圣维克多的赫富（Hugh of St.Victor）、圣伯纳文都、雷蒙勒利（Raymond Lully）皆富赡流畅，诗乐满盈，指出万物的三重结构象征天主的三位一体。圣伯纳文都所著《灵魂步向天主之旅途》从头到尾都充满这个观念。"①

事实上，我们在阅读《灵魂步向天主之旅途》时，还可以明显地感觉到，波纳文德对于从三位一体的角度去理解神与万物的共同结构是十分热衷的，称得上是"乐此不疲"，同样如吉尔松所言：

"人越探入自然的深度，天主便越深刻地进入自然之内。例如对于伯纳文都而言，没有一样快乐比得上在存在的类比结构上默写天主的快乐。"②

此外，关于言与肖像，我们还可以指出来的是，波纳文德认为，不但在上帝那里，就是在我们人这里，肖像与言也是一体的，即我们正是通过记忆中的肖像去理解、领悟的，而这个肖像存在于我们心灵中的方式就是言，他说：

"领悟（intelligentia）出于记忆如同子出于父母，因为只有当保存于记忆中的肖像反映于理性中时，我们才能有所理解，而这肖像即是语言（verbum）。"③

在这里波纳文德道出了一个即使现在也是十分深刻的哲学思

---

① 吉尔松：《中世纪哲学精神》，沈清松译，上海人民出版社，2008年11月第一版，第93页。

② 同上，第95页。

③ 见赵敦华、傅乐安主编：《中世纪哲学》（下卷），商务印书馆，2013年3月第一版，第1217页。

想：就是我们的一切思想与意识是以什么样的方式存在于我们的心灵之中的？这是一个十分复杂而深刻的问题，其答案简而言之就是语言，即一切思想与意识都是以语言的方式存在的。进言之，倘若我们领悟了这语言——存在于我们自己的意识之内的语言，我们便知道了一切。这一思想还可以和弗洛伊德的无意识理论联系起来，在弗洛伊德看来，在人类的意识内容之中，只有极小部分是意识，而绝大部分都是无意识。这是弗洛伊德的基本思想之一，也是他最伟大的贡献之一。在这里我们要指出来的一点是：这些无意识是以什么样的形式存在于我们的心灵之中的呢？波纳文德说，是以语言的形式，这无疑是一个很深刻的思想。

对于第二点，模型的无限性与有限性，意思是这样的。我们知道，上帝创造了万物，在创造之前，万物是包含在上帝的心灵之中的，而万物其实何止一万！即使在上帝的创造六日之中，所创造的万物也远远不止一万，可以说不计其数——这种不计其数也昭示了上帝无限的大能。而这一切的模型都已经包含在上帝之内，并且是以言的形式存在的。那么，我们是不是因此可以说在上帝之内真的有无限的模型与无限的言呢？对此波纳文德说，不是的！那无数万物的无数之模型对于我们而言是无数的，确实也产生了无数之万物，但对于上帝而言，它们却是一体的，没有任何区别！事实上，对于上帝而言，一切都是一体的、混而为一的，没有区别。在上帝那里只有一种区别，那就是三个位格的区别，而这三个位格实际上也是没有区别的、一体的，即三位一体。

当然，同时还要强调的是，虽然在上帝那里一切理念与模型都是一体的，但对于我们而言，或者说对于人的理智而言，还是不同的，即不是一而是多，"依明智的理性，则为多。"①

第四节　三种知识与一个最好的世界

谈完了波纳文德的模型论及与之相关的几个思想之后，我们再来简单地谈谈他的另外两个两个颇有意思的思想。

第一个又是一个"三"，即与上帝有关的三种知识。

这三种知识就是合宜的知识、想象的知识与理智的知识。

所谓合宜的知识，指的是关于一切可感知事物的知识，这些事物在波纳文德看来有三个特点：一是存在于时间之中，二是有限，三是有善性。这些都不难理解，例如第三点善性，波纳文德显然是直接承自奥古斯丁的，奥古斯丁认为万物因为分享了上帝的神性，因而也是善的："一切存在的东西，既然它们的创造者是至善的，它们自己也就是善的。"②

第二种想象的知识指的是上帝不止知道所有与善有关的知识，也知道与恶相关的知识。当然这并不是说恶是上帝所创造的，或者上帝也具有恶的性质，如其具有善性一样，绝对不是这样的。波纳文德关于恶的思想和奥古斯丁同样是一致的，奥古斯丁曾说："我们肯定不会说上帝是罪的原因，而这运动也非来自上帝。但是它从何而来？ 如果我告诉你我不知道，你可能要失望了，但这却是真

① 见柯普斯登：《西洋哲学史》（第二卷），庄雅棠译，台湾黎明文化事业有限公司，1988年3月第一版，第372页。

② 转引自周伟驰：《奥古斯丁的基督教思想》，中国社会科学出版社，2009年5月第二版，第197页。

实的。人是不可能知道虚无的东西的。"①这就是说恶不是一种东西，而是一种虚无。既然如此，上帝当然不能够说是恶的创造者。在波纳文德看来，恶也是一种"缺乏"，正是这种缺乏导致了恶。上帝虽然没有创造恶，但对于恶当然是知道的，原因很简单：因为上帝知道一切！但这仅仅是知道而已，也就是说，对于上帝，这种恶乃是一种想象的而不是实际存在的东西，就像奥古斯丁所言，恶是一种虚无，因此，波纳文德才将这种知识称之为"想象的知识"。

第三种理智的知识则是说，上帝知道一切可能的东西，拥有一切可能的知识。这是说上帝不但知道现实上已经为上帝所创造的万物，以及关于它们的知识，而且还知道一切的可能的存在之物以及与之相关的知识，这在数量上当然是无限的，因为上帝有无限的本领，当然可能有无限的创造！

这就是上帝的三种知识，我们还要注意的是，这三种知识虽然说是三种，但对于上帝而言也是一种，都是神的同一种知识活动，这同样类似于三位一体的一而三、三而一。

我们最后要注意的是这三种知识与时间的关系。即对于上帝而言，这三种知识不但是同一的，而且是同时呈现的，或者更精确地说，在上帝那里根本没有时间这回事，一切都"同时"呈现、上帝也"同时"知道一切，无所谓时间！因为理解的需要，在这里不能不还用"同时"这个词，所以我打上了引号，其中的含义大家应该可以领会。

---

① 奥古斯丁：《论自由意志》，成官泯译，上海人民出版社，2010年1月第一版卷，第136—137页。

　　不过我们同样要注意的是，虽然对于上帝而言，所有知识都是同时俱在俱知的，但并不意味着一切实际的事物都是同时俱在的，事实上也不是如此，对于我们人而言，实际的事物与知识都是有时间的、有先后顺序的。只是这时间只是针对于人的，非对于神的！波纳文德对此还打了一个比喻，就是我们看一堵城墙，它是一动不动的，也是浑然一体的，但同时我们也可以看到城墙下面有许多人还有其它东西，却都是在动着的。这里是同一双眼睛、同一个看的动作，但却有动与不动之分。①这当然是一个比喻，却是很有意思、也很有深意的，值得好好领会。

　　我们要谈的波纳文德第二个颇有意思的思想是我们这个世界是否是一切可能的世界之中最好的世界？

　　这个问题也是基督教思想中一个独特而有意思的问题。我们知道，基督教的一个基本观点是上帝是万能的，祂创造一切、也能够创造一切，这就意味着祂可以创造出最好的东西来！于是，自然而然地就会引出各种类似于悖论的问题，例如上帝可否创造一块自己拿不动的石头？倘若说上帝能够，那么这块石头是上帝拿不动的，那么就不能够说上帝是万能的了！倘若说不能够，那么上帝既然不能创造之，那同样说明上帝不是万能的。在这里实际上也是类似的问题：即上帝是不是能够创造一个比现在的世界更好的世界？或者说，上帝是不是能够把现在这个世界变得更好？这也就是说，我们现在所处的这个世界是否是一个可能的世界之中最好的世界？

---

　　①　参见柯普斯登：《西洋哲学史》（第二卷），庄雅棠译，台湾黎明文化事业有限公司，1988年3月第一版，第374页。

这几个问题实质上是同一的，但我们也可以分别来回答。对于前面两个问题，那回答都应当是可以的，既然上帝是万能的，祂当然既可以创造一个比现在的世界更好的世界、也可以把现在这个世界变得更好，这是毋庸置疑的。但波纳文德接着说，倘若上帝这样做了，即创造了一个更好的世界，那么所创造的世界也就不是我们所在的这个世界了，我们这个世界也就不存在了。而倘若上帝把这个世界变得更好了，那就得看这个变得更好究竟是何含义，这个更好也可以说是更好的人，例如把人变得像天使一样，那么人也就不存在了，是天使了，这和上面的创造一个更好的世界结果是一样的。但我们所想的也许是，上帝是不是可以把这个世界之中的万物，例如我们人，放到更好的境况之中去呢？或者变得更加善良、更加美好呢？若是这样的意思就有些难回答了，例如可以进一步问：上帝是不是可以把所有无神论者与异教徒都变成基督徒呢？倘若可以，为什么过去不这样做呢？将来又可不可以、会不会这样做？对于这些问题，波纳文德的回答是：这是因为上帝想要如此，祂也知道自己为什么要如此！①

这样的回答是令人印象深刻的，也许基于这样的回答我们可以回答一切类似的问题，例如上帝是否可以创造一块自己搬不动的石头，我们也可以这样回答：上帝是万能的，祂可以做一切的事，也知道自己为什么会做某事，但是否会做某事、怎样做此事，完全取决于上帝自身！我们人是无法干预，甚至于是无法理解的！

---

① 参见柯普斯登：《西洋哲学史》（第二卷），庄雅棠译，台湾黎明文化事业有限公司，1988年3月第一版，第383页。

第五节 对可感之物的认识

以上我们所谈的波纳文德的几个理论，无论是模型论、知识论还是这个世界是否是最好的世界都是关于上帝与祂所创造的万物之间关系的理论，现在我们要往下一步，谈谈波纳文德关于上帝所创造的万物，即可感知的物质的思想。

我们在上面讲海尔斯的亚历山大时，说过他虽然对亚里士多德多所批评，但并不是一味地反亚里士多德，也接受了许多亚里士多德的思想，例如亚里士多德关于形式与质料组成万物的思想。现在波纳文德也将这个思想继承了下来。

首先，波纳文德认为，万物都是由质料与形式组成的，这是一个基本的前提，在这一点上波纳文德和亚里士多德是一致的，因为在亚里士多德看来，形式与质料也是万物之组成者，而且它们可以组成一对概念，合起来就可以说明事物之成因，即事物的生成之因。也因此，当我们说起形式与质料来时，一定要注意这一方面是静态地解释事物的，另一方面甚至更主要的方面，是从一种"生存"的角度去理解事物，即当说到形式与质料时，是和事物的生成紧密相联的。

其次，在波纳文德那里，质料乃是一种"可能性"或者"潜能"，即由之可以形成具体之物，而且，这个"可能性"或者"潜能"还带有原料的含义，即其是形成具体之物的"原料"。就这个角度而言，他也是和亚里士多德相一致的。不过，在亚里士多德那里，质料更有一种物质性的倾向，就像我们铸造青铜器所用的青铜或者堆雪人时所用的雪这样的"质料"一样，例如他说："全部生成的东西，或者自然具有质料，或者人工具有质料。"①在这里就明显地具有这种性质，亚里士多德还举了一个例子，就是一个青铜的圆形之物吧，例如一个青铜环，什么是它的质料与形式呢？他说：

"对青铜的圆形是什么，我们有两种说法，就质料而言我们说是青铜，就形式而言我们说是某种图形。"②

这就是说，一个青铜环的形式是一个环，我们在这里可以大致地将这个"形式"理解成外表、形状，而质料就是组成这个外表与形状的东西：雪组成人的形状，就成了雪人；青铜组成环的形状，就成了青铜环。

但在波纳文德这里质料的含义则要广一些，它没有物质的倾向，而基本上只有"可能性"或者"潜能"的倾向，这显然和物质是不一样的。在波纳文德看来，这个质料既非精神，亦非物质，只是一种"可能性"或者"潜能"而已，并且是形式能与之结合的对象。从这个角度而言——这也是一种比较抽象的、形而上学的角度——所有的质料都是一样的，也就是说，从本质上来看是一样的，因为在这样的情形之下，质料是没有任何形式的，也没有任何的具体性质，或者说偶性。就像波纳文德所言：

"因为质料的种类从所有的形式中，或从所有的偶性中抽离出

---

① 亚里士多德：《亚里士多德全集》（第七卷），苗力田主编，中国人民大学出版社，1993年1月第一版，第163页。

② 同上，第165页。

来，就不能看见有什么不同了。"①

当然，这并不是说质料真的都是一样的，因为质料毕竟是要与形式结合的，而结合之后所产生的东西也是大不一样的，这种不同并不全然是形式的差异而引起的。因此，从这个结果的角度来说，质料还是有差别的，并且差别很大。例如前面在亚里士多德的雪人和青铜环的例子里，雪与青铜都是质料，它们显然是不一样的。在波纳文德这里，这种差异则更大。而这种差异在波纳文德看来是自然哲学家的事，因为自然哲学家热衷于区别不同的物质形态，而对于其抽象的本质是不会考虑的。为了理解这一点，我们可以将这些自然哲学家与形而上学家和今天的科学家与哲学家相对比，科学家所考虑的当然只是物质的具体的形态，例如各种物理的与化学的性质，而对于其抽象的哲学本质，他们显然是不会怎么注意的；相反，哲学家们主要的关注恰恰是物质的这种抽象的本质，例如可以为人的意识反映、可以感知，等等，而这些性质是所有物质都具有的。也因此，对于科学家们而言，物质是千差万别的，而对于哲学家们而言，物质就是物质，很少会去考虑物质的具体形态。

由此可见，波纳文德在这里的观点还是比较深刻的，看到了形而上学家与自然哲学家的区别，这种区别直到今天依然存在，就是哲学家与科学家对事物认识之间的区别。

第三，对于质料与形式之间究竟哪个高哪个低，波纳文德的观点也是比较清楚的，那就是形式高，质料低。为什么如此呢？主要

---

① 柯普斯登：《西洋哲学史》（第二卷），庄雅棠译，台湾黎明文化事业有限公司，1988年3月第一版，第388页。

有两个原因:

一是质料永远离不开形式,因为质料只是一种"可能性"或者"潜能",是形式使之显现与存在的,没有形式,它就永远不可能存在与显现。

波纳文德的这个观点显然也是自亚里士多德而来的。因为在亚里士多德那里也是形式高、质料低,例如亚里士多德曾说过:

"动物的灵魂(即有生命东西的实体),就是理性实体,是形式,是特定身体的是其所是。……所以灵魂的部分,或者全部,或者部分,对整个生物是先在的,每一个别也都是如此。"①

这段话说明在有灵魂的生物之中,灵魂乃是形式,并且它对于整个生物而言都是先在的,当然也先在于质料。

其次,亚里士多德又说:"我们把个别事物的是其所是和第一实体都称为形式",所谓"个别事物的是其所是"意思就是说,个别事物之所以是这个东西,例如以雪人和青铜环为例来说,雪人的是其所是就是雪人之所以是雪人、青铜环的是其所是就是青铜环之所以是青铜环,而它们的是其所是是形式,就是说,雪人和青铜环之所以被称为雪人和青铜环,乃是因为它们的形式。又如一尊木质的雕像,我们不称其为木头——虽然它的质料是木头,而称其为雕像——这是它的形式。在这里质料是用来形容形式的,也就是说,形式是中心词,而质料只是某种类似的"形容词"而已,是其次的。例如在"美丽的花儿"里,中心词当然是花儿,美丽的乃是用

---

① 亚里士多德:《亚里士多德全集》(第七卷),苗力田主编,中国人民大学出版社,1993年1月第一版,第172页。

来形容花儿的，当然是其次的、辅助的了。①

这简而言之就是说，在形式与质料之中，形式高，质料低。

至于再要问为什么，亚里士多德大概是认为，正是因为在有了形式之后，质料才能成为某种确定的东西，而使质料成为某种确定的东西的形式才是事物的本质。例如上面的雪人，它现在是一个美人，人见人爱，但这美人的形象是它的形式，而它的质料只是一堆雪，如果不把它堆成雪人，那么它就谈不上是什么东西，只是茫茫雪野上一块雪而已，甚至都无法把这块雪与其它的雪区分开来，因此也可以说它根本不是个"东西"。正是形式，美人形象，才使它由不是个东西成了个东西，也就是形式使不是东西的质料成了个东西。所以形式当然比质料高了。

在波纳文德看来，质料高形式低的第二个理由是存在着没有质料的形式，即纯形式。这也就是说，质料离开形式是无法存在的，而形式离开质料却可以存在，因此形式当然是高于质料的。

这个观点同样是源自亚里士多德的。因为亚里士多德也认为形式是可以单独存在的，他说：

"至于那些不以质料构成、无质料的东西，它们只有形式的原理，它们是不消亡的，或者一般地不消亡，至少不像这样地消亡。"②

从这里可以看出来，亚里士多德认为有些东西不是由质料构成的，也就是说它们只是纯粹的形式，这时候它们是不会消亡的，或

---

① 参见亚里士多德：《亚里士多德全集》（第七卷），苗力田主编，中国人民大学出版社，1993年1月第一版，第165页。

② 同上，第171页。

者至少不会像可感知的个体之物那样消亡。

这个不会消亡、也就是说具有永恒性的纯形式是不是有类于上帝呢？诚然如此！因此亚里士多德的思想不但被波纳文德吸纳了许多，到了托马斯·阿奎那那里还成为了捍卫基督教的最主要的思想武器，称得上是其来有自的。

将波纳文德关于质料与形式本身陈述完毕之后，我们就要更进一步了，看形式与质料的结合。

这个形式与质料的结合，也就是具体之物。

在波纳文德看来，所有个体之物都是形式与质料的结合，二者缺一不可，这是显而易见的，亚里士多德也说得很清楚：

"质料就是一个部分，因为只有含有质料，某物才得以生成。"[①]

现在的问题是，对于某一事物之所以成为这个事物，质料与形式哪个更为重要呢？要注意的是，这个问题和上面关于质料与形式哪个重要是不一样的——前面是从总的、抽象的角度去看的，而现在则是要看个体之物。

对于这个问题，波纳文德的态度也是很清楚的，那就是质料与形式在个体之物之所以成为这个事物的作用上是相辅相成、缺一不可，并且基本上是同等重要的。

波纳文德这样认识的理由也不难理解，就是我们的确很难说出来究竟哪个更重要，说质料更重要吧，质料诚然是重要的，没有质料就没有个体之物，例如没有青铜这样的质料就不可能有青铜环，

---

① 亚里士多德：《亚里士多德全集》（第七卷），苗力田主编，中国人民大学出版社，1993年1月第一版，第165页。

作为质料的青铜比作为环的形式似乎作用更大。但是，我们前面又说过，从抽象的、形而上学的角度上说，所有质料都是一样的，只是在有了形式之后才有了不同的个体之物。从这个角度上看，没有不同的形式如何能够形成万千形态的个体之物呢？所以，说质料是万物千差万别、种类不同的主要原因是说不通的。即使在青铜环的例子里，环的作用同样地大呢！例如这是一个青铜环，而不是一尊青铜雕像或者一把青铜宝剑，那形式的作用似乎更大。不过，说形式的作用大吧，也有问题，一方面是因为在个体之物形成的过程中，只有形式是断乎不行的，就像亚里士多德所言："很显然，形式因，或者像某些人习惯地称之为形式，如若是些在个体之外的东西，对于生成和实体就毫无用处。"[1] 另一方面是因为我们可以从多个角度去看事物，例如我们不看青铜的雕像与环，而看一块青铜和一块石头，它们都是个体之物，它们之间区别的最根本因素是什么呢？难道是形式吗？似乎不是，而是质料，它们是不同的质料，这质料决定了它们是不同的个体之物——青铜与石头。

所以波纳文德说，当有人把形式作为区别个体之物的主要方面时，就忘记了个体之物是有多种可能的形式的，在不同的个体之物中，形式的作用是可能会不尽相同的。这也就是说，质料与形式在个体之物之成为这个事物中的作用基本上是同样重要的，即某个个体之物之所以成为这个事物，并非是由于质料或者形式单方面的作用，而是因为它们互相结合、相互统一的结果。

---

① 亚里士多德：《亚里士多德全集》（第七卷），苗力田主编，中国人民大学出版社，1993年1月第一版，第167页。

在这里波纳文德还举了一个个蜡制的印章的例子，这些印章的原料都是蜡，没有蜡自然不可能成为印章，但倘若没有不同的印章上面的不同的标识，那也就不可能成为一个个蜡制的印章了，而只是一些蜡而已，可不是印章。这个例子也可以用之于上面亚里士多德例子中的木制雕像或者青铜环。

总之，在波纳文德看来，质料与形式在一个事物之成为这个事物之中是同样重要的，缺一不可，就如柯普斯登所言：

"一个个别的实体之成为某种固定种类的东西，乃由于形式的缘故，而它之为'这个'某物，则是由于质料。"①

波纳文德关于质料与形式还有一个颇有特色的观点是，他认为在所有的个体之物中，有一个形式是共有的，这就是光的形式。②

在波纳文德看来，由于在《圣经》中，上帝一开始所创造的乃是光，而太阳直到第三天才被创造出来，因此光是先于太阳，也先于一切的被创造者的。也因此，光是上帝所创造的一切万物都具有的。而且，万物蕴含的光是不一样的，有多有少，于是万物就因此而有了等级的不同。含光多的自然等级就高，反之则反。具体地，那居于最高的天所含的光最多，而我们所居的大地及其万物所含的光是最少的，因此等级也是最低的。

波纳文德的这个观点是来源于奥古斯丁的，我们在前面讲奥古斯丁时讲过他的光启理论，在奥古斯丁看来，人之所以能够获得真理，获得关于不变的"永恒之事物"的真理，仅仅依赖人自身显然

---

① 柯普斯登：《西洋哲学史》（第二卷），庄雅棠译，台湾黎明文化事业有限公司，1988年3月第一版，第389—390页。

② 同上，第391页。

是不可能的，即或我们有某种理性能力也不行，人要获得那样的知识，必须由上帝进行"光启"，或者说"照亮"：

"当它根据创造主的安排，指向自然秩序中可了解的对象时，它在某种无形的光中——这光是自成一类的，看见了它们，正如同肉眼在有形的光中看见了周遭的东西。"①

光启理论是奥古斯丁的重要也是深刻的思想，但在这里波纳文德则要简单得多，主要是说万物都接受了光，但我们也可以从理解的或者"显现"的观点理解这个问题，所有的个体之物之所以得到显现，光在其中显然起着不可或缺的作用，没有光，我们的眼前就只能漆黑一片，看不到任何的个体之物，从这个角度上说，称光是存在于一切个体之物中是可以理解的。

不仅个体之物由光而起，在《论学艺向神学的回归》中，波纳文德还将光与人类各种各样的知识与技艺联系起来，认为知识与技艺也像个体之物一样，由那光照而产生，并且同样像个体之物一样，由于受光照的不同而产生等级上的差别，他如此说：

"雅各在其书信的第一章中讲：'各样美善的恩赐，和各样全备的赏赐，都是从上头来的。从众光之父那里降下来的。'②这段话涉及到了一切光照的起源，并且也暗示了各种各样的光丰富地从那本源之光流溢而出。虽然一切认识的光照都是内在的，但我们还是可以合理地把它们区分为外在的光明，即机械技艺之光；较低级的光明，即感性认识之光；内在的光明即哲学认识之光；较

---

① 《诗篇注》第118篇，转引自柯普斯登：《西洋哲学史》（第二卷），庄雅棠译，台湾黎明文化事业有限公司，1988年3月第一版，第87页。

② 《圣经·新约·雅各书》第1章，第17节。

高级的光明，即恩典和《圣经》之光。第一种光是为了技艺的种类而照耀，第二种光是为了自然的形式而照耀，第三种光是为了理性的真理而照耀，第四种亦即最后一种光是为了拯救的真理而照耀。"①

在这里可以看到神就是"众光之父"，是一切的创造者，光从祂那里流出，照耀到万物之上，并使我们产生了各种的技艺与知识。这样的光又可以分为内在与外在之光，外在之光指的是机械技艺之光与感性认识之光，内在之光即哲学认识之光与恩典和《圣经》之光，而内在与外在之光中又可以分为低级与高级，即前者相对低级而后者相对高级，于是加起来就有了四种等级的光。

在本文的后面，波纳文德还进一步分析了各种形式的知识与技艺之光，最后得到了六类，即《圣经》之光、感性认识之光、机械技艺之光、理性哲学之光、自然哲学之光以及道德哲学之光。②

由此，他又将之与上帝的创造六日挂起钩来。而到了最后，波纳文德则指出一切知识与技艺之目的在于上帝，并且要与爱结合，因为没有爱，一切知识都将了无意义，而这，也是一切知识与技艺的光所指向的终极之点。③

就像借鉴了奥古斯丁的光启理论一样，波纳文德还借鉴了奥古斯丁的另一个重要理论，那就是他的"种子形式"的理论。

我们前面说过，奥古斯丁有一个具特色的理论，就是"种子形

---

① 《论学艺向神学的回归》第1节，赵敦华、傅乐安主编：《中世纪哲学》（下卷），商务印书馆，2013年3月第一版，第1236页。

② 参见《论学艺向神学的回归》第6节，同上，第1241页。

③ 参见《论学艺向神学的回归》第26节，同上，第1250页。

式"。所谓种子形式指的是万物的"种胚"，它们有两个特点：一是这些种胚可以发展成为具体的万物，就像种子可以发育成长为植株一样；二是种子形式是由上帝创造出来的。当然，我们不要认为奥古斯丁的这个种子形式和现实意义上的种子是同样的东西，它们是不一样的，因为种子是可以感知的，而种子形式则不可以，因为它只是一种"形式"，就像形式与质料一样，这个形式当然是不可感知的。在奥古斯丁看来，有了这种种子形式之后，才进一步发展成为了可以感知的种子，而实际的万物后来正是通过这样的种子而繁衍的。当然，不止于有种子的植物，一切万物都是经由这样的种子与种子形式而来的。

现在波纳文德也接受了奥古斯丁的这个理论，认为有种子形式的存在，它是事物之中一种"隐然的形式"，而且它主要是存在于质料之中的，质料是种子形式的"种床"，在这个种床之上，上帝创造了一种形式，于是就形成了"种子形式"，而上帝在创造万物之时，正是根据种子形式而进行创造的。[①]

当然，在这一切的创造活动中，无论质料还是形式，无论种子还是光，都是上帝创造的，上帝乃是万物创造中唯一的动力之所在，有着绝对的权威，这是奥古斯丁一贯主张的，波纳文德同样如此。这也是他们关于上帝创造的基本理念，这是我们首先要记住的。

---

① 参见柯普斯登：《西洋哲学史》（第二卷），庄雅棠译，台湾黎明文化事业有限公司，1988年3月第一版，第394页。

第六节　灵魂与肉体

谈完波纳文德关于物质的创造理论之后，我们最后来简单地谈谈他的另一个也比较重要的、同样来自奥古斯丁的理论，即关于人的灵魂的理论。

波纳文德对于灵魂的认识是很丰富的，首先，他认为灵魂的起源乃在于上帝的直接创造，也就是说，上帝直接从虚无之中创造了灵魂。

为什么如此呢？波纳文德解释说，这是因为灵魂是不朽的，也就是说是永恒的，因此它必然只能由同样永恒不朽的上帝来创造。这与奥古斯丁的观点是相似的，奥古斯丁曾这样说过：

"灵魂或者是从气中造出来的，或者是神的气造成的，不管怎样，都不是从他自身造出来的，而是他从虚无中造出来的。"①

这样的观点是好理解的，神学家们一般不会偏离之，但接下去对于灵魂本身的结构就产生差异了，这个差异来自于柏拉图与亚里士多德，后来归到波纳文德与托马斯·阿奎那这里了，因为他们主要分别接受了两位前辈大哲的思想。对此赵老师是这样说的：

"波那文都认为人是灵魂与肉体的复合体。在这个柏拉图主义与亚里士多德主义共同认可的观点背后隐藏着两者不同的解释。柏拉图主义认为灵魂和肉体是相互独立的两个实体，亚里士多德主义

---

① 奥古斯丁：《论灵魂及其起源》，石敏敏译，中国社会科学出版社，2004年10月第一版，第188页。

认为两者是形式与质料关系，共同构成一个单独实体。波那文都把柏拉图主义解释与'普遍质型论'结合起来，认为每一个人的灵魂都是由质料与形式构成的精神实体。"①

对此吉尔松也说：

"圣伯纳文都为了更妥善保障灵魂的实体性，于是运用热比罗（Gebirol）的学说，来强化亚味森纳的学说，而教授'灵魂是由一形式及未成形之质料所组成'的道理。"②

这就是说，对于灵魂的具体结构，波纳文德认为它也是由形式与质料组成的，但这种质料并不是物质性的质料，而是精神性的质料，或者说，是一种未成形的有类于精神的质料。不用说，这个观点是很有意思的，因为在一般有关灵魂的论述中，基本上有一个共同的观点，就是认为灵魂是一种"单纯的"结构，也就是说它没有部分、没有组成，是一种十分单纯的东西，就像化学中的"单质"一样。对于这个问题，波纳文德是这样辩解的，灵魂虽然是单纯的，这没错，但我们也要看到，灵魂也是可以独立存在的，是一种"微观之物"，因此也应该有它自己的结构，因为一切可独立存在的东西都是由形式与质料构成的，因此灵魂自然也应当如此，只是它的质料比较特殊而已，是一种"未成形的质料"，因此之故，说它是单纯的也没错。

有了灵魂之后，下一步就是灵魂与肉体的结合了。

我们首先要来看看肉体。在波纳文德看来，我们每个人的肉体乃是遗传而来的，即是借着上面所说的"种子形式"而遗传的，上帝创造了身体的种子，然后这个种子就在人的身体里代代遗传，例如先由亚当和夏娃遗传给他们的孩子，他们的孩子又再遗传给他们的孩子，如此一直遗传到现在，这就是我们身体的起源。

至于灵魂，我们已经说过了，波纳文德认为灵魂不是如肉体一样遗传的，乃是由上帝直接创造的，他进一步地说，我们每个人的灵魂都是由上帝直接创造的。

波纳文德的这个观点就和奥古斯丁不大一样了。在个体的人的灵魂之起源这个问题上，奥古斯丁的观点是偏向遗传而不是上帝重新创造的。这与他关于原罪的观点有关。奥古斯丁认为既然人有原罪，而人是灵魂与肉体的结合，其中灵魂更为重要，那也就是说，灵魂也必然是有原罪的，这样一来，这个有原罪的灵魂当然应该是由遗传得来的，不可能是由上帝个别创造的，而是从第一个灵魂即亚当的灵魂那里就有了罪的，这个罪通过遗传代代相传，直到所有的人。这就是人的原罪，这原罪无疑是与人的灵魂相关的，对此奥古斯丁是这样说的：

"这意味着要解决这样的问题：灵魂从哪里被送入肉体，到什么时候它该脱离肉体——假设的一个例子就是还没有长到有自由意志的婴儿的灵魂，——找不出别的原因解释为什么它没有接受洗礼就该定罪，惟有一个原因，那就是原罪。因为原罪，我们不能否认灵魂受罚是公义的，因为神公义的律法已经命定对罪的责罚。"[1]

---

① 奥古斯丁：《论灵魂及其起源》，石敏敏译，中国社会科学出版社，2004年10月第一版，第199页。

不过，对于这一点奥古斯丁并不是十分肯定，因为在他看来，灵魂太深奥了，几乎难以认识，所以他又说：

"最好的办法就是像我一样在灵魂的起源问题上谨慎又谨慎，不可放胆地断言人的理性所不能领会的、神圣权威也不能辩护的问题。"①

也许正因为奥古斯丁在这里并没有将话说死，所以波纳文德才敢突破奥古斯丁有所偏向的观点，而采用了另一种不同的观点。

那么灵魂为什么要与肉体结合呢？波纳文德说，这是一种"你情我愿"的过程，即肉体与灵魂都有这样的需求。一方面，灵魂想要去充满一个肉体，另一方面，肉体也想要有灵魂来将之填满，有被灵魂"填满"的"欲求"。②这样自然一拍即合，灵魂也就充满肉体了。

不止于此，波纳文德还提出了另一个观点，就是肉体与灵魂之所以结合，灵魂之所以要去充满肉体，根本的目的并不是为了彼此的满足，而是为了取悦上帝，正是因为只有当灵魂充满身体时，才能最大程度地取悦上帝，因此灵魂才要去与肉体结合。③

这个观点波纳文德在《论学艺向神学的回归》中也强调过，他说：

"所有的技师，他创制作品，要么是为了通过作品而受到称赞，要么是为了靠作品而有所赚取，要么是为了在作品中得到快慰。由

---

① 奥古斯丁：《论灵魂及其起源》，石敏敏译，中国社会科学出版社，2004年10月第一版，第200页。

② 参见柯普斯登：《西洋哲学史》（第二卷），庄雅棠译，台湾黎明文化事业有限公司，1988年3月第一版，第399页。

③ 同上。

此欲求也有三，即荣誉、获利以及快乐。为了这三者上帝创造了理性的灵魂（即人），以便使人颂扬他、侍奉他，在他之中获得快乐和安息。"①

在这里，可以把人看作是上帝的创制作品，上帝之所以要创造这个作品，就是为了获得快乐，因此之故，我们这些被创造的人也应当遵循上帝的意愿，将取悦上帝当成我们最高的目标，而灵魂与肉体的结合也是这种取悦上帝的措施之一。

虽然强调灵魂与肉体的结合，但在波纳文德看来，灵魂与肉体之间还是有高下之分的，即灵魂高而肉体低，因为灵魂乃是肉体的形式，在这里波纳文德又借用了亚里士多德的观点，亚里士多德也认为人的灵魂乃是肉体的形式，相对言之肉体可以说是质料，而形式是高于质料的。而且，波纳文德还认为，人的灵魂是可以单独和上帝结合的，它可以"拥有上帝"，以获得最高的善与最大的幸福，这也就是与上帝的结合。

当然，波纳文德并不轻视肉体，实际上，他与基督教众多的大哲学家包括托马斯·阿奎那一样，是很重视肉体的，这也是我们一定要注意的，这正如吉尔松所言：

"研究天主教徒之思想的史家，都会感到惊异的是：他强调人的身体的价值、尊严与不朽。一般都以为基督徒对人的看法是彻底的精神主义（spiritualism）。人若赢得全世界而丧失他的灵魂，对他有何益处？修炼灵魂、净化、解放灵魂，因而拯救灵魂，似乎

① 《论学艺向神学的回归》第14节，赵敦华、傅乐安主编：《中世纪哲学》（下卷），商务印书馆，2013年3月第一版，第1245页。

这就是全部天主教义的目标和努力所在。再加上天主教的天主是精神，人只能用精神同天主交往，对于天主只能用精神和真理来敬慕。这样，我们当然会认为天主教哲学家会尽全力来强调人的精神方面，也就是重视灵魂而轻视可朽灭的肉体，肉体是盲目、顽冥不灵，对神一无所知。然而，怪异的是，许多史家和哲学家都发现，相反的一面才是事实。圣伯纳文都、圣多玛斯、董司各都，甚至圣方济各亚西西这一些人都视物质为亲切，尊重肉体，提高其尊严，而不愿肉体与灵魂有不同的命运。"①

重视肉体犹如重视灵魂，倘若我们了解中世纪哲学与神学的话，这的确似乎是一种奇异的观点。但倘若我们深入思索，就会发现其实并不难解。究其根本的原因，也许在于像奥古斯丁所言，一切都由上帝所造，灵魂如是，肉体亦如是，既然如此，我们怎么能够不尊重肉体呢？不尊重肉体的尊严呢？

波纳文德关于灵魂还有许多其它的论述，例如他认为灵魂的机能有四种：植物的、感觉的、知性的和意志的；灵魂虽然就知识而言是一块"白板"，即没有天生的知识，但灵魂之认识上帝并不要借助于感觉，而只要借助于对自己的反省就可以了。后来笛卡尔与洛克的观点都可以在这里找到影子，如此等等。

由于篇幅的关系——我们已经说波纳文德如同说奥古斯丁一样多了，我们就说到这里，下面我们将通过一个人——大阿尔伯特——走向中世纪哲学以及经院哲学的最高峰——托马斯·阿奎那。

---

① 吉尔松：《中世纪哲学精神》，沈清松译，上海人民出版社，2008年11月第一版，第145—146页。